北米先住民ホティノンショーニ
イロクォイ 神話の研究

木村武史 著

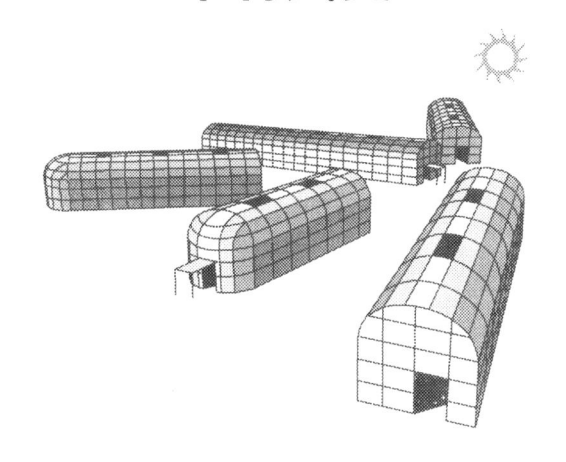

大学教育出版

北米先住民ホティノンションーニ（イロクォイ）神話の研究

目　次

序論　　*1*

第1章　ホティノンションーニ・イロクォイの宗教と文化の概説……………*26*
　第1節　ホティノンションーニ・イロクォイの宗教と文化の概説　　*26*
　第2節　ホティノンションーニ・イロクォイ研究史の概略　　*48*

第2章　ジョン・A・ギブソンが語ったオノンダガ神話………………*55*
　第1節　ホティノンションーニの伝承の語り手と物語の特徴　　*55*
　第2節　ギブソンが語ったオノンダガ神話　　*75*

第3章　歴史的文脈 ── 歴史との交渉………………………………*99*
　第1節　『6カ国連合の伝統的歴史』の歴史とテキスト　　*105*
　第2節　E・D・カメロンの通信記録と
　　　　　イロクォイの歴史への新しい見方　　*122*
　第3節　先住民の財産所有概念　　*131*
　第4節　カナダ法の先住民社会への侵入　　*139*

第4章　伝統主義者ジョン・A・ギブソン……………………………*150*
　第1節　先住民主導の支配的立場の受容　　*151*
　第2節　「伝統主義的」首長と抵抗者としてのギブソン　　*164*
　第3節　世襲首長としてのジョン・A・ギブソンの公的役割　　*176*
　第4節　ギブソンがヒィウィットに語った神話　　*189*

第5章　政治的物語から儀礼的物語へ………………………………*200*
　第1節　テキストの物語としての枠組み　　*202*
　第2節　テキストに見られる表現上の特徴　　*211*
　第3節　新しい社会の起源に関わる象徴的側面　　*220*
　第4節　儀礼行為の卓越性　　*229*

第6章 デハエーンヒヤワコーンの権威と権力の神話による主張 ………236
第1節 木と鹿の角の象徴　*238*
第2節 神話的存在者の系譜学と双子の闘争　*254*
第3節 ２重の人類創造 —— 先住民と白人　*267*
第4節 人（Person）としての人間ともの（Matter）としての人間　*273*

第7章 世界の中心としての儀礼的に変容された身体 ………280
第1節 儀礼行為の神話による表象　*281*
第2節 儀礼の神話的表象と儀礼の民族学的研究の比較　*293*
第3節 水平線上に体現化された中心としての儀礼を行う人間の象徴　*303*
第4節 人間の身体を世界軸と意義づける象徴としての儀礼的感情　*313*

第8章 終わりに ………*332*

註　*342*

補記　「イロクォイ６カ国保留地のカユガ首長ジェイコブ・E・トマス（Jacob E. Thomas）の伝統文化の保存と継承」　*373*

補記註　*420*

あとがき　*425*

参考文献　*429*

序　論

　本書は1998年8月にシカゴ大学に提出した博士論文「先住民首長の神話による抵抗 ── 神話の歴史的・宗教学的研究（The Native Chief's Resistance Through Myth-A Historical and Religious Study of a Myth）」を下敷きにして、日本の読者に向けて書き直したものである。第1章「ホティノンションーニ・イロクォイ宗教と文化の概説」と第2章の第1節「ホティノンションーニの伝承の語り手と物語の特徴」を日本の読者のために書き加えた。本書が出版されるということから、本書はホティノンションーニの宗教・文化を紹介、説明する役割も担っていると考え、これらを付け加えることにした。

　本書を通じて、ホティノンションーニ（Hotinonshón:ni）という語を、いわゆるイロクォイと呼ばれている人々を指す語としても用いる。ホティノンションーニとはオノンダガ語で「長い家（ロングハウス）の人々」という意味である。言語学的にはイロクォイ語を話す人々を示し、具体的には、主にイロクォイ連合（The Iroquois Confederacyか、あるいは The League of Iroquois）を形成した人々を指す。イロクォイ連合には、通常モホーク（the Mohawks）、オナイダ（the Oneidas）、オノンダガ（the Onondagas）、カユガ（the Cayugas）、セネカ（the Senecas）と呼ばれる5カ国と、1722年にこの連合に参加したタスカロラ（the Tuscaroras）が含まれ、この構成員全体を指すためにホティノンションーニという語を用いることにする。ホティノンションーニの人々の伝統的宗教を示す時は「ロングハウス宗教」という呼び方をする。

　最近、ホティノンションーニの人々は、ルイス・ヘンリー・モルガン（Lewis Henry Morgan）がその著書に用いた「ホデノサウニ（Ho-de'-no-sau-nee）」という語を基にして、「ハウデノサウニ（Hau-de-no-sau-nee）」という表現をよく用いる[1]。この語はロングハウスの人々という意味のセネ

カ語であるので、本書では、筆者にロングハウスの伝統を語ってくれた故ジェイク・E・トマス氏に敬意を表して、彼の著作で用いられているオノンダガ語のロングハウスの人々という意味のホティノンションーニという語を用いることにする[2]。

また、本書では通常は部族（tribe）という語で示される社会集団を「国（nation）」という語で示すことにする。部族という語は社会学的単位としては理解できるが、しかし、それには政治的主権を認めないという暗黙の政治的判断が含まれる。また、今日の先住民たちの主権を回復しようとする機運などを考慮するならば、それぞれの主権を認めるという意味で「国」という語を用いるのが適当であると考えたからである。特に、ホティノンションーニ・イロクォイ連合は独自のパスポートを発行し、そのパスポートで他の国々への入国を許可されていることをも考え合わせれば、国という語を用いるのが適切であると考える。同様に、通常協議会とでも訳される英語のcouncilは議会と訳すことにした。

博士論文は、博士論文委員会のメンバーを読者として念頭に置き、調査・研究・執筆を行うものである。私の博士論文は、論文委員会のメンバーの学問的関心の間を微妙に揺れ動き蛇行しながら書かれた。論文委員会の先生方の異なる学問的関心に応答しながら、それらとは異なる自分自身の立場を明確にしていく作業はなかなか難しいものであった。

本書で展開されている歴史や感情の問題、および象徴の政治的次元はゲーリー・L・イーバーソロー（Gary L. Ebersole）教授の関心から触発されたものである。ギブソンの民族史学的研究（Ethnohistorical Study）はレイモンド・D・フォゲルソン（Raymond D. Fogelson）教授の立場から学んだものである。神話や象徴は、それを用いる人の政治的関心や経済的利益のために利用されることもあるというのはブルース・リンカーン（Bruce Lincoln）教授から学んだ。また、人間は非常に曖昧で矛盾した状況に置かれ、その中で格闘している存在であるということもリンカーン教授の示唆に富む視点から学んだものである。このように多様で、しばしば

相反する学問的関心に応答しつつ書かれた論文であるので、執筆中も感じていたことではあるが、理論的に上手く整合されていない面が残ってしまった。この点は、本書では整理できなかったが、本書を英語版の著書にする時までには解決したいと思う。

　このようにして書かれた論文を日本語に訳し直して、日本の研究者および読者を念頭に置いて書き直すということは、元の英文をただ日本語に訳し直すというようなことだけでは済まない作業である。しかしながら、学術書の出版補助を受けるには申請を数回続けなくてはならないと聞いていたので、博士号を授与された年の秋に、将来の日本語での出版のために科学研究費補助「研究成果公開促進費」に応募したところ、1年目の申請でこの「研究成果公開促進費」、いわゆる出版補助が受けられるという通知を1999年の4月に受けた。本来ならば、大幅に加筆して、さらに理論的・方法論的考察を加えてから出版したかったのだが、交付を辞退するよりもそのまま出版にこぎ着けようと考えた。そして、基本的には英文の博士論文を日本語に訳し直し、必要な箇所に説明を加えていくという形で原稿を作成することにした。

　その際に、博士論文委員を念頭において博士論文を書き上げた時点と、日本の大学で教えるようになってから考え始め、感じるようになった問題を意識している現時点とでは、筆者自身の立場が若干異なっているので、日本で教えるようになって考えるようになったことなども出来るだけ付け加えようと思ったが、それは時間的に不可能であった。この2年間で感じたことの一つには、筆者は日本とアメリカで宗教学を学び、結局、アメリカで博士論文を書くことになったが、しかしながら、欧米の研究と同様に、日本の研究も大事にしなくてはならないと思うようになったことがある。このように考えるようになったきっかけは2つほどある。

　1つは「身体」の問題を巡って授業を行い、日本語で書かれた研究書を探した時である。市川浩の『精神としての身体』（1975年）や『〈身〉の構造』（1984年）を読んだ時[3]、マーク・ジョンソン（**Mark Johnson**）が『精神

における身体 —— 意味、想像力、理性の身体的基盤（*The Body in the Mind: The Bodily Basis of Meaning, Imagination, and Reason*）』（1987年）で論じた問題や[4]、トマス・J・ソルダス（Thomas J. Csordas）が『聖なる自己 —— カリスマ的治療の文化現象学（*The Sacred Self: A Cultural Phenomenology of Charismatic Healing*）』（1994年）で論じた身体化あるいは体現化（Embodiment）の問題が既に論じられていたということに気づいた[5]。

もう1つはローレンス・E・サリバン（Lawrence E. Sullivan）が編集した『魅了する力 —— 世界の宗教における音楽（*Enchanting Powers: Music in the World's Religions*）』（1997年）を1998年度の授業で取り上げ、日本語の音楽と宗教に関する著作を探した時のことである[6]。国立民族博物館が藤井知昭を中心に音楽の研究を長年にわたって行っており、その中には宗教と音楽の関係を取り上げた研究も含まれていた。民族音楽叢書として出版された中の水野信男編『儀礼と音楽I —— 世界宗教・民族宗教編』（1990年）と藤井知昭編『儀礼と音楽II —— 民間信仰編』（1991年）に収められている諸論文は、サリバンが編集した著作に含まれている諸論文と較べて遜色のない内容を含んでいる[7]。しかも、共同研究が書物の形で出版されたということは、出版以前に長い間研究がなされていたということを示すものである。

このように日本の研究にも注意を払うべきと考えている現在、欧米の研究だけを参照して書いた博士論文をそのまま日本語に訳すだけでは、学問的にも知的にも不十分に思われる。しかし、時間的な制約のために十分に日本の研究を取り入れることは出来なかった。欧米の研究の良い点と日本の研究の良い点を両方取り入れて、宗教学を展開するのは今後の課題にしたい。

さて、本書の元となった博士論文が成立した経緯を若干説明しておきたい。

カナダ、オンタリオ州にあるイロクォイ・6カ国保留地（The Six

Nations Reserve）に住んでいたセネカ首長のジョン・A・ギブソン（John A. Gibson）が語ったオノンダガ神話を取り上げて、その内容を解釈することが当初の目的であった。この神話を選択した理由はいくつかある。まず、実地研究を行わないで神話の研究をするには、出来るだけ英訳ではなく先住民の言葉で記録されている神話のテキストが必要であると考えていたところ、ギブソンが語った神話の出版されたテキストには、英訳だけではなくオノンダガ語も含まれているということに気づいた。また、さらにこの神話の編訳者のJ・N・B・ヒィウィット（J. N. B. Hewitt）のオノンダガ語の手書き原稿がスミソニアン博物館人類学古文書館に保存されていることを知り、ギブソンが語ったオノンダガ語の神話の原型により近い形に接することができるのではと考えたからである。

　また、イロクォイ関係の研究書を読んでいるうちに、神話の語り手であるジョン・A・ギブソンに関する歴史的情報と彼が生きていた社会的文脈を示す歴史的資料が入手できることが分かったことも、ギブソンの神話を選んだ理由の一つである。具体的には、1992年に出版されたハンニ・ウッドベリー（Hanni Woodbury）が編集・編纂・訳した『連合に関して（*Concerning the League: The Iroquois League Tradition as Dictated in Onondaga by John Arthur Gibson*）』のお陰で[8]、まだ翻訳されていないカユガ語で書かれたギブソンの伝記資料があることを知った。この伝記資料はギブソンの妻が彼の死後、民族学者のA・A・ゴールデンワイザー（A. A. Goldenweiser）に語ったものである。また、このギブソンに関する伝記資料以外にも、6カ国自治議会議事録（the Six Nations Council Minutes）には世襲首長議会（the Hereditary Chiefs Council）の議事録が収められていることを、1954年に出版されたジョン・A・ヌーン（John A. Noon）の6カ国保留地の法と政府に関する研究で知っていた[9]。

　こうして、まず、スミソニアン博物館人類学古文書館でヒィウィットの手書きのオノンダガ語の原稿と出版されたオノンダガ語の原稿を比較し、ギブソンが語った神話の原型に出来るだけ接近しようと試みた。また、ギ

ブソンがオノンダガ神話を語った歴史的文脈と、ギブソンとはどのような首長であったかを調べるために、1995年の秋から96年の春にかけて、何度か6カ国を訪れ、6カ国自治議会記録所（the Six Nations Council Record Office）に保管されている6カ国自治議会議事録のマイクロフィルムの調査を行った。また、ギブソンの妻が語ったカユガ語の伝記資料をカユガ語から英語に訳す作業を6カ国保留地のカユガ首長ジェイコブ・E・トマス（Jacob E. Thomas）氏に依頼し、2週間ほどかけてこの作業を行った。このようにして語り手としてのギブソンの人物像が次第に明らかになり、彼が語った神話の内容を、特に世界の物質性との関連で解釈しようと考えていた。

ところが、マイクロフィルムを調査し、ギブソンの伝記資料の内容が明らかになるにつれて、それまではあまり分からなかったギブソンの人物像が明らかになってきた。折に触れて、この調査の進展具合を博士論文委員会の先生方に報告していたが、そのうちの1人リンカーン教授に途中報告をした時、インディアン事情局の内部資料がどこかに残っており、そこに何かまだ明らかになっていない歴史資料があるかも知れないという助言を受けた。この助言を受けて、当時のインディアン事情局局長E・D・カメロン（E. D. Cameron）に関する資料を探すことにした。そして、カメロンの手帳（Notebook）―― この資料は本書では通信記録と呼んでいるが ―― を調べていた時に出合った史料が博士論文の議論の方向性を一大転換させ、決定づけることになった。

本研究は、ある一つの特別な神話とその歴史との関係をどのように宗教学者として理解出来るかという解釈に関わる試みの結果である。宗教学の中では宗教と歴史の問題は様々な角度から論じられてきた問題である。ここでは、本書の基本的な立場を簡単に述べておきたい。

本書の基本的な立場は宗教学（History of Religions、Religionswissenschaft）の視点である。ここは宗教学史を論ずる場所ではないので詳細な議論は別の著作に譲るとして、筆者の学問的背景を短く述

べることにしたい。

　筆者の基本的な立場は、筑波大学大学院に在学中に荒木美智雄教授から学んだシカゴ大学で展開された宗教学の伝統である。しかし、この立場から様々な示唆を受けつつ、筆者自身がシカゴ大学の先生方から学んだ宗教学の諸問題を取り入れて、自分自身の学問的関心を展開している。荒木教授からはヨワキム・ワッハ（Joachim Wach）[10]、ミルチャ・エリアーデ（Mircea Eliade）[11]、ジョセフ・M・キタガワ（Joseph M. Kitagawa）[12]、チャールズ・H・ロング（Charles H. Long）[13]らの先達の宗教学研究を学んだ。エリアーデについては今さら、説明の必要もないであろう。キタガワ、ロング両教授はヨワキム・ワッハの教授を受けた宗教学者であり、それぞれの立場からワッハの宗教学を展開し、独自の研究領域を開拓している。本書では特にこれらの人々の名前は言及されていないが、宗教の理解という問題を考える時、常に念頭に置いている宗教学者である。

　ところで、アメリカの学問の世界というのは展開が想像以上に早い。1989年に筆者がシカゴ大学で学び始めた時には、既に全く別の学問的関心が展開されていた。アメリカの学問の批判的精神は自らの先生たちの視点や立場にも容赦なく向けられており、日本の学問的風土に馴染んでしまった者には衝撃的であった。当時行われていた批判は、宗教学という一分野だけからの批判ではなく、アメリカの知的環境の中で展開されている批判であり、それはポスト・モダニズムやポスト・コロニアリズムなどとも密接に関連していた。これらの批判の中には首を傾げてしまうようなものもあるが、しかしながら、学問の領域において疑問に思ってはいけないものは一つもないはずである。

　エリアーデに代表される立場への批判の一つに、宗教研究において安易な普遍性が前提とされているのではないか、という批判がある。この批判は、近代西洋が「他者」をも含んだ一般性を、西洋の視点から「普遍性」という範疇で構築してきたものではないか、という疑問の中から生じたものである。エリアーデが行った研究の経緯を考慮すれば、エリアーデにお

ける「普遍」と「特殊」の問題はそれほど単純ではなく、エリアーデに対してなされている批判が必ずしも的を射ていないこともある。また、エリアーデが歴史の問題を取り上げなかったということではないし、また個別の問題を取り上げなかったわけでもない。ここではエリアーデを弁護するつもりはないが、しかしながら、彼も「普遍性」と「特殊性」の関係については注意深い議論を行っている。

また、同時に、この「普遍性」との関連で、宗教現象学などが主張する宗教の本質（essence）という問題も取り上げられている。宗教現象学が主張する本質には、具体的で個別の事象を抽象化された「本質」に解消してしまう危険があると指摘されている。そして、これとの関連で、宗教現象学が主張する宗教の本質も結局は植民地主義的な知的構築に過ぎないのではないか、という批判もなされている。

このように、いかなる学問もそれが形成される大きな知的・社会的環境から逃れられないとしたら、学問的な問題はそれぞれの世代で再検討する必要があると言える。そして、エリアーデや宗教現象学に対するこれらの批判が指し示す方向は、「歴史」の重要性を再び取り上げるということであり、個別の事象をそれ自身において出来る限り理解するということである。エリアーデとの関係だけで考えると、このような批判も意味あるが、宗教学における歴史の重要性は、イタリアの宗教学者であるラファエロ・ペッタツォーニ（Raffaele Pettazzoni）[14]やヴィットリオ・ランテルナーリ（Vittorio Lanternari）[15]らが既に強調している。これらの歴史的宗教研究との違いは、文化相対主義、あるいは文化構築主義との結びつきを強調するものでもある。しかし同時に、宗教学では、単に個別の宗教伝統の研究で終わるのではなく、何かしら適切な比較研究を行い、その比較研究の枠内での一般性あるいは通文化性を探し求める適切な方法を模索しているのが現状である。しかしながら、本書ではこのような比較研究を行っているのではない。本書は「歴史」の問題を中心にして議論を展開している。

このように「歴史」との関連で、従来の宗教学が十分に取り上げてこな

かった問題がいくつも明らかになってきた。それらをすべて本書で取り上げることは出来ないが、本書が扱う事例との関連で言うならば、それは宗教と政治の関係、および象徴の意識的利用という問題である。宗教と政治の関係、特に神話と政治の関係は、日本では津田左右吉の古事記研究などがあり、特に新しい問題ではないが、しかしながら、アメリカの知的文脈では理解できる問題である。

象徴の意識的利用というもう一つの問題は、深層心理学の影響で象徴の問題が無意識の領域の問題としてのみ取り扱われてきた傾向への批判から生まれてきた。特に、象徴の意味が、それを用いる人間の無意識の領域に位置づけられるという、具体的な行為者としての人間の役割を十分に考慮してこなかったことへの批判から生じた問題である。

このような知的・学問的環境で書かれた研究であるので、本書では歴史を強調し、また、出来る限り明らかに出来る歴史との関係で神話の意味を解釈しようと試みている。

しかし、それは歴史学的な意味における歴史の強調ということではない。歴史学的方法は神話が成立する歴史的条件を明らかにし、神話の歴史的意味を示唆する。つまり、神話の外在的意味を明らかにしてくれる。だが、同時に、神話にはそれ自身の宗教的意味があり、この意味の地平を解明することなくしては宗教学者の役割は達成しない。そのためには、結局、神話の読解を試みる研究者が解釈者として神話の意味の理解を試みるしかない。しばしば、現象学的方法や解釈学的方法を神話の解釈に応用するという表現も見られるが、神話あるいは宗教を理解するという問題は応用の問題ではないと思われる。

さて、次に、北米先住民の宗教研究における宗教と歴史の問題を簡単に論じてみよう。

ギブソンのオノンダガ神話を取り上げ、北米先住民の宗教、中でも神話と歴史の関係を論ずる際に念頭にあった問題が3つほどあった。1つはアメリカの宗教学者サム・D・ギル（Sam D. Gill）の『母なる大地（*The*

Mother Earth: An American Story)』(1987年)が引き起こした問題である[16]。ギルはシカゴ大学出身の宗教学者の中で数少ない北米先住民宗教の専門家である。彼は長年北米先住民の宗教研究の重要性を主張してきたが、この著作を出版したことにより、北米先住民の宗教の研究者としての道を断たれてしまった。ギルの学問的および理論的関心は妥当であるが、しかしながら、問題は研究者と研究される先住民との関係が大きく変化したこと、および、この点について彼が十分に考慮することがなかったということである。この2点について簡単に述べてみよう。

　ギルがこの著作で展開した議論は以下のようにまとめることが出来る。ヨーロッパの宗教学者や人類学者の間では、北米先住民の間に「母なる大地」という宗教的観念が古代から存続しているという意見が広まっている。しかしながら、それは女神としての「母なる大地」であり、先住民の宗教伝統においては女神としての「母なる大地」という宗教的観念は本来なかった。先住民の宗教の「母なる大地」を女神として解釈する立場は、一方では、欧米の研究者が作り上げた西洋起源の宗教的観念であり、他方では、先住民がヨーロッパ人から学び、取り入れたものであった。それゆえ、「母なる大地」という女神は先住民の宗教伝統に属する物語というよりも、「アメリカの物語」と呼んだ方が正しいのである。

　確かに、ギルの関心は、このように如何にして先住民は白人から「母なる女神」という宗教的観念を学び受け取ったかという側面にしか向けられていなかった。そして、この視点から先住民の宗教と歴史の問題を取り上げたのである。宗教学者としてのギルの試みは、私見では、ジョナサン・Z・スミス(Jonathan Z. Smith)のマオリの最高神イオ信仰の研究への彼なりの応答であると考えられる[17]。スミスは、最高神イオの信仰はマオリがキリスト教と文化接触した結果生み出されたものであると論じている。

　このようなギルの学問的関心は、それが学問的世界の問題だけにとどまったならば、問題は無かったであろう。しかしながら、研究者と研究者が取り上げる「対象」である先住民との間の政治的関係が、1960年代のアメ

リカン・インディアン運動以降複雑になっていたのである。端的に言えば、研究される「対象」であり、自ら語ることのなかった先住民が、研究者が彼ら自身について書く内容を吟味、分析、検討し、その内容の是非を論ずることが出来るようになったのである。いわゆる、ポスト・コロニアルな歴史状況に我々は置かれているのである。この点についての本書の立場は、後に簡潔に述べることにする。ここでは、研究者と研究者が研究を行おうとする「他者」との関係の問題についてもう少し述べておきたい。

　先住民が、自らについて書かれている内容を吟味、批評できるようになったということは、そして、先住民の批評が、学問的次元を越えて政治的となる時、研究者は研究する相手が承認することだけを書くことが出来るのかという問題が出てくる。もし、そうであるならば、研究者は先住民のスポークスパーソンになるだけではないかという問題が起きて、研究の意義が問われることになる。しかし、これは難しい問題である。なぜならば、かつての人類学的研究というのはほとんどが植民地主義政策の一環として行われていたのであり、「中立」的な様相を呈していたとしても、先住民の立場からすれば、政治的支配の一部でしかなかったのである。それゆえ、人類学的研究も結局は特定の立場から他者である先住民を構築していく知的作業でしかなかったという批判が可能なのである。

　さらに、この問題には2つの側面がある。1つは、過去の曲解された先住民の宗教・文化の解釈とその表示に対する反対の立場から、先住民の宗教については先住民しか語る資格はないという先住民出身の研究者の主張である。この立場を極端にまで推し進めると、研究者は、他者が自らについて語ることを聞くことだけしか出来ず、また、彼自身は自己の「伝統」についてしか語ることが出来ないという主張も可能となる。しかしながら、これらの主張には問題が含まれている。先住民出身の研究者の中には自らについて語ることがそのまま自動的に正当化されると考えている人も見受けられるが、理解という点から言うならば、そのような前提は安易である。この点では先住民であろうが、アメリカ人であろうが、日本人であろうが、

同様である。もう1つは、研究上の問題が、他者について如何に語ることができるのかという認識論的・理論的問題ではなくなり、結局、政治的な問題になってしまうことである。そして、これがギルが陥ってしまった問題である。

　さて、もう少し宗教と歴史の問題に触れておくことにする。北米先住民の宗教と歴史の問題を取り上げた別の研究にヨエル・W・マーティン（Joel W. Martin）の『聖なる反乱 ── 新世界のためのマスコギーの戦い（*The Sacred Revolt: The Muskogees' Struggle for a New World*)』（1991年）がある。マーティンは現在のフロリダ州にいたマスコギーの宗教運動の歴史を取り上げている。マーティンの研究の特徴は、北米先住民の宗教と歴史の問題を扱う際に、先住民が置かれている歴史的状況を先住民自身が如何に理解していたかという視点にある。つまり、歴史研究とは歴史に置かれた人々の世界観を理解することであるという主張である。

　　「マスコギーの予言者運動の反乱は、何千というマスコギーの人々が感じていた最も深い関心に力強く正しく関わった、ドラマ化した宗教運動である。それは彼らの歴史の分岐点に起きた非常に重要な宗教運動である。マスコギーの人々は、彼らのまさに存在そのものが深刻な危機に晒されていることに気づいていた。そして、尋常ならざる経済的・政治的・文化的危機に応答するために、彼らは勇敢にも特別な霊的創造性をもって応じたのである。」[18]

　先住民の宗教と歴史との関係の問題に対するギルとマーティンの方法の相違には、学問的関心の相違以上の違いがある。確かに、ギルはある特別な宗教的観念がどこから派生したかという歴史的起源に関心があり、マーティンは預言者的宗教運動の宗教的・歴史的意味の理解に関心があったという違いはある。しかしながら、ギルが先住民を歴史的力の受け身的で派生的な対象であると見なすのに対して、マーティンは先住民を歴史の積極

的で創造的な行為者と見なす、という点で両者の先住民に対する立場は大きく異なるのである。ジェイス・ウィーバー（Jace Weaver）が書いているように、「問題は、先住民はかつて、そして現在、自己決定的であるか、あるいは複数の意味で自己決定的であるか、どうかである」[19]。本書の立場はマーティンの視点に近く、ホティノンションーニの人々を彼ら自身の歴史の能動的で積極的な行為者であると考える。つまり、先住民自身が歴史の担い手であったという立場である。同様な視点、つまりホティノンションーニの人々を歴史の主人公として見る立場は、イロクォイの歴史研究者であるダニエル・K・リヒター（Daniel K. Richter）の『ロングハウスの試練 ── ヨーロッパ植民地時代のイロクォイ連合の人々（*The Ordeal of the Longhouse: The People of the Iroquois League in the Era of European Colonization*）』（1992年）にも見られる[20]。そして、これら視点が示唆する立場は、先住民はヨーロッパ植民地主義の単なる被害者ではない、という基本的立場である。この立場は、しかしながら、先住民がヨーロッパの、そして、アメリカの植民地主義の抑圧と差別を受けてこなかったということを意味するものではない。

　第2の問題は、既に触れたが、いわゆる「ポスト・コロニアル」状況についてである。この言葉で何を意味するのかは、それを用いる人によって千差万別である。確かに、かつて植民地主義によって抑圧されていた先住民が自らの意見を述べ、植民地化され抑圧され差別されてきた立場から植民地主義的文化と社会を批判するようになったことは良いことだと思う。しかしながら、この知識人による言説は必ずしも先住民の人々が置かれている状況を正しく反映していないと思われる。先住民の人々はいまだ植民地主義的状況に置かれたままである。この点について、チェロキー出身の学者であり弁護士でもあるジェイス・ウィーバーは次のように書いている。

　　　「問題は、世界の3分の2の大部分にとって、植民地主義は死んではいないということである。それは、ホール（Stuart Hall）が示唆して

いるように『後遺症』としてだけ生き残っているのではない。アメリカ先住民は植民地化された人々であり続け、内在的植民地主義の被害者である。内在的植民地主義（Internal colonialism）は古典的な植民地主義（しばしば青い海の植民地主義とも呼ばれる）とは次の点で異なる。植民地主義の古典的形式では、少数の植民者集団が、植民国のメトロポリスから遠く離れた土地を支配し、少数者でありながら、大多数の先住民を支配するが、内在的植民地主義では、先住民は、何世紀もの後で帰るべきメトロポリスを持たない大多数の植民地定住者によって圧倒されてしまっている。」[21]

　北米先住民が今日も植民地主義的状況に置かれているということに気づいたのは、筆者が、短い間ではあったが、6カ国保留地のジェイコブ・E・トマス氏からいろいろとホティノンショーニの伝統について教えてもらう間に、彼が喪失の危機にあるイロクォイ諸言語を教え、保存しようと努力していることを知った時である。つまり、先住民が植民地主義の政治的・社会的・経済的抑圧を受けたことの最も重大な結果の一つは、先住民自身の言語の喪失とそれに伴う宗教伝統の喪失の危機であり、それは現在も進行中なのである。サピア・ウォーフの理論が正しいかどうかは議論の余地があると思うが、しかしながら、微妙で繊細な宗教的意味や宗教的感情を言葉を用いて表現するのに、自身の言語が最良の手段であることには異論はないと思われる。このように自らの言語を失ってしまうということは何を意味するのか、これ自身重大な問題であり、宗教学者は考えなくてはならない問題であると思う。
　第3の問題は、宗教学を含んだ西洋の「宗教」の概念を用いる際に、同じ「宗教」という言葉を用いたとしても、先住民の「宗教」という時は、社会、心理、経済、政治、技術、「宗教」などの様々な人間の領域を含んだ意味の地平を意味するということである。この点について、先のウィーバーが引用している先住民出身の研究者であるジャック・フォーブス（Jack Forbes）の言葉を参照してみよう。

「『宗教』とは、実際には、『生きることである。』私たちの『宗教』は、告白することとか、言うこととか、主張することではない。私たちの『宗教』は行うことであり、望むことであり、探求することであり、夢見ることであり、想像することであり、考えることである。これらすべて、24時間、1日中行うことである。私たちの宗教は、それゆえ、人の人生であり、理想生活などではなく、実際に生きられている生そのものである。

　『宗教』とは祈りではなく、教会ではなく、『有神論』ではなく、『無神論』ではない。それは白人が『宗教』と呼ぶものとは全く関係がない。それは私たちのすべての行為である。もし、虫を踏み付けるならば、それは宗教である。もし、生きている動物に実験をするならば、それは宗教である。もし、カード・ゲームでいかさまをするならば、それは宗教である。もし、有名になることを夢見るならば、それは宗教である。もし、悪意を持って噂話を立てるならば、それは宗教である。もし、不作法で攻撃的であるならば、それは宗教である。私たちが行うこと、そうであること、これらすべてが私たちの宗教である。」[22]

　1人の先住民の著者の意見を鵜呑みにして、それを全先住民の宗教伝統に応用するのが正しいかどうか、という問題や、既に400年以上にわたって西洋社会との接触や結びつきを持っている先住民社会では、西洋的な宗教概念が適用されるような「宗教形態」が現れているという批判もなされよう。また、宗教や文化が社会全体に影響を及ぼしているというのは必ずしも経験的に観察される事実とは異なり、むしろ、それは宗教のイデオロギー的主張であるという批判もある。さらに、本書の課題との関係で言えば、ギブソンの神話が持つ宗教的意義を解釈し解明することが本書の第1の課題であるが、その際に誰の「宗教」概念を用いて、ギブソンの神話を解釈するのか、という問題は残る。また、ギブソン自身が「宗教（religion）」という言葉を使用したかどうかは知ることが出来ないが、もし、使っていたとしたら、彼の言葉遣いを無視して、我々が概念として構築している「宗教」という用語をもって、彼の神話を解釈することの是非も問われるで

あろう。ここでは「宗教」を他の人間的領域から独立し、切り離されているものとして見なすのは、おそらく近代西洋が作り出した概念範疇であり、この視点からのみ先住民の宗教を理解しようとすることは誤解を生む可能性があるということを指摘しておくことにとどめる。

このように本書では、神話と歴史の問題を取り上げるのだけれども、マーシャル・サーリンズ（Marshall Sahlins）が理論的レベルで扱ったような、歴史における文化的構造と行為者の行為の関係の問題は特に取り上げない[23]。サーリンズの研究に触発されて、北米先住民宗教史の分野では、ロバート・A・ブライトマン（Robert A. Brightman）が先住民の宗教伝統の歴史的な宗教的変容の研究について示唆しているが、このような意味での先住民社会における宗教的変化の問題も取り上げない[24]。本書の歴史への視点は、特殊な歴史的時点において語られた神話物語の宗教的および歴史的意味を解釈し、理解することにある。このような狭い意味での歴史の問題を扱うのである。

本書では、このようにある特殊な歴史的条件のもとで成立した神話物語に焦点を当てて研究を行うが、ギブソンは神話を本書で述べるような仕方でのみ語ったということを筆者は主張しているのではない。ギブソンは儀礼の場においては神話を異なる仕方で語ったであろうし、しかも、異なる儀礼の場においてはそれぞれの場に適した仕方で神話を語ったと思われる。彼がそのように神話を語った場合には、本論で展開するような神話を語るということに内含される歴史的および政治的制約性はむしろ弱かったか、あるいはなかったと考え、解釈する方がより妥当であろうと思う。また、儀礼以外の場でも神話を語ったであろうし、その場合でも、本書が取り上げるような構成とは異なる仕方で神話を構成して語ったことであろう。実際、ギブソンが語ったホティノンショーニの起源伝承に関しては、ウィリアム・N・フェントン（William N. Fenton）やハンニ・ウッドベリーが論じているように、ギブソンは時に応じて伝承の内容を変えていたことが知られている[25]。

繰り返し強調しておくが、本書の視点は、あくまでもギブソンが語った神話の中でも特殊な歴史的条件で成立し記録された神話をテキストとして見なし、そのようなテキストが成立した特殊な歴史的条件を明らかにし、それとの関係で神話の歴史的および宗教的意味の解釈を試みるものである。つまり、本書では神話が語られる場とそれを語る人物という側面を考慮することによって神話を研究しようと試みている。このような視点はアルバート・B・ロード（Albert B. Lord）の『物語の歌い手（*The Singer of Tales*）』（1960）や[26]、彼の立場を援用して6カ国保留地のロングハウスでの感謝の祈りの言葉を研究したマイケル・K・フォスター（Michael K. Foster）の『大地から空の上へ ── 4つのロングハウスでの語りの出来事への民族学的研究（*From the Earth to Beyond the Sky: An Ethnographic Approach to Four Longhouse Iroquois Speech Events*）』（1974）で[27]、既に試みられている。それゆえ、本書の視点が革新的で新しいと主張するものではない。ただ、これらの研究との相違は、神話が語られる場が歴史であるという点にある。

このように本論の視点の制約を明確にすることによって、次の2つの問題への本書の立場としておきたい。第1に、今日のホティノンショーニの人々の彼ら自身の宗教および儀礼に関する見解や解釈との関係である。まず、筆者は、ギブソンが語った神話の歴史的特殊性を論ずるという時に、ホティノンショーニのロングハウス宗教の伝統に継続性や持続性が欠いているということを意味してはいないという点を明確にしておきたい。ギブソンは、彼以前のホティノンショーニの人々や彼以降の人々とホティノンショーニの伝統に関しては共有している部分が多いと思われる。それは宗教や文化の継承性という問題であり、この点を否定するものではない。しかしながら、本書の目的は、あくまでもギブソンという一人のホティノンショーニの首長が特殊な歴史的状況で語った特殊な神話テキストの解釈にある。

また、神話の語り手にはその人独自の伝承があり、詳細な点に関して神

話の内容は異なっている。例えば、6カ国保留地のトマス氏を訪れ、彼に神話について知りたいが、構わなければ少し話して欲しいと頼むと、彼は双子の神話について語ってくれた。トマス氏は双子の良い方を「右利きの双子の1人（the Right-Handed Twin）」、双子の悪い方を「左利きの双子の1人（the Left-Handed Twin）」と呼んだ。ギブソンの神話では、前者はデハエーンヒヤワコーンと呼ばれ、後者はオハーアと呼ばれている。このような神話の内容の相違は、どちらが正しいとか間違っているという問題ではなく、伝承の語り手の知識による相違である。

　第2に、今までに築き上げられてきた学問的知識の蓄積をどのように参照するかという問題がある。ギブソンがその神話を語ってから数多くのイロクォイ研究がなされてきた。これらの研究によって、ホティノンショーニの宗教・文化はかなり知られるようになり、その歴史についても随分と明らかになってきた。しかしながら、ギブソンが語った神話の内容の解釈に関してはまだ十分に取り組まれてはいない。特に、本書が取るような視点からギブソンの神話の内容を解釈しようとする研究はイロクォイ研究ではまだなされていない。それゆえ、ギブソンが神話を語った歴史的・社会的状況については多くの研究を参照することが出来るが、その神話の内容の解釈に関しては筆者独自の視点からの解釈を行うしかない。

　しかしながら、本書が取るこのような狭い視点に対して先住民の読者は不思議に思うかもしれない。それは神話の伝承者、あるいは神話を生きる人々の神話の受け取り方や理解の仕方と、そのような神話の伝承者や語り手が語る神話を理解しようとする研究者の立場の相違によると考えて下さることを願う。だが、神話を生きることと、それを理解することは必ずしも同じではないと考えるし、また、そのように生き、伝承している神話を説明することはさらに別の認識論的態度を要求することであると考えられる。

　また、今日のホティノンショーニの人々は、私が本書で展開するギブソンが語った神話の意味の解釈に同意しないかもしれない。実際、本書で展開する解釈が妥当であるかどうかを尋ねることはしなかった。たとえ、

先住民であり、同じロングハウス宗教の伝統に生きるとしても、宗教的理解の仕方にはいくつかの相違点があるだろうし、ギブソンとは異なる歴史的状況に生きていることを考えれば、今日の先住民の人がギブソンの神話を歴史を考慮せずに解釈するならば、それは本書が目指しているものとは異なる。

　そして、アメリカやカナダの世俗的文化の影響や、キリスト教の影響を多大に受けている今日の先住民の人々が、ホティノンションーニの伝統である神話をどの程度継承し、その宗教的意味を理解しているかという問題がさらにある。6カ国保留地のトマス氏を訪れる前に、言語学者のマイケル・K・フォスター博士に、6カ国保留地を訪れ、神話を知っている人に会いに行きたいが、誰が適当な人がいないだろうか、と助言を求めた時、彼は、神話を知っている人はほとんどいない、もしかしたら、トマス氏が知っているかもしれないと教えてくれた。その後6カ国保留地を訪れ、何人かの人々と話しているうちに、実際神話について知っている人がほとんどいないことも分かってきた。このことは今日の先住民が伝統を忘れているということではない。神話という特別の伝統が十分に継承されていないということなのである。

　さらに付け加えるならば、本書は民族学的なフィールドワークに基づいた研究でもない。私は今日のホティノンションーニの人々から神話が語られるのを聞く機会はあったが、ロングハウスの儀礼に参加し参与する機会はなかったことを認めておきたい。このように、もし私がロングハウス儀礼に参加したことがなく、見たこともなければ、ホティノンションーニの神話を理解することは出来ないと主張する先住民の人々はいるであろう。確かに、神話の意味を解釈し理解するために儀礼を「観察」し、それに参加できれば、より良いであろうという意見には賛成するが、この立場に対してはいくつかの疑問を呈しておく必要がある。

　まず、第1に今日の儀礼に関する民族学的観察や知識は、必ずしもそれだけでは、歴史における社会的行為者が過去において語った神話の意味の

解釈を正当化するものではない。なぜならば、今日の儀礼とギブソンが行ったであろう儀礼とは全く同じものではないし、同じ様相を呈していたとしても、それを行う実践者が異なれば、その儀礼的意味も異なってくるであろうから。

　第2に、今日の儀礼参加者が必ずしも神話伝統について知っているわけでもないし、また、神話伝統を知らずとも儀礼に参加し参与することはできるからである。この点に関しては、6カ国を訪問中に、神話については知らずにロングハウス儀礼を行ってきたという人に会ったので、儀礼と神話の関係はそれほど単純なものではないといえる。

　第3に、第2の点と関係してくるが、今日先住民の人々が置かれている厳しい歴史的状況は、儀礼の参加を単に研究者の学問的関心だけで正当化できるものではないのではないか、という疑問である。伝統的言語が失われつつあり、英語しか話せない若者が増えている先住民社会、ロングハウス儀礼が行われるロングハウスでは伝統的言語しか話すことが許されないという規制、このような状況そのものが問いかけてくる歴史的問題があり、同時代人である研究者としてはこの問題にむしろ真摯に取り組むべきである。それゆえ、過去に語られた神話を解釈するために今日の儀礼に参加するというのは、理論的にも倫理的にも慎重にならざるを得ないと言える。

　このように、先住民の読者が今まで説明してきた方法論上の制約について理解し、その範囲内でギブソンの神話の歴史的および宗教的意義を解釈しようとすることが本書の目的であることを十分理解し、その上でなされる私の議論に対する反論や批判は受け入れる用意があることを明記しておきたい。

　本書は非先住民である一研究者による、一人の先住民首長が語った神話を歴史の中で理解しようと試みた結果である。理解ということについて少し述べておこう。宗教学者であるヨアキム・ワッハ（Joachim Wach）は理解について次のように述べている。

「そこで、多かれ少なかれ客体化された表現の理解は、理解しようとするその意図が成功するためには、次の2つの要因が上手く結合していなくてはならない。表現の心理学的意味をその著者（an author）と結びつけることによって、その意味を確かなものにしようとする主観的解釈（the subjective interpretation）と、それをそれ自身で一つの実体と見なし、その意味を解明しようとする客観的解釈（objective interpretation）である。客観的解釈は3つの異なる手続きからなる。それらの3つとは、表現の資料や要素（音、文字、色など）の分析である技術的解釈（technical interpretation）、その作品が如何なる種類のタイプのものであるかを問う属性に関する解釈（generic interpretation）、現象の社会的・歴史的背景と発展を解明しようとする歴史学的・社会学的解釈（the historical and sociological interpretation）、である。もし、統合的理解（an integral understanding）を目指すのであるならば、1つを犠牲にして他の要素を強調することは許されない。」[28]

　この内分けに従えば本書の第3・第4章は歴史学的・社会学的解釈であり、第5章は作品のタイプに関する解釈であり、第6・第7章は主観的解釈であるということができる。
　本書における基本的な視点は、ギブソンは歴史内に生きる者として経済的・政治的・美的・道徳的・物理的などの様々な条件の中で生きていたが、しかし同時に、歴史を生き、歴史と交渉し、様々な場面で神話を語った行動的で積極的な行為者であったと考える立場である。そして、本書で取り上げるギブソンが語ったオノンダガ神話を、このように歴史の中で生きていた人間が特殊な歴史的状況下で民族学者に対して語った歴史的行為の結果であり、記録された歴史的産物であると考える。また、ギブソンが語った神話が歴史的産物であるということは、ギブソンがその神話のすべてを生み出し作り出したということを意味してはいない。彼が神話を語ったということは、彼が生まれ育った社会的環境で、彼の周囲の人々から教えられ獲得した様々な伝統から、彼が置かれた歴史的状況にふさわしいように

神話物語や神話モチーフにある特定の形式を与え、独自の意味を持つように構築したということを意味する。この問題は、最後の章で、ギブソンとは如何なる宗教的人格であったか、という問題を論ずる際に、再び取り上げることにする。

　本書の議論が論ずる主題は次の如くである。

　「ギブソンが語ったオノンダガ神話は、消えつつある伝統をできる限り保存しようとして語られた神話であると従来の研究では見なされてきた。しかしながら、筆者の研究の結果、ギブソンが語った神話は、誰が先住民と彼らの所有物を支配する権威と権力を持つかという問題を巡って、カナダのインディアン事情局に対して行った抵抗の表現である。先住民の権威と権力の問題に関するギブソンの神話の解釈は、デハエーンヒヤワコーン（双子の善なる方）の天上界の権威と権力が大地を支配していること、デハエーンヒヤワコーンは人類創造に際して、大地から先住民だけを創造し、彼の兄弟であるオハーア（双子の悪しき方）が白人を水の泡から創造した、という神話物語の構成に見て取ることができる。ギブソンが語る神話で描かれているロングハウス儀礼の解釈から、それは人間の身体と大地とを象徴的に結合させる大地の産物を食することによって儀礼の参加者は大地の象徴的中心に変容され、次に、儀礼の感情を経験することによって、天上界で同じ儀礼を行う際に同じ感情を経験していると神話の中で描かれている、そのような天上界の神話的存在者と儀礼の参加者を結合する。このように儀礼的に変容され、先住民の儀礼参加者は天上界の権威と権力に参与することになる。このような神話的な主張を通じて、宗教的および神話的根源に政治的な主張を根拠づけたのである。」

　本書の構成は以下の通りである。
　第1章「ホティノンションーニ・イロクォイの宗教と文化の概説」は、本書の日本の読者のために新たに書き加えた章であり、ホティノンション

ーニ・イロクォイの宗教・文化の概説である。本書が取り扱うのは、一つの極めて特殊な神話の解釈であるが、筆者はホティノンショーニ宗教・文化の一般的枠組みの中で議論を進めていくので、それを不明なままにしておいては読者は議論の論点がよく分からないであろうと思ったからである。また、同時にホティノンショーニの宗教の一般的紹介を兼ねている。そして、今までのイロクォイ研究史を簡単に振り返って、本書の研究の位置づけを行っている。

　第2章「ジョン・A・ギブソンが語ったオノンダガ神話」では、まず、ホティノンショーニの伝承の一般的特徴と語り手の特質について考察を加えている。そして、ギブソンが語ったオノンダガ神話がなぜ注目されるのかを理解してもらうために、ヒィウィットが収集した3種類のホティノンショーニの世界創造神話を簡単に要約する。そして、それらが、世界の創造で話が終わっているということを明確にし、ギブソンが語ったオノンダガ神話は世界創造以降の神話時代の出来事を続けて語っているという特徴を示す。そして、第2節ではギブソンの神話の内容を要約し、読者にその内容を知ってもらうことにした。そうすることによって、ギブソンが語ったオノンダガ神話が極めて特徴的な内容を持つものであることが分かるであろう。また、その内容を知らずして、本書で行う解釈や分析が適切かどうかは判断できないから、ギブソンの神話を要約することにしたのである。

　第3章「歴史的文脈 ── 歴史との交渉」では、カナダのインディアン事情局局長であったE・D・カメロンの通信記録を中心として、ギブソンがその神話を語った歴史的状況と文脈を再構築している。ギブソンの神話テキストよりも、その歴史的状況により直接的に関係しているのが、1900年に世襲首長議会によって編纂された『6カ国の伝統的歴史（*Traditional History of the Six Nations*）』という文書である。ギブソンが彼のオノンダガ神話を語った動機は、世襲首長議会がこの『6カ国の伝統的歴史』という文書を作成した動機と非常に近かった。カメロンの通信記録が記録してい

る出来事は所有物の所有者に関する法的事柄に関わっているので、所有物に関する先住民の見解とカナダのインディアン法についても考察している。ギブソンがオノンダガ神話を語った直接的な歴史的状況から、この神話を語ることには宗教的次元だけではなく、政治的、経済的、そして法的次元が含まれていたことが分かる。第1章では、これらの政治的、経済的、法的次元に焦点を当てたが、これらの視点からなされる神話の解釈が神話を語るということの意味をすべて明らかにするというは考えていない。

第4章「伝統主義者ジョン・A・ギブソン」では、ジョン・A・ギブソンが如何なる歴史的背景で伝統主義者として成長していったかを考察している。まず、6カ国保留地における法的・経済的・政治的・宗教的衝突の歴史的背景について論じている。北米におけるヨーロッパ植民地の文化的支配の単なる被害者として先住民を描かないように気をつけて、文化的植民地主義の時代においても、先住民はヨーロッパ文化を受容し吸収していた行動的な行為者であったことを示している。ある先住民はヨーロッパ的な生活の仕方に意義と価値を見いだし、それらを積極的に受け入れた。そして、このような変化の歴史の中で伝統主義者としてのギブソンの歴史的背景を、ギブソン夫人が語った伝記史料や6カ国保留地の世襲議会の議事録を参照して再構築した。

第5章「政治的物語から儀礼的物語へ」では、『6カ国の伝統的歴史』とギブソンが別の機会に語った同じ主題の伝承との間に見られる相違を考察した。前者を主として政治化された伝承と見なし、それに対して、ギブソンの伝承では象徴と儀礼の重要性を強調していることを明らかにした。この相違は前者と後者を区別する特徴であり、それはギブソンがロングハウス宗教の祭司であったことと関わりがあると考える。それゆえ、そのような祭司であるギブソンが語った神話としてオノンダガ神話を解釈する重要性を示唆する。

第6章「デハエーンヒヤワコーンの権威と権力の神話による主張」では、ギブソンの神話の中で描かれている世界生成神話と世界創造神話が持つ政

治的・歴史的意義の解釈を試みた。特に神話的存在者の系譜を考察することによって天上界の首長の権威と権力が如何にして人間にまで継承されていくかを考察した。その際に人類創造神話に焦点を当て、先住民と白人という2種類の人間が創造される意義を考察し、その政治的意義を解釈した。

　第7章「世界の中心としての儀礼的に変容された身体」では、ギブソンの神話で語られている人間の身体と儀礼行為の象徴的意義を考察し、歴史的意義を含んだ宗教的意義を考察した。ギブソンの神話に宗教的意味とともに歴史的・社会的意味を見いだすことは可能であり、また必要である。ギブソンの神話は、儀礼的に変容した身体を世界の中心として提示し、さらに神話論的に天上界と地上界を結ぶ接点でもあることを示していることを論じた。そして、この儀礼における身体の中心性に、彼の政治的主張の宗教的根拠、正統性、規範性を見いだすことができるということを明らかにした。

　第8章「まとめ」では、本書の議論を要約し、その意義と問題点を論じている。

　最後に、本書で用いられているオノンダガ語の表記について若干の説明をしておきたい。もともと口承言語であったオノンダガ語を文字で表記する統一的な表記方法はない。また、辞書もまだない。筆者は言語学者でも音韻論の訓練を受けたわけでもないので、本書では基本的にヒィウィットが用いた表記方法をそのまま用いることにする。しかし、いくつかの言葉はヒィウィットが如何に表記したか知ることはできないので、その際には註で誰の表記方法を借用しているかを明記した。

第1章

ホティノンションーニ・イロクォイの宗教と文化の概説

　本章では、まず初めに、ホティノンションーニ・ロングハウスの人々の宗教伝統を簡単に説明したい。そして、次に、本書の研究がイロクォイ研究の中で如何なる位置を占めるかを示すために、簡単にイロクォイ・ロングハウスの研究史を振り返ってみたい。

　ホティノンションーニ・ロングハウスの人々の宗教伝統の概略を説明しようとしても、それはあくまでも部外者がロングハウスの宗教を理解するには何を知っている必要があるかということを考えて行う説明である。当事者であるホティノンションーニの人々が行う説明や彼らのより危急の関心とは異なるのは当然のことである。例えば、多くの先住民と同じように、ホティノンションーニの人々にとっても、アメリカ合衆国やカナダが彼らと結んだ条約（**Treaty**）を遵守するようにと要求することが、今日大きな関心事の一つであるけれども、この点についてはここでは触れないことにする。

第1節　ホティノンションーニ・イロクォイの宗教と文化の概説

　短い一節でホティノンションーニ・イロクォイの宗教の説明をしようとすると極めて大枠を語ることしかできず、それは誤った説明とならざる得ない。なぜならば、歴史を通じてホティノンションーニの宗教は基本的な

枠組みは維持されているが、多面的には変化しており、しかも、それぞれの地域によって異なる伝統が形成されてきているからである。1950年以降、ウィリアム・N・フェントン（William N. Fenton）が提唱したように、イロクォイ研究が進み、それぞれの地域の特性が意義を持つようになってきたので、それぞれの地域の特徴的なあり方に着目して議論をする必要があるが、ここではこの点についてはあまり触れないことにする[1]。それゆえ、ここで示そうと思うホティノンションーニの宗教伝統の概略は極めて一般化されたホティノンションーニの宗教の説明であるということを強調しておきたい。

　まず、地理的環境から始めよう。ホティノンションーニのイロクォイ連合は、現在のアメリカ合衆国ニューヨーク州の北部から北西部に位置する地域に住居を定めていた。この地域の自然環境の特徴は森林地帯であることにあるが、通常の人類学的研究ではアメリカ合衆国の北東部に位置するので、北東地域と呼ばれることもある。例えば、スミソニアン博物館が出版している『*Handbook of North American Indian*』もこの区分を利用している[2]。この地理学的位置による区分は、北米先住民の研究を行う際に用いられる文化地域（Culture Area）という概念に立脚している。

　文化地域とは、

　　「相互にかなりの程度の類似性を示す生活様式を持ち、しかも、他の地域の人々の生活様式とはかなりの程度の相違性を示すような一群の人々が住んでいる地理的領域である。」[3]

このような概念を用いて最初に北米先住民の文化を区分したのは、アルフレッド・L・クローバー（Alfred L. Kroeber）である[4]。クローバーの区分はハロルド・ドライヴァー（Harold Driver）の『北米インディアン（*North American Indian*）』（1961年）では若干修正されたが[5]、最近では、ダニエル・L・ボクスバーガー（Daniel L. Boxberger）編の『北米先住

民 ── エスノヒストリー的方法（*Native North Americans: An Ethnohistorical Approach*）』（1990年）で用いられている[6]。ジョン・J・コリンズ（John James Collins）の『先住民アメリカの宗教：地理的通覧（*Native American Religions: A Geographical Survey*）』（1990年）では北東地域という名称が用いられているが、この地域の特徴は森林地帯であるということであり、基本的内容は同じである[7]。

　北米先住民の文化地域は北から次のように分類される。

　　（1）極文化地域（the Arctic Culture Area）
　　（2）亜極文化地域（the Subarctic Culture Area）
　　（3）北西海岸文化地域（the Northwest Coast Culture Area）
　　（4）大平原文化地域（the Plains Culture Area）
　　（5）森林文化地域（the Woodland Culture Area）
　　（6）大盆地文化地域（the Great Basin Culture Area）
　　（7）高原文化地域（the Plateau Culture Are）
　　（8）南東文化地域（the Southeast Culure Area）
　　（9）南西文化地域（the Southwest Culture Area）
　　（10）カルフォルニア文化地域（the California Culture Area）

　この文化地域のうち、ホティノンションーニ・イロクォイ連合の人々は第5番目の森林文化地域に属している。この文化地域にこの名称が用いられたのは、その自然環境の特徴が森林地帯であることによる。この地域にはイロクォイ語を話す人々やアルゴンキアン語を話す人々など様々な人々がいた。イロクォイ語（Iroquoian language）を話す人々は北部イロクォイと南部イロクォイとに大きく二手に分かれていた。北部イロクォイには、イロクォイ連合の5カ国以外にヒューロン（Huron）、エリー（Erie）、サスケハノック（Susquehannock）、ペトン（Petun）あるいは煙草の人々（Tobacco People）、ニュートラル（Neutral）、セント・ローレンス・イロクォイ（Saint Laurence Iroquois）などが含まれる。南部イロクォイには後にイロクォイ連合に受け入れられたタスカロラ（Tuscarora）、ジョージ

ア州にいたチェロキー（Cherokee）などが含まれる。これらの南北イロクォイ語が分かれたのは4000年から3500年前頃と考えられている。そして、北イロクォイ語は相互に1500年から1000年ほど前に相互に分かれたものと考えられている。

　考古学者の研究から、ホティノンションーニの祖先たちは南のアパラチアン地域から北の方向へ900年頃移住し、オンタリオ湖の南東部にオワスコ（Owasco）文化を築いた[8]。この頃には以下に述べるようにトウモロコシ、豆、スクワッシュの栽培を始めていたようである。また、この頃にはロングハウスという樹木と樹皮で作られた拡大家族用の家屋が作られていたことが知られている。

　イロクォイ（Iroquois）という通称は、そもそも、ホティノンションーニが隣り合っていたアルゴンキアン語を話す人々と戦争をし合っていた時に、殺し屋を意味する「ヒロコア（Hilokoa）」という語で呼ばれていたことに由来する。この言葉を聞いたフランス人の植民地商人たちがイロクォワという言葉を使うようになり、それが後に英語に取り入れられたのである。

　ホティノンションーニとは「ロングハウス（長い家）の人々」という意味である。通称として用いられているイロクォイ（Iroquois）連合として知られる5カ国は、東からモホーク（Mohawk）、オナイダ（Oneida）、オノンダガ（Onondaga）、カユガ（Cayuga）、セネカ（Seneca）であった。後にタスカロラ（Tuscarora）が加わり、6カ国になるこれらの国々はオンタリオ湖の南側に広がっていた。オノンダガが中心となり、モホークを「東戸（Easter Door）」、セネカを「西戸（Western Door）」と呼んだ。これらの国々の名称はホティノンションーニの自称を英語化したものもあるし、そうでないものもある。モホークは「火打ち石を持つ人々」という意味の「ガネアガオノ（Gä-ne-ä′-ga-o-no′）」が自称である。オナイダは「花崗岩の人々」という意味の「オナヨテカオノ（O-na′-yote-kä-o-no′）」が自称である。オノンダガは「丘の人々」を意味する「オヌンダガオノ

（O-nun´-dä-ga-o-no´）」が自称である。カユガは「大きなパイプを持つ人々、あるいはきたない土地の人々」を意味する「グェウグェオノ（Gwe-u´-gweh -o-no´）」が自称である。セネカは「大きな丘の人々」を意味する「ヌンダワオノ（Nun-da´-wä-o-no´）」が自称である。タスカロラは「短いシャツを着る人々」を意味する「ダスガオウェノ（Dus-ga´-o-weh-o-no´）」が自称である。

　ヨーロッパからの植民者が定住し、自然の様相を変えてしまう前には、ホティノンショーニの人々は森林に囲まれ、森を切り開いて畑を作り、自然の恵みの中で暮らしていた。ホティノンショーニにトウモロコシなどの農耕が伝わるのはCE900年頃であると言われている。トウモロコシの農耕は南米に始まり、北米地域に徐々に伝わり、北東地域にまで広がった。

　北東地域の北の森には、もみの木とカナダツガの木が主に育っていた。南の森には、楓、オーク、ブナ、カンバ、ニレなどがあった。このような森からは多くの木材を手に入れることが出来、これらの木材から木の家を建てたり、カヌーを作ったりした。また、森には食用に使用できる植物もあった。ミズバショウ、アメリカヤマゴボウ、タカトウダイなどがあった。春には楓の蜜を集め、夏の間、様々なベリーが採れた。例えば、苺、ハックルベリー、ブラックベリー、キイチゴなどである。

　森にはまた、様々な動物がいた。鹿、黒熊、ビーバー、ウサギ、マスクラットなどの動物がいた。これらの中で鹿が人々の主食であった。鹿からは肉だけでなく、衣服のための革、道具のための角や骨、紐としての腱、腸、革をなめすため使う脳味噌などを手にすることが出来た。

　言語学者ウォーレス・L・チェイフ（Wallace L. Chafe）が論じているように、森の生活に基盤を持つ伝統の一つである真冬の儀礼（Midwinter Ceremony）で用いられている言葉には分析が不可能な、つまり、意味が解析できない言葉が含まれている。それらの言葉は、彼によれば、おそらく2000年ほど前まで遡ることのできるシャマニズムに由来する儀礼に起源を持つと考えられる[9]。

ところがCE900年頃には北東地域に広まったと考えられる農耕がホティノンションーニの後の生活形態を規定することになる。トウモロコシ、豆、スクワッシュは、3姉妹（Three Sisters）と呼ばれ、同じ場所に植えられて栽培されていた。これらの農作業に従事していたのは女性であり、そのため、ホティノンションーニ社会において女性の地位は高くなったと考えられる。おそらく、そのためであろう、ホティノンションーニ社会は母系継承、妻方居住の社会形態を取り、氏族（Clan）が社会の基本単位であった。共通の女性の祖先を持つ同一氏族の家族が、ロングハウスという樹木と樹皮で作った家屋に住んでいた。このロングハウスは一般的には幅5.5m、高さ5.5m、長さは短いもので6m、長いものでは60mにもなる規模のものがあった。このロングハウスにはいくつもの家族が、それぞれ仕切られた部屋を持ちながら、共同生活をしていた。母系氏族の最年長の女性は氏族の母（Clan Mother）と呼ばれ、氏族の人々に指示を与える役を負っていた。また、同一氏族の者同士は結婚することが出来ない外婚性（exogamous）を取っていた。女性が働き、その所有権と継承権を持つ畑は、しかしながら、男性が開墾することになっていた。

　以上の説明から、ホティノンションーニの宗教伝統は狩猟採集生活の中で培われてた伝統と農耕によって新たに創出された伝統との二重の階層を持っていることが分かる。

　この点に関しては、オカ・ホルトクランツ（Åke Hultkrantz）が北米先住民の諸宗教に共通する諸点の一つとして挙げている特徴と共通する。ホルトクランツは北米先住民の宗教伝統は狩猟に基づく宗教伝統と農耕に基づく宗教伝統が複雑に展開していると述べている。彼によれば、これらの2つの宗教的形態は単純化して示すと、次のようにまとめられる[10]。

　狩猟生活に基づく宗教的形態は以下の要素からなる。

　　動物儀礼（Animal Ceremonialism）
　　霊的力の探求（Quest for Spiritual Power）
　　男性の至高神（Male Supreme Being）

毎年行われる宇宙的再生儀礼
　　　　（Annual Ceremony of Cosmic Rejuvenation）
　　固定された礼拝場所はほとんどない（Few Stationary Cult Places）
　　シャマニズム（Shamanism）
　　地平線の向こうか天空にある死後の生
　　　　（Life after Death beyond the Horizon or in the Sky）
農耕生活に基づく宗教形態は以下の要素からなる。
　　雨と豊饒儀礼（Rain and Fertility Ceremonies）
　　祭司による儀礼（Priestly Ritual）
　　女神と神々（Goddess and Gods）
　　通年の豊饒儀礼（Yearly Round of Fertility Rites）
　　固定化した社や寺院（Permanent Shrines and Temples）
　　宗教的結社の儀礼（Medicine Society Ritualism）
　　地下世界か雲の中の死後の生
　　　　（Life after Death in the Underground or among the Clouds）
　これらの諸要素は、以下のホティノンションーニの宗教の概説を考える上で役に立つ。というのも、一つには、ここでホティノンションーニの宗教伝統として提示するものには、かなりの部分他の北米先住民の宗教伝統と共有する一般的特質があるということを示しているからである。もう一つには、ここで提示するホティノンションーニの宗教の概観というのは歴史的発展を背負ったものでありながら、それは先住民の宗教伝統の、周囲からの影響を受けつつも内発的な展開によるものであるということを意味しているからである。歴史的発展は伝播主義（difusionism）か独立起源主義（independent invention ）かの二者択一という単純な問題ではないと思われる。
　さて、ホティノンションーニの宗教を概観する際にいくつかの側面から考えることが出来る。それは伝承の面から、社会的構造と機能の面から、儀礼の組織とサイクルの面からである。伝承については第2章で詳しく論

ずるので、ここでは主に社会構造と機能に関する説明と儀礼の組織とサイクルについて簡単に述べることにする。

では、まず社会構造と儀礼のサイクルについて簡単に述べることにしよう。

アンネマリー・アンロッド・シモニー（Annemarie Anrod Shimony）によれば、1950年代の6カ国保留地のホティノンションーニ社会には、大きく8つの社会構造上の単位がある。小さいものから順に言うならば、

(1) 核家族（the nuclear family、これに相当するイロクォイ語はない）
(2) オワチラ（ohwachira、拡大家族）かつては母系継承の拡大家族と限定されていたが、今日では明確な定義なしに用いられている。
(3) 父親の親族（the father's kindred、agadōniho′nōʔ）。かつては父親の母系家族と解釈されていたが、現在では父親の双方家族を指す。
(4) 系譜（the lineage）これは母系拡大家族とほぼ同じである。
(5) 氏族（the clan、gasya′deʔ）
(6) 半族（the moiety）この社会構造を示す語はないが、「火の両側（two sides of the fire）」という表現が使われる。
(7) 部族（the tribe）　政治的・儀礼的場では3単位の、あるいは4単位の構造を示す。
(8) 連合（the League）。半族の構造を持つ。3兄弟側（オノンダガ、モホーク、セネカ）と4兄弟側（カユガ、オナイダ、そして、後に受け入れられたタスカロラ、デラウェア、トゥートロなど）に分かれる[11]。

シモニーが挙げているのは歴史的変化の中で形成されてきたホティノンションーニ社会の構成単位であり、中にはかつて最も重要であったがもはやほとんど機能していないと指摘されている氏族も含まれている[12]。

これらの中で、第1番目の核家族はカナダ社会の影響の下で発展した社会単位である。それゆえ、残りが昔ながらの社会構造であると言えるが、しかしながら、歴史の変化の中で、それらは従来と同じ機能を果たしている訳ではない。また、それぞれの保留地の歴史的・社会的状況に応じて、

これらの社会構造の機能も異なっており、一概にこうであると言うこともできない。ここでは19世紀後半の6カ国保留地の状況について考えることにしよう。

6カ国保留地で研究を行ったアレクサンダー・A・ゴールデンワイザー（Alexander A. Goldenweiser）はホティノンショーニの社会組織として胞族（Phratry）、氏族（Clan）、家族（Family）を挙げている[13]。ここで言う胞族は半族（moiety）と同じことを指し、氏族の集まりが二手に分かれて社会的機能を果たすことを意味する。本書の議論にはこの半族の機能と構造の知識が必要になるので、この点について簡単に説明しておきたい。

イロクォイ連合はモホーク、オナイダ、オノンダガ、カユガ、セネカ、タスカロラの6カ国からなる。このうち、モホーク、オノンダガ、セネカが一集団を形成し、オナイダ、カユガ、タスカロラがもう1つの集団を形成する。前者は「3兄弟（Three Brothers）」の側（side）と呼ばれ、後者は「4兄弟（Four Brothers）」の側と呼ばれる。それぞれの集団の中では相互に「兄弟」同士であり、異なる集団とは「従兄弟」同士になる。相互に呼びかけ合う時は、「3兄弟」は「4兄弟」を「年下の兄弟たち」と呼んだり、反対に「4兄弟」は「3兄弟」を「年上の兄弟たち」と呼んだりする。あるいは、「3兄弟」が「おじ（Uncle）」となり、「4兄弟」が「甥（Nephew）」となって、そのように呼び合うこともある。後にも説明されるが、ある首長が亡くなった時、その首長が属している側が「嘆きの側（mourning side）」と呼ばれ、他方の側は「慰めの側（condoling side）」と呼ばれ、後者が前者を儀礼的に慰める。

このような二分法の半族の原理は儀礼の場やゲームの場でも応用される。ラクロスや冬のゲームである槍投げの「スノウ・スネイク（snow-snake）」などで半族同士は競争相手となる。儀礼の場では火を囲んで相対し、相互の側を代表する話し手がもう一方の側に話しかける。夢推測（dream guessing）の儀礼では、夢の内容を推測するのは相手側の人でなければならない。このように、半族の原理が社会構造の構成原理とされるが、しか

しながら、この説明はあくまでも概略化された説明であり、現在では、この半族が十分に機能しなくなっている場合もあるということに注意を促しておきたい。

　では次に、家族について考えてみよう。ここで考えられている家族には2種類がある。1つは自身の父親側と母親側の両方の親族からなる家族である。自身の父親の男兄弟は父親であり、自身の母親の女姉妹は母親である。この集団は家族の儀礼において重要であり、様々な場面で個人を助ける。もう1つの家族は母系家族（maternal family）である。この母系家族には、ある女性の男性と女性の両方の子孫、彼女の女性の子孫の子孫などを含む。この集団は女性による血の結びつきによって構成される集団である。また、個人の名前は氏族が所有する名前から付けられるが、通常はこの母系家族の中で継承される。この集団がある宗教的儀礼の単位を構成することがある。しかしながら、ゴールデンワイザーイーが研究した時には、この宗教的機能は廃れてしまっていたとされている。

　この母系家族が重要なのは、イロクォイ連合の50人の首長を選ぶ権利がこの母系家族に、特に年長の女性、氏族の母（Clan Mother）にあるという点においてである。50人の首長は5つの国に異なる人数が割り当てられている。モホークには9人、オナイダには9人、オノンダガには14人、カユガには10人、セネカには8人がそれぞれ振り当てられている。ある首長が亡くなると、彼が属していた母系家族を中心に氏族の女性たちが集まり、その母系家族に属する男性の中から適切な男性を選ぶ。つまり、首長の称号は彼を軸として兄弟とか息子とかに継承されるのではない。女性たちの集まりが適切な男性を選んだ後で、その候補者の名前を氏族の首長たちに伝える。首長たちが承認すると、今度は半族の反対側に属する首長たちに伝えられ、承認される。そして、次に、イロクォイ連合の場に持って行かれ、そこで亡くなった首長が属していた側に初めに承認され、次に反対側に承認されて、初めて正式に認められることになる。

　この時に行われるのが哀悼儀礼（Condolence Ceremony）であり、この

儀礼を受けた首長が正式なイロクォイ連合の首長であるとされる。この哀悼儀礼は複雑な儀礼からなり、また、この時に唱える儀礼の言葉を思い出すために「ワンパム紐（Wampum Strings）」が用いられる。ワンパムは海で採れる蛤の一種であるホンビノスガイの貝殻をビーズ状に摩滅し、中に糸を通し結んで作る。哀悼儀礼で用いられるワンパム紐は1本のものが大部分であるが、ワンパムを帯状に作ったものがある。それは過去に起きた様々な出来事を記憶するのに用いられ、ワンパム・ベルトと呼ばれている。それらの中には、ホティノンショーニとヨーロッパ植民者、および合衆国との間に作られた条約などを図柄で書き込んでいるものもある。記憶と言ったが、それはそのワンパムの文様に織り込まれた条約締結の歴史物語を記憶している人が見、語ることによって覚えられているということを意味する。

ワンパム・ベルト（otgo?a?）の中で特筆すべきものがいくつかある。例えば、ホティノンショーニの5カ国が連合を形成していることを描いている「5カ国ワンパム（Five Nations Wampum）」がある。これは、それぞれの国が1人の人物に代表され、5人の人が手をお互いに繋いでいる図柄である。植民地時代に作成されたと思われる「2本線のワンパム（Two Row Wampum）」がある。この2本線は、ヨーロッパ人と先住民、特にホティノンショーニの人々とは、平行する2本線のように互いに混じり合うことなく、互いに交渉し合わないということを約束したことを記録しているワンパムである。また、「ジョージ・ワシントン・ワンパム（George Washington Wampum）」は合衆国初代大統領とイロクォイ連合の間に交わされた条約の内容を描いたワンパムである。

ワンパムの多くが博物館に保管されていたが、最近、イロクォイ連合に返却された。これは、先住民の活動家や人類学者たちの運動の成果であり、その返却は歓迎された。しかし問題は、ワンパムに記憶されている話は口承伝統で伝えられてきたのだけれども、それらを覚えている、あるいは知っている人が数少なくなってしまっているということである。それゆえ、

ワンパムを見ても、それぞれの図柄が何の物語を語っているのかを話すことの出来る人がいないのであるから、ワンパムが何を意味しているのか分からないということも起きている。

さて、世襲首長によるホティノンションーニ・イロクォイ連合について簡単に述べておこう。長い間、イロクォイ連合は主に外交、軍事に関わる事柄を取り上げて、議論していた。というのも、それぞれの国の内政的な問題は、氏族が司っていたからである。イロクォイ連合の議論の初めに、オノンダガの首長であるタドダホ（Thadoda'ho ）か、あるいはホノウィイェド（Honōwiye'hdō）が議題を説明し、それを3兄弟であるセネカとモホークの側に送り、そこで議論してもらう。セネカとモホークが議論している間、他の首長たちは黙って聞いている。彼らが結論を出すと、今度は議題を4兄弟であるオナイダ、カユガ、タスカロラ、トュトロの方へ「火を越えて（cross fire）」送られる。4兄弟は議論し、結論を再びセネカとモホークの方へ送り、そして、セネカとモホークからオノンダガへと送られる。セネカとモホークの結論と4兄弟の結論が同じならば、オノンダガも賛成し、議論は終わる。しかし、意見の一致が見られない時は、全体が合意をするまで、議論は続けられる。

ところで、本書の主題であるオノンダガ神話を語ったジョン・A・ギブソンはロングハウス宗教の祭司でもあった[14]。それゆえ、彼の神話を理解するには、ロングハウスの祭司がどのような宗教的および社会的役割を果たしていたのかということを知る必要がある。

ロングハウス宗教の中で様々な役割を果たす人物として、「世話人（Deacon）」、「火の守り手（Fire-Keeper）」、「話し手（Speaker）」が挙げられている。これらの人々がどのような役割を果たすのかを少し見てみることにしよう。これらの人々が果たす役割は不変的なものではなく、時代・地域によって変化するが、ギブソンが生きた19世紀後半に関する資料はないので、ここでは1950年代に6カ国保留地で研究を行ったシモニーの研究を参照することにする[15]。

世話人は、それぞれの半族から男女1人ずつ選ばれる。彼らの主要な役割はロングハウスにおけるすべての行事を計画し、指揮し、円滑に行われるように監視することにある。例えば、儀礼の日取りを決定し、人々にそれを伝える。儀礼の当日は、朝早くからロングハウスに集まり、火をおこす。彼らはロングハウスの出席者のために食事を用意し、儀礼の後にはロングハウスの掃除をする。つまり、世話係である。1900年代初めに6カ国保留地で研究を行ったゴールデンワイザーは、それぞれの氏族に男女3人ずつの執事がいると述べているが、シモニーの時代にはそのようなことはなかった。

　この世話人に選ばれるには3種類の方法がある。1つは世襲によるもの、1つは共同体で良い働き手として知られていて世話人に選ばれるもの、もう1つは世襲首長と関係があり、かつ世襲であるということで選ばれるもの、の3種類である。第1と第2の種類は役割の上では相違なく、ただ世襲世話人にはその役割に従った名称があるという点が違うだけである。第3の種類の世話人は、世襲首長の助手であるために推挙される役割である。首長が任命される時、象徴的に「木」を「覆う」と呼ばれる従者に囲まれる。首長は木であり、従者は幹を囲む小さな枝である。この枝の中から世話人が選ばれる。首長の執事と代理人は首長の甥と呼ばれ、女家長と女性執事は首長の姪と呼ばれる。

　「火の守り手（Fire-Keeper）」はロングハウスの正当性を是認するワンパムを保管し、守る人のことである。氏族や半族とは無関係に、ロングハウス宗教を真摯に信仰している信頼おける人物が選ばれる。なぜ、ワンパムを保管することが大切かというと、ワンパムはロングハウスの具現化であるからである。

　「話し手（Speaker）」は、ロングハウスで伝統的な形式化された儀礼の言葉と、その場に応じた儀礼の言葉を述べるという2種類の儀礼の言葉を話す人物である。「話し手」は任命された公的な地位ではないし、その儀礼的役割を行う義務もない。ただ、ロングハウスにおいて、この儀礼上の役

割を果たす能力があると見なされる人物がこの役を担うことになる。というのも、儀礼の言葉を話す力は創造神から個人に贈られた能力であり、誰もが出来ることではないと考えられているからである。

　話し手の重要な役割の1つが「感謝の祈りの言葉（Ganohenyo、Thanks-Giving Address）」を会衆の前で語ることである。ホティノンショーニの感謝の祈りの言葉は、儀礼の始まりと終わりに述べられるだけではなく、その他の集会の時にも述べられる。儀礼以外の場では短く簡略化された言葉が述べられるが、儀礼の場ではかなり長い時間かかることもある。この「感謝の祈りの言葉」を簡単に説明しておこう。

　6カ国保留地における「感謝の祈りの言葉」の研究はマイケル・K・フォスターが行っているが、ここでは、セネカ保留地のロングハウスで述べられた感謝の祈りの言葉を研究したウォーレス・L・チェイフの研究を参照することにしよう[16]。

　「感謝の祈りの言葉」の対象は16の霊的存在者である。この16の霊的存在者は、存在論的に異なる世界の3層の領域に配されている。第1層は地上界に存在する霊的存在者の領域、第2層は地上界と天上界の中間の天空界に存在する霊的存在者の領域、第3層は天上界に存在する霊的存在者の領域である。感謝の祈りの言葉は第1の地上界から天空界、天上界へと順に向けられていく。これらの3つの領域は分離された領域ではなく、相互に関わり合った領域である。

　第1の地上界に存在する霊的存在者は、人間、大地、植物、水、樹木、動物、鳥、3姉妹（トウモロコシ、豆、スクワッシュ）である。第2の天空界に存在する霊的存在者は、風、雷、太陽、月、星である。第3の天上界の霊的存在者は、ハンサム・レイクを訪れた4人の使者、ハンサム・レイク、そして創造神（Shogwaya'di'sa'i'、He Who Created Our Bodies、Creator、我らの身体を創造された方）である。

　最後の創造神（Creator）という呼び名について一言述べておこう。まず、神性を担った神話的存在者を分類する際に、ユダヤ・キリスト教的な世界

を創造する神のみに創造神あるいは創造主という呼び名を限定して用い、これに対して、世界をすべて創造しない神、つまり、神が世界を創造する以前に既に何らかの世界が存在していた神は必ずしも創造神という呼び名に値しないとし、造化の神と呼ぶ立場がある。この図式に従えば、ロングハウス神話の神は後者に属すると見なされる。しかし、ホティノンションーニの宗教における創造の意味はそれ自身で理解される時、あくまでも創造神という名に値する神である。本書で取り上げるギブソンが語った神話ではデハエーンヒヤワコーン（「天空を両手で掴む方」）と呼ばれる。また、ロングハウスの儀礼においては「我らの身体を創造された方」と呼び、特に身体的存在者としての人間との関係でその神性が理解されている。それゆえ、第2章で見るように、創造神（Creator）と英語で呼ばれる神を創造神と呼ぶことにする。しかし、その名称は内容的には常に特定の意味を持った神であるということに注意を促しておきたい。

　さて、次にロングハウスの儀礼の際に常に述べられる「感謝の祈りの言葉」の内容を簡単に見てみることにしよう。その内容は創造神の創造の業を説明することに焦点が当てられている。第1から第8までは地上界の神話的存在者に対して、第9から第13は天空界の神話的存在者に対して、第14から第16は天上界の神話的存在者に対して、それぞれの感謝の祈りの言葉を話し手が語る。それぞれが終わると会衆は感謝しますという意味の「nyawen'ha」という言葉を口をそろえて言う。

　初めに、創造神が人間を創造したのは、人間が集まり、お互いに感謝し合うためであるということが述べられ、この点が強調される。というのも、創造神が人間の創造に際して次のように定めたからである。「地上を歩き回る人間は感謝の意を表すべきである。」創造神がこのように定めたので、ロングハウスの儀礼では感謝の祈りの言葉が述べられるのである。

　第2に、創造神は大地について次のように述べる。「私は、その上で人間が歩き回る大地を創造する。人間は大地の上に居場所を持つ。人間と大地は親族関係にあるので、人間は大地に『我らの母、大地、我らの足元を支

える方』と呼びかける。人間は大地から幸せになるためのものを与えられるのであるから、人間は大地に感謝すべきである。」

　第3に、創造神は、植物を薬草としても用いられるようにと創造したことが述べられる。創造神が述べた言葉が繰り返される。「大地に植物が成長するように。大地に育成する植物にはすべてに名前がある。時が来ると、植物は大地の中から発育し、それ自身で成長する。大地を動き回る人間は植物を薬として用いる。」

　第4に、創造神が河、湖、池などの水を創造したことが述べられる。創造神は言う。「大地に泉があるように。大地に小川があるように。大地の上と大地の下に河が流れるように。大地の上には池や湖がある。私が大地の上に創造したこれらの水は協力して働く。霧が水をもたらすように。」

　第5に、創造神は大地に生える樹木を創造した。樹木は人間に火を与え、薬を与える。楓の木から蜜が流れる時、人々は集まり感謝の言葉を述べるようにと創造神は人間に言った。

　第6に、創造神は大地を駆けめぐるように動物を創造した。動物は人間に楽しみを与え、人間に食べ物を与える。人間は、創造神が動物を創造する時に意図した通りに動物を用い、感謝しなくてはならない。

　第7に、創造神は羽を持ち、空を飛ぶ生き物を創造した。鳥は時には食物に用いられるために、鳥が創造されたことを人間は感謝しなくてはならない。

　第8に、創造神は人間の世話をするように3姉妹（トウモロコシ、豆、スクワッシュ）を創造した。人間は3姉妹を「姉妹たち、私たちを維持する食べ物」と呼びかけ、感謝の言葉を捧げなくてはならない。

　第9に、創造神は人間の力を強めるために西の方角に風を創造した。「風が存在しなくてはならない。風は大地を動き回る人間を強くする。」風は人間の息を強くするから、人間は風に感謝しなくてはならない。

　第10に、創造神は人間に水をもたらすように西の方角に雷を創造した。創造神は次のように言った。「私は西に住む協力者を持つ。彼らは雲の中で

動き回り、新鮮な水を運んでくる。」人間は雷に「我らの祖父、ヒノ」と呼びかけ、感謝を捧げる。

　第11に、創造神は人間を助けるために太陽を創造し、天空に付けた。創造神は大地の上を動き回る人間の頭上にある空に協力者として太陽を持ち、太陽に地上世界を暖かくするように命じる。

　第12に、創造神は休息のために闇を創造したが、闇の中を出掛ける人間を導くために夜の光、月を創造した。創造神が定めたように月が定期的に満ち欠けをすることに感謝を述べる。人間は月を「我らの祖母、月」と呼びかける。

　第13に、創造神は、夜空に出掛ける人間の道案内になるように、そして、夜の間に水を降らすように、星を創造した。

　第14に、天上界に存在する神話的存在者への感謝の言葉として、ハンサム・レイクを訪れた4人の使者に感謝が述べられる。

　第15に、創造神が地上世界に送った預言者ハンサム・レイクに感謝の祈りの言葉が述べられる。ハンサム・レイクの生涯が簡単に説明され、ホティノンションーニが生まれ変わることが出来たことに感謝する。

　第16に、創造神が自分自身について語る。「私は空の上に住み続ける。空は、大地の上の人間が感謝を最後に述べる場所である。人間は、私が地上に創造したものすべてを見て、感謝すべきであり、地上で成長するすべてのものを見て、感謝すべきである。大地を動き回る人間は互いに愛し合い、感謝すべきである。人間は大地から始まり、目に見えるすべてのものに感謝すべきである。そして、順に上の方へ感謝をすすめ、私が住んでいる所で最後の感謝を捧げる。私は大地を動き回る人間が口にする言葉に常に耳を傾けている。そして、大地に生きる人間の行いを見守っている。」

　実際の感謝の祈りの言葉はもっと長く複雑であり、聞く者に創造神への感謝の念を呼び起こさせる祈りである。

　では次に、ロングハウスで行われる儀礼のサイクルについて簡単に説明しておこう。儀礼のサイクルについては、本論の中で取り上げられるが、

ここでは予備知識として一般的な説明をしておきたい。

　ロングハウスの宗教儀礼には大きく2種類がある。1つは公に共同体の人の多くが参加するロングハウスでの儀礼である。この儀礼は年間を通じて行われ、季節の推移に応じて育つ作物や自然の中の恵みを巡って儀礼が行われる。これらには儀式（ceremony）という語が当てられているので、ここでも儀式と呼ぶことにする。もう1つはしばしば秘密結社（Secret Medicine Society）と呼ばれる集団の儀礼で、誰が参加しているかは参加者以外は知らない儀礼である。儀礼にはそれぞれの地域で異なる仕方があるということ、時代によって変遷があることを強調しておきたい。また、現在は儀礼の行い方を知っている人が少なくなりつつある状況であり、ここで行う説明はあくまでも一般的な説明であるということに読者の注意を促しておきたい。

　現在行われているロングハウスの儀礼は18世紀の末に現れたセネカ預言者ハンサム・レイクの影響を強く受けている。ロングハウスの儀礼の際には、ハンサム・レイクの教えが説教される機会もあるし、儀礼の際に述べられる感謝の祈りでもハンサム・レイクは天上界にいる霊的存在として呼びかけられる。それゆえ、シモニーによれば、ロングハウスで行われる宗教的活動には、ハンサム・レイクの教え、宇宙の各層の霊的存在、あるいは霊的力への祈願（supplication）と感謝の祈り、個々人の健康に関わる活動などから構成されている[17]。ハンサム・レイクについては、後ほど説明するとして、ここでは年間を通じて行われる儀礼のサイクルから始めることにする[18]。

　年間を通じて行われる儀礼は、主にホティノンションーニの世界に存在する霊的力の存在を認め、それらに人間のために行うようにと創造神が与えた役割を果たしてくれていることに感謝し、彼らを喜ばせることが目的である。人間がこのような儀礼を行うので、霊的力は人間のために世界の中でのその役割を果たそうとするのである。

　初めに行われる儀式は「低木の踊り（Bush Dance）」あるいは「立って

いる木（Tree Standing）」の儀式である。この儀礼は、真冬の儀礼が行われた後に行われる。この儀礼はあらゆる種類の樹木の霊に、蜜や果実、薬草、火を与えてくれることに感謝を捧げる儀礼である。この儀礼は女性が中心になって行われる。灰を掻き混ぜる儀礼（Stirring Ashes ritual）や羽踊り（Feather Dance）も行われる。

2番目に行われるのは、楓の蜜が流れ始める時に行う「楓の踊り（Maple Dance）」の儀式である。この儀式では、楓の蜜が再び流れ始めたことに感謝し、蜜が流れ続けることを願う。そして、樹木の霊に煙草を捧げ、羽の踊りを踊る。そして、楓の蜜が会衆に配られる。世話人が柄杓に楓の蜜を取り、1人ずつ渡す。柄杓が渡された人は、蜜に語りかけ、今年も再び楓の蜜を味わうことが出来ることを創造神と楓の木の霊に感謝し、蜜を飲む。同様の儀礼の内容が以下のラズベリーと苺の儀礼でも行われる。

3番目に行われるのは、春の初めに「顔の結社（The Face Society）」が各家庭を訪れ、家屋を浄める儀式である。「顔の結社」は普通「誤った顔の結社（The False Face Society）」と呼ばれているが、本書では一貫して「顔の結社」という呼び名を用いる。この儀礼は、「顔が歩き回る」と呼ばれ、ハドゥイという神話的存在者の顔を形取った仮面を被った人が保留地内の各家庭を訪れる。この儀礼の主要な目的は、世界の西にいる顔の神話的存在者に煙草を捧げ、来る季節に病気を追放するように、また、病気を運ぶつむじ風や作物に被害を与える強風を制御するように頼む儀礼である。

4番目に行われるのは「種蒔きの儀式（Seed Planting Ceremony）」であり、再び種を蒔く季節が来たことを人々に知らせる。儀式の責任者である女性たちは、作物が成長する季節がやって来たことを感謝し、食べ物の霊が作物が成長するのを助けるように、また、雨が降るように祈る。そして、男性と女性の間で儀礼のゲームを行い、トウモロコシ、豆、スクワッシュの3姉妹を楽しませる。

5番目に行われるのは「月と太陽の儀式（Moon and Sun Ceremony）」である。これは男性が主催する。月と太陽の儀礼は、作物が成長する期間

中、月と太陽が作物の成長を助けるように願う儀礼である。

6番目に行われるのは「トウモロコシの発芽の儀式（Corn Sprout Ceremony）」である。これは、トウモロコシが発芽して地上に出てきた時に行われる。食物の霊にトウモロコシが無事成長し、人がトウモロコシを収穫できるまでトウモロコシの成長を助けるようにと願う儀礼である。

7番目に行われるのは「苺の儀式（Strawbery Ceremony）」である。この儀式が行われる前に、ハンサム・レイクの教えを説教する集会が行われる。ハンサム・レイクの教えを説く集会では、人々は自分自身の罪を告白し、浄められることが求められる。苺の儀式は食物の霊と天上界にいる霊的存在者への感謝の祈りの言葉で始まり、楓の蜜の儀式の時と同じように、人々は再び苺の季節に集まれたことを感謝し、今年も苺の飲み物を飲むことが出来ることを感謝し、それを飲む。

8番目に行われるキイチゴの儀礼も、ハンサム・レイクの教えを説くこと以外は、苺の儀式と同じように行われる。

9番目に行われるのは、青豆（Green Bean）の儀式である。この儀式は、女性が主催し、特に豆の食物霊に対して行われる儀礼である。

10番目に行われるのは「雷の儀式（Thunder Ceremony）」である。これは男性が執り行う。雨があまり降らない夏の時期に行われる。雷は、霊的な力を持った7人の老人であり、地上の「顔」に対応する天上界の神話的存在者である。雷は、地下の蛇、地上の危険な動物、雨、風、病気などを制御する力を持っている。この儀礼の目的は、雷に雨を降らせながら国中を回り、嵐を制御し、害虫などから食物を守るように祈願することにある。

11番目の「トウモロコシを試す儀式（Corn Testing Ceremony）」と12番目の「青トウモロコシの儀式（Green Corn Ceremony）」は、成長しているトウモロコシの様子を確認し、収穫まで成長し続けるように食物霊に頼む儀礼である。この儀礼は真冬の儀礼に次いで最も重要な儀礼とされる。この儀礼では創造神から人間に伝えられた4つの聖なる儀礼である「羽踊り（Feather Dance）」、「アドワ（Adṓwa、Chant）」、「皮踊り（Skin

Dance)」、「器のゲーム（Bowl Game)」を行う。真冬の儀礼との違いは、主に個人的な楽しみのための踊りや灰を掻き混ぜる儀礼が含まれないことにある。

13番目に行われるのは「我らの生命を維持する方の儀式（Our Life Supporters Ceremony)」である。これは12番目の「青トウモロコシの儀式（Green Corn Ceremony)」の直後に行われ、食物霊に感謝を捧げる。次に来るのが、農耕儀礼の最後の「収穫祭（Harvest Ceremony)」である。

年間を通じて行われる儀礼のサイクルの最後に行われるのが「真冬の儀式（Midwinter Ceremony)」であり、新年祭とも呼ばれる。「真冬の儀式」はそれだけで1冊の本が書ける程の複雑な儀礼であり、ホティノンショーニ・イロクォイの宗教的儀礼の全体が集約されているとも言われる。この儀礼も歴史を通じて変遷しており、ここで述べる概説が昔からそのままの形で行われてきたことを意味するものではない。ここでは概略だけを簡単にまとめることにする。

真冬の儀礼が行われる時期は昴の位置で決定されていた。西の日没の真上に昴が見える時がほぼ冬至にあたり、この後に来る最初の新月の5日後が真冬の儀礼の第1日目に当たるとされていた。しかしながら、ハンサム・レイクが西洋暦の新年の後に来る最初の新月の5日後が真冬の儀礼の最初の日であると言ったので、現在ではこの方法が取られている。

現在、真冬の儀礼は大きく2つの要素から構成される。1つ目は個人の健康、病気治癒に関わる儀礼で、ヒューロンの夢祭り（Dream Festival）の名残りを留めていると考えられる。もう1つは4つの聖なる儀礼、植物霊に関わる儀礼、ハンサム・レイクの教えと農耕儀礼が複雑に融合した儀礼からなる。前者には「灰を撒き散らす儀礼（Stirring Ashes)」、「顔の結社の儀礼（Face Society Ritual)」、「夢占いの儀礼（Dream Guessing Ritual)」などが含まれる。後者には、20世紀初めに廃止された「白犬の供犠（White Dog Sacrifice)」、話し手が創造神となって現れ、人々が創造神の

歌を歌う儀礼（Creator's Song）、そして先に述べた4つの聖なる儀礼が含まれる。

ホティノンションーニの宗教には以上の他に秘密結社の儀礼や呪術といったものが含まれる。しかし、それらは本書の課題に直接関わりがないので、ここではあまり詳しく述べないことにする。

年間を通じて行われる儀礼は、ある意味では、公的な儀礼と言える。それはホティノンションーニ社会のロングハウス宗教を受け入れているすべての人が参加する儀礼である。ホティノンションーニには、これらの公的な儀礼とは別に秘密結社と呼ばれる、一群の儀礼がある。これらの各々の秘密結社の儀礼にはその成員だけが参加することが出来る。この秘密結社に参加するのは、初めにそれぞれの秘密結社によって病気を治されたり、あるいは夢でその結社の力の源である動物の姿を見て、その結社に儀礼を行ってもらった人だけである。

秘密結社に関しては、20世紀の初めにアーサー・C・パーカー（Arthur C. Parker）がセネカの間で研究を行うまでは部外者にはよく知られていなかった。11の各秘密結社には、それぞれの起源伝承が伝えられており、それぞれ独自の儀礼を行う。パーカーが挙げている秘密結社には以下のものがある[19]。

「小水の結社（Niganĕga″a'、The Little Water Company）」
「闇踊りの結社（Dewanondiissoⁿdaik´ta'、The Dark Dance Society）」
「川獺の結社（Dawando'、The Society of Otters）」
「動物の結社（I' dos oä′no'、Society of Mystic Animals）」
「鷲の結社（Sha″dotgé a、The Eagle Society）」
「熊の結社（Nia'gwai″ oä″no'、The Bear Soceity）」
「バッファローの結社（Degí'ya'goⁿ oä″no'、The Buffalo Society）」
「死者を慰める結社（O'gi´wē oä′no'、Chanters for the Dead）」
「女の結社（Deswadenyationdottū、The Woman's Society）」
「3姉妹の姉妹たちの結社（Towii´sas、Sisters of the Our-Life Supporter）」

「顔の結社（Jadigo[n']sa sho[n]o'、The Face Society）」

これらの中で「鷲の結社」や「顔の結社」は、フェントンによって研究されている。詳しくはフェントンの研究を参照されたい[20]。

これらの秘密結社の儀礼は本書で取り上げる神話の解釈には直接関わりがないので、ここでは特に説明することはしない。また、秘密結社の儀礼は、その英語での名称が示す通り、外部の者に知らせてはならないものである。今日、このような儀礼の内容が出版されたりすることに対して否定的である。これらの秘密結社について知りたい読者はパーカーの論文やエリザベス・トゥッカーが編集した『イロクォイ資料集（*The Iroquois Source Book*）』の第3巻「秘密結社（*Medicine Society Rituals*）」を参照して頂きたい[21]。

また、呪術に関しては、あまり詳しくは知られていないが、デワード・E・ウォーカー（Deward E. Walker）が編集した『アメリカ先住民の魔術と呪術（*Witchcraft and Sorcery of the American Native People*）』（1989年）に収録されているアンネマリー・シモニーの論文を参照されたい[22]。

第2節　ホティノンションーニ・イロクォイ研究史の概略

イロクォイは北米先住民の中でイヌイットやナヴァホとともに最もよく研究されている人々である。1969年に出版されたポール・L・ヴァイマン（Paul L. Weinman）が編集したイロクォイ研究の参考文献集『イロクォイ研究参考文献（*A Bibliography of the Iroquoian Literature, Partially Annotated*）』（1969年）は254頁にわたり、およそ1000以上のタイトルが載せられている[23]。1969年以降も多くのイロクォイ研究が出版されているので、この30年間にその数はさらに増えている。このように膨大な文献があるのでそのすべてに言及することは出来ない。ここでは目に付いた主要な研究だけを挙げることにする。

現代的なイロクォイの研究はルイス・ヘンリー・モルガン（Lewis Henry Morgan）の『イロクォイ連合（League of the Hode'nosaunee, Iroquois）』（1851年）に始まる[24]。また、モルガンのこの研究がアメリカの人類学史の始まりでもあることから、ホティノンションーニ研究がアメリカの人類学において持つ重要性は明らかである。

モルガン以前にもホティノンションーニについて書かれた書物はあった。それらは現代的な人類学的な知見によるものではなく、後から見れば偏見や誤解に満ちている叙述もあるが、歴史的な資料としての価値はある。17世紀以降の資料で主要なものはイエズス会宣教師が本国に送った書簡である。これらの書簡はロイベン・ゴールド・スワイテス（Reuben Gold Thwaites）が編集し、『イエズス会士の書簡と関連文書──1610年から1791年までのニュー・フランスにおけるイエズス会宣教師の旅と探検（The Jesuit Relations and Allied Documents: Travels and Explorations of the Jesuit Missionaries in New France, 1610-1791）』として1891年以降出版されている[25]。これは全部で100巻以上にのぼる膨大な資料である。これらにはホティノンションーニ以外の先住民についての記述が多く含まれ、ヨーロッパからの植民者と先住民とが接触を持った初期の頃の様子を知る上で有用である。これらのイエズス会士の書簡をもとに古代ギリシアやローマの宗教との比較を行ったのがジョセフ・F・ラフィトーの『原始時代の習俗と比較された、アメリカ原住民の習慣（Mœurs des sauvages américains, comparées aux mœurs des premiers temps）』（1724年）である[26]。この著作は、ヨーロッパが「新世界」と出合ってから最初の比較宗教学的研究であるとされる。イエズス会士の書簡集は膨大であるので、一般に利用しやすいように編集され、2巻本として出版されている。それはエドナ・ケントン（Edna Kenton）の『北アメリカのインディアン（The Indians of North America）』（1927年）である[27]。

また、19世紀の半ば、モルガン以前にヘンリー・R・スクールクラフト（Henry R. Schoolcraft）がイロクォイの文化・社会について『イロクォイ

に関する覚え書き（*Notes on the Iroquois*)』（1847年）を書いている[28]。

さて、モルガンの研究以降、学問的なホティノンショーニの研究は急速に増えていく。女性運動を行い、「メリーの子羊」の歌詞を書き、感謝祭を国民の祭りへと高めたサラ・ジョセファ・ヘイル（Sarah Josepha Hale）を母に持つホラシオ・ヘイル（Horatio Hale）は弁護士であり、言語学者でもあった。彼はイロクォイ連合について諸論文を書いたが、なかでもイロクォイ連合の哀悼儀礼（the Condolence Ceremony）の模様を記述し、儀礼の言葉を英語に訳したのはイロクォイ研究にとって大きな貢献であった[29]。オーストリア移民で民族学者のアレキサンダー・A・ゴールデンワイザーはイロクォイの氏族関係や半族の構造を明らかにした[30]。イロクォイの経済活動についてはサラ・ヘンリー・スタイテス（Sara Henry Stites）が『イロクォイの経済（*Economics of the Iroquois*）』（1905年）を書いている[31]。また、イロクォイの宗教と道徳の関係については、モリス・ウォルフ（Morris Wolf）の『イロクォイ宗教、その道徳との関係（*Iroquois Religion: Its Relation to Their Morals*）』（1919年）が取り上げている[32]。

19世紀後半にセネカに養子受けされたハリエット・マックスウェル・コンバース（Harriet Maxwell Converse）は身近で聞いたロングハウスの伝承を書き残した。それは後にセネカ出身の民族学者アーサー・C・パーカー（Arthur C. Parker）によって出版されている[33]。

19世紀から20世紀の初めにかけてはイロクォイ出身の2人の民族学者が活躍した。上記のパーカーはそのうちの1人である。パーカーの論文のうち主要なものをフェントンが編集し、『イロクォイに関するパーカーの論攷（*Parker on the Iroquois: Iroquois Uses of Maize and Other Food Plants; The Code of Handsome Lake, the Seneca Prophet; The Constitution of the Five Nations*）』として出版されている[34]。他にもパーカーはセネカ神話と伝承を収集し、『セネカ神話と伝承（*Seneca Myths & Folk Tales*）』（1923年）として出版している[35]。先に述べた通り、パーカーにはイロクォイの秘密結社の伝承に関する「セネカの秘密結社（*Secret Medicine Societies of* the Seneca)』という貴重な論文もある[36]。

　イロクォイ出身のもう1人の民族学者は、スミソニアン博物館研究員であったJ・N・B・ヒィウィット（John Napoleon Brinton Hewitt）である。彼が生前に出版した著作は少ないが、貴重な研究を残している。なかでも本書で取り上げるジョン・A・ギブソンが語ったオノンダガ神話はヒィウィットが記録したものである。ヒィウィットの代表的な研究は『イロクォイ・コスモロジー　第1部・第2部（Iroquian Cosmology, First Part and Second Part）』（1903年、1928年）である[37]。その他にセネカの伝承を記録した『セネカ神話、フィクション、伝承（Seneca Myths, Fiction and Folk-Tales）』（1918年）がある[38]。また、「オレンダと宗教の定義（Orenda and a Definition of Religion）」（1902年）という、ヨーロッパにおける宗教の起源論争に貢献した論文もある[39]。

　このように貴重な神話や伝承が前世紀の終わりから今世紀の初めにかけて記録され出版されたが、20世紀のイロクォイ研究はウィリアム・N・フェントン（William N. Fenton）の研究を抜きに語ることは出来ない。フェントンはイロクォイ研究の学部長というニックネームを与えられ、その60年以上にわたるイロクォイ研究は他の追随を許さない。フェントンの主な著作を挙げれば以下の通りである。『コールドスプリング・ロングハウスにおけるセネカ儀礼の概略（An Outline of Seneca Ceremonies at Coldspring Longhouse）』（1936年）、『イロクォイの鷲踊り（The Iroquois Eagle Dance: An Offshoot of the Calumet Dance）』（1953年）、『イロクォイの仮面（The False Faces of the Iroquois）』（1987年）、『偉大な法とロングハウス――イロクォイ連合の政治史（The Great Law and the Longhouse: A Political History of the Iroquois Confederacy）』（1998年）などがある[40]。

　文化の再活性化運動（revitalization theory）を提唱したアンソニー・F・C・ウォーレウス（Anthony F. C. Wallace）のセネカ預言者ハンサム・レイクの研究『セネカの死と再生（The Death and Rebirth of the

Seneca)』(1972年) は、ジェームズ・ムーニーのゴースト・ダンスの研究と並んで、北米先住民の間の預言者運動の古典的研究である[41]。

イロクォイの儀礼に関する研究にはフランク・G・スペック (Frank G. Speck) の『カユガ・ロングハウスの真冬の儀礼 (*Midwinter rites of the Cayuga Long House*)』(1949年) やエリザベス・トゥッカー (Elisabeth Tooker) の『イロクォイの真冬の儀礼 (*The Iroquois Ceremonial of Midwinter*)』(1970年) などがある[42]。トゥッカーは『イロクォイ資料集 (*An Iroquois Source Book*)』全3巻を編集し、手に入りにくくなった論文をまとめて出版した[43]。

イロクォイの歴史に関する研究も多くなされている。フランシス・ジェニングス (Francis Jennings) はイロクォイ連合はかつて考えられていたほど強力な「帝国 (Empire)」ではなかったということを『曖昧なイロクォイ帝国 (*The Ambiguoius Iroquois Empire: The Covenant Chain Confederation of Indian Tribes with English Colonies*)』(1984年) で論じた[44]。また、ジェニングスが編集した『イロクォイ外交の歴史と文化 (*The History and Culture of Iroquois Diplomacy: An Interdisciplinary Guide to the Treaties of the Six Nations and Their League*)』(1985年)[45]、バーバラ・グレイモント (Barbara Graymont) の『アメリカ革命におけるイロクォイ (*The Iroquois in the American Revolution*)』(1972年)[46]、ウィリアム・H・アームストロング (William H. Armstrong) の『2つのキャンプの戦士、エリー・パーカー、ユニオン将軍とセネカ首長 (*Warrior in Two Camps: Ely S. Parker, Union General and Seneca Chief*)』(1978年)[47]、ダニエル・K・リヒター (Daniel K. Richter) の『ロングハウスの試練——ヨーロッパ植民地時代のイロクォイ連合の人々 (*The Ordeal of the Longhouse: The Peoples of the Iroquois League in the Era of European Colonization*)』(1992年)[48]、マシュー・デニス (Matthew Dennis) の『平和の景観を耕す——17世紀アメリカにおけるイロクォイとヨーロッパの出合い (*Cultivating a Landscape of Peace: Iroquois-European Encounters in Seventeenth-Century America*)』

（1993年）[49]、などがある。17世紀にイロクォイを訪れたオランダ人が書き残した手記も英語に訳され、それは『モホークとオナイダ国への旅、1634年から1635年（*A Journey into Mohawk and Oneida Country, 1634-1635: The Journal of Harmen Meyndertsz van den Bogaert*）』（1988年）として出版されている[50]。

考古学の分野でも多くの研究がなされている。例えば、ディーン・R・スノウ（Dean R. Snow）の『モホーク谷考古学 ── 場所（*Mohawk Valley Archaeology: The Sites*）』（1995年）と『モホーク谷考古学 ── コレクション（*Mohawk Valley Archaeology: The Collection*）』（1995年）[51]やジェイムズ・W・ブラッドレイ（James W. Bradley）の『オノンダガ・イロクォイの進化 ── 適応していく変化、1500年から1655年（*Evolution of the Onondaga Iroquois: Accommodating Change, 1500-1655*）』（1987年）などがある[52]。スノウは考古学時代から現代までのイロクォイ通史も書いている[53]。

民族学的研究でも質の高い研究が多く行われてきている。例えば、アンネマリー・アンロッド・シモニー（Annemarie Anrod Shimony）の『6カ国保留地のイロクォイ保守主義（*Conservatism among the Iroquois at the Six Nations Reserve*）』（1961年）[54]、サリー・M・ウィーバー（Sally M. Weaver）の『グランド・リバーのイロクォイの間の医療と政治（*Medicine and Politics among the Grand River Iroquois*）』（1972年）[55]、マイケル・K・フォスター（Michael K. Foster）の『大地から空の上へ ── ロングハウスにおける4つの発話への民族学的研究（*From the Earth to Beyond the Sky: An Ethnographic Approach to Four Longhouse Iroquois Speech Events*）』（1974年）[56]などがある。また、イロクォイの植物学的知識を民族学的に再構成したものにジェイムズ・W・ヘーリック（James W. Herrick）の『イロクォイの医薬的植物（*Iroquois Medical Botany*）』（1995年）がある[57]。

イロクォイ研究者たちは第2次世界大戦直後から毎年研究会を開催して

いる。この研究会から学際的研究の成果も現れてきている。マイケル・K・フォスター（Michael K. Foster）、ジャック・カンピシ（Jack Campisi）、マリアン・ミトハン（Marianne Mithun）が編集した『たるきを伸ばして（*Extending the Rafters*）』（1984年）がそれである[58]。

　タイム社が発行しているアメリカン・インディアン・シリーズは既に20冊ほど出版されているが、そのうち1冊がイロクォイに当てられている。『イロクォイの領域（*Realm of the Iroquois*）』（1993年）がそれである[59]。

　このようにイロクォイ研究には長い歴史と蓄積があり、それは現在も進行中である。

　本書の研究はこのイロクォイ研究に少しばかりの貢献をするものである。

第2章

ジョン・A・ギブソンが語ったオノンダガ神話

　筆者が、ギブソンが語ったオノンダガ神話の歴史的研究の必要性を感じたのは、それと他のロングハウス神話と較べた時に、ギブソンの神話には他の神話にはない長さと一貫性という特徴があることに気づいた時である。読者もギブソンが語ったオノンダガ神話と他のホティノンションーニの人が語った神話とを比較してみると、ギブソンの神話の特徴が明確になり、なぜ筆者がギブソンが語った神話の歴史について考える必要を感じたかを分かって頂けると思う。本章では、まず、神話の語り手とは如何なる人物であるのか、どのような人物が神話の語り手として認められるのか、その人が語る神話や伝承の内容が聞き手に正当なものとして受け止められるとはどのようなことであるのか、といった基本的な要素について考えてみたい。そして、次にギブソンがその神話を語ったのと同じ頃に語られ、記録された世界生成および創造神話を3点ほど要約してみたい。そして、第2節では、ギブソンのオノンダガ神話の内容を要約することとする。

第1節　ホティノンションーニの伝承の語り手と物語の特徴

　ここでは伝承の語り手に関する一般的な特徴についてではなく、ホティノンションーニ・イロクォイの神話・伝承の語り手とその内容についての考察を行う。

まず、本書で用いる神話や伝承という言葉の意味を考察しておこう。学問的な用語としてのこれらの言葉は、あくまでも、研究上の便宜的な概念であって、ホティノンションーニの人々がこれらの概念を用いて、ホティノンションーニの物語を分類しているというのではない。例えば、ウィリアム・バスコム（William Bascom）は神話（mythあるいはmythology）と伝承（legend）を次のように区別している。

「神話とは、それらが語られる社会において、遙か昔に起きた出来事を真実として説明していると考えられている散文調の物語である」。
「伝承とは、神話と同じように、語り手と聞き手によって真実と受け止められるが、世界が今日とほとんど同じような、それほど遠い昔ではない時期に設定されている散文調の物語である。」[1]

この区分は内容の相違に着目した定義づけと分類であると言える。しかしながら、このような区別を先住民の宗教では取らないとする立場もある。例えば、サム・D・ギル（Sam D. Gill）とイレーネ・F・サリバン（Irene F. Sullivan）が編集した『アメリカ先住民神話事典（*Dictionary of Native American Mythology*）』（1992年）では、先住民文化の特質を反映している物語はいかなるものでも神話と見なすという立場が取られている[2]。ところが先住民の伝統といっても、地域によって大きな隔たりがある。例えば、イヌイットのように聖なる伝承としての神話は冬にしか話すことが許されていないというような所では、神話をそれが語られる時間との関係で定義することも可能である。しかし、同じ北米先住民といっても、イヌイットの場合とホティノンションーニの場合とでは異なる。ホティノンションーニでは、このように神話を語ることに関して、特定の規則がある訳ではない。

それゆえ、本書では一般的な定義から議論を始めるよりも、ホティノンションーニの例にそって考えていくのが妥当であろうと考える。

ホティノンションーニの宗教を伝承の上からまず考えてみると、その中には主要なものとしては、世界の始まりに関する世界生成および創造神話、イロクォイ連合の起源伝承、セネカ預言者ハンサム・レイクの教えなどが含まれる。世界生成および創造神話は「空の女（Sky Woman）」の話であるとか、双子の神話であると呼ばれることもある。それは、ホティノンションーニの伝承の初めに置かれる世界の始まりに関する神話であり、次節で詳しく述べることにする。2番目のイロクォイ連合の起源伝承は、ホティノンションーニがひと集まりの人々として見なされるまさにその根拠である。この伝承は6カ国保留地では「大いなる平和の法（The Great Law of Peace）」と呼ばれている。そして、この大いなる平和の法をイロクォイ連合の諸国に伝えた人物は「平和の創設者（Peace Maker）」と呼ばれる。彼にはデカナウィダーという名前があるが、ホティノンションーニの人々は尊敬を込めて、彼の名前を直接口にすることはない。このイロクォイ連合の起源伝承の内容は本書を通じて論じられるので、ここで説明するのは繰り返しとなるので、取り上げないことにする。

　ここではホティノンションーニの伝承一般に関して述べられている点を取り上げてみよう。セネカ出身の民族学者であるアーサー・C・パーカーはセネカの神話・伝承を『セネカ神話と伝承（Seneca Myths & Folk Tales）』（1923年）にまとめた[3]。そして、パーカーはホティノンションーニの伝承として人々によって正しいと受け止められるための諸要素を次のようにまとめている。ここではパーカーが用いた用語をそのまま借用し、彼が説明しているところを要約する。

(1) 目に見えない霊（Unseen spirits）。霊がすべての自然の中にあり、良しにつけ悪しきにつけ、人間に影響を与える。霊の望みや計画は人間によって満たされなくてはならない。霊には善なる霊と悪なる霊とがある。

(2) 善なる霊と悪なる霊の対立（Conflict of good and evil spirits）。善なる霊は悪なる霊に常に戦を仕掛けている。

(3) 呪術的力（Magical power）。オレンダ（orenda）あるいは呪術的力と

いうものが存在する。オレンダとは、J・N・B・ヒィウィット（J. N. B. Hewitt）がヒューロン語から借用した言葉で、「力（power）」一般を指す言葉である[4]。そのような力は、その力を持つ人に自然の事物を制御する力を与える。この力は様々な方法で会得される。それは個人の資質であるかも知れないし、お守り（charm）に内在する力かも知れない。徳のある人には善なるオレンダが備わっており、魔女や呪術師の悪なる力よりも、最終的には強い。

(4) 変容（Transformation）。力を持つ存在者（being）は生命体（animate）、非生命体（inanimate）のどちらにでも、いかなる形にも姿を変容することが出来る。自然の中に見られるものは力を持つ存在者の一時的に形を変えた姿かも知れないし、あるいは永遠に形を変えた姿かも知れない。力を持つ動物は人間の姿を取り、人間の間に混じって生活をしているかも知れない。ある人々の集団は動物が姿を変えた集まりかも知れない。

(5) すべての自然は意識を持つ（All nature is conscious）。あらゆる事物は生き、意識を持つ。それらは存在者であり、自然の他の部分と意志の伝達をし合う。自然の中に存在するものに話しかければ、発せられた言葉はそれによって聞き取られ、理解される。

(6) すべての生きている被造物は魂を持つ（All living creatures have souls）。動物も人間と同じ魂を持つ。狩人は自分が殺そうとしている動物の魂を宥め、なぜ殺さなくてはならないか説明しなくてはならない。もし、狩人が礼儀正しく、正しく宥めるならば、優しい動物の魂は彼を助ける。しかし、悪しき動物の魂は狩人を傷つける。すべての被造物の魂は、魂の創造神（Maker of Souls）のもとに、死後戻る。

(7) 魂の主（Master of Souls）。天上界に生命と魂の主がいる。普段は彼の僕である下級の霊に地上世界のことを任せ、自身は天上界のことに関わっている。彼のもとに戻ってきた魂はばらばらにされ、不死の世界で正しく機能するように再構成される。それゆえ、悪とは魂の部分が誤っ

て再構成されてしまったために生じると考えられている。
(8) 幽霊（Ghosts）。死んだ人間や動物の死者の霊は生前住んでいた場所に出没し、「物資化（materializations）」して人間を怯えさせる。徘徊する幽霊は何かを求めているのであり、その願いは受け入れられなくてはならない。幽霊は身体霊（body spirit）であり、心的な人格ではない。
(9) 夢（Dreams）。夢とは魂が寝ている間に身体を離れた時に経験することである。夢の神が魂を夢の経験に導く。夢解釈のために選ばれた人によって夢は解釈されなくてはならない。そのようにして明らかにされた欲望は満たされなくてはならず、満たされなければ、夢を見た人や誤って夢の内容を推測した人に不運が訪れる。
(10) 怪物（Monsters）。人間は滅多に見ることはないが、怪物が存在している。それらは人間の生活や運命に影響を与える。一般にはこれらの怪物は悪を行い、人間を滅ぼそうとしたり、食べようとする。
(11) 魔法使い（Wizards）。魔法使いや魔女や魔術師が存在する。これらは悪い力を持ち、罪のない人々を傷つけようとする。

パーカーがここで述べているのは、神話だけではなく、伝承や説話を含んだすべての領域にまたがる内容であるので、本書で取り上げるギブソンの神話にすべてが当てはまるわけではないということを指摘しておきたい。

このようにパーカーの考えを用いるならば、ホティノンションーニの神話を伝承から区別する特別な理由を見つけることは出来ない。しかしながら、本書で取り上げる物語は、ミルチア・エリアーデ（Mircea Eliade）が述べているように、「神話は聖なる歴史を語る。つまり、時間の初めに起きた原初の出来事を語る」という意味の物語伝承に属している[5]。

さて、次に、これらの伝承を語る人物について考察を加えることにしよう。パーカーは次のように書いている。

「他のイロクォイ諸部族と同じように、セネカの間では、それぞれの定住地には公に認められている物語の語り手がいる。その人の先達

から神秘的な過去の伝承と伝統を注意深く教わった人々である。」[6]

　ホティノンションーニの神話や伝承の語り手には誰でもがなれるわけではない。イロクォイ・ロングハウスの儀礼の言葉を研究したマイケル・K・フォスターによれば、語り手の能力・資質は、本人の努力にもよるが、それ以上に創造神（Creator）から個々人に与えられた能力によるところが大きいとされる[7]。まず、すべての人が神話、伝承、儀礼に関心を持つのではない。それらに関心、興味を持つということからして既に、それは創造神からの賜である。しかしながら、神話、伝承に関心、興味があったとしても、それらを覚えることは容易ではない。記憶力や語り方など語り手として必要とされる資質が備わっているかどうかも重要な点である。神話や伝承の語り手としての資質を与えられている人は無理なく覚えられるという[8]。また、神話や伝承を覚え学ぶためには足しげくロングハウスに通い、神話や伝承が語られるのを聞かなくてはならない。

　このように、語り手の語り手としての能力は個人の才能というよりも、創造神から授けられた能力であると見なされている。それゆえ、語り手は公の場で物語を語る場合は謙虚に語ることが要求される。語り手は自分の語り手としての能力は自身の個人的才能ではなく、創造神がたまたま授けてくれた能力であるということを十分に認識しておく必要がある。聞き手も、語り手が伝承を語る時に謙虚であるかどうかを評価、判断することが出来る。

　語り手が自分の回りに聞き手を見いだすと、これから伝承を語り始めようとすると、合図をする。それに人々が同意の返事をすると、語り手は伝承を語り出す。伝承が語られている間、聞き手は話の区切りの折に「ヘン（hen）」という言葉を発し、話されている内容をよく聞いているということを語り手に知らせる。聞き手がこの応答をしない場合は、語り手は何がおかしいのかを聞き手に尋ねる。

　つまり、物語が語られるというのは、語り手と聞き手の間の相互のコミ

ュニケーションによって成り立つ行為であり、語り手の一方的な話ではない。語り手の質は、実は聞き手が上手な語り手であると判断することによって、決められる。語り手の一方的な自負だけでは成立しないのである。

さて、それでは、聞き手が上手な語り手と見なす語り手とはどのような人物であろうか。フォスターは聞き手が優れた語り手として判断する規準を5点ほど挙げている[9]。

第1は、話される内容に釣り合いが取れているかどうか、という点である。語り手は、それぞれの機会と聞き手に適した内容を事前に考え、それを上手に語ることが要求される。

第2に、伝承の内容を記憶に基づいて正しい順序で語ることが出来るかどうか、という点である。語り手は、話しながら、常に次に何を話すか注意を払いながら、話の内容を構成し、適切な言葉を選択しなくてはならない。

第3に、聞き手が聞いて分かるように、明瞭な発音、リズム感ある話し方、適正な速さで語ることが要求される。また、話す内容に気持ちを込めて語ることが要求される。

第4に、第1の規準と重なるが、語り手は必ずしも自分の住んでいる所だけで話をするのではなく、他のロングハウスや保留地から招待されて伝承を語る場合もある。そのような時に、それぞれの招待先の慣習に応じて、その地で伝承されている内容に従って柔軟に臨機応変に応じる能力が要求される。

第5に、神話や伝承を語る時の公の場にふさわしい、思慮分別のある振る舞いが要求される。

さて、このように物語の良い語り手として評価されるには、語り手の資質や聞き手が判断する語り手の語り手としての技巧などが考慮されていることが分かった。ジョン・Ａ・ギブソンは当時の6カ国保留地の人々によって、ロングハウスの伝統に造詣が深く、上手な語り手として見なされていた、そのような語り手であったのである。

このような側面とともに、次に、物語の語り手の持つ文化的な状況がその物語の内容の構成に影響を与えることも指摘しておきたい。例えば、キリスト教の影響を強く受けた地域で伝承されているロングハウスの神話には、かなりキリスト教的な影響を見いだすことが出来るからである。それを折衷主義（syncretism）と呼ぶことはしないでおきたい。純粋な外部からの影響を何も受けていない伝承や文化などは見つけることが出来ないからである。むしろ、問題となるのは、語り手が語る神話の内容の相違を如何に評価し、理解するかということである。この問題は、ギブソンが語った神話が他のロングハウスの神話と較べて、その長さ、内容、一貫性の点で異なるということが筆者の関心の始まりであったことからも重要である。

　では、具体的にギブソンが語ったオノンダガ神話は他のロングハウス神話と比較して、どのような特徴を示しているかを考察してみよう。まず、ギブソンの神話の特徴を知るために他のホティノンションーニの人々が語った神話の内容を予め知っておく必要がある。ところで、ホティノンションーニの創世神話には、研究者によって共通の要素として指摘される数は異なるが、いくつかの共通の要素が見て取られる。パーカーによれば、ホティノンションーニの世界生成および創造神話には以下の15の要素がある。それらは以下の通りである[10]。

　（1）天上界（Sky World）
　（2）天上界の木（Celestial tree）
　（3）空の女（Sky woman）
　（4）原初の亀（Primal turtle）
　（5）大地潜り（Earth Diver）
　（6）世界樹（World tree）
　（7）空の女から生まれた娘（Female first born）
　（8）汚れのない妊娠（Immaculate conception）
　（9）競合する双子（Rival twins）
　（10）隠された水（Hoarded water）

(11) 父親探し (Father search)
　(12) 息子の試練 (Son testing)
　(13) 人類創造 (Man making)
　(14) 原初の存在者の回帰 (Primal beings return)
　(15) 悪の退散 (Evil banished)
などである。これらの中の大地潜り (Earth Diver) の要素はホティノンショーニーだけではなく、北米各地に広まっている神話である[11]。
　これらの要素は以下で要約する神話に見て取ることが出来る。しかし、すぐに気づくが、これらの共通要素はあくまでも抽象化された共通要素であり、具体的に語られる内容はもっと豊かな要素を持っている。
　まず、ヒィウィットがギブソン以外のホティノンショーニーの人々から収集したイロクォイ神話を、簡単に要約してみよう。ヒィウィットに神話を語った人々はギブソンとほぼ同じ時代に生きていた人々である。彼らが語った神話は非常に似ているが、しかし、微妙な点で異なっている。この差異が問題になる。彼らが同じ頃に生きていたということを考え合わせると、これらの違いは、それらの神話を語った人がどのような人物であり、どのような文化環境で生きていたかということと関係があると思われる。
　さて、世界生成および創造神話は宇宙の形成の生成過程に始まり、双子による世界創造とその完成で話が終わることが多い。出版されたロングハウス宗教の神話の大部分はこの形式に従っている。例えば、ヒィウィットは以下の3つのイロクォイ神話を出版している。1889年に6カ国保留地のオノンダガ首長であるジョン・バック (John Buck) が語り、1897年にその息子 (Joshua Buck) が改訂した版。1896年にニューヨーク州のセネカ・カタラガス居留地の、セネカとデラウェアとイギリスの混血であるジョン・アームストロング (John Armstrong) が語ったセネカ語版。1897年に6カ国保留地のセト・ニューハウス (Seth Newhouse) が語ったモホーク版、の3版である。これらの3つの世界生成および創造神話は宇宙創世が完成した時点で物語は終了している。

ジョン・バックが語ったオノンダガ神話は、出版された形式では約80頁にわたるが、それは1頁の上約3分の1に英訳が、下約3分の2から2分の1にオノンダガ語と行間英訳が付けられているからである[12]。英訳だけの頁数で換算すると、おそらく、50頁あまりであろう。内容の点では天上界での出来事と地上界での双子による世界創造と創造された世界の支配権を巡っての双子の争いが終結するまでである。双子の名前は、良い方はオデンドニア（Odeñdoñni'' ä'、Sapling、若木）であり、悪い方はオハーア（O'ha'ä'、Flint、火打ち石）である。後者の名前はギブソンの神話と同じであるが、前者の名前は異なっている。ギブソンの神話では双子の良い方の名前はデハエーンヒヤワコーンであり、オデンドニアは最初に創造された人間の名前である。また、バックの神話では、なぜ、双子がこのように名付けられたかについての逸話は含まれていない。後に見るように、ギブソンの神話では双子の名前は重要な意味を持つ。

　内容の点では以下のように要約できる。天上界の出来事は以下の通りである。

　天上界の家に男と女がいた。人々が出掛けると女は男の所に行き、男の髪の毛を櫛でといた。ある時少女が妊娠していることが分かると、男が病気になり、死んでしまう。女は娘を生むが、この娘はたちまち大きくなる。するとこの少女は泣き始め、家族はどうしたものかと困惑するが、少女が死んだ男の所に行くと彼女は泣き止む。少女は父親である死んだ男と会話をするようになる。ある時、彼女は死んだ父に天上界の首長（Hao^n'hweñdjiawä''gī'、He-Holds-the-Earth、大地を持つ人）と結婚するように言われる。首長の家で少女は試練を受ける。特にオーロラが彼女を誘惑しようとする。また、首長は自分がホダへ（Hodä''he'、He has a Standing Tree、立っている木を持つ者）とも呼ばれることを明らかにする。少女とホダへが寝ている間に2人の息が混じり合い、少女は妊娠する。ホダへは病気になり、夢を見る。オーロラが夢解きをし、天上界に立ってい

る木を引き抜く。ホダヘは妻にそこに出来た穴に座るように言い、彼女が座ると穴に突き落としてしまう。ホダヘはオーロラと炎の龍に嫉妬をしていたのである。

　彼女が落ちていくと、下の世界の水の上に浮かんでいたアビが、水の底から女性が浮かんでくるのに気づいた。しかし、サギがその女性は上から落ちてきているということに気づいた。そして、誰が土を支えられるか試してみると、亀が土を支えられることが分かった。次に、水の底の土を取りに行くことになった。マスクラットが水の底から土を取ってくるのに成功したが、死んでいた。他のマスクラットたちが水の底に潜り、土を運んできて亀の甲羅の上に載せた。その土の上に、落ちてきた女性は降り立った。すると、亀の甲羅はさらに大きくなった。

　次の日、彼女は鹿、火、燃え木、薪があるのに気づいた。彼女は火を起こし、鹿を引き裂き、その肉を火で炙って食べた。3日後に娘を生んだ。やがて、この娘も大きくなった。

　ある時、母親は娘が誰かと話しているのに気づいた。ある夜、母親は男が娘にもう戻ってこないと言っているのを耳にした。すぐに、娘が妊娠していることが分かった。彼女はお腹の中で2人の子が話をしているのを耳にする。双子が生まれた時、最初に生まれた子は通常の仕方で生まれたが、2番目に生まれた子は脇の下から生まれ、母親を殺した。祖母が誰が母親を殺したのかと尋ねると、2番目に生まれた子が嘘をつき、最初に生まれた子だと言った。祖母は最初に生まれた子を遠くに放り出した。祖母は2番目に生まれた子だけの世話をした。双子はすぐに大きくなった。ある日、外にいる子が祖母に弓と矢を作ってくれるように頼むが、祖母は怒ってしまう。ある日、双子は出掛け、彼らのうちの1人がこの大地に人間が住むようになると言う。この子は自分の名をオデンドニアと告げ、もう1人はオハーアであると言う。

　ある日、オデンドニアが鳥を目がけて矢を放つとはずれてしまい、水の中に落ちてしまった。彼が矢を拾いに水の中に潜ると、水の底に小屋があ

り、男がいた。男は彼に弓と矢、トウモロコシを与え、父親がくれたと言うようにと教えた。

　オデンドニアが自分の小屋に戻り、トウモロコシを火で炒り始めると、美味しそうな匂いが漂った。祖母は匂いに気づき、オハーアを送り、少し分けてくれるように頼むが、オデンドニアは、トウモロコシは人間のためであると言って拒否する。すると、祖母自身がやって来て、同じように頼むが、オデンドニアは再び拒否する。すると、祖母は怒って、灰をつかんでトウモロコシにかけてしまった。また、彼がトウモロコシを茹でていると、祖母が再びやって来て、灰を投げ入れてしまった。

　ある時、オデンドニアは出掛けると、すべての種類の鳥をつがいで作った。次に、身体が大きい動物を同じようにつがいで作った。オハーアは大地を動物が走っているのを見て、洞窟に隠してしまう。しかし、オデンドニアは動物がいなくなってしまったのに気づき、洞窟の岩をどかし、動物を解放した。すぐに祖母とオハーアがやって来て、岩を元に戻した。洞窟のなかに閉じこめられてしまった動物が何頭かいた。

　ある時、オデンドニアが歩いていると、ハドゥイ（**Hadu'i'**）と名乗る男に出会った。彼は自分が大地の主であると主張し、山を動かしてオデンドニアと力較べをすることになった。ハドゥイは山を動かすことが出来なかったが、オデンドニアは山を動かすことが出来、ハドゥイは負けを認めた。ハドゥイは人間を助けると約束した。

　ある時、祖母は双子の死んだ母親の頭を切り取り、太陽にした。母親の身体は月になった。すると、オデンドニアは太陽を祖母から争奪することにし、魚、狐、狸、ビーバーなどの助けをうけた。彼らはカヌーを作って、東の方向へと漕ぎ出した。彼らが太陽を奪って逃げると、祖母はそれに気づき、彼らを追いかけるが、捕まえることは出来なかった。オデンドニアは戻ると、太陽が東から西へと動くようにした。同じことが月にも起きた。

　ある時、オデンドニアは川岸に生き、そこで人間を作った。オデンドニアは人間の身体を作り、口に息を吹き込んだ。こうして、人間は生きるよ

うになった。オデンドニアは人間がこの地を所有すると教えた。続いて、彼は女を作り、息を吹きかけて、生命を与えた。2人は一緒にいたが、男は女のことを何も気に掛けなかった。そこで、オデンドニアは2人が眠っている間に、男のあばら骨を取り、女の胸に入れ、女のあばら骨を取り、男の胸に入れた。女が目を覚ますと、自分のあばら骨がある男の胸を触った。男は目覚め、2人は話し合うようになった。オデンドニアは2人に子孫を作るようにと教えた。

　オハーアはオデンドニアを真似て、人間を創造するが、オデンドニアはオハーアに彼が創造しているのは人間ではなく、猿やフクロウであると言う。オデンドニアはオハーアに止めるように言うが、オハーアは止めないので、オデンドニアはオハーアを地面の下の炎が燃えている所に突き落としてしまう。オハーアはもう一度話し合おうと言い、出てくるが、再び炎が燃えさかっている地面の下に突き落とされてしまう。オデンドニアはオハーアが出て来られないように髪の毛で結んでしまった。

　オデンドニアは年取ってしまったが、また自らの力で若返ることが出来た。このように大地にあるあらゆる物は姿を変えるようになったのである。

　2番目のセネカ語の版は出版された頁数でいうと、34頁であるが、オノンダガ版と同様に上半分に英語訳、下半分にセネカ語テキストと行間英訳がついている[13]。　通常の頁数で言うと、おそらく、10頁あまりであろう。このセネカ版の特徴はまず、天上界での出来事がほとんど語られていないということと双子の争いがないという点である。この特徴は、おそらく、語り手のジョン・アームストロングがロングハウスの祭司ではなかったということに由来しているのかも知れない。

　天上界に首長の家族がいた。ある時、突然首長は寂しくなり、嫉妬で苦しむようになった。天上界のすべての人が集まり、彼の言葉を明らかにしようとする。ある者が天上界の木を引っこ抜きたいと思っていると言葉を

明らかにする。そして、人々が木を根こそぎにし、その後に出来た穴の所に、首長は妻を連れてきて、穴から下に突き落とした。後に、炎の龍に天上界の首長は嫉妬していたことが、明らかにされる。

　天上界に出来た穴から落ちた女性を助けるために神話的存在者たちは相談する。亀は彼女が降りてきた時に降り立つように甲羅を差し出す。亀の甲羅の上に降り立った女は天上界から土を持ってきたことを思い出し、土をまき散らした。すると、土は広がり大地になった。女性が太陽があるようにと思うと、そのようになった。次に、星があるようにと思う。するとそのようになった。このようにして、次々と星が生成した。そして、次に彼女が水の流れが出来るようにと思うと、そのようになった。この女性には娘がいた。娘が野で遊んでいる時に、膝立ちすると風が吹いて気持ちが良いと思った。しばらくして、母親は娘が身ごもっているのに気づく。娘は双子を身ごもっていた。双子が生まれてすぐに母親は死んでしまう。双子のうちの1人は身体がいぼだらけで、彼は母親のお臍から生まれてきた。

　双子はすぐに大きくなった。最初に生まれた方が祖母に父親は誰かと尋ねると、祖母は風が父親であると答えた。少年は父親に会いに行くと言って出掛けた。すぐに父親の小屋に辿り着くが、父親には2人の息子と2人の娘がいた。少年は父親に動物などを作るのを手伝うように頼む。父親は少年と子供たちにフルートを持って、かけっこ競争をするように言う。少年は守護人（つむじ風、ハドゥイのことを指すとヒィウィットは註に書いている。）に助けるように頼む。少年は競争に勝ち、父親は彼に重い袋とフルートを渡す。少年は袋を背負って出掛けるが、途中で疲れて休む。袋の中を調べようと袋を開けると、中から様々な種類の動物が出てきた。家に辿り着き、祖母と兄弟に彼が父親から貰ってきたものを示す。祖母は駆け回っている動物を見て、それぞれに名前を付ける。少年が大地に脂肪の池があるようにと言うと、脂肪の池が出来た。少年は動物に脂肪の池に浸かるようにと命じ、動物が脂肪の池に浸ったので、動物の身体には脂肪が付くようになった。

双子はよく出掛けた。ある時、遠くに出掛けると、悪い力を持った生き物に出会った。悪い力を持った生き物は双子を嫌い、弟の方を殺してしまった。兄の方は大きな声で泣いたので、悪い力を持った生き物は、泣き声で天が落ちると困るので、死んだ弟を生き返らせた。しかし、泣き悲しんだ兄の方は恥ずかしくなり、大地の裂け目を閉じてしまった。生き返った弟に大地の反対側にとどまり、彼らの死んだ母親と同じ道を行くようにと言われた。

　しばらくして、少年は、なぜ祖母が野生のジャガイモを食べないのかと不審に思い、祖母に質問した。祖母は、しかし、ジャガイモを食べていると答える。少年は寝ている振りをして、祖母が何をしようとするのか観察した。すると、祖母は隠していた袋からトウモロコシと骨を取り出し、それをポップコーンにして食べていた。次の日に祖母が出掛けてから、少年は祖母の持ち物を探り、トウモロコシを見つけ、火にかけ、トウモロコシ粥を作り食べた。まだ食べている最中に祖母が帰ってきた。

　少年は出掛け、弓から鹿を作り、矢から狼を作った。そして、自分の姿を老人の姿に変え、近くの村に訪れ、食べ物を食べた。外で狼が吠えているのを聞いて、人々が出掛けると、彼は干してあるトウモロコシを盗んでしまった。彼は家に帰り、祖母に盗んできたトウモロコシを植えるようにと言った。

　少年はビーバーを狩りに行き、持って帰ってきた。祖母と2人でビーバーの皮剥ぎをしたところ、血が地面に溜まった。祖母は少年に血をかけて、これは生理だと言う。少年は男が生理になるのは良くないと言い、血の固まりを取り祖母の足の間に付け、女には生理があるようにと言う。次に少年は山や川が地上にあるようにと言い、そのようになる。それから、少年は祖母に彼の母が準備している家に戻るべきだと言い、2人は空高く昇って行った。

　さて、最後にセト・ニューハウスが語ったモホーク版の内容を見てみる

ことにする。これは出版された頁数では85頁あるが、1頁全体に英語訳が印刷されるならば、おそらく、30頁弱の量である[14]。

　天上界には泣くということも死というものもまだなかった。ある家族にダウン・フェンディッドの兄弟姉妹がいた[15]。少年と少女はロングハウスの南側と北側のそれぞれ離れたところに住んでいた。朝すべての人が出掛けると少女は少年の部屋に行き、彼の髪をとくのを常としていた。やがて、娘が妊娠していることが分かる。出産が間近になると、少年は病気になり、死んでしまった。それは天上界における最初の死であった。少年の遺体は棺桶に入れられ、小屋の上の高い所に用意された場所に置かれた。
　少女が産んだ娘は大きくなった。娘は、ある日突然、泣き出した。少女に棺桶を見せると、少女は泣きやんだ。少女は繰り返し小屋の上に昇り、彼女の死んだ父親と会話をしていた。
　ある日、彼女は母親に、彼女が太陽が昇る所にある村の首長と結婚する時が来たと父親が言った、と伝えた。父親はまた結婚のための準備の説明もした。彼女が出掛ける前に、父親は彼女に旅の途中で起きる出来事、村の首長の家に到着してから起きる出来事などについて説明した。彼女は1度道に迷い、家に戻り、再び道順を尋ねた。しかし、父親は彼女に川のほとりにどのような木を見たか尋ね、彼女の返答を聞くと、彼はそれは正しい道順であると言った。再び彼女は出掛けた。途中、彼女を誘惑しようとする男たちが現れたが、無事に目的地の村に辿り着いた。彼女は首長の家に入り、2人は結婚すると言った。その夜、彼と彼女は足の裏を付け合って寝た。
　次の日、首長は彼女に妻となるための家事の試験を行った。彼は彼女にトウモロコシの料理をさせた。そして、トウモロコシ粥を作っている時、彼女に服を脱ぐように言った。すると彼女の身体に粥が飛び散り、身体が粥で覆われた。首長は自分の2匹の犬を呼び、彼女の身体についた粥を舐めるように言った。2匹の犬の舌は鋭く、彼女の身体は血だらけになったが、

彼女は我慢した。

　次の日、彼女は首長に2人は結婚するのかと尋ねた。彼は結婚する意志として、彼女に肉を渡し、彼女の村に帰り、人々に肉を配るようにと言った。また、彼は夜中に白いトウモロコシを降らすので、屋根を取り除くようにと言った。次の朝、小屋の中はトウモロコシで一杯であった。彼女は首長のもとへ戻っていった。

　ある時、首長が自分は病気だと人々に伝えた。人々は心配し、彼の言葉を明かそうとするがなかなか治らない。ある時、人々は彼にどうしたらよいか質問する。彼は、自分の家に立っている木を根本から引っこ抜き、その穴の側で横になりたいと言った。この木の花は白く、光を放っていた。首長の妻はマットを準備し、彼は穴の脇で横になると、病気がよくなった。首長は彼女に穴の中を覗き込むようにと言い、彼女がそうすると突き落とした。彼は人々に木を元通りにするようにと言った。

　彼女が落ちている時、彼女は下に水があり、そこに多くの水鳥がいるのに気づいた。水鳥たちは亀に甲羅の上に彼女を降り立たせるようにと言った。そして、水鳥たちは飛び上がり、彼女を支えて降りて来て、彼女を亀の甲羅の上に立たせた。何羽かの水鳥が水の下から土を取りに潜った。ビーバーもカワウソも試みたが失敗した。マスクラットも死んで浮かんできたが、今度は口と手の中に泥を一杯にしていた。亀の甲羅の上が泥で一杯になるまで、他のマスクラットも同様に潜り、死んで浮かんできた。この土の上で彼女は眠った。

　次の日の朝起きると、大地は広がり、水際には木が生えていた。やがて、彼女は女の子を産んだ。この女の子は早く成長した。母親は、娘に、男が結婚しようと言い寄って来たら、まず初めに母親に相談してから、と答えるようにと教えた。数人の男が結婚を申し込んだ。ある時、娘が足と手にギザギザがついている者が結婚を申し込んできたと母親に言うと、母親は、それが正しい人であると答えた。夜中にその男は彼女の家に来たが、彼女の横に矢を置いて出掛けた。しばらくして戻ってきて、矢を持って帰って

行った。二度とこの男は戻ってこなかった。すぐにこの娘が妊娠していることが分かった。彼女は双子を身ごもっていた。双子の1人は正しく生まれてきたが、もう1人は母親の脇から生まれ、母親を殺してしまった。死んだ娘を見て、祖母は生まれてきた双子にどちらが母親を殺したのかと尋ねた。1人の身体は火打ち石で出来ており、頭には火打ち石の鋭い櫛がついていた。もう1人の子の身体は人間と同じであった。お互いに相手が母親を殺したと言い合い、最後に身体が火打ち石で出来ている者が勝った。祖母は身体が人間と同じ子を掴み、遠くに投げ飛ばした。祖母は火打ち石の子をたいそうかわいがった。

　祖母は死んだ娘の頭を切り取り、身体と頭を別の所に吊るし、光を放つようにと言った。太陽と月を作ったのである。祖母は火打ち石の子に自分たちだけでこれらの光を使おうと言った。投げ捨てられた子は草むらの中で育っていた。彼は自分で弓と矢を作った。ある時、火打ち石の子はもう1人の子が弓と矢を持っているのを見て、祖母に自分にも弓と矢を作るように頼んだ。祖母は彼に弓と矢を作った。

　ある時、人間と同じ姿の子が鳥をめがけて矢を放つと、矢ははずれ、水の中に落ちてしまった。その子は矢を取りに水の中に潜ると、水の底には水がなく、小屋が建っていた。小屋の中にいる男は、人間と姿が同じ子に、彼の祖母は火打ち石の子の言うことを信じ、彼だけをかわいがっており、2人を差別していると言った。水の底の小屋の男は、自分が人間と同じ姿の子に弓と矢を作ってあげたことを話した。そして、彼は人間と同じ姿の子ににトウモロコシを与えた。そして、彼は自分は少年の父親であることを告げた。彼は偉大な亀（Haniā'tē‵ⁿ'kowā'）であった。

　少年は大地はもっと大きくなれと言いながら岸辺を歩き回った。そして、自分のことをオテロントニア（Oteroñtoñni''ā'、若木）と呼んだ。オテロントニアは土を拾い、まき散らすと、次から次へといろいろな生き物が現れた。彼はそれぞれの生き物の性質を決めた。生き物たちは、彼の子孫を守るのを手伝うと進み出たが、鳩だけが受け入れられた。

火打ち石の子はオテロントニアが行っていることを見て、真似しようとしたが、上手くいかなかった。彼は生き物の身体を正しく作ることが出来なかった。

　ある時、オテロントニアが作った動物の姿が見えなくなった。彼が探していると、シロアシネズミが、火打ち石の子と祖母が動物たちを向こうの岩の山の間に隠したということを伝えた。オテロントニアが動物たちを岩の間から解放していると、火打ち石の子と祖母がそれに気づき、やって来て、再び岩で穴を塞いでしまった。

　ある時、オテロントニアは火打ち石の子が氷の橋を作っているのを見た。火打ち石の子は、向こうの陸地におそろしい生き物がいるが、この橋を渡ってやって来て、これから存在するであろう人間を食べてしまうようにしているのだと答えた。オテロントニアは彼に止めるように言うが、彼は止めなかった。オテロントニアが水辺を歩いていると、ツグミを見かけた。彼はツグミにコオロギを食べるように命じた。ツグミはコオロギを見つけ、それを口にくわえたまま、氷の橋を作っている火打ち石の子の所に飛んでいった。彼がツグミの口からコオロギの足がぶら下がっているのを見て、ツグミが人間を食べたのだと思い、彼は走り去った。

　ある時、空が暗くなった。遙か彼方に日の出のような光があるのを見て、オテロントニアは太陽を捕まえに一緒に行く動物を募った。蜘蛛、ビーバー、ノウサギ、カワウソが参加した。彼らは木のてっぺんに取り付けられている太陽を取った。オテロントニアは、一人の者が太陽を独占するのは良くないと言い、太陽を空高くに放り、空に動くように命じた。そして、人間は太陽を「我らに光を与える偉大な戦士（He is the Great Warrior who supplies us with light）」と呼ぶようにと、彼は言った。月が昇ってくるのを見て、人間は月を「夜中の光、祖母（Our Grandmother, the Noctornal Light）」と呼ぶようにと彼は言った。

　オテロントニアは人間の男と女を創造した。火打ち石の子は彼の兄弟の真似をしようとするが、彼が人間と思って創造した者は人間ではなかった。

それは人間の顔を持った怪物であった。水辺を歩いていると、オテロントニアは水の泡のような白い人間が横たわっているのを見た。彼は兄弟に聞いた。横たわっているだけでは何の役にも立たないではないか、と。火打ち石の子は白い人間を動かそうとしたが、出来なかった。オテロントニアがそれに息を吹き込むと、それは動き出した。彼は女も創造した。

　オテロントニアと火打ち石の子は一緒に小屋に住んでいた。ある時、火打ち石の子はオテロントニアに何を怖がるか、何で殺されるのかと尋ねた。オテロントニアは嘘をついて、スゲの葉とネコの毛の草であると答えた。オテロントニアは火打ち石の子に同じ質問をした。彼は黄色い火打ち石と鹿の角であると答えた。ある時、オテロントニアが大きな火を起こしたことがもとで、2人は喧嘩を始める。火打ち石の子はスゲの葉とネコの毛の草でオテロントニアを殺そうとするが出来なかった。オテロントニアは黄色い火打ち石と鹿の角で彼を撃ち殺した。彼が倒れた所は山になった。

　しばらくすると、オテロントニアは、自分がこの世界を創造した者だと主張する男に出会った。山を動かした者が勝ちという力較べをした。この男は山を動かせなかった。オテロントニアが、その男のすぐ背後に山を動かして、振り返るように言った。この男は急に後ろを振り返ったので、顔を山で打ち、口と鼻が曲がってしまった。彼はオテロントニアに負けを認め、彼を手伝うことを約束した。オテロントニアは、人間は彼を「顔」と呼び、祖父と呼ぶようにと言った。

　また、ある時、オテロントニアは、自分は人間を助けることが出来るので、この世界にいさせて欲しいと願うヒノ（雷）という者に出会った。オテロントニアは彼が何を出来るかを試した。ヒノは空を駆けめぐり、雨を降らせた。オテロントニアは彼に「我らの祖父、彼の声があちらこちらで聞こえる」という名前を与えた。

　以上、ヒィウィットが収集した3種類の世界生成および創造神話を要約したが、これらの間にもかなりの相違が見られることは明らかであろう。

他のホティノンションーニの神話も基本的な筋を共有するが、細かい点で違いがある。それらについてはここで論ずる必要はなく、重要な点は、以下で要約するギブソンが語ったオノンダガ神話が、これらの3神話と較べた時の特徴、つまり、その長さ、一貫性、体系性を持っているということに気づくことである。

　確かに、ギブソンが語った神話の特徴はギブソンという人物の個人的特質によるところもあるかも知れない。しかしながら、本書が明らかにするようにギブソンの個人的特質にもよるであろうが、歴史的要因、つまり外在的要因のために、ギブソンは以下のような形式を持った世界生成および創造神話を語ったということが言える。内容の面で言えば、ギブソンが語ったオノンダガ神話は、宇宙の生成と創造が完成した後の出来事も語り続けているという点で、上記3版と鋭い対立を示している。ギブソンの神話には儀礼の起源を含み、氏族と半族の組織化と成立の話が終わっている。なぜ、氏族と半族の組織化と成立でこの神話の語りは終わっているのか。このような疑問がギブソンが神話を語ったということの歴史的意義を考えるきっかけとなったのである。

第2節　ギブソンが語ったオノンダガ神話

　まず、読者にギブソンが語ったオノンダガ神話を理解してもらうことを目的として、その内容を要約する[16]。この神話で描かれる主要な神話的存在者は以下の通りである。まず、通常は「空の女（the Sky Woman）」と呼ばれるアウェンハーイ（Awẽⁿhāi'）である。彼女は天上界の首長であるホダヘ（Hodä'he'）と結婚するが、彼の嫉妬を買い、天上界の下の暗闇の世界に突き落とされる。アウェンハーイが落下していくことが契機となって、天上界の下の大地の世界が創出される。その地でアウェンハーイは娘を産み、この娘から双子が誕生する。デハエーンヒヤワコーン

（Deʻhaēⁿʻhiyaeāʼkhoⁿʼ）とオハーア（Oʻhāʼäʼ）である。通常、デハエーンヒヤワコーンは双子の善方（the Good Twin）と呼ばれ、オハーアは双子の悪方（the Evil Twin）と呼ばれることもある。以下では便宜上、神話を3つの部分に分けて要約を行う。第1部は、天上界における出来事が中心であり、アウェンハーイが天上界から突き落とされるまでの話である。第2部は、アウェンハーイが天上界から突き落とされてから双子の神々の地上の支配権を巡る争いが終わるまでの話である。第3部は、双子の神々が天上界に去ってしまった後の、人間の世界に起きた出来事と儀礼の起源についてである。

第1部　天上界の出来事

　天上界には母と父、そして息子と娘からなる家族がいた。ある日、父は病気になり、まもなく死ぬことに気づいた。彼は子供たちに子供の間は家の中に隔離されているように、また、彼らは自分に会うことは出来ないが、彼と会話をすることは出来るということを話した。そして、彼が死んでから、彼の身体は高い木の頂上に運ばれた。しばらくして、天上界の首長であるホダヘ（立っている木を持つ者）の所からの使者が、この子供たちの母親のもとを訪れ、天上界の首長がすべての人が彼のもとを訪れて、「彼の言葉」を見つけるよう頼んでいると伝えた。「彼の言葉」を見つけるとは、彼が見た夢の夢解きをするということである。

　このようにしている間、少女はいつも嘆き悲しんでいたので、彼女の兄は木の頂上に彼女を連れていき、父に会わせた。2人がそこに辿り着いた時、彼女は満足して泣き止んだ。しばらくして、天上界の首長のもとから、この女性の家に使者が再び訪れ、彼女の家族だけが天上界の首長のもとを訪れていないので、行くようにと伝えた。母親は天上界の首長のもとを訪れ、誰がその時までに彼を訪れたか聞いた。ホダヘは、太陽、月、星、木、低木、草、動物、鳥、水の泉、流れる水、光、雲、トウモロコシ、カボチャ、煙草、流星、青い空、空気のすべてが彼を訪れたが、風と彼女の家族だけ

がまだ訪れていないと答えた。そして、それまでに彼を訪れた者は彼の言葉を顕わさなかったと述べた。母親は、自分には2人の子供がいて、彼らが彼の言葉を顕わにするだろうが、彼らはまだ小さくて来ることが出来ないと伝えた。ホダヘは、彼らが彼を訪れることが出来るようになる時が来るのを待つと答えた。そうして、母親は家に戻った。

　少女は木の頂上にいる亡くなった父を訪れ続けていた。ある日、彼は彼女に、彼女が天上界の首長のもとを訪れる時が来ると教え、彼を訪れた時に彼女が何と言うべきかを教えた。初めに、どこから彼女はやって来たかと尋ねられたら、父が立っている木を持っている所から来たと答えなさいと教えた。なぜ来たのかと尋ねられたら、彼が催している祭りが理由であると答えなさいと教えた。彼女は名前は何であるかと尋ねられたら、自分の名前はアウェンハーイ（成熟した花）と答えなさいと教えた。それから、ホダヘは彼女に栗の実を錬ったものから食事を作るように頼む。彼女が料理をしていると、栗の実を錬ったものは飛び散り、彼女の身体に引っ付くが、声を出してはいけない。ホダヘは、彼女の身体一杯に栗の実をつぶしたものが付いたのを見て、自分の犬に彼女の身体を舐めるようにと命じる。彼女の父は勇気を絞って声を出してはいけないと教えた。もし、彼女が声を出さなければ、彼女は試練に耐えたことになる。次に、彼女の父は、ホダヘは次のような夢を見たと言うであろう。それは、天上界の存在者たちが彼の立っている木の根を引っこ抜き、彼と彼女がその跡の穴に腰掛け、彼女の足は穴の下にぶら下がっている、という夢である。このように言って、彼女の父は指示を終えた。彼女は彼女の兄のもとに行き、彼女が行くべき時が来たと告げた。彼は彼女に自分のことをデハドンフェーンデジイェーンドンス（De'hadonhwēndjiyen'dons、彼は大地を揺らす）という名前で覚えているようにと述べた。

　アウェンハーイがホダヘの所に着いた時、彼女の父があらかじめ話しておいたように出来事が起きた。そして、ホダヘが彼女の名前がアウェンハーイであることを知った時、彼は次のように述べた。彼女の訪れを感謝し、

自分が祝祭を催した目的が達せられたこと、彼女は死んでいく花の問題を解決してくれるであろうということ、そして、すべてが再び新しくなるであろうということ。しかし、ホダヘはアウェンハーイに、川に水を汲みに出掛ける時、道で彼女に話しかける者に応じてはいけないと注意した。彼女は最初に水を汲みに出掛けた時、彼女は彼の命令を守ることが出来なかった。ホダヘは、彼女の母親がまだ彼を訪れていないから、彼女は失敗したのだと思った。そして、彼女に、家に戻って、母親に、彼らの結婚を承認するために彼を訪れるようにと伝えるように言った。そして、アウェンハーイの母親がホダヘのもとを訪れて、ホダヘとアウェンハーイの結婚は正式に認められた。彼はアウェンハーイに、再び出掛け水を汲んでくるように言った。彼は、再び、彼女に話しかける人には誰にも答えないようにと彼女に言った。今度は、アウェンハーイは彼女に話しかける人には応答しなかった。彼女が受け答えをしないと、彼女に話しかけた者たちは姿を動物の姿に変えて、去って行ってしまった。こうして、彼女の試練は終わった。ホダヘとアウェンハーイは足の裏と足の裏を合わせて寝た。彼らが起きている時は、彼らの息は出会い、交じわった。

　しばらくして、ホダヘはアウェンハーイが妊娠していることに気づいた。彼女が妊娠した為にホダヘは嫉妬してしまった。他の天上界の住民たちに、自分は夢を見た、その夢の夢解きをするようにと頼んだ。天上界の存在者たちがほとんどが失敗してから、炎の龍がホダヘに、ホダヘの立っている木を根っこから引き抜くようにと言った。ホダヘはこれを聞いて、自分の夢の意味がはっきり分かったと言い、他の者たちに自分の木が立っている所に行き、木を根っこから引き抜くようにと言った。木が根っこから引き抜かれ、その跡には穴だけが残った。ホダヘはアウェンハーイに、穴の所にやって来て、そこに座り、自分と一緒に食事をしようと誘った。アウェンハーイが穴の端に座った時、ホダヘはアウェンハーイを穴の中に突き落とした。

第2部　世界生成および創造

　アウェンハーイが天上界から落ちてくる時、炎の龍は彼女に連れ添って来て、天上界と下にある水の間の中間地点まで彼女を支えた。そして、下の水に向かってアウェンハーイが落ちて行く前に、炎の龍は彼女に乾いたトウモロコシと乾いた肉をあげた。その頃、下の水の上に漂っていた鳥の存在者たちはアウェンハーイが天上界から落ちて来るのに気づき、飛び上がって彼女を支えた。そして、彼女を支えるためのものを探しに、何匹かの生き物たちが水の下に潜っていったが、死んで浮かんできた。やがて、ビーバーが潜っていったが、やはり死んで浮かんできた。しかし、その口と手には土があった。亀が自分の甲羅の上で土を支えると申し出た。土を亀の甲羅の上に置いたとたん、土は水平線の方向に広がり始めた。その上にアウェンハーイは降り立ち、すぐに女の子を産んだ。その少女はすぐに成長して大きくなった。

　ある日、アウェンハーイの娘が1人で歩き回っていた時、彼女はある男が自分を見ているのに気づいた。彼は彼女に結婚を申し込んだ。彼女は彼の姿形を注意深く観察して、彼の外被は黄色であることに気づいた。アウェンハーイは彼に、自分は母親と相談しなくてはならないと言って、家に帰った。彼女は母親にこの出来事を説明した。アウェンハーイは彼女に男がどのような格好であったか、彼の外被はどのような色であったか尋ねた。娘は自分が見た通りをアウェンハーイに話した。アウェンハーイは男の申し出に同意せず、娘に、男に会いに行って、そのように言うようにと命じた。娘は男に会いに行き、母親の返答を伝えた。男は去って行ったが、その時に姿を狐に変えた。少女は別の男に出会い、結婚を申し込まれた。今度は、男の顔は黒く、彼の外被は灰色であった。また、アウェンハーイは同意しなかった。少女が男に母親の返答を伝えた時、男は去り、そして、アライグマに姿を変えた。少女は3人目の男に会った。今度の男は、身体が汚く、身体中に長い貝を付けていた。男は少女に結婚を申し込んだ。少女は母親のもとに行き、彼の姿形を説明した。今度は、アウェンハーイは

同意し、娘に、男の所に行き、母親が同意したことを伝えるようにと言った。少女は男の所に行き、彼女の母親が同意したことを伝えた。男は後で彼女の所に会いに来ると言った。夜遅くに、男は彼女の住まいにやって来て、1本には火打ち石が付いており、もう1本には何も付いていない、そのような2本の矢を置いて、立ち去った。やがて、少女は自分が身ごもっているのに気づいた。彼女は自分の中で2人の子供が会話をしているのを聞いた。彼らはお互いに誕生した後で何をするつもりか、と尋ね合っていた。1人は人間と動物を創造すると言った。もう1人は何か別のことをすると言った。そして、2人はどこから出て行くつもりか尋ね合った。1人は母親の脇の下から出て行くと答えた。もう1人は、そのようなことをすると、母親を殺すことになると忠告した。最初に生まれた者は通常の仕方で生まれたが、2番目に生まれた者は母親の脇の下から生まれ、母親を殺してしまった。アウェンハーイは殺された母親を埋めて、10日目の終わりに生き返るであろうと言った。

　アウェンハーイは2人の男の子たちにどこからやって来たのかと尋ねた。1人目は、彼は自分が来た場所を知っており、そこに戻っていくと答えた。そして、彼は自分は空から来、両手で自分が来た場所を掴み続けると答えた。そこで、アウェンハーイは彼をデハエーンヒヤワコーン（彼は両手で天を掴む）と名付けた。もう1人の男の子は、自分がどこからやって来たか、どこへ帰っていくかは考えない。この大地に辿りついたことで満足であり、父がくれたものを信頼していると答えた。アウェンハーイは父親が何をくれたのかと尋ねた。彼は、父の贈り物は火打ち石の付いた矢であると答えた。そこで、アウェンハーイは彼をオハーア（火打ち石）と名付けた。

　アウェンハーイはオハーアを偏愛し、デハエーンヒヤワコーンを邪険に扱った。例えば、彼女はオハーアとだけ食べ物を分け、デハエーンヒヤワコーンがいる前では食べ物を食べなかった。彼女は、また、オハーアのためだけに弓と矢を作った。デハエーンヒヤワコーンが彼女に自分にも作っ

てくれるように頼んだが、彼女は拒否した。

　ある日、オハーアは彼の矢の端に火打ち石を取り付けて、彼の死んだ母親の所に行った。彼は、彼女は起きあがるべきであり、もうそうしなければ、彼の矢で彼女を刺すと言った。彼女は何も反応しなかったので、オハーアは彼女の頭を切り取って、どこかに持って行った。デハエーンヒヤワコーンは何が起きたか気づき、彼女をガヘーンデソンク（Ga'heñde''so^{n}k, 習慣的に導く女性）と名付けた。

　ある日、デハエーンヒヤワコーンは祖母であるアウェンハーイに、彼女は自分を不公平に取り扱っていると不満を述べ、自分にも弓と矢を作るように頼んだ。今回は彼女は同意したが、2人が一緒に食べることを認めなかった。

　双子はすぐに成長した。ある日、デハエーンヒヤワコーンは湖の岸辺沿いを散歩していて、鳥が飛んでいるのに気づいた。鳥が枝に止まった時、彼は矢を射たが、矢はそれた。彼の矢は湖の中に落ちてしまったので、彼は湖に飛び込んで探した。湖の底に潜っていくと、そこには水がなく、代わりに何もない空間があり、そこには煙突から煙が出ている家が建っていた。彼はその家に入ると、中に男が座っているのに気づいた。その男はデハエーンヒヤワコーンに、彼の祖母は彼を邪険に扱っているということ、そして、彼が行うべきことを始める時が来たと告げた。それから、彼に食べ物を与え、それを火で炙る方法を教えた。その男はデハエーンヒヤワコーンにトウモロコシ（onēn'ha'）を与え、助けが必要な時はいつでも戻ってくるようにと言った。それから、デハエーンヒヤワコーンは出ていった。

　家に戻ってから、デハエーンヒヤワコーンはアウェンハーイに、なぜ彼らは一緒に食事をしないのか、なぜ彼には乾燥した食べ物しかくれないのかと尋ねた。彼女は他には何もないからだと答えた。そして、彼は彼女に自分は行うべきことをしなくてはならない、彼女の家を出て、島の反対側に行き、そこで自分のための樹皮の小屋を建てると言った。彼はその仕事を始めた。彼は、ひまわり、赤ヤナギ、苺、ティンブルベリー、クワの実、

ハックルベリー、そしてリンゴなどの植物を創造した。
　彼は火を焚き、トウモロコシを炙ると、甘い薫りがした。オハーアはその薫りに気づき、アウェンハーイに空中に何か甘い薫りがすると言った。彼女は彼に、出掛けてそれが何か見つけてくるように、と言った。オハーアは出掛け、デハエーンヒヤワコーンのロッジに辿り着いた。そこではデハエーンヒヤワコーンが油を滴らせている食べ物を用意していた。オハーアが彼に何を用意しているのかと尋ねると、デハエーンヒヤワコーンは、人間のための食べ物を用意していると答えた。オハーアは自分にも少し分けるように頼んだが、デハエーンヒヤワコーンはまだその時が来ていないと言って拒んだ。オハーアはデハエーンヒヤワコーンのロッジを出ると、野にはたくさんの種類の花が咲いているのに気づいた。彼はデハエーンヒヤワコーンにそれらは何かと尋ねた。デハエーンヒヤワコーンは、それらは成長して、実を結ぶものだと答えた。オハーアは家に帰り、アウェンハーイに、自分が目にしたことを語った。
　こうしている間に、デハエーンヒヤワコーンは湖の水の下にあるロッジに住んでいる男に再び会いに行った。その男はデハエーンヒヤワコーンに、彼の祖母は、彼が創造するであろうものをだめにしようと、悪巧みをするであろうと忠告を与えた。そして、もし、オハーアが再びトウモロコシをもらいに来たら、オハーアの身体の中に持っているオハーアの生命の実と交換するようにと言った。その際には、デハエーンヒヤワコーンはオハーア自身がそれを取り出し、壊すようにと付け加えた。さらに、その男はオハーアは地上でデハエーンヒヤワコーンが創造するものを支配しようとすると忠告を与えた。
　デハエーンヒヤワコーンがトウモロコシを火で炙り始めると、空中に甘い薫りが漂い、オハーアが再びやって来た。オハーアは再びトウモロコシを少し分けてくれるように頼んだ。デハエーンヒヤワコーンは水の底にある小屋の男に言われた通りに、トウモロコシと交換にオハーアの生命の実を渡すように要求した。オハーアはそれをデハエーンヒヤワコーンに渡す

のに同意し、自分の身体の中からそれを取り出して、壊した。そして、デハエーンヒヤワコーンはトウモロコシをオハーアに少し与えた。オハーアは家に戻り、祖母のアウェンハーイと分けた。どちらもトウモロコシを食べて、とてもおいしいと言った。

　その間に、デハエーンヒヤワコーンはブルーバード、ツグミ、マツツバメなどの鳥を創造した。それから、彼は鹿、ムース、バッファロー、リョコウバト、ヤマアラシ、野生七面鳥、熊、アライグマ、ビーバーなどの動物を創造し、名前を付けた。それから、彼は家に戻り、休息し、食べ物の準備をした。アウェンハーイとオハーアは甘い薫りに気づき、デハエーンヒヤワコーンに会いに出掛け、デハエーンヒヤワコーンが創造した生き物たちを目にした。デハエーンヒヤワコーンは2人に自分がそれらすべてを創造したと言い、それぞれの動物について説明をした。アウェンハーイはそれらのうちのいくつかを持って帰っても良いかと尋ねたが、デハエーンヒヤワコーンは、まだそれらは数が十分に多くはないのでまだ出来ないが、数が多くなった時には持って帰っても良いと答えた。

　ある日、オハーアはデハエーンヒヤワコーンにどのようにしてこれらの生き物を創造したのかと尋ねた。デハエーンヒヤワコーンは、大地を少し取り、それからこれらすべての生き物の身体を創造した、大地は生きているので、これらの生き物も生きている、と答えた。代わりに、デハエーンヒヤワコーンはオハーアに何が彼を殺すかと尋ねた。オハーアは火打ち石と鹿の角が自分を殺すと答えた。

　オハーアは家に戻り、アウェンハーイに自分が知ったことを話した。そして、彼は、デハエーンヒヤワコーンが創造した生き物を支配するために、それらを隠すと言った。オハーアは出掛け、山の中に洞窟を作り、その中にすべての動物を追い込み、入り口を閉めてしまった。アウェンハーイはオハーアに感謝し、これで十分に肉があると言った。

　デハエーンヒヤワコーンは、自分が創造した動物たちの数が多くなってきたので、それらを狩るためにたくさんの矢を作っていたが、突然、外に

は動物が1匹も走っていないことに気づいた。生き物たちがどこに行ってしまったのか分からずに、デハエーンヒヤワコーンは再び湖の下のロッジの男に会いに行った。そして、その男の名前は何であるかと尋ねた。男は自分の名前はハオンフェンドジヤワーコン（Hao^{n}ʻhwēndjiyaeaʻkʼho$^{n'}$、大地を両手で掴む者）であると述べた。彼はデハエーンヒヤワコーンにオハーアが行ったことを教え、オハーアに対して用心深くしているようにと言った。ハオンフェンドジヤワーコンはデハエーンヒヤワコーンにオハーアの後を付いて行き、彼がすることを観察するようにと言った。彼はまた、オハーアが立ち去った後で洞窟の中に入り、動物をすべて運び出すことが出来ると教えた。

次の日、デハエーンヒヤワコーンはオハーアの後を付けて洞窟にまで行き、オハーアが洞窟から動物を連れ出し、連れて帰っているのを見た。オハーアが行ってしまってから、デハエーンヒヤワコーンは洞窟の中に入り、すべての動物を導き出した。そして、鹿に矢を射、アウェンハーイのもとに行くようにと命じた。同様に、アライグマ、熊、ムース、野生カモを矢で射、アウェンハーイのもとに行くようにと命じた。そうして、デハエーンヒヤワコーンはアウェンハーイの所に行き、これらの動物を彼女のために狩ったと言った。それから、デハエーンヒヤワコーンは動物の皮を剥ぎ、帰っていった。

デハエーンヒヤワコーンは自分自身とオハーアはお互いに離れ、別々の所に住んでいた方がよいと考え、陸地を2つに切り、その2つの陸地の間に淡水を流した。

少ししか肉が残っていないことに気づき、オハーアは動物を探しに出掛けたが、1頭も見つけることが出来なかった。代わりに、彼は水の向こう側にもう1つの島が浮いているのに気づいた。それから、オハーアはデハエーンヒヤワコーンが創造したのと同じような生き物を創造しようと決心し、創造を始めた。しかし、デハエーンヒヤワコーンがオハーアのもとにやって来て、彼が創造したものを見た時、デハエーンヒヤワコーンはオハーア

に彼が創造したものは間違っていると言った。デハエーンヒヤワコーンは、次にオハーアが創造したもののすべての名前を新しくした。例えば、蝶は蛾と改めて名付けられた。ヒマワリはアザミと改めて名付けられ、リンゴは棘のある低木と改めて名付けられた。オハーアが鳩と呼んだ鳥には毛と歯があったので、デハエーンヒヤワコーンはそれは他の種類の鳥と混じり合わないようにと命じた。

　それから、デハエーンヒヤワコーンは地上に光の球があるべきだと決め、湖の水の下にいるハオンフェンドジヤワーコンに会いに行った。後者は、天上界にいるアウェンハーイの兄に地上に日の光を与える役目を課すようにと、前者に言った。そして、ハオンフェンドジヤワーコンはデハエーンヒヤワコーンにアウェンハーイの兄に会いに行く方法を教えた。まず、赤ヤナギを植え、その若木を2本切り取る。1本の樹皮を取り、薬草の液に浸しておく。もう1本も同様に樹皮を剥がし、火の中にくべる。煙が昇っていく時にデハエーンヒヤワコーンはその中に飛び込み、上昇してアウェンハーイの兄であるデハドンフウェーンデジイェーンドンス（大地を揺るがす者）に会いに行くと宣言する。すると彼に会えるであろうと。デハエーンヒヤワコーンは家に帰り、言われたようにした。そして、煙の中に飛び込むと、アウェンハーイの兄に会い、彼に地上に光を照らす役割を与えた。デハドンフウェーンデジイェーンドンスは、自身の身体を空にくっつけ、光の球を創造するとデハエーンヒヤワコーンに言い、デハエーンヒヤワコーンの死んだ母がもう1つの光の球になるであろうと言った。そして、デハエーンヒヤワコーンは家に戻った。

　今や、デハエーンヒヤワコーンは人間（オングェ、oñ'gwe'）を創造し始めた。彼は大地の一部を取り、人間の形を形作った。しかし、人間はすぐには動き出さなかった。デハエーンヒヤワコーンは人間は自分自身のものと同じものを手に入れるのが良いであろうと思い、次のようにした。デハエーンヒヤワコーンは自分の生命の一部分、心の一部分、血の一部分、力の一部分、話す力の一部分、そして、息の一部分を身体の中から取り出

し、人間の肉体の中に挿入した。すると、人間は身を起こし、立ち上がった。デハエーンヒヤワコーンは人間に、地上の物事を制御するように人間を創造したのだと説明した。それから、デハエーンヒヤワコーンは光の球、「年上の兄」が大地の上に昇ってくるのを見、大地に光を照らす様子を観察した。

アウェンハーイとオハーアは日の光に気づき、オハーアはデハエーンヒヤワコーンに会いに行った。漂っている2つの島の間の水を越えるために、オハーアは白樺の樹木からカヌーを作った。そのカヌーで向こう岸に渡ると、そこに人間がいるのに気づいた。デハエーンヒヤワコーンはオハーアに自分が創造した人間について説明した。彼の話を聞きながら、オハーアは自分も人間を創造する決心をし、家に帰って行った。

家に帰ってからオハーアは人間を創造しようと試みたが、失敗した。オハーアが最初に創造した人間は水の中に飛び込んでしまった。長い尾を持つ2番目の人間は木の上に登ってしまった。3番目に作った人間は立ち上がり、歩いたので、オハーアは成功したと思った。それから鹿と熊を創造した。やがてデハエーンヒヤワコーンがやって来て、オハーアが創造したものを見、彼が作ったものは正しくないと言った。デハエーンヒヤワコーンは、次のように言った。オハーアが最初に作った水に飛び込んだ人間は蛙であり、2番目の木を登った人間は猿であり、3番目に作った人間は大猿であり、オハーアが鹿と呼んだ生き物は狼であり、また、熊と呼んだ生き物はグリズリーであった。その晩にオハーアは2つの島の間に橋を作った。

そうしている間に、デハエーンヒヤワコーンはオハーアは闇の力で自らの力を強め、デハエーンヒヤワコーンが創造したものを害する力を手にしたということに気づいた。ちょうどその時、オハーアとアウェンハーイがやって来るのに気づいて、デハエーンヒヤワコーンは驚き、どのようにしてやって来たのかと尋ねた。オハーアは橋を作って渡ってきたと説明した。太陽が昇り、大地を暖め始めた。島と島の間に作った橋が溶けてしまうのを恐れて、オハーアは急いで帰ろうとしたが、アウェンハーイは、彼らは

客であるからとどまるべきであると主張した。デハエーンヒヤワコーンは、しばらくしてトウモロコシを炒り始めた。トウモロコシが炒られると、甘い薫りが空中に広がり、油がしたたり落ちた。アウェンハーイは食べるのを待ちきれずに、少し家に持って帰る分をくれるように頼んだ。デハエーンヒヤワコーンは断り、皆で一緒に食べると言った。アウェンハーイは3度同じように頼んだが、彼は3度とも断った。怒って、アウェンハーイは灰を掴み、炒られているトウモロコシに投げかけた。アウェンハーイは人間だけがトウモロコシを食べるのを楽しみ、自分はトウモロコシを楽しめないのかと不満を述べた。デハエーンヒヤワコーンはアウェンハーイに人間にとって良いものを彼女は無駄にしたと言った。最後に彼らは一緒にトウモロコシを食べ、散歩に出掛け、木から実を取って食べた。アウェンハーイとオハーアが水を渡って帰る前に、オハーアはなぜ人間は生命があるのかとデハエーンヒヤワコーンに尋ねた。デハエーンヒヤワコーンの説明をよく聞き、それを理解したとオハーアは思った。

　家に戻ってから、オハーアは動物を創造し始めた。最初と2番目に創造したものは立ち上がらず、身体を引きずっただけであった。オハーアは動物を作り続けたが、彼が創造した生き物はすべて醜かった。創造し終えた後で、オハーアは自分が創造した生き物に向う岸に渡って、そこで見つけるものはすべて食べるようにと命じた。デハエーンヒヤワコーンはオハーアが創造した生き物たちが岸を上がってくるのに気づき、それらと自分が創造したものとが交じわるのは良くないと考え、オハーアが創造した生き物をすべて、先にオハーアがデハエーンヒヤワコーンが創造した動物を隠した洞窟に追い込み、入り口を閉じた。

　次に、デハエーンヒヤワコーンは人間がひとりでいるのは良くないと考え、男性の人間を創造した時と同じ仕方で女性を創造した。そして、デハエーンヒヤワコーンは男を呼び、2人に大地の上を共に歩み、共に一生懸命働き、結婚するようにと言った。そして、デハエーンヒヤワコーンは次のように言った。新しい生命が女性の身体の中で形作られる時、女性は苦し

むであろう。人間は親と同じ身体の形を取るであろう。人間には、それぞれ与えられている日数に応じて死が訪れるので、それぞれ異なる寿命がある。男と女は結婚し、一つの心を持ち、死だけが2人を別れさせると。

その頃、オハーアは自分が創造した生き物たちが戻って来ないことに気づき、探しに出掛けた。彼はデハエーンヒヤワコーンに尋ねた。すると、デハエーンヒヤワコーンはオハーアに、歩き回って探すようにと言った。歩き回ると、オハーアは数多くの動物を見、男と女を見た。デハエーンヒヤワコーンのもとに戻って、オハーアは、自分も人間を創造すると言った。デハエーンヒヤワコーンはオハーアに、自分が創造した人間を真似て創造するようにと言った。というのも、これらの人間だけが生きるからである。オハーアは家に戻り、祖母であるアウェンハーイに人間を創造すると言った。彼は水辺に行き、浮かんでいる泡を取り人間を創造した。しかし、この人間は生きていなかった。そのため、オハーアはデハエーンヒヤワコーンに生命を与えてくれるように頼もうと決心した。次の日、デハエーンヒヤワコーンがオハーアに会いにやって来た時、オハーアはデハエーンヒヤワコーンに自分が創造した人間に生命を与えてくれるようにと頼んだ。この依頼に応じて、デハエーンヒヤワコーンは（先に彼自身が人間を創造した時のように）自らの部分を取り出し、それらをオハーアが創造した人間に挿入した。すると、その人間は生命を持ち、立ち上がった。デハエーンヒヤワコーンが創造した人間とオハーアが創造した人間を区別するために、デハエーンヒヤワコーンは自分が創造した人間を本当の人間、つまり、先住民の人間と呼び、オハーアが創造した人間を斧を作る人、つまり、白人と呼んだ。

この後で、オハーアはデハエーンヒヤワコーンに、自分が創造した身体を引きずる生き物たちがどこに行ったか尋ねた。応えて、デハエーンヒヤワコーンは山の洞窟を指さし、オハーアに誰がその洞窟を作ったか尋ねた。嘘をついて、オハーアはそれらの動物たちが自分たちで洞窟を作ったと言い、デハエーンヒヤワコーンに2人で洞窟に行き、調べようと言った。洞窟に到着し、入り口を開けると、醜い生き物たちが這い出してきた。デハ

エーンヒヤワコーンは、これらの生き物は人間と交じわって生きるべきではない、別々に生きるべきであると言った。オハーアは岩を取って洞窟の入り口を塞いだ。それから、2人は祖母の家に帰って行った。

　家では、アウェンハーイはオハーアに、壁に掛かっている死んだ母親の頭が悩ませると不満を述べた。オハーアは、しかし、死んだ母親の頭を記念碑として高く繋ぎ、人々が旅行する際の目印にしようと言った。デハエーンヒヤワコーンは、しかし、彼女を生き返らせ、彼女の身体を天に上げ、光の球にする方が良いと言った。オハーアは賛成せず、頭を壁に結びつけ、それを盗もうとする者は誰でも殺すと言った。デハエーンヒヤワコーンは問題はまだ解決しておらず、祖母の手に委ねることにしようと言った。そして、祖母であるアウェンハーイは、大地の物事の支配権を巡ってデハエーンヒヤワコーンに挑戦した。2人の間で10回ボール投げのゲームをすることになった。デハエーンヒヤワコーンは家に帰り、2人の人間にことの次第を説明した。そうしているうちにデハエーンヒヤワコーンは、ある時は暑く、ある時は寒くなるのは良いことであると考え、オハーアが夜中に水を凍らせるのは良いと考えた。そして、昼間の光の球と夜の光の球があるのが良いと考えた。

　やがて、アウェンハーイとオハーアはデハエーンヒヤワコーンを訪れ、大地の上の事物の支配権を巡ってデハエーンヒヤワコーンに挑戦した。ゲームが開始される前に、デハエーンヒヤワコーンは何匹かのセミにボール投げ用の種(たね)になって援助するように依頼した。セミはデハエーンヒヤワコーンを助けると約束した。デハエーンヒヤワコーンが種のセミを投げると地上のすべての生き物やすべてのものが音を出した。種のセミは音を出しながら、空高く飛び上がり、ゲームの器に落ちてきた時、すべて黒い方を表にして落ちた。それはデハエーンヒヤワコーンがゲームで勝ったということである。デハエーンヒヤワコーンは自分自身と人間の勝利を宣言し、アウェンハーイに人間が大地の上のものを支配すると告げた。次に、デハエーンヒヤワコーンは2人の人間を呼び、男性をオデーンドンニア（Odēndonni’a‘、若木）と、

女性をアウェンハニヨンダー（Awēⁿʼhaniyonʼdāʼ、成長する花）と、それぞれ名付けた。そして、デハエーンヒヤワコーンは大地の上のすべてのものは、人間を含んで、常に若く新しくあり続けるので、人間は感謝を捧げるようにと言った。

それから、デハエーンヒヤワコーンはアウェンハーイとオハーアに死んだ母親の頭を返すようにと要求したが、オハーアは再び拒否した。デハエーンヒヤワコーンはオデーンドンニアに死んだ母親の頭を取り返す準備をするように指図した。特に、赤ヤナギを集め、薬を作り、鹿の角と火打ち石を集め、積み重ねるようにと言った。なぜならば、それらはオハーアの力を撃退することができるからである。オデーンドンニアは角と火打ち石を探しに出掛け、その間にデハエーンヒヤワコーンは死んだ母親の頭が取り付けられている木の偵察に行った。その木の側に近付いた時、オハーアが木の陰で見張っているのにデハエーンヒヤワコーンは気づいた。

家に戻り、デハエーンヒヤワコーンはカヌーを作り始めた。多くの生き物の中から狐と黒リスとビーバーが、死んだ母親の頭を取り返すのに協力すると志願した。デハエーンヒヤワコーンとオデーンドンニアとこれらの生き物たちが出掛け、死んだ母親の頭が結びつけられている木のもとに辿り着いた。オデーンドンニアは木を登ろうとしたが、出来ずに滑り落ちた。足の裏に土踏まずがないことに気づき、デハエーンヒヤワコーンはオデーンドンニアの足の裏に土踏まずを作った。今度はオデーンドンニアは上手く木に登り、頭を取って来た。

すぐに、アウェンハーイとオハーアは母親の頭が木の上からなくなっているのに気づき、アウェンハーイは泣き始めた。木の所に行き、2人は人々の足跡が太陽が沈む方へと向かっているのに気づき、後を追った。デハエーンヒヤワコーンと彼の仲間はアウェンハーイが後を追って来ているのに気づいた。狐はオデーンドンニアに頭を渡すようにと頼んだが、彼は、狐は人を欺くので、頭を渡さなかった。黒リスがオデーンドンニアに頭を渡すように頼んだ時、彼は合意し、黒リスに頭を渡した。アウェンハーイが

すぐ近くまで追いついて来ているのに気づき、彼らは全速力でカヌーがある岸辺まで駆けって行った。彼らは全力でカヌーを漕ぎ、追っ手の追跡を逃れた。

　家に戻り、デハエーンヒヤワコーンは死んだ母親の頭を彼女の身体に霧の力でくっつけ、彼女を生き返らせた。そして、彼女に夜中に輝く光の球になる役割を与えた。彼は、人間は彼女を3日間見ないが、4日目には彼女は新しくなると言った。デハエーンヒヤワコーンは昼の光の球を「我らの兄、大いなる戦争の首長」と呼び、夜の光の球を「我らの祖母、月」と呼んだ。

　それから、デハエーンヒヤワコーンはオデーンドンニアとアウェンハニヨンダに、3日経つと彼女の身体に変化が起きるのに気づき、その時、月が新しくなり始めるのを見るであろうと言った。3日経ち、彼らは西の方に月を見、同時に彼女に変化が起きていることに気づいた。彼らはそれをデハエーンヒヤワコーンに報告すると、デハエーンヒヤワコーンはそれを認め、月と人間の生命は一緒に行動を共にすると言った。しかし、デハエーンヒヤワコーンは彼らに自分とオハーアはまだ多くの事柄に関して争っていると注意した。

　デハエーンヒヤワコーンは祖母の家に行き、自分とオハーアは今合意していると嘘を言って、自分の家に行くようにと言った。デハエーンヒヤワコーンの家でアウェンハーイは2人の人間に会った。彼女は誰かが死んだ母親の頭を盗んだので、オハーアが怒っているから何をするか分からないので心配であると言った。オデーンドンニアはアウェンハーイに、デハエーンヒヤワコーンが母親に夜の光の球になる役割を与えたから、心配する必要はないと言った。アウェンハーイは安心した。

　デハエーンヒヤワコーンはオハーアを探しに出掛けたが、代わりに2人の人間に会った。彼は2人に母系の家族を産み、大地の上に人々の数を増やすようにと言った。オハーアの家に向かう途中で、デハエーンヒヤワコーンは火打ち石の山を見つけ、それを持ってオハーアの家に向かった。オ

ハーアが家にいないことを確かめて、デハエーンヒヤワコーンはオハーアがいつも座る場所に火打ち石の山を置いた。家から出たところでデハエーンヒヤワコーンはオハーアに会った。2人が家の中に入ると、オハーアは彼がいつも座る場所に火打ち石の山があるのに気づき、アウェンハーイがそれを置いたと思った。オハーアは今やすべての者が彼に敵対していると思い、自分を自分で守らなくてはならないと思った。オハーアがこのように言うのを聞いて、デハエーンヒヤワコーンは自分はオハーアに対して敵対していないと言った。しかし、オハーアは今や祖母も母もいなくなり、自分を助ける人がいなくなったので、大地の上のすべてのものを支配することによってのみ満足すると言った。それに応じて、デハエーンヒヤワコーンはすべてのものは調和のうちにあり、平静であり、人間を殺そうとする者は誰であれ許されないと忠告した。

　デハエーンヒヤワコーンがこのように言うのを聞いて、オハーアは怒り、彼に決闘を仕掛けた。デハエーンヒヤワコーンは日の光と山を武器として用い、オハーアは夜を武器として用いた。オハーアは矢をデハエーンヒヤワコーンに向けて射たが、彼はそれを手で取ってしまった。デハエーンヒヤワコーンは山を引き抜き、オハーアに向けて投げつけ、彼を山で覆った。オハーアは山の下から抜け出し、逃げたが、デハエーンヒヤワコーンはオハーアを追いかけ、山を投げ続けた。オハーアは何度も山の下から這い出した。遂に、オハーアは山の下に身を隠し始めた。その時、デハエーンヒヤワコーンは天上界の存在者であり、アウェンハーイの兄であるデハドンフウェーンデジイェーンドンス（大地を揺るがす者）に助けを求めた。デハドンフウェーンデジイェーンドンスは地震を起こし、オハーアを怖がらせた。遂にオハーアは降参した。オハーアは負けを認め、デハエーンヒヤワコーンに自分は大地を支配しようとしないと言った。

　デハエーンヒヤワコーンは祖母に会いに行き、彼女の地上での役割は終わったので、天上界へと戻るようにと告げた。アウェンハーイは赤ヤナギの煙に身を投げ、天上界へと昇っていった。デハエーンヒヤワコーンは人

間に、この時から言葉と思いだけが天に昇る煙とともに天に伝わると言った。それから、デハエーンヒヤワコーンはハオンフェンドジヤワーコンに会いに行き、トヘンデンハウィトハ（自分と一緒に日を連れてくる者）と呼ばれる新しい星の作り方を尋ねた。ハオンフェンドジヤワーコンは、自分はこの星になるとデハエーンヒヤワコーンに告げたが、またオハーアが抱いている悪巧みについて忠告し、天上界にオハーアを連れていくようにと言った。そして、2人が天上界に向かう時、空には2つの道が出来、天の川になると言った。

　デハエーンヒヤワコーンは人間に次のように言った。彼らが日を連れてくる者という星を目にする時、オハーアが彼らを訪れたら、彼とオハーアの間の問題は解決したことになる。オハーアの来訪は、彼自身が創造したものは人間とは交じわらず、人間は独立して生きるということに合意したことを意味していると。

　デハエーンヒヤワコーンは、そして、2人の人間に次のように述べた。人間はいつも自分のことを考えるべきであり、自分が住む天上界に言葉を送りたい時にはいつでも使うように、煙草を残して行くと。そして、西の方角から来る音に気を付けているようにと。最後に、彼らの子孫が繁栄した時に再び大地の上に戻ってくると言い、デハエーンヒヤワコーンとオハーアは天上界へと帰っていった。

第3部　儀礼と氏族の起源
　デハエーンヒヤワコーンが天上界に去ってしばらくして、オデーンドンニアとアウェンハニヨンダは西方から音が来るのを聞き、双子が天上界に到着したことを知った。
　2人は子供を産み、人間の数は増えた。しかし、これらの人間たちは何をしたら良いのか分からなかった。デハエーンヒヤワコーンがやがて大地に戻って来て、人々に家族とともに動き回るようにと教えた。そして、彼は4つの聖なる儀礼を教えた。まず初めに、デハエーンヒヤワコーンは儀礼を

執り行う時について教えた。これらの儀礼は年に2回行われる。一度は人間がその生存を依存している農作物が収穫される時、もう一度は獲物の動物が狩られる時である。そして、デハエーンヒヤワコーンは4つの聖なる儀礼について人々に次のように語った。彼は4つの聖なる儀礼を天上界で行われている儀礼を真似て形作った。儀礼を行うにあたって最も重要な側面は儀礼を行うことによって感じる喜びである。これらの4つの儀礼は次の通りである。偉大な羽毛踊り (Great Feather Dance)、皮を被った太鼓 (Skin-Covered Drum)、歌 (Adonwa)、大いなる賭け (Great Bet) である。人間がその生存を依存しているものが熟した時、人々はすべての家族からいろいろな種類の食べ物を集め、太陽の道筋に従って輪を作り踊り、感謝の祈りの言葉を捧げる。さらに彼は次のように加えた。春には「食事の共有」という儀礼を行い、冬には「大いに賞賛される食べ物」という儀礼を行う。冬の儀礼には、哀悼の儀礼と白犬の供犠を行うようにと付け加えた。儀礼の感謝の言葉に関して、デハエーンヒヤワコーンは次のように教えた。感謝の言葉を捧げる際には、人間の身体を形作った創造神、我々の母である大地、我々の兄である太陽、我々の祖母である月、そして、草、低木、樹木、泉、水、風、昼と夜、星、稲妻などに感謝を捧げるようにと。次に、彼はチャントと呼ばれる儀礼の歌を教えた。次に、彼は人々のお互いにどのように挨拶をするかを教えた。これらの教示の終わりに、デハエーンヒヤワコーンは彼の双子の兄弟であるオハーアは人々の間に分裂を引き起こそうと企んでおり、彼の影響が広まると人々は喧嘩や口論を初め、デハエーンヒヤワコーンの教えを忘れて、お互いに殺し合うようになる、と言った。そして、天に2つに分かれた道、つまり、天の川が現れる。このように忠告を与えてから、デハエーンヒヤワコーンは再び天上界へ戻っていった。

　デハエーンヒヤワコーンが去った後、オデーンドンニアが人々に儀礼の指示を与えた。人々は従い、デハエーンヒヤワコーンに教えられた通りに儀礼を行った。しかしながら、彼が忠告を与えたように、人々は儀礼の行

い方を含めていろいろなことに関して意見を異にするようになった。オデーンドンニアは人々にデハエーンヒヤワコーンの教えを思い出させようとしたが、無駄であった。すぐに良くないことが起こり始めた。人が行方不明になり、人が殺されるようになった。天の光の球は消え、家族の間でさえ喧嘩が起こるようになった。悲しみに打ちひしがれて、老女たちは泣き、嘆いた。

　すると、西方から大きな音が長い間響きわたり、轟音を発する雷、強風と雨、落雷が3日間続いた。人々は恐れ、オデーンドンニアにこれらの天の徴候は何を意味しているのかと尋ねた。彼は人々がデハエーンヒヤワコーンの教えに従っていない徴表であると言い、デハエーンヒヤワコーンはやがて戻って来るであろうと言った。

　間もなくして、デハエーンヒヤワコーンは大地を訪れたが、誰も彼のことに気づかなかった。しかし、彼は人々に言った。空に虹を見たら、それは自分の力の徴表であり、自分の教示を思い出し、それに従うようにと。そして、雷に人々を見守るようにと命じた。それから、彼はヒマワリ、赤ヤナギ、ブルーバードを創造した。黄色、赤色、青色の3色は地上で最初に創造された色である。続いて、デハエーンヒヤワコーンは4つの聖なる儀礼に付け加えるために、苺、キイチゴ、クワの実、楓の実が熟する時に行う新しい儀礼を教えた。これらの果実のための儀礼を行う際に、人々は果実ジュースを作り、分け与え、感謝の言葉を述べるようにと教えた。楓の蜜が木から流れ落ちる時、人々はそれを集め、ジュースを作り、分け与えるように、と指示を与えた。それから、彼は去って行った。

　しばらくの間、人々は儀礼を正しく行っていたが、すぐに言い争いが起こり始めた。人々は4つの聖なる儀礼を行うのを止めてしまった。デハエーンヒヤワコーンは再び地上に戻って来て、彼の兄弟が彼の創造したものを台なしにしようとして悪い影響を及ぼしていると人々に伝え、彼自身の教示を守るようにと言った。

　しかし、再び、病気、死、気狂い、噂話、喧嘩、殺人、不敬などの悪い

ことが起き始めた。人々はまたしても聖なる4つの儀礼を行わなくなり、老女は嘆き悲しんだ。人々は果実や草がよく育たなくなっているのに気づいた。

そのような時に誰かがデハエーンヒヤワコーンを見たと言った。しばらくすると、すべての人々が彼に気づいた。デハエーンヒヤワコーンは人々を集めて、自分の兄弟のオハーアが人々の心に悪い影響を及ぼしたために、このような悪いことが起きているのだと説明した。そして、4つの聖なる儀礼を忠実に行う人々と、それらを行わない人々の2つの道があると、説明した。第1の道に属する人々はお互いに愛し合い、平安の中に生きている。そして、死んだ後では、天上の神話的存在者が聖なる4つの儀礼を行っている天上界に行く。もう1つの道に属する人々は、争いや殺し合いを止めず、死んだ後にはオハーアのもとに行く人々であり、そこでは不幸にだけ会うことになる。それから、デハエーンヒヤワコーンは病気を起こす病について説明し、草、低木、木から治療薬の作り方を教えた。

このように語った後で、デハエーンヒヤワコーンは人々に生きるためにトウモロコシ、豆、スクワッシュのいわゆる3姉妹を植えるようにと言った。そして、食べ物は人々の世話をし、人々の心と身体の両面で強くするので、3姉妹を我々の母と呼んで、感謝の祈りを捧げるようにと指示した。これらの食べ物は息を強くし、すべての人が正しい道に従って生きるように人々を見守る。それから、人々は収穫のために実った野菜を刈り入れ、人々は集まり感謝を捧げるようにと言った。トウモロコシが最初に収穫されるので、トウモロコシの感謝祭が最初に行われ、豆とスクワッシュの感謝祭がそれぞれ続いて行われる。人々によって選ばれた語り手が感謝の祈りの言葉を言い、続いて火の周りを輪を作って踊り、野菜から作った飲み物を共に飲む。そして、デハエーンヒヤワコーンは天上界の儀礼の感情について次のように語った。天上界に辿り着く者は誰でも喜びだけを見る。死を見ることはなく、病気になったり、生きるために争うこともない。悲しんでいる人や人を悲しませることを見つけることはなく、喜びを与える

ものだけを天上界では見る。このように伝えてから、デハエーンヒヤワコーンは自分の弟のオハーアはまだその悪しき影響力を行使しているが、彼自身の地上への3回の訪問を終了したので、もう二度と地上には戻って来ない、代わりに、自分の兄弟の悪い影響に対抗するために地上に使者を2回送ると言った。

　最後に、デハエーンヒヤワコーンは人々に若い男と若い女の2人を選び、2人を西方へ送り、トウモロコシ、豆、スクワッシュを探しに行かせなさいと言った。それらを見つけた時、女性はトウモロコシと豆を拾い、男性はスクワッシュを拾うように。2人は大地の果てに穴が開いているのを見つけ、その下に人が横になっているのに気づくであろう。それはすべての人間は大地の上では限られた生命の日数があり、必ず死ぬということの徴表である。このように言って、デハエーンヒヤワコーンは天上界へと去っていった。

　デハエーンヒヤワコーンが教えた通りに、人々は若い男性と若い女性を選んで西方へ送り、トウモロコシ、豆、スクワッシュを探しに行かせた。これらを見つけた時、2人は大地の下に、人が頭を西の方へ、足を東の方へ向けて横になっているのに気づいた。それから、2人は3姉妹を手にして、村に戻って行った。人々はデハエーンヒヤワコーンに感謝の祈りを捧げた。

　しばらくの間、人々は儀礼を行い続けた。しかし、すぐに言い争い、争い、行方不明、死が起こり始めた。人々は悲しみ悲嘆にくれ、儀礼を行わなくなった。長老たちがどのように解決すべきか議論したが何も良い方策を見いださなかった。その時、1人の若者が立ち上がり、氏族を作れば、再び儀礼を行うであろうと言った。

　自分の計画を説明しながら、彼はデハエーンヒヤワコーンが行った創造の業について語り、人間は他の創造されたものと同じ条件のもとで生きるように大地の上に置かれているのであるから、氏族を形成するにあたっては他の創造されたものを模倣すべきであると言った。彼はそれぞれの母系家族を中心にして最も年長の女性を先頭に集団を作り、一緒になって歩く

ようにと指示を与えた。そして、彼は人々を川岸に連れて行き、その場で人々を2組に分けた。川岸に生えているブドウの蔓を手に取り、川の反対側に投げ、橋を作った。それから、それぞれの年長の女性に、次の日の朝水を汲みに出掛ける時に、川で目にするものに注意を払うようにと言った。そして、人々を導いて川を渡っている時に、ちょうど日没になり、ブドウの蔓が切れてしまった。最初の半分の人々が渡り終えていたが、残りの半分は岸の反対側に残されてしまった。こうして、川によって2つの集団が分けられてしまった。

　次の日の朝、夜明け時に、年長の女性は川に水を汲みに出掛けた。戻ってきた時、若者はそれぞれの女性に川で何を見たか尋ねた。そして、水面で見た動物の姿が、彼女の家族が属する氏族の紋章であると指示を与えた。それゆえ、例えば、もし、ある女性が鹿を見たならば、彼女の家族は鹿氏族に属するということになった。川岸の一方には4つの母系家族集団が、もう一方の川岸には4つの母系家族集団が残っていたので、合計で8つの氏族が形成されることになった。この若者に敬意を表して、人々は彼に「偉大な心を持つ方」という名前を与えた。

第3章

歴史的文脈 —— 歴史との交渉

　ロングハウス宗教の世界生成および創造神話は、北米大陸でヨーロッパ人と先住民とが接触を持ち始めた17世紀以来、40以上の種類が記録されている。これらの中でも最も長い神話の1つが、1900年にカナダのオンタリオ州にある6カ国保留地のセネカ首長ジョン・A・ギブソン（John A. Gibson）がスミソニアン博物館の民族学芸員であるJ・N・B・ヒィウィット（J. N. B. Hewitt）に語ったものである。

　ギブソンは1849年に6カ国保留地に生まれた。ギブソンの父親ジョン・ギブソンはオノンダガ出身の首長で、オノンダガ首長の称号の中でも最も重要なアトタホという称号を継承していた[1]。彼の母親ハンナ・ギブソンはセネカ出身で亀氏族に属していた。ホティノンショーニ社会は母系継承の原則で成り立っていたため、ジョン・A・ギブソンは伝統に従えばセネカの亀氏族に属していた。しかし、記録に残されている文書はカナダの父系継承の原則でホティノンショーニの人々を登録していたし、現在もそのようにしているので、彼は父親のオノンダガに属していたということになっている。ジョン・A・ギブソンにはジョージとコルネイウスという2人の兄弟とスーザンともう1人の名前が不明の姉妹がいた。ジョンは1872年の23歳の時にロングハウス連合の首長に推挙された。ギブソンは、母系社会であるロングハウス社会の慣習に従って、セネカ出身の母親側からセネカ首長の称号カニィヤダリオ（Kanyadario「美しい湖」）という称号を継承した[2]。ジョンの兄弟のジョージも首長に推挙されている。31歳の時に、ラクロスのゲームの最中に負った怪我が元で失明してしまう。ジョン

にはカユガ出身の妻との間にジョン・ハーディ、シメオン、ジェミマという3人の子供がいた[3]。 ジョンは1912年に63歳で突然死去した。ジョンの死後、彼の妻が民族学者アレキサンダー・A・ゴールデンワイザーに彼の若い頃のことをカユガ語で語った記録がある。

ジョン・A・ギブソンは世紀の変わり目に活躍したアメリカおよびカナダの人類学者と言語学者の間でよく知られていた。ギブソンと密接に研究を行った研究者にはJ・N・B・ヒィウィット[4]とアレクサンダー・A・ゴールデンワイザーがいる[5]。 ギブソンを情報提供者として挙げている研究者にはホラシオ・E・ヘイル[6]、F・W・ヴァウ（F. W. Waugh）[7]、エドワード・サピア（Edward Sapir）などがいる[8]。 これらの研究者はギブソンのホティノンションーニの伝統に関する幅広く深い知識を賞賛している。例えば、ギブソンの助力でホティノンションーニの親族体系を研究していたゴールデンワイザーは、1912年のギブソンの突然の死を嘆いて次のように書いている。

　「私の情報提供者の中で、ずば抜けて最も詳細で最も多方面に優れているのは、我々の研究が進行中の1912年11月1日に亡くなったセネカ首長のジョン・A・ギブソンである。」[9]

ギブソンが持っていたホティノンションーニの伝統の多方面に関する広く深い知識は、学問的関心からのみ賞賛されていたわけではない。ヒィウィットは、インディアン事情局の役人は、ホティノンションーニの人々の間の紛争を解決するためにギブソンをしばしば訪れ、助言を受けていたと書いている[10]。 それゆえ、カナダ当局者、特にインディアン事情局の役人も同様にギブソンに対する賞賛の念を抱いていたようである。例えば、ギブソンの死に際して、ホティノンションーニの首長の議会の場でカナダのインディアン事情局局長は哀悼の意を次のように表している。

「1912年11月5日。火の守り手（Fire-Keeper）が首長ギブソンの死去に対して述べた哀悼の意に応えて、局長スミス氏は次のように述べた。彼自身も亡くなった首長を失った喪失の痛みを感じている。首長たちと6カ国の人々に哀悼の意を捧げたい。というのも彼自身この亡くなった首長の重要性を高く評価しており、首長の議会では彼（ギブソン）は大変役に立っていた。そして、彼は議会の中から高貴な奉仕を行い、その力強い人格で、人々の間の争いに和解をもたらした。」[11]

このような証言から、同時代の人々の目には、ジョン・A・ギブソンは、世襲首長の議会の中のロングハウス首長として、当時の最も知識のある伝統主義者の一人であると見なされていたのである。

ギブソンはオノンダガ語、セネカ語、カユガ語、そしておそらく他のイロクォイ語も同様に話したと思われる。ヒィウィットによると、ギブソンは若い時に神話や儀礼に関心を示していたので、このことに気づいたオノンダガ・ロングハウスの祭司が、特に彼にホティノンショーニの神話や儀礼を教えた[12]。そして、このオノンダガ・ロングハウスの祭司が亡くなる時に、ギブソンに自分の跡を継いでオノンダガ・ロングハウスで祭司としての役割を果たすようにと頼んだ。そのために、イロクォイ連合である世襲首長会議ではセネカ首長として代表していたが、儀礼生活ではオノンダガ・ロングハウスでギブソンは活動していたのである。このような理由で、ギブソンは、ホティノンショーニの神話や儀礼をオノンダガ語で語ったのである。

ところで、19世紀末から20世紀初頭にかけての民族学研究は、先住民社会の伝承や慣習を記録することに力を注いでいた。ギブソンが語ったオノンダガ神話も、このような風潮の中で記録された。彼のオノンダガ神話は、その後のイロクォイ神話や伝統とともに、後のイロクォイ研究者にとって重要な史料となった。

それでは、このように収集されてきたホティノンショーニの神話や伝承は今までどのように研究されてきたのであろうか。つまり、単に記録す

るという段階から、十分に「情報」が収集された段階へと移行するに伴い、単に記録するだけでは学問的に不十分になり、分析や考察が行われるようになってきたのである。多くのイロクォイ研究者が、ギブソンが語った神話も含んでホティノンショーニの神話の様々な側面を検討し、その意味をいかに解釈しようと試みてきたかを考察してみよう。

　ギブソンの神話を取り上げたウィリアム・N・フェントンは、1940年代に広く受け入れられた、モーリス・E・オプラー (Morris E. Opler) とスティス・トンプソン (Stith Thompson) に代表される主題とモチーフ分析の方法を援用した[13]。その際のフェントンの関心は、専ら、ホティノンショーニの世界生成および創造神話の様々な語られ方に共通の基本的な「モチーフ」を明らかにすることに置かれていた。その一方で、ギブソンに関しては、支配的な白人文化の脅威に対して「古い文化を出来る限り古代の文脈の中で保存しようとした」と説明している[14]。フェントンは神話へのアプローチをモチーフ分析に限定し、しかも、神話が語られた理由に考察の目を向けたが、後に論ずるように、彼の解釈の根拠となる歴史的考察は不十分であった。トマス・S・アブラー (Thomas S. Abler) はフェントンが行ったモチーフ分析をさらに進め、記録に残された入手可能なイロクォイ語で語られた神話をすべて参照し、統計的手法を用いて、共通の要素を探し出そうと試みた[15]。両者に共通する関心は、歴史の経過とともに伝承は変化するが、どこかに共通の祖先があるのではという暗黙の伝播論 (Diffusionism) に立った関心である。最近、ディーン・R・スノウは、そのイロクォイに関する考古学的・歴史的研究の著作で、「世界創世神話は基本的に道徳に関して語っている。」と書いている[16]。

　これらの研究者は、多くの伝承の継承性に着目して解釈を試みており、基本的には非歴史的である[17]。筆者は、これらの研究者が共有している前提、神話物語は世代を越えて伝承されるという前提を否定するものではない。確かに、歴史的史料を紐解けば、同様の神話伝承が地域や世代を越えて継承され、語られ続けているということは否定できない歴史的事実でも

ある。しかしながら、これらの神話は同様ではあっても、全く同じではない。また、同一人物が語る伝承でも時と場所、あるいはその人物の成長の度合いや、神話を語る状況などによって、内容が様々に変化するということもまた知られる事実である。第2章で示したように、ヒィウィットが収集した、ギブソンのオノンダガ神話と同じ頃に語られた神話も内容の面から見れば、共通点よりも相違点の方が顕著である。フェントンやアブラーは、このような共通要素と相異なる要素の関係の問題を、モチーフ分析という方法で取り上げようとしたのである。

確かに、このようなモチーフ分析も一つの方法であり、有効であろう。しかしながら、神話・伝承の内容だけではなく、それらを語った語り手の存在を考慮する時、問題はもう少し複雑になる。特に、語り手と歴史との関係を考慮する時、神話の問題をモチーフ分析という方法だけで考察をするのは不十分である。つまり、語り手は常にある特殊な歴史的状況に置かれ、その生の文脈で生きているのであり、歴史的文脈からの影響を無視することは出来ないのである。ここで言う歴史とは、神話や伝承は不変なものではなく、過去の様々な影響を被っている物語という意味も含むが、しかしながら、神話や伝承の語りが特定の歴史的・社会的・政治的・経済的・法的・心理的場において行われ、そうして神話の語りが生じたということを意味するのである。そして、神話の語り手とは、ある歴史の境位に立つ社会的行為者（Social Agent）であり、神話とはそのような人物が語ることによって生み出された、歴史的に構築された、語られた物語でもある。それゆえ、神話には常に歴史的に位置づけられた物語の語り手が存在していた（そして、現在もそうである）と考えることが出来るのである。この点で、神話とは「争いを引き起こす目的も含めて、様々な目的に用いることが出来る文化的資源である。神話は静態的ではなく、その既存の状況をよりよく映し出すために変えられることもあるのである。」と論ずるゲーリー・L・イーバーソロー（Gary L. Ebersole）の意見は参考になる[18]。つまり、神話物語の語り手は、自らが置かれている歴史的状況をその物語

の語りの中に反映させ、その直接的な歴史的状況に向かって語りかけるように神話物語を組立直すことがあるのである。

本章では、このような視点に立って、ギブソンが語った神話は、ある特殊な歴史的状況下で語られた特殊な神話であると考え、出来る限り、その歴史的状況を明らかにすることを目的とする。つまり、神話を語ったという、ギブソンが置かれていた特殊な状況を明らかにする歴史的研究を行う。この歴史的研究を通じて、ギブソンがその神話を語る際に、社会的および宗教的実践者として応答した歴史的客観的状況を把握しようと思う。祭司であるギブソンが、何事かの起源や原因を説明しようとする際に神話を語ったであろうと思われるが、本書で取り上げるオノンダガ神話の成立には、特殊な歴史的条件があった。

本章の以下において、ギブソンの神話と世襲首長議会（the Hereditary Chiefs Council）が編纂した『6カ国連合の伝統的歴史』（以下『伝統的歴史』と略記）というテキストと、そして、それらの歴史的背景とを関連づけることによって、ギブソンが語った神話を歴史の文脈に位置づけようと思う。そうすることによって、世襲首長会議の権威と権力の伝統的な見解を外部世界に説明しようと試みた『6カ国連合の伝統的歴史』の編纂の目的と同じ目的を持って、ギブソンはオノンダガ神話をヒィウィットに語ったのであったということを明らかにする。宗教学者にとっては、神話を語ることの政治的意図はそれほど目新しい見解ではない。しかしながら、北米先住民の神話の歴史的意義と宗教的意味との相互関係を詳細に吟味し、分析し、解釈しようとした宗教学者はあまりいない[19]。

本章の歴史的考察は、カナダのオンタリオ州に位置する6カ国保留地の6カ国議会記録所に保管されている6カ国議会議事録のマイクロフィルムと、当時のカナダのインディアン事情局局長であるE・D・カメロンの通信記録のマイクロフィルムを研究した結果に基づく。ギブソンの神話を歴史の中に位置づけようとしてカメロンの通信記録を利用した歴史研究者は、私見の限りでは、まだ1人もいない。

第1節では、6カ国世襲首長議会が編纂した『伝統的歴史』というテキストの歴史的文脈について、これまでなされてきた研究について論ずる。第2節では、ギブソンがその神話物語を語った歴史的文脈を再構築し、考察することによって、彼の動機と考えられ得る意図を示唆しようと思う。第3節では、第1節で明らかになる問題の一つである財産所有に関する先住民の考えについて考察を行う。第4節では、19世紀後半の6カ国保留地の先住民の政治に影響を与えていたカナダのインディアン法の歴史について、短く考察を加えることにする。

第1節　『6カ国連合の伝統的歴史』の歴史とテキスト

J・N・B・ヒィウィットは、ギブソンのオノンダガ神話を出版する際に、次のような序文を書いている。そこには彼が行った研究と神話の記録について次のような情報を残している。

> 「このテキストは1900年イロクォイ6カ国のグランド・リバー保留地で、イロクォイ連合のセネカ首長であり、彼の祖先の宗教の祭司でもあるジョン・A・ギブソンが語ったものである。」[20]

この情報から、確かにヒィウィットは1900年にギブソンから神話の聞き取りという研究を行ったということは分かる。しかしながら、2つのことが不明である。1つ目はこの神話の出版の日付に関してである。なぜ、神話の収集を行ってから、28年も経った1928年に、ヒィウィットは行間翻訳の付いたオノンダガ語のテキストの前半を含んだ神話テキストの全体の英語翻訳を出版したのであろうか[21]。ヒィウィットがこの神話テキストを出版するのに、なぜ、そのように長い時間がかかったのか。2つ目は、ギブソンがヒィウィットに神話を語ったという1900年は一体どのような歴史的状況であ

ったのであろうか。この2点を明らかにする必要がある。まず、第1番目の問題から始めてみよう。

なぜ、ヒィウィットがギブソンの神話を出版するまでに、これほど長い年月がかかってしまったのであろうか。筆者は、この点について、ヒィウィットを含めた今世紀初頭のイロクォイ研究について造詣の深い2人のイロクォイ研究者ウィリアム・N・フェントン博士とエリザベス・トゥッカー博士にそれぞれ手紙で質問をしてみた。2人とも不躾な質問に丁寧に返答してくれた。

トゥッカー博士にはヒィウィットの出版が遅れた理由とともに、国立人類学古文書館に保管されているヒィウィットのギブソンの神話の原稿に1923年の日付がついている理由についても質問した。彼女は次のように答えている。

> 「あなたの質問に答えてみよう。ヒィウィットはギブソンが語ったコスモロジーを手に入れてから数年間それに取り組んでいたが、すぐに局(アメリカ民族学局)のメンバーは『ハンドブック』に集中的に取りかかった。そのためヒィウィットはギブソンの神話を放っておいた。彼がそれに再び取りかかり始めたのは1918年のことであり、原稿の作成が終了したのは1923年のことである。このような理由で、NAA(国立人類学古文書館)に保管されている原稿には1923年の日付が付いていたのであろう。」[22]

フェントン博士は、スミソニアン博物館でヒィウィットが残した原稿の整理などの役割を負ったので、ヒィウィットについてはよく知っているが、ギブソンの神話が随分と遅れて出版された理由を特定出来なかった。彼は次のように述べている。

> 「ヒィウィットはとても仕事をするのが遅かった。彼はずるずると先延ばしして、後半にはほとんど出版しなかった。」[23]

もし、そうであるとするならば、ギブソンの神話が出版されるのが遅れたのはヒィウィットの研究者としての性格のゆえである。ヒィウィットとはどのような民族学者であったのか。ヒィウィットはそれほど偉大な研究者ではなかったが、彼については若干の論孜が書かれている。

まず、アメリカ民族学局の歴史をまとめたニール・M・ジュッド（Neil M. Judd）は簡単にヒィウィットについて、「彼（ヒィウィット－筆者註）は正確さに執念を燃やしていた」とだけ書いている[24]。ここで言う正確さとは何を意味しているのであろうか。ヒィウィットの死後に書かれた彼についての論説文で、ジョン・R・スワントン（John R. Swanton）は、ヒィウィットは「自分自身の仕事に関しては骨が折れるほど良心的であったので、その作業は大変遅かった」と彼の仕事ぶりを評価している[25]。また、ヒィウィットは当時の学会の影響の下で、神話物語の「完全な」物語を手に入れたいと思い、6カ国保留地の他の情報提供者に必要な追加をするように依頼をしていたことも知られている。これが正確さを求めようとしていたというヒィウィットの仕事ぶりと関係があるのかも知れない。さらに、最近、言語学者としてのヒィウィットの仕事を高く評価する評伝も書かれている。言語学者であるブレアー・A・ルーデス（Blair A. Rudes）は「ヒィウィットは堪能な言語学者であり、理論上でも実践上でも、同時代の多くの言語学者の一歩先を行っていた」と書いている[26]。それゆえ、ヒィウィットが出版したテキストは、未出版のテキストとともに言語学的に信頼がおけるわけであるが、おそらく、それはヒィウィットにはタスカロラの血が入っていたからかも知れない。自身の伝統の豊かさと貴重さを身をもって知っていた彼は、研究者としての自身の名誉のために中途半端な形で出版するよりも、出来るだけ完全な形で残すことがより意義あることと考えたのかも知れない。

しかし、もし、これらの意見が正しく、ヒィウィットがホティノンショーニの神話伝承の完全な物語を求め、正確さを期したのであれば、次の点が理解できない。なぜ、ギブソンが語った神話の全文の英語翻訳は準備

されていたが、オノンダガ語は全体の半分しか準備できていない段階でそれを出版することにしたのであろうか。出版されたオノンダガ語のテキストには、国立人類学古文書館に保管されている手書き原稿の666頁のうちの361頁分しか含まれていない。全体の約半分ほどである。わざわざオノンダガ語の神話を準備するということは、ヒィウィットは、先住民の言葉でなくては伝えることが難しい神話の意味のニュアンスがあると思っていたからではないのか。そうであるとしたら、なぜ、進行中の作業を中断して、出版を急ぐ理由があったのであろうか。それは個人的な理由であったのか、あるいは、このような形でヒィウィットに出版を急がせた出来事があったのであろうか。

この点を考えるにあたって、ヒィウィットは興味深い情報を書き残している。英語翻訳の註に、ヒィウィットは次のように書いている。

> 「これを書いてから、カナダ政府はカナダのグランド・リバー・グラントの世襲首長による古来からの連合政府を1924年の秋に排除した。その代わりに、候補者が居住している居住区の成人男性の投票によって選ばれる成員からなる、選挙で選ばれる議会を設立した。」[27]

この出来事の背景については以下に詳しく論ずるが、ここでは1924年の出来事をもう少し詳しく見てみることにしよう。

アンネマリー・アンロッド・シモニーはこの点について、次のように説明している[28]。1924年、カナダ政府は6カ国保留地在住の「戦士たち (Warriors)」から選挙による議会を設置するようにという誓願を受け、調査委員会を派遣して、保留地でのこのような動きへの一般的動向を調べさせた。カナダ政府を認めないという立場の世襲首長の集団が、世襲首長会議でもある議会の中では勢力を持っていたので、世襲首長たちは委員会に説明する機会を持たなかった。そして、保留地の中で選挙による議会を支持する人だけが委員会に説明する機会を持った。このようなわけで、カナ

ダ政府は選挙による議会が設置されるべきだと結論を下した。そして、1924年の議会開催中に、欠席している議会の秘書の代わりに、ブラントフォードのインディアン事情局の局長に議会の進行をつとめさせるようにという要求を、世襲首長たちは繰り返し否定した。そして、その昼休みの間にカナダ警察が議会の建物を封鎖し、選挙による議会の設立を宣言した。

　カナダ政府がホティノンションーニの世襲首長による連合政府を排除しようとする動きには、半世紀以上の歴史がある。カナダ政府が先住民の保留地に選挙による自治体システムを導入するように義務づける連邦インディアン法を最初に発布したのは、1856年のことである。このインディアン法が発布されてからは複雑な政治的状況が生まれ、この外部からの変化の強制に対して、世襲首長による自治政府を守ろうとする抵抗運動が半世紀以上にわたって続いていた。

　ヒィウィットがこの出来事に関して、註においてであれ、わざわざ特筆しているということは、この事件がヒィウィットにとっても重要な出来事だと思われたからかも知れない。もし、このような推測が正しいとしたら、出版の準備の途中でギブソンの神話を出版することにしたヒィウィットの理由は、6カ国保留地の先住民の自治政府がカナダ政府によって警察力で排除されたという歴史的出来事のためであると考えることも出来るであろう。おそらく、これがヒィウィットが急いでギブソンのオノンダガ神話の出版した理由かも知れない。

　しかしながら、それでもまだ、なぜ、ギブソンがヒィウィットにそのオノンダガ神話を語ることにしたのか、その理由が明確ではない。第2章でも示した通り、ギブソンが語ったオノンダガ神話には、物語としての長さとそのよく考えられた体系的な構成という特徴がある。フィールドワークにおいて、ギブソンが語り、ヒィウィットがそれを書き取るという作業そのものはかなり時間のかかるものであり、労力を必要とするものである。ヒィウィットはオノンダガ語を十分知っていたが、ギブソンが述べた言葉を逐一確認しながら、書き留めていくという作業は語り手にも聞き取り手

にもかなりの忍耐力と集中力が必要である。このように大変な作業を行うには、ギブソンの側に、ヒィウィットに語るにあたって極めて感情的に深く関わるべき問題があったのかも知れない。ギブソン自身はいつでも適当に止めることが出来たわけだし、内容を削って話したとしても誰にも咎められない。そのような状況で、このように長い神話を語り続けるということには、かなりの動機づけが必要であると思われる。このような特徴を考えると、ギブソンにはそのように神話を語る強い動機があったのではないだろうかと考えられる。

確かに、伝統的な祭司が物事の起源を説明するために神話を語ることは、習慣的に行われることである。しかし、神話の語り手として、ギブソンはその歴史的状況と交渉し、神話を語ろうとするその目的にふさわしい構成を持った神話を、神話モチーフから構築する必要があった。一体、どのような目的をもって、ギブソンはその神話を語ろうとしたのであろうか。この問題を考える為には、ギブソンが神話を語った歴史的文脈を明らかにする必要がある。神話の歴史的文脈を解明するのは難しい作業である。すべての神話の歴史的文脈が明らかになる訳でもない。

しかしながら、ギブソンがそのオノンダガ語の神話物語を語った歴史的文脈について考える上で、役に立つ文書がある。それは英語のテキストで、『首長の委員会によって用意された、6カ国連合の伝統的歴史（*Traditional History of the Confederacy of the Six Nations, Prepared by the Chiefs's Committee*）』と題され、1912年にインディアン事情局局長ダンカン・C・スコット（Duncan C. Scott）によって出版されたものである[29]。この文書は英文で52頁にわたり、6カ国保留地の世襲首長の起源を歴史的ならびに伝承的に説明したものである。このテキストが出版されたのは1912年のことであるが、しかし、作成されたのは1900年のことである。その背景について考察してみよう。

1900年の6カ国世襲首長議会議事録から、この文書がどのような経過で作成されていったかを知ることが出来る。まず、1900年2月8日の議事録を

見てみよう。

> 「議会は、インディアンの儀礼と儀式、そして、北アメリカにおける6カ国連合の形成の歴史に関する委員会が作成した報告書を受諾する決議を行った。そして、秘書が次の議会の一般会合までにそれを完成させてきて、それをインディアン事情局に送ることに決めた。
> 　インディアンの儀礼と憲法の委員会の行いに対して、13ドルが以下の首長に渡された。ピーター・パウレス（Peter Powless）、ジョン・A・ギブソン（John A. Gibson）、トマス・Hm・エチョ（Thomas Hm. Echo）、ニコデモス・ポーター（Nicodemus Porter）、W・ウェイジ（W. Wage）、アブラム・チャールズ（Abram Charles）、J・M・M・エリオット（J. M. M. Elliot）、そして、ジョサイア・ヒル（Josia Hill）。」[30]

この文書の作成にあたった委員会は8人の首長から構成されており、その中にジョン・A・ギブソンが含まれていることは注目に値する。ギブソンはこの時51歳であった。ギブソン以外の首長は、19世紀後半に活躍した世襲首長たちであり、彼らの名前は繰り返し議事録に出てくる。議会議事録に、この文書に関する次の情報が載るのは8月4日になってからである。

> 「議会は、インディアン事情局に送るために、6カ国インディアンの歴史委員会の報告書に変更を行うためにJ・M・M・エリオット首長に秘書を手助けするように任じた。
> 　6カ国インディアン歴史委員会の仕事に変更を加える作業は次の月曜日まで延期される。その時、J・M・M・エリオット首長とジョサイア・ヒルは仕事を続け、完成次第すぐにインディアン事情局に出版のために送ることになった。」[31]

これらの6カ国議会の議事録から、この『伝統的歴史』というテキストが

初めから英語で書かれ、インディアン事情局に送られ、出版して、英語を母語とする人々を主たる読者として想定し、作成された文書であることが分かる。なぜ、世襲首長議会はイロクォイ連合の起源伝承を書き、それをインディアン事情局というカナダ政府の機関に送ろうとしたのであろうか。

1900年という同じ年に、ギブソンを含んだ世襲首長議会はホティノンションーニの連合の起源に関する重要な伝統的伝承を、そして、ギブソンは一人でではあるが、ホティノンションーニの神話伝承を部外者に、それぞれインディアン事情局とヒィウィットという部外者に向かって語っている。これは単なる偶然であろうか。それとも、これらの2つのテキストの間には何かしらの歴史的関連性があると考えることが出来るのであろうか。

私見では、これらの2つのテキストに何かしらの歴史的結びつきがあると考えたイロクォイ研究者は、6カ国保留地の政治・社会史研究家のサリー・M・ウィーバー（Sally M. Weaver）だけである。しかも、わずかに触れただけで深くこの点を考察はしていない[32]。

これら2つのテキストの間の関係を考察する前に『伝統的歴史』というテキストの歴史について考えてみよう。

世襲首長が用意した序文から、世襲首長議会がこのテキストを編纂した主な目的は文化的であると言うことが出来る。それによれば、『伝統的歴史』という文書をインディアン事情局に提出する理由は、6カ国は「異教徒」の段階から文明とキリスト教の段階へと進展しており、「過去の神話的伝承と粗野な歴史」を保存することが必要となったからである[33]。

この序文の内容は、しかしながら、後でさらに詳しく論じるが、おそらく世襲首長議会の中でもキリスト教首長によって用意されたものであろうと思われる。なぜならば、ホティノンションーニの伝統を受け入れている首長たちが自分自身を「異教徒」と呼んだりするであろうか。また、その宗教的教えの真理性を受け入れている伝統を指すのに、「過去の神話的伝承」や「粗野な歴史」といった表現を選ぶであろうか。それゆえ、この序文を作成したのは、ホティノンションーニの伝統的な宗教であるロングハウス

宗教を保持しているロングハウス首長ではなく、キリスト教を受け入れた首長であると考えるのがより適切である。実際、議事録の8月4日付けの記録に見られるように、インディアン事情局に提出する前に、『伝統的歴史』のテキストを完成させることになっている世襲首長議会の秘書であるエリオットは、キリスト教首長として知られていた人物である。

さて、この『伝統的歴史』というテキストを出版したダンカン・C・スコットは何と書いているのであろうか。彼は、おそらく世襲首長議会が用意した序文を参照し、その前書きで、消滅しつつある先住民の伝承を保存できたことは良いことであると述べている。スコットは当時よく知られていた詩人であったが、カナダの植民地主義的政策を支持していた。スコット時代のカナダのインディアン事情局の政策を取り上げたE・ブライアン・ティトレイ（E. Brian Titley）は、スコットが抱いていた狭い自民族中心主義を批判して、次のように書いている。

> 「スコットは大英帝国が行うべき偉大な文明化の使命を信じていた。そして、カナダの国際的役割は、この事業の統合的部分を構成することにあると考えていた。」[34]

つまり、文明化を当然と見なしていたインディアン事情局の局長は、先住民の伝統が消滅するということはむしろ歓迎すべきことであり、せめて記録されるだけでも救いであると考えていたのである。

『伝統的歴史』という文書は、後にセネカ出身の民族学者アーサー・C・パーカーによって出版されたが、パーカーは、彼自身がこの文書を出版する前に、既に、スコットによって出版されていたことを知らなかった。後にパーカーの論文を編集し、本の形でまとめて出版した編者であるウィリアム・N・フェントンは、『伝統的歴史』という文書が作成された背景として、セス・ニューハウス（Seth Newhouse）というモホークの男性の政治活動を取り上げている[35]。

ニューハウスは世襲の首長ではなく、個人的な資質で首長に選ばれた「白い松の首長（White Pine Chief）」であり、19世紀後半の6カ国保留地の政治に深く関与していた。セト・ニューハウスはカナダ政府が推進していた文化受容、植民地化、商業化、それらによって進められる異種族混合などに反対していた。これらの動きは、保留地の中の先住民の間では進歩主義派と見なされる人々が、また、外部から保留地にやって来る人々の中では宣教師や政府の役人が代表していた。彼らはホティノンショーニの伝統的な世襲首長議会の正統性と権威を認めず、転覆しようと試みていた。

このような内からの改革、外からの変革の要求の動きに対して、1885年にニューハウスは、自分が長老たちから聞き集め、書き留めたイロクォイ連合の起源伝承を、ホティノンショーニの公式伝承として承認するように首長議会に要求した。しかしながら、首長議会はニューハウスの要求を却下した。そして、フェントンによると、「ホティノンショーニの法に関するニューハウスの作品を2度拒否して、首長たちは自らの間で委員会を組織し、代わりの版を作成した。それを1900年に承認したのである」[36]。フェントンは、ニューハウスが伝承を「書き留めた」ということに注目した。首長たちがその伝承を自ら「書き留めた」という出来事よりも前に、ニューハウスが同様のことを行ったので、両者の間には何かしらの関係があったのであろうと考えている。

確かに、そのような関連もあったであろう。『伝統的歴史』の序文に書かれている、この文書の編纂の主要な目的は伝承を保存することにある、という理由づけをフェントンは受け入れて、以上のように考えている。しかしながら、次の第2節で論ずるように、伝承の保存という意図もあったかも知れないが、それはテキストの編纂の主たる目的ではなかったのである。

次に、サリー・M・ウィーバーのこの問題に関する見解を考察してみよう。彼女は、6カ国保留地の政治と社会の専門家であり歴史家である。

ウィーバーは、フェントンと同様に、保留地で活動的であった改革運動が、世襲首長が『伝統的歴史』というテキストを編纂し、対抗しようとし

ていた相手であったと考えている。この改革運動はホティノンションーニの一部の人々によるものであり、選挙による首長議会を設立することを要求していた。それは、カナダ政府が、1869年の連邦インディアン法と1884年のインディアン推進条例で、先住民自身の伝統的な政治形態を廃棄し、保留地に選挙による自治体を確立することを要求したことに呼応して、生まれた改革運動である[37]。選挙による自治体という考えは、ホティノンションーニの世襲首長議会の世襲性という原則に真っ向から対立するものであることは、言うまでもないことである。

　この改革運動は進歩的戦士（the Progress Warriors）と呼ばれていた人々が行った運動である。「戦士（Warrior）」とは、首長ではない男性を呼ぶ一般的呼称である。これらの進歩的戦士たちの運動は、主に、カナダ政府の援助のもとで、キリスト教の宣教師が開いた学校で英国式の教育を受けた先住民によって行われた、政治的・社会的な改革運動であった。彼らは、その教育によって「文明化」され、より「文明化」された職業や仕事についていた。彼らは、保守主義的なロングハウスの教えに従う人々や伝統主義的な世襲首長たちよりも、西洋的な「文明化」という観点から見て、より「教育」のある人々であった。彼らは、より「進歩的」な仕事に従事していたのである。

　　　「背景の点では、彼らは保留地において人々の職業が次第に多様化
　　　していることを反映していた。これらの人々の職業は、例えば、農夫、
　　　店舗所有者、店舗従業員、製粉機操縦員、大工、契約請負人、2人は医
　　　者と牧師であった。」[38]

　にもかかわらず、彼らの大部分は世襲首長の位につくことはできなかった。それゆえ、彼らは、彼ら自身が先住民社会の指導者になる道を模索し、世襲制に立脚した首長たちに取って代わろうとしていたのである。
　進歩的戦士たちは、世襲首長議会は人々の必要に応じ切れていない、

人々の代表として十分に機能していないと批判していた。彼らは、世襲首長議会が十分に機能していない例として、グランド・リバー運河会社（The Grand River Navigation Compnay）の倒産事件を挙げている。この事件について考えるためにブルース・エマーソン・ヒル（Bruce Emerson Hill）の『グランド・リバー運河会社（*The Grand River Navigation Company*）』(1994年) を参照することにしよう[39]。

6カ国保留地の中を流れているグランド・リバーに船を航行させ、交通の便を改良しようとする動きは1820年代から起きていた。しかしながら、河の水位の問題などでなかなか進展しなかった。ところが、1825年に開通したエリー湖とオンタリオ湖を結ぶウェランド運河（Welland Canal）を推進したウィリアム・ハミルトン・メリット（William Hamilton Merrit）が、グランド・リバーに船を航行させることに関心を持ち、ディヴィッド・トンプソン（David Thompson）、アブサロム・シェード（Absalom Shade）らとグランド・リバー運河会社を設立した。しかしながら、会社には十分な資金がなかった。そこで副総督ジョン・コルボーン（John Colborn）に相談を持ちかけた。1834年、コルボーンは、メリットとトンプソンにそれぞれ4分の1の証券を購入させ、4分の1を個人に購入させ、残りの4分の1を6カ国基金（The Six Nations Fund）の資金で購入することにした。6カ国基金は、かつて、6カ国保留地の土地の一部分を英国王に売却した時に得た基金である。また、コルボーンは船が運河を航行するようにするために行う改良工事に必要な土地を約束した。彼がメリットらに約束した土地は、6カ国の所有地であった。

その後、ブランド・リバー運河会社は、しばしば財政難に陥り、その度に6カ国基金の資金を流用した。1836年頃までには、会社の株の80％以上が6カ国基金の資金によるものであった。しかし、この資金の流用については6カ国には知らされていなかった。

船を航行させるために下流にダムなどを建てると、河沿いの肥沃な土地が失われてしまうので、その頃、6カ国保留地の人々の間でも反対運動が起

きていた。また、この頃になると6カ国基金の流用が6カ国の人々にも知られるようになり、反対の運動が激しくなってきた。6カ国の代表は政府の代表に基金の返却を要求したが、受け入れられなかった。やがて、鉄道がブラントフォードにまで開通すると、グランド・リバー運河会社は倒産してしまうことになる。それは1858年のことであった。当然、会社に投資された6カ国基金のお金は保証されなかったのである。

この件に関して世襲首長議会はカナダ政府と交渉したにもかかわらず、失われた6カ国基金から流用された資金は返却されなかった。グラント・リバー運河会社の事件は後々まで尾を引くことになる。また、今日でも6カ国保留地の人々は、この事件を話題にして取り上げることがある。

さて、選挙による議会の導入を要求する進歩的戦士たちは、この事件を例にして、世襲首長議会が十分に機能していないということを非難していたのである。しかしながら、おそらく、選挙による議会が成立していたとしても、同様の事件は起きていたと考えられるし、また、失った資金は返却されなかったであろう。

さて、『伝統的歴史』というテキストを編纂したのは世襲首長議会である。では、世襲首長議会の内部では、一体、どのような動きがあったのであろうか。

グランド・リバー運河を巡る6カ国と英国・カナダの対立だけを取り上げると、保留地における進歩的戦士たちと保守的な世襲首長たちとの間の対立、そして、6カ国保留地と外部との間の対立だけがあったかのように思われてしまう。しかしながら、世襲首長会議の中でも対立があったことが知られている。

それは世襲首長の間の、特に、キリスト教首長とロングハウス首長との間の対立であった。世襲首長議会の中では、キリスト教首長たちは進歩的であり、ロングハウス宗教に従うロングハウス首長たちは伝統主義的であった。大部分がブラントフォード市の近くに住んでいたキリスト教首長たちは、文化変容を推進し、西洋型の教育や新しい職業を含んだカナダ式生

活の多くの要素を受け入れていた。彼らはグランド・リバーの上流に多く住んでいたので、「上流の国々（Upper Nations）」と呼ばれていた。ブラントフォード市から遠く離れた所に住んでいたロングハウス首長たちは文化変容、キリスト教、教育、連邦インディアン法に反対していた。彼らはグランド・リバーの下流に多く住んでいたので、「下流の国々（Lower Nations）」と呼ばれていた。彼らにとって、文化の変化、キリスト教、教育、連邦インディアン法などはすべて、伝統的な生活様式から政治的主権まで先住民の生き方を根底から覆そうとする脅威であった。

　このように世襲首長議会内でもキリスト教首長たちは、むしろ、進歩派に属していた。世襲首長議会の中において彼らが持っていた権力と地位は、部分的には、彼らがヨーロッパ的生活様式を受け入れたということ、特に、英語を流暢に話すということに依拠していた。また、キリスト教首長たちは新しい議事進行手続きを導入したり、新しい政策を受け入れることによって、議会の進行を革新しようとしていた。つまり、世襲首長議会に伝統的進行形式とは異なる手続き上の方法を導入しようとしていたのである。

　このようなキリスト教首長たちの動きに対して、ロングハウス首長たちは伝統的な既成の手続きを維持しようとしていた。進歩主義的なキリスト教首長が、世襲首長議会の手続きを変えようと圧力をかけたので、ロングハウス首長は1899年に、「手続きの正当性を象徴する白いワンパムで会議を開始するという、長い間忘れ去られていた行為」を再導入した[40]。このようにして、ロングハウス首長は、世襲首長議会に対する外からのも内からのも含めた反対者に対して、伝統主義的なロングハウス宗教の実践者としての立場から、世襲首長議会の権威と正当性に象徴的正当性を与えるべく努力していた。

　ところで、外からの変革の要求という圧力がある状況で、キリスト教首長たちは、世襲首長としての地位を守るためにヨーロッパ的生活様式の文化受容の影響を制限する必要があったのである。しかしながら、彼らは伝統的なロングハウスの立場を取ることは出来なかった。キリスト教首長た

ちは、カナダ政府当局に対して世襲首長としての自らの立場を擁護する必要を感じていたのである。ウィーバーは次のように説明している。

> 「キリスト教首長は、地域の自治政府として役に立つかどうかという点で世襲議会を擁護しなくてはならないと、次第に気づいた。つまり、上流の方にいる首長たち（キリスト教首長）は、政治的にプラグマティストになったのであり、先住民社会の要求とインディアン事情局の権力という現実に対応するようにして、世襲首長議会の継続性を確実なものにしようとした。」[41]

ある意味では、キリスト教首長たちは矛盾した状況に放り込まれたのである。一方では、彼らは、彼ら自身が世襲首長の称号を持つということの世襲の系譜とそれによる首長の称号の所有の正当性を弁護しなければならなかった。ところが、世襲首長の正当性を主張しているのは、6カ国保留地の伝統の中では伝統的なロングハウス宗教の神話・伝承である。そして、それはロングハウス宗教に深く密接した象徴に依っていたのである。しかし、キリスト教徒として、キリスト教首長たちはロングハウス宗教と儀礼に関わる権威と権力に関係する宗教的象徴を拒否しなくてはならなかったのである。

このような内から外から来る政治的改革の要求に対して、世襲首長議会は、その正当性と固有の権威の主張を明確に表現する必要に迫られている、と感じていた。世襲首長たちは、彼ら自身の立場をカナダ社会に説明しようと、しばしば努力した。例えば、地域の歴史協会（Historical Society）の集会の場に出向き、ホティノンションーニの伝統について説明を行ったりしていた。同じ頃に、政治的な理由から、先住民の伝統を外の社会に説明するために人類学者に協力していた。ウィーバーは次のように書いている。

> 「首長たちは、周りの歴史協会からの6カ国の歴史について話して欲しい、という依頼に直ちに応答したり、J・N・B・ヒィウィット（J.

N. B. Hewitt)（1892年、1900年から1926年）、ホラシオ・ヘイル（Horatio Hale）（1885年）、ウィリアム・ビーチャンプ（William Beauchamp）（1901年）、エドワード・チャドウィック（Edward Chadwick）（1897年）、ディヴィッド・ボイル（David Boyle）（1898年、1900年）、F・ヴァウ（F. Waugh）（1961年）、A・A・ゴールデンワイザー（A. A. Goldenweiser）（1913年、1914年）らの人類学者を親切に迎え、6カ国の習慣について書くのを手伝った。」[42]

ここで引用されている年は、これらの研究者の研究が出版された年であり、彼らが研究を行った年ではない。これらの研究者は、主として、19世紀後半から20世紀初頭にかけて、6カ国保留地で研究を行っている。

ウィーバーは、イロクォイ研究者の中では、当時の保留地の政治的および社会的状況と人類学的研究の間に関係があったことを示唆している唯一の歴史家である。しかし、既に見てきたように、ウィーバーは、フェントンと同様に、『伝統的歴史』編纂の主な理由は、伝統的な世襲首長議会の権威と正当性を脅威にさらしている、進歩主義的な戦士たちの選挙による自治政府の導入の要求であると考えている。確かに、この側面は当時の歴史の大きな出来事の一つであった。もしそうであるならば、つまり、問題が6カ国内の政治的対立であったならば、なぜ、世襲首長たちは彼ら自身の立場を外の世界に対して、『伝統的歴史』を英語で編纂して、説明しなくてはならなかったのであろうか。その緊急の必要性を十分に説明できない。

特に、この時期にインディアン事情局の6カ国担当者であったE・D・カメロン（E. D. Cameron）は、選挙制度の導入には反対であった。カメロンは自分の仕事についての記録を通信記録（Letter Book）に残している。1899年4月19日日付の通信記録には、選挙制度を強制的に導入する可能性についてインディアン事情局から質問され、それに対するカメロンの回答が記録されている。保留地における世襲首長議会の権力と重要性を鑑みて、彼は次のように書いている。

「質問にお答えします。提案されている変化に賛成であるインディアンの割合は3分の1以下であります。貴兄の手紙でこの変化を推進する理由が挙げられていますが、それは正しいと私は思います。それゆえ、若い人々が自らの問題により積極的に関心を抱くように奨励するのが好ましいと思います。しかし、同時に、保留地に選挙制度が確立され、現在の世襲首長議会の制度が停止されるならば、かなりの混乱が起きるものと思われます。2、3日前、私は世襲首長議会の秘書から別に添えた要望書を受け取りました。それは彼らの事柄に関わる自治政府の形式に関しては何の変化も行われないようにとの内容です。要望書には428名の署名が集められています。私は保留地の人々の生活を推進し、進歩させる如何なる試みも奨励されるべきだと思いますが、しかし、選挙制度が現在確立されたならば、現在の首長、将来首長に選ばれるであろう人々、彼らの友人たち、異教徒の人々、教育を受けていない人々の影響力はかなり強いので、かなりの混乱が起きるものと心配されます。同時に、インディアン条例は、現在の世襲首長議会制度が維持されつつ、しかも選挙制度が導入されるように、修正すべきであると信じます。」[43]

このように、カメロンは世襲首長議会の立場を理解していたのである。6カ国の世襲首長議会と直接的に交渉していたインディアン事情局の代表が、世襲首長の制度を維持することをカナダ政府に主張していたのであったならば、選挙による自治政府の導入を要求する進歩的戦士たちに対する対抗という理由だけで、『伝統的歴史』のテキストを緊急に作成する理由としては十分でないように思われる。

このような疑問に答えるためには、カメロンの通信記録に記録されている他の事件を参照することにしよう。そこには、ウィーバーもフェントンも注意を払っていない事件が記されている。

第2節　E・D・カメロンの通信記録と
　　　　イロクォイの歴史への新しい見方

　カメロンがインディアン事情局に任命されたのは1891年の4月13日のことである[44]。その時からギブソンがヒィウィットに神話を語る1900年までの間の期間の長さを考えると、その当時、保留地で何が問題になっていたかについて明確に認識していた、と考えられる。カメロンは局長としての仕事の報告や個人的な通信の記録を、彼の通信記録帳に記録していた。この中に、当時の歴史的状況について、今まで十分に知られていなかった問題が記録されている。この問題から、6カ国保留地の歴史に新しい視点を学ぶことが出来る。

　1900年2月23日付けの通信記録に、ブラントフォードにあるインディアン事情局事務所に送った通信を、カメロンは記録している。この通信記録の中でカメロンは、その当時の重大な関心事であった6カ国保留地の問題のいくつかを説明し、それらの歴史的背景についても説明している。この2月23日という日付は、今までの議論にとって、とても重要である。というのも同じ頃に、世襲首長議会で任命された8人の世襲首長がまとめた『伝統的歴史』のテキストが世襲首長議会によって公式に受諾されたのである。その日付が2月8日であった。

　カメロンの通信記録を見てみよう。

　　「彼らの問題を扱うにあたって、インディアンの公認受託者としての総長官（the Superintendent General）に無制限の権限が与えられているということが、6カ国に押しつけられてきていました。6カ国の長老たちは、随分前に総知事（the Govonor General）が彼らにとっての総長官であり、英国女王を代表しているのであり、（不明の2文字）誰も如何なる権利を持たない、ということに合意していた。しかしな

がら、この意見は少数が抱いているに過ぎない。というのも、総長官が、今や彼らのために女王を代表しているという見解を押しつけられているからである。それゆえ、総長官の決定が最高であり最終的であると受け止められている。そして、私の経験では、現在まで局の決定は尊敬されていたし、受諾されてきていた。しかしながら、局の弁護士助手（the Law Clerk）が総長官は今後いかなる行動もとらないと決定して以来、インディアン以外の誰もインディアンと彼らの財産に関わる条例への権利を持たないという古い感情が、再び、沸き起こってきた。」[45]

ここで用いられている用語の説明をしておこう。総長官とはインディアン事情局の局長を意味している。当時総長官はダンカン・スコット（Duncan Scott）であり、E・D・カメロンは総長官代理として6カ国を担当していた[46]。この組織形態は1868年の国務大臣法令（The Department of the Secretary of State Act）と1869年のインディアンの漸次的フランチャイズ化とインディアン事情のよりよい管理法令（The Act for the Gradual Enfranchisement of Indians and the Better Management of Indian Affairs）の発布の後で構成された。後者の法令は、総長官に先住民の土地の配分と保留地の収入を管理する権限を与えている。1873年には内務大臣がインディアン事情局総長官を兼ねると宣言された。カナダ連邦が成立する前は、英国植民地の知事長官が総長官としてインディア事情局を担当していた。

カメロンが取り上げている政治的制度に関する問題が深刻化する事件が、実は、当時起きていた。それは6カ国保留地のある家族の家族同士の喧嘩が始まりであった。この家庭内紛争とも言える事件は、世襲首長議会とインディアン事情局の両方を巻き込んだ大きな事件へと発展していた。カメロンが書き記しているところをさらに見てみよう。同じ2月23日付けの通信記録に、次のようなことが書かれている。

「昨年11月に報告した折、総長官は何も行わないという返答を貴兄から受けた時に大きな危険を感じた。それゆえ、問題を再び世襲首長議会に戻すことを勧めたのである。そうすることによって、私は（不明な1文字）深刻な問題を防止することができると思う。息子のレヴィ・ジョンソン（Levi Johnson）は世襲首長議会の決定によって所有権を主張し、自分自身で使用するために木材を持ち運んだ。他方、彼の父アーロン・S・ジョンソン（Aaron S. Johnson）は、その土地は彼自身のものであると主張して、自分で使用するために木材を運び去った。どちらもインディアン条例では木材を持ち運ぶ権利がないことは明らかである。私はアーロン・S・ジョンソンが正当な所有者であるという印象を持つが、レヴィ・ジョンソンに好意的な決定を世襲首長議会がしたので、彼は自分がインディアン条例の下では正当な所有者であると主張して、自分の父親が木材を勝手に持ち運んだとして反対している。」[47]

カメロンは、このケースは殺人を含んだ暴力事件に発展するのではないかと心配している。ジョンソン親子のどちらも自分が土地を所有していると主張しているので、争いは次第に激しさを増していった。両者が別々にではあるが、インディアン事情局事務所に出向いて報告した時に、そこで偶然出会い、勇ましい勢いで議論をし始めたことがあった。

カメロンの通信記録の同じ日付に、ジョンソン家のケースと類似した事件を2件ほど報告している。これらの問題を解決するために、カメロンは次のように書いている。

「私は、これらの問題を解決する全権を、インディアンの公認受託者としての総長官が持つと考えている。慣例に従ってこれらの争い事を解決する方が（不明の文字）が介入し、そのためにインディアンだけが彼ら自身の事柄を解決し、決定する完全で排他的な権利を持つ、という考えを広めるよりは良いと思われる。」[48]

カメロンは、このような見解を抱いているのは、ロングハウス首長を含んだ「保留地の中の多数の異教徒」であると書いている。彼らは「彼ら自身の保留地においては彼らのために条例を制定する権利を白人は持たない。彼ら自身の首長を通じて、インディアン自身がインディアン自身の所有物に関して、彼らに影響を与える訴訟を解決する、彼らの連合のもとにおける排他的な権利を持つ、と信じている」[49]。カメロンはジョン・A・ギブソンという名前を特に挙げてはいないが、「保留地の中の多数の異教徒」には、おそらく、彼が含まれていると考えることは可能である。

　ジョンソン家の争いは、世襲首長議会にとっても、インディアン事情局にとっても、重大事であった。というのも、これらの2つの当局が法的および政治的権力を巡って争うことになるからである。この事件で問題となっているのは、木材の所有権に関わる法の適用性を判断する権威と権力を、誰が持っているかという事柄であるが、しかしながら、さらに広い問題に関連している。それは誰が先住民を代表しているかという問題である。世襲首長議会にとっては、先住民の自治組織だけが保留地における「彼ら自身の事柄を解決する完全で排他的な権利を持つ」ことができるという政治的主張が認められるかどうかという問題であった。インディアン事情局にとっては、局が連邦インディアン法を6カ国保留地に施行できるかどうかという行政的な問題であった。

　木材は白人にとっても先住民にとっても重要な自然資源であったので、19世紀を通じて主要な政治的および社会的論争の原因となっていた。保留地の近くに住む白人の多くは、闇夜に乗じて保留地の森林地区に内密に進入し、木材を盗んでいた。しばしば、それは先住民に対する暴力という形を取ることもあった。例えば、1873年10月、首長ジョージ・ジョンソンは夜中に帰宅途中、6人の棍棒を持った白人に襲われた。彼は殴り倒され、肋骨を6本も折られた。暴漢たちは彼に銃も放ったが、幸いにも彼の身体をかすっただけであった。男たちが立ち去った後、ジョンソンは自分で立ち上がり、数キロ歩いて辿り着いた農家に助けを求めた。彼は世襲首長議会

の代表として働いており、白人の木材買い付け人が先住民に酒を売って、木材を買うのを禁止しようとしていた。ジョンソンが襲われたのは、そのような白人の木材買い付け人の仕返しのためであった[50]。さらに1878年にはジョンソンが先住民の男性に襲撃されるという事件も起きていた。このように木材を巡っては暴力沙汰の事件がしばしば起きていたのである。

　このようにカメロンの通信記録から、19世紀末から20世紀初めに、どのような状況に6カ国保留地が置かれていたかが明らかになった。そして、この問題を世襲首長議会が極めて重要視していたということが分かる。つまり、世襲首長議会は、彼ら自身は如何なる権威と権力を持つのか、という問題に直面していたのである。
　カメロンの通信記録が記しているこの事件は、今までに十分に取り上げられてこなかった歴史的出来事である。しかしながら、今まで十分に知られていなかった歴史的出来事が知られた以上、この歴史的側面を無視して当時の状況を考えることは出来ない。むしろ、この出来事を考慮すると、なぜ、世襲首長議会が、1900年という時点で、インディアン事情局に向けて『伝統的歴史』というテキストを編纂したのかが、より明確になる。つまり、おそらく、先住民の中の選挙制による自治議会制の導入という運動の影響もあったであろうが、インディアン事情局のカメロンが6カ国保留地の事情を鑑みて、世襲首長議会を廃止し選挙による自治会議の導入には懐疑的であったのであるから、世襲首長議会が、特に、カメロンに対して何かを説得する緊急の問題があったとは考えられない。しかし、ジョンソン家の家族紛争を巡って、世襲首長議会とインディアン事情局とが対立していたということ、そして、世襲首長議会はインディアン事情局に対して世襲首長議会だけが6カ国の社会を自治する権利を持つということを主張する機運があったということを考え合わせることで、『伝統的歴史』の歴史的意義というのはより明確になるものと思われる。
　今や、1900年に、世襲首長議会が彼ら自身の権威と権力の正当性に対す

る2つの挑戦に対処しなくてはならなかった、ということが明らかとなった。第1は、1856年の連邦インディアン法が選挙制度を先住民保留地に義務づけて以来、先住民社会内で保留地に選挙制度を導入しようと試みていた進歩主義的な人々からの挑戦である。第2は、カナダ政府による外からの政治的挑戦であり、先住民社会の政治制度を再構成し、少なくとも法的な制度の上で、先住民社会をカナダ社会に取り込もうとする挑戦である。それは具体的にはインディアン事情局という行政機関との対立という形で現れてきていた。改めて強調しておきたいが、世襲首長議会の政治的基盤を正当化するために世襲首長議会がジョン・A・ギブソンを含んだ8人の首長を任命し、『6カ国連合の伝統的歴史』という英語の文書を編纂したのは、このような歴史的文脈においてなのである。

　以上から『伝統的歴史』という文書は、世襲首長議会の権威に対する挑戦への応答のテキストであったことが分かった。それでは、伝統的神話をワシントンD.C.から来た民族学者であるヒィウィットに協力して語るというギブソンの個人的な行為は、どのように理解することができるのであろうか。『伝統的歴史』というテキストとギブソンのオノンダガ神話の2つの物語の間には、何かしらの歴史的関連はあるのであろうか。

　ヒィウィットはギブソンのオノンダガ神話を出版するにあたって、1900年に6カ国保留地に行ったと書いているだけで、具体的な日付については何も書いていない。1900年の夏であろうか、冬であろうか。ところが、幸いなことに、アメリカ民族学局局長であるJ・W・パウエル（J. W. Powell）が役に立つ情報を残しておいてくれている。1900年6月30日までの年度の年報の序文の中で、パウエルは局長として民族学局の年間の活動報告を書いている。その中で、多くの民族学研究者の活動とともに、ヒィウィットの活動記録を、次のように書いている。

　　「冬の初めに、J・N・B・ヒィウィット氏はニューヨークとオンタリオにあるいくつかのイロクォイ部族の生き残りを再訪問し、部族の

伝統の収集と比較を続けた。よりよく知られた伝統のいくつかを記録するのに好都合な条件を見いだし、彼はオンタリオ州のハミルトン市近くのインディアンの村（6 カ国保留地を指す－筆者註）で数週間過ごし、4 月初めに事務局に戻ってきた。」[51]

このパウエルの報告はとても重要である。冬の初めというのがいつ頃かははっきりしていないが、少なくとも年末か年頭以降の時期であろう。そして、冬の間中 6 カ国保留地に 4 月の初めまで滞在していた。つまり、世襲首長議会が 8 人の首長を任命して『伝統的歴史』を編纂させていた頃に、カメロンがその日記にジョンソン家の紛争を書き込んだ頃に、ヒィウィットが 6 カ国保留地にいたということが明らかである。ジョンソン家の事件は前年の 10 月か 11 月には起きていた事件であろうから、ヒィウィットはこの事件についても十分知らされていたであろうし、世襲首長議会が自分たちだけが先住民の社会を統治する権威と権力を持つと主張するのを、何度も耳にしていたことであろう。

このようにパウエルの報告から、世襲首長議会が『伝統的歴史』という文書を編纂しているまさにその時期に、6 カ国保留地にヒィウィットがいたことが明らかとなった。このテキストを編纂した 8 人の首長の 1 人にジョン・A・ギブソンが含まれていたという事実から、『伝統的歴史』の作成とギブソンがオノンダガ神話をヒィウィットに語ったということの間に、何かしらの強い歴史的関連があったと考えることができる。ギブソン自身が上記のような歴史的事件を念頭において神話を語ったとは言っていないので、あくまで、状況証拠から考えるならば、ギブソンがオノンダガ神話を語ったということと世襲首長議会が『伝統的歴史』という文書を編纂したということ、およびジョンソン家を巡る世襲首長議会とインディアン事情局との対立といった出来事との間には、何かしらの歴史的関係があったと考えることが可能であり、むしろ、妥当であると考えられる。

この点をもう少し考えるために、なぜ、ギブソンは世襲首長議会が編纂

した『伝統的歴史』では十分ではないと考えたのかという疑問を提出することが出来る。つまり、ギブソンが『伝統的歴史』で十分であると考えたならば、わざわざ神話を語る必要もなかったのではないかと思われるからである。しかも、第2章で見たように、彼が語った神話は長く、その構成において、ギブソンが深い意図があって神話を語ったと思われる。この問題を考察するには、ギブソンがロングハウス首長であったことを思い起こすことが必要である。そこで、まず、世襲首長議会内のロングハウス首長とキリスト教首長の間の相違とは何であったのかを、もう一度考えてみたい。

両者の間に見られる相違点で最も重要な点は、ロングハウス首長は伝統的なロングハウス神話の真実性・真理性を受け入れており、キリスト教首長たちは、中にはロングハウス宗教を一概に否定する首長ばかりではなかったかも知れないが、大部分はそれを受け入れていなかったのではないかと思われる。世襲首長議会に関しては、キリスト教首長は世襲首長議会を擁護していたが、それは宗教的な動機からではなく、むしろ、政治的なプラグマティックな関心からであった。実際、キリスト教首長の中には選挙制度による首長議会を強く主張していた世襲首長もいた[52]。にもかかわらず、彼らは「会議の仕事上の手続きを進行させ、委員会という構造を作り出し、その成功を推進する」ことに関心を抱き、地域の自治体として機能しているという点で世襲首長議会制度を擁護していた[53]。

彼らキリスト教首長は、世襲首長議会にとって伝統的に重要な哀悼儀礼を含んだホティノンショーニーニの儀礼には何らの関心も抱いていなかった。そのような彼らにとって、ホティノンショーニーニの伝統的なロングハウス宗教と密接に関連した『伝統的歴史』というテキストを歴史的文書として編纂することだけで、外部世界に訴えるには十分であると考えられたのであろう。

ロングハウス宗教の実践と世襲首長議会の政治との間の関係に関する、ロングハウス首長としてのギブソンの見解を正確に知ることはできない。しかしながら、ギブソン自身はロングハウスの祭司でもあり、世襲首長議

会の首長でもあった。既に、この点で、キリスト教首長たちの立場とは根本的に異なると言える。そして、キリスト教首長たちに対して、ロングハウス首長たちはロングハウスの宗教と世襲首長議会とは分離され、切り離されるものではないと考えていたと思われる。かつて、世襲首長議会は神権政治とも呼ばれていたことがあり、伝統主義者でもあったギブソンの心の中でも、世襲首長議会とロングハウス宗教とは密接に結びついていたと考えて間違いではないであろう[54]。なぜ、このように考えることが出来るかを以下の章で少しずつ論じていくことにする。また、このように考えてギブソンのオノンダガ神話の内容を歴史に照らし合わせて解釈すると、その神話の歴史的および宗教的意味がより整合的に理解されることも論じることにする。

　本節の最後に、では、このような歴史的状況で、ギブソンが部外者であるヒィウィットに神話を語ったということは、一体、何を意味するのであるか、ということについて少し考えることにしたい。ヒィウィット自身にはタスカロラの血が流れており、オノンダガ語の知識は十分にあった。ギブソンにとって、ヒィウィットの持つ外部世界とのつながりは伝統主義者の立場を伝える理想的な連絡係であったと思われる。ヒィウィットが外部社会に属するが単なる白人ではなく、外部の白人社会に属する先住民と思われていたのかも知れない。また、政治的には、ギブソンがヒィウィットが持つワシントンD.C.の合衆国政府との結びつきは、第三者の威信を利用してカナダ政府に対抗しようとする外交的手腕であり、植民地時代にまで遡る、昔ながらのイロクォイの外交術を思い浮かばせる。そして、カナダではなく、アメリカを神話の記録者として選択するというギブソンの方法は、カナダ政府にホティノンションーニの神話を語ったところで無視されるのではないであろうか、というギブソンの危惧の念を反映しているのかも知れない。実際、グランド・リバー運河会社を巡る6カ国基金の返済に関して、世襲首長議会の度重なる要求にもかかわらず、カナダ政府および英国政府は何の対処もしなかったことから、ギブソンは両者に対する不信

感というのもあったのかも知れない。事実、世襲首長議会が編纂した『伝統的歴史』が出版されたのは、世襲首長議会がそれを編纂し、インディアン事情局に渡してから12年経ってからのことである。

第3節　先住民の財産所有概念

　インディアン事情局がカナダの政治システムの対インディアン政策の行政担当として、先住民社会の政治構造の中へカナダの権力構造をさらに押し込めようとした時、世襲首長議会は、先住民自身だけが自らの生活と自らの財産に関わる事柄を統制する、全く排他的な権利を持つと主張し、抵抗していたのである。この抵抗は、ジョンソン家の家族内紛争に見られるように、土地と土地から生ずるものの所有権に、直接的には関わっていた。それでは、6カ国保留地で認められていた土地と土地から生ずるものの所有権についての先住民の考えは、どのようなものであったのであろうか。本節では、この問題を取り上げることにしよう。

　6カ国保留地の法と政府の研究を行ったジョン・A・ヌーン（John A. Noon）の著作を参照して、この問題を考えてみよう[55]。ヌーンはグランド・リバー保留地（Grand River Reserve）とも呼ばれる6カ国保留地における、イロクォイ連合の機能と構造の歴史的変遷について分析と考察を行っている。ここで言うイロクォイ連合とは、今まで述べてきた世襲首長議会のことを指す。ヌーンの研究は、所有物に関する先住民の見解についてだけではないが、本書との関連で、特に、この点を取り上げることにしよう。

　まず初めに、ヌーンは「所有物（property）」という語の法的な定義を論じている。所有物には、本質的に、2つの要素があると考えられる。第1は保有財産であり、第2は保有財産に対する権利である[56]。保留財産には、不動産（具体的で動かすことのできないものを示す）、個人的所有物（具体的で動かすことのできるものを示す）、無形の所有物（具体的ではないか、

感覚では感じられない物事を示す）などがあるが、それぞれに特徴がある。また、所有権に関しては、絶対的な所有権と単なる所有権という2つの範疇があり、両者は区別される必要がある。この分類に従えば、大地は不動産であり、木材は個人的所有物にあたる。では、具体的に、6カ国が土地の保有権を主張するとは、一体どういうことなのであろうか。一般的に先住民は土地の所有権という観念を持たないと言われているが、一体、何が問題となっていたのであろうか。

世襲首長議会が木材に対する法的権利を政治的に主張する背景には、6カ国保留地の土地は6カ国が所有する所有物である、という基本的な認識があったと思われる。このような主張が成立した歴史的経緯を振り返ってみることにしよう。

グランド・リバー沿いの6カ国保留地の土地の所有者はホティノンショーニ・イロクォイ連合であるという主張は、実は、1784年の6カ国保留地の設立にまで遡ることができる。どのような歴史的経緯で、6カ国保留地は設立されることになったのであろうか。

植民地時代を通じて、イロクォイ連合は、フランス植民地とイギリス植民地の間に位置するという地理的条件の中で、上手に外交関係を結んでいた。イロクォイ連合はフランスに敵対し、イギリス側について戦うことが多かった。しかし、13植民地と英国本国とが戦争を始めた時、植民地側も英国側も、自分たち側について戦うように説得したが、イロクォイ連合は、この戦争は兄弟戦争であるとして、中立の立場を取ることにした。しかしながら、英国と深い関係にあったジョセフ・ブラント（Joseph Brant）というモホークの男性が英国を訪れ、帰国した後で、イロクォイ連合の首長たちに英国側に立って戦うようにと説得し、モホークを初めとするいくつかのホティノンショーニの国がイギリス側に立ち、オナイダとカユガの一部が13州側につくことになった。イロクォイ連合は分裂し、連合の火が消されてしまった。

ところが、この戦争が終結し、13州植民地が勝ち、英国本国が破れた時、

ホティノンションーニの中で英国に協力していた人々は、自分たちは負け組に属していることに気づいた。1782年のパリ条約では、先住民の土地の権利については一言も触れられていなかった。英国政府は、土地のすべてを13州に明け渡してしまった。

アメリカ独立戦争終了時にホティノンションーニが置かれた歴史的状況について、バーバラ・グレイモント（Barbara Graymont）は次のように描いている。

「ブラントは英国を、インディアンを（13州）会議に売り渡した、と非難した。軍とインディアン部局の局員は、彼らの責任ではない状況に直面し、極めて複雑な外交的交渉を必要とする状況に置かれた。彼らはインディアンたちに、王のために努力するように長年説得してきた。そして、アメリカ人に対する戦争が彼らの土地を守る最善の方法であると納得させ、彼らと英国との間に結ばれた聖なる契約を思い起こさせた。そして、王の赤い子供たちに対する王の深い関心を確信を持って保証していた。インディアンたちの眼には、英国政府が結んだ平和条約のために、これらの将校は偽善者の嘘つきと映っていた。軍の将校たちとインディアン部局の役人たちは、全く困惑してしまったのである。」[57]

ブラントは英国に対して怒っていたが、同時に、この状況に彼自身困惑していた。というのも、英国の約束を真に受けて、英国王のために戦うようにとホティノンションーニの人々を説得したのは、他ならぬ彼であったからである。しかし、彼は英国と交渉して、特にモホークの人々のための土地を手に入れなくてはならなかった。というのも、モホークの人々が元来住んでいたモホーク谷の領域は、1768年のフォート・スタンウィックス条約で既に英国に譲渡していたので、モホークは戦争後に落ち着く場所を見つけなくてはならなかったからである。

ところで、英国植民地の行政担当者たちは、もし、ブラントらの要求が

受け入れられなかったら、ホティノンションーニが英国に対して反乱を起こすかも知れないという恐れを抱いていた。こうして、ブラントの要求に応えるために、当時のケッベク知事であったフレデリック・ハルディマンド（Fredrick Haldimand）は、グランド・リバー沿いに住んでいたアルゴンキアン語族のミシサガの首長たちと交渉して土地を獲得し、ブラントとホティノンションーニの他の人々にその土地を与えることにした[58]。

1784年に、ハルディマンドはグランド・リバー谷沿いの24万ヘクタールの土地に関する声明書を発布した。ハルディマンド証書（Haldimand Deed）として知られるこの文書は、アメリカ独立戦争中の英国王に対するモホークの忠誠に感謝を示し、モホークと他の6カ国の土地が失われたことについての英国の遺憾の意を表明し、オンタリオ湖の北に住む先住民であるミシサガから土地を購入したことを述べている。当時の6カ国と英国との関係を知る上で重要な内容を含むので、少し長くなるが、引用してみよう。

「英国王は次のように仰せられた。モホーク・インディアンが英国に対して示した初期の献身と彼らが失った定住地のことを考慮して、アメリカ合衆国の領域内の彼らの定住地を失ったか、（アメリカ領から）英国領に退きたいと願うモホークとその他の6カ国の者たちのために、英国の保護のもとにある一定の便利な土地が選ばれるべきである。これらの英国の忠実な同盟の多くの真摯な願いで、オンタリオ湖、エリー湖、ヒューロン湖の間にあるインディアンから土地を購入した。このことを、英国王の名で権限を与え、認める。英国王の名において、かかるモホーク国と6カ国インディアンの他の国々が望むようにその領域に定住し、土地を所有し、この目的のために、エリー湖に流れ込む川の川沿いに、エリー湖から始まり上記の川の河口にまで続く部分の川岸から両岸にそれぞれ6マイルの幅にわたって土地を与え、彼らが住むこと、そして、彼らと彼らの子孫たちが永遠にその土地を享受することを公認し、許可する。」[59]

ヌーンはこの文書を分析して、ハルディマンド証書には保留地の土地の実際の所有権に関して3つの事実があると指摘している。第1に、証書は保留地の土地の保有財産の程度を緩やかな用語で定義している。第2に、所有権は6カ国に帰属していると宣言している。第3に、所有権が持続する期間には何らの制限も置かれていない。ヌーンは、ハルディマンド証書は無条件相続権における財産を認めていると結論づけている[60]。つまり、世襲首長議会が6カ国保留地の所有者は6カ国であるという主張をする際には、このハルディマンド証書に歴史的根拠があるのである。

ところが、6カ国が保留地の土地の所有者であるという見解は、1793年のシモコ証書（Simcoe Deed）によって修正され、覆された。この証書は当時の知事であるJ・グレーブス・シモコ（J. Graves Simcoe）によって発布されたものである。シモコは、ジョセフ・ブラントが保留地の土地の一部を白人に売却しようとしたことから生じた争い事を解決する必要に迫られていた。保留地の土地を購入した人々は、その土地は英国王の土地であると思ったので、ブラントの行為は国王の土地の所有権を侵害するものではないかと疑いを持った。そのため、シモコは新しい証書を発布し、不明な点を明らかにしようとした[61]。

しかし、ブラントはシモコ証書を受け入れることを拒否した。というのも、この新しい証書は、6カ国の保留地の面積をグランド・リバーの源から河口までの両岸のそれぞれ6マイルの範囲に固定化し、地所の保有財産の範囲を確定し、さらに、その保有財産の一部を売却する権利を禁止したからである。

ヌーンによれば、シモコ証書の条項は、歴史的に、二重の意味で重要である。第1に、それは保留地は無条件相続権における財産であるという立場を否定している。第2に、より正確には、保留地は英国王からの借地であると規定し直した点である[62]。もし、保留地の土地が英国王からの借地であるとするならば、それでは、この土地を保管管理しているのは誰であろうか、という疑問が沸き起こってくる。一方で、世襲首長たちは、この

証書を受け入れることを拒否し、無視したにもかかわらず、世襲首長議会が保留地の保管管理者としての完全な権力を行使すべきであると信じていた。他方、英国およびカナダ政府は、シモコ証書は保留地は国王の土地であると定義しているのであるから、初めは植民地事情局が、後にはカナダ自治領のインディアン事情局が、6カ国保留地の土地の正当な保管管理者であると考えたのである。

　このようにして、シモコ詔書の意味に関する解釈の違いが、やがて問題を起こすことになる。というのも、この文書は、土地は英国王に属すると規定しているが、6カ国も英国あるいはカナダ政府もどちらも、自分たちが土地の保管管財者であり、土地に関する権利と権力を持つと主張することができると読むことができるからである。既に見たように、この両者の見解の相違が、ジョンソン家の家族内の争い事に関わって表面化してくるのである。そして、世襲首長議会とインディアン事情局との間の衝突を生み出すことになったのである。

　1840年代になると、グランド・リバー沿いに多くの白人たちが移入し始め、英国はこれらの白人から6カ国の土地を保護するために、土地の一部を英国王に売却するようにと勧めた。繰り返される勧めに従って、6カ国は保留地の一部を国王に売却した。この時、英国王に土地を売却して得た金額を基にして6カ国基金（Six Nations Fund）を作った。この時まで、6カ国の各々の国の人々は別々の所に散らばって住んでいたが、白人の人口が多くなり、保留地の面積が少なくなったので、一カ所に住むようになった。こうして、それまでは同じ居住地区に住んでいなかったホティノンショーニの6つの国々の人々が、一つの領域に住むことになったのである。

　この歴史的変化は6カ国にとって大きな意義を持っていた。というのも、6カ国が別々の所に住んでいた時は、氏族を中心として日々の生活や政治・経済に関わる問題を解決していた。ところが、6カ国が一つの地域に住むようになり、6カ国全体が内政的に関わり合うようになった。しかし、6カ国全体の代表となる組織、機関はどこにもなかった。このような状況で、そ

れまで基本的には外部との交渉や軍事的な事柄の責任を負っていた世襲首長議会が、6カ国全体の代表として、移住に関わる煩雑な仕事を担当することになった。つまり、世襲首長議会が6カ国全体の内政を司る行政機関へと姿を変えたのである。

　世襲首長議会がまず初めに行わなくてはならなかったことは、保留地の土地をホティノンショーニの各人に配分することであった。世襲首長議会が人々に土地を配分することが出来るということの根拠は、ハルディマンド証書に規定されている、6カ国が保留地を無条件相続権のもとで所有しているという考えであった。それがまた世襲首長議会が個々人に土地の配分を決めることが出来る権威と権力を持つということの根拠でもあった。このようにして、ホティノンショーニの個々人は、世襲首長議会が割り当て決定した場所を獲得し、配分された土地の所有権を獲得したのである。

　ところで、このように配分された土地の所有権は、どのように保証されていたのであろうか。ヌーンは次のように説明している。

　　「保留地時代の初めの頃の所有権は、ある土地を専有しているという事実に由来する権利に依拠していた。」[63]

つまり、その土地を専有し、利用しているということによって、その権利が保証されていたのである。土地の所有権は土地を開墾したり、家屋を建立したりすることに、または、フェンスを建てたりして様々な改良を行っているということにも依拠していた。世襲首長議会は、このように眼に見える具体的な改良がなされていることによって、土地の所有者の所有権を認めたのである。これらの眼に見える具体的な特徴は、「文字に還元されるような形式にはない、表現の具体性を持っている」[64]。つまり、その土地に何かしらの手を加えているということが重要なのであった。

　それでは、ジョンソン家の家庭内紛争で問題となっていた木材は、どのような所有物であったのであろうか。ジョンソン家の紛争では、土地の所

有権も問題であったが、それから派生する土地から採れる自然資源の所有権の問題が主な問題として見られていたようである。まず、土地から生ずる木材、砂利、石、天然ガスといった産物の所有権はどのような規準で決定されていたのであろうか。これらは、ヌーンによれば、

> 「土地とは区別できないものとして、その上で見つけられる資源、例えば、木材、砂利、石、後には天然ガスなどは、自然資源と呼ばれ得るある特殊な種類の物資であると定義される。」[65]

つまり、これらの資源は大地とは区別できないが、別の種類の所有物に分類されるということである。これらの自然資源の中の木材はどのような意義を持っていたのであろうか。少し考察を行ってみよう。

　1860年頃になると、世襲首長議会は保留地の生活を発展させるのに木材が重要であることに気づいた。特に、農業が保留地の主要な産業になるに従って、人々が木材を利用して納屋や家屋を建てるようになると、なおさらその価値は高まった。しかしながら、6カ国保留地内の木材資源は様々な危険にさらされていた。世襲首長議会は6カ国保留地の木材資源を、おそらく2種類の破壊行為から守る方策を立てる必要があった。それは緊急の課題となっていた。まず、1つ目は、カナダの白人木材会社である。彼らは、しばしば、保留地の中の人里から離れた場所に進入し、昼間のうちに木を切り倒し、夜になってからそれらを持ち出すという盗みを行っていた。そのため、しばしば、白人の木こりと世襲首長議会との間で衝突が起きていた。2つ目は先住民自身の行為によるものであった。

> 「必要なお金が簡単に手に入るという誘惑に負けて、ある人々と、通常は白人であるが、自分たちの土地の木材を切り倒し、運び出しても良いという契約を結んでしまうことがあった。」[66]

個人に配分した以外の6カ国保留地の土地は、6カ国が土地を所有していると世襲首長議会は考えていた。ところで、公共の価値があると思われ、保留地の改良発展のために、個人の所有物を改良する目的で天然資源を利用することは認められていた。これらの資源の所有権と利用権に関しては、しかし、公共の利益が優先され、個人の利益は二次的とされていた。しかし、白人に木材を売却することには公共の価値を見い出すことはできなかったのである。つまり、「天然資源を規定する概念が、これらの資源の公的性格を維持していたのである」。[67]

　以上で木材などの自然資源に関する先住民の所有の概念について考察を行ってきたが、木材を利用し、それを支配するということは、先住民の世襲首長議会にとって重大な問題であったことが明らかになった。ホティノンションーニの世襲首長たちの心の中では、公的資源としての土地を公的に管理するということと関わっていたのかも知れない。特に、6カ国の領域に進入し、木材を盗む白人の木こりたちは6カ国の土地所有権を侵害していたのである。それゆえ、世襲首長議会が、木材を先住民自身が利用することを巡って、統制権を維持することはとても重大な事柄であった。インディアン事情局がジョンソン家の争い事に介入しようとして世襲首長議会が激怒したというカメロンの報告は、以上のような背景で、その意味が明らかになるのであった。

第4節　カナダ法の先住民社会への侵入

　ジョンソン家の父と息子の争いの背景には、法的問題もあった。それはカナダ政府が一方的にインディアン法を制定し、それを先住民社会に押しつけようとして生じた問題でもあった。おそらく、カナダ政府側はインディアン問題は内政問題であるという立場を取っていたのであろう。それゆえ、法的な手段を取ることが必要であり、また許されると考えたのであ

ろう。それは別の見方からするならば、連邦インディアン法を発布することによって、カナダ政府は、インディアン事情局を通じて、先住民社会に政治的・文化的侵略の手を広げたのである、といえる。

　カナダによる、この法と組織上の強制力を通じて先住民社会を吸収し、同化させようとする試みの構造を考察する必要がある。ここでは、ブルース・リンカーン（Bruce Lincoln）がスワジ・ヌクワラの抵抗運動の研究で用いた「分裂と融合（fission-fusion）」のモデルを援用することにする。この「分裂と融合」のモデルは、もともとエヴァンズ・プリッチャード（E. E. Evans-Pritchard）やマックス・グルックマン（Max Gluckman）などが、アフリカの政治を分析するのに利用した概念であり[68]、リンカーンの概念はそれらを要約、修正したものである。カナダとホティノンショーニとの関係は植民地主義的関係であり、アフリカの似た事例を研究したリンカーンの視点は、ホティノンショーニが置かれた状況をより明らかにするのに役に立つと思われる。

　彼によると、分裂と融合（fission-fusion）のモデルとは、次のように定義することができる。

　　「そのような考察をすることによって、分裂と融合のモデルを用いて植民地主義政策（と他の同様の文脈においても）の中で見られる支配と抵抗の分析が可能となる。支配とは、集団Aによる他の集団（BやCなど）をより高度な社会的統合の枠内に吸収しようとする試み（それは決して完全に成功することはない）である、と定義することができる。この社会的統合においては、集団Aの一員は階層的にも物質的にも、そして社会政治的にも覇権を占める。それゆえ、支配とは他の集団に求められていない搾取的な統合を押しつけ、新しい集合体の中で下位に位置する立場に変える試みであると言える。」[69]

支配的集団が別の集団をそれ自身の構造の中に吸収しようとする時、吸収される集団の既存の社会構造を破壊し、支配的な社会の構造に似た構造を

持つものへと作り変える。分裂と融合のモデルを用いるならば、カナダ政府は、ロングハウス文化と宗教に関する限りは、先住民を「文明化」し、支配的な白人社会に先住民を吸収することを目的とする一連のインディアン法によって、求められていない搾取的な融合を押しつけたと言うことができる。

　カナダは3つのレベルで、それを行おうとした。第1に、「インディアン」とは誰であるかを定義し、白人の父系中心的な社会構造を先住民社会に押しつけた。この点はホティノンショーニ社会にとって大きな問題であった。というのも、ホティノンショーニ社会は母系性の社会構造を維持していたからである。第2に、先住民社会の政治体をカナダ政府の組織構造の下部に従属させることによって、両者の間の政治的な階層的関係を支配的に組織化し、ホティノンショーニの人々をカナダ社会に組み込もうとした。第3に、先住民が住む土地が生み出す天然資源を搾取的にコントロールしようとした。以上の3点を理解するために、ホティノンショーニと英国・カナダ社会との間の分裂と融合の関係の例を示す歴史的過程を簡単に考察してみようと思う。しかし、ここでは植民地時代からの長い歴史を振り返る必要はない。我々の事例を理解するのに直接関係のある時点まで遡ることにする。

　ホティノンショーニと英国・カナダとの関係は、後者が、前者はもはや軍事的に有用ではなくなった、と見なした時から大きく変化した。1830年以前のカナダと先住民との関係は、両者の軍事的同盟関係を適切に維持することが中心となっていた。ところが、合衆国との軍事的衝突の可能性がなくなり、戦場における同盟国であるホティノンショーニとの友好関係を維持する必要が1830年以降なくなった[70]。それと同時に、英国インディアン部は軍の部局であることを止め、公的な厚生に関わる部局に移管された。1844年には、部局の指揮権は、英国当局からカナダ英領植民地へと移管された[71]。 1867年にカナダ自治領が設置されると、英国北アメリカ条例は、インディアンとインディアンのために保留された土地を含んだ「国

民の階級の中に関わるすべての事柄に、カナダ議会の排他的な立法的権威は及ぶ」と宣言した[72]。この時以来、カナダ政府は先住民保留地に同化と文明化政策を強力に推し進めることになった。その際に、立法が政府がこれらの政策を推進する主要な道具となった。以下において、英国・カナダ連邦インディアン法とインディアン事情局の役割について考察を加えてみる。

　ジョン・L・トビアス（John L. Tobias）によると、カナダの対インディアン政策は、1763年の王による宣言とカナダ連邦が成立する以前に作成された英国の他の政策によって基本原理は作られていた[73]。インディアン政策は先住民を、さらなるヨーロッパ人による彼らの土地への進入から守り、不正な取引を防ぐために発布された。しかしながら、先住民には、英国政府から保護を受けるためには、自らの土地の権利を英国王に譲渡することが求められていた。英国インディアン法とカナダインディアン法は何段階かの修正・発展を経たが、ここではその歴史をすべて振り返る必要はない。我々の目的のためには、カナダが1867年に連邦になって以降のカナダのインディアン政策を考察するだけで十分である。

　先住民社会に対する支配権を獲得する方法として、カナダ政府は白人社会の父系的構造を押しつけた。それは先住民社会の基本的な社会構造を根底から揺るがし、「インディアン」とは誰であるかということを定義する権利を侵害することであった。1868年のインディアン条例は、最初に、次のように述べている。

　　「カナダにおける様々な部族、インディアンの公認集団や集まりの使用に属し、あるいは割り当てられた土地と他の動かすことの出来ない所有物を保有し、使用し、享受する権利を持つ人は誰であるかを決定するという目的のために、以下の人々と人々の階級を、そして、それ以外の人々は誰も含まない人々を、そのような土地や動かすことの出来ない所有物に権利を持つ部族、公的集団、集まりに属するインディアンと見なす。」[74]

ここで表明されている動機は大変良いように思われる。というのも、このような法の制定の目的は、「インディアン」の土地は以下に定義される「インディアン」だけが用いることができると宣言し、先住民を白人の不法居住者や土地を求める人々から守ることにあるからである。表面的に述べられているこの条令の目的は、白人の侵入者に対して「インディアンのために保留してある土地に権利を持ち、その土地で保護される権利のある人を確実にすること」にあり、先住民にとって良いと考えることが出来る。

しかしながら、問題は、この条令は、別の次元で、先住民を「他者」として構築し、定義し、操作することによって、先住民をカナダの法体系の中に組み入れ、支配しようとする植民地主義的な試みであるという点である。この条令が持つ効果は、何よりも、カナダ政府に、誰が先住民であり、誰が先住民ではないか、を定義する権力を与えることにある。このような法が成立した結果、カナダ政府は先住民保留地の土地の所有権と土地の管理権を獲得することになる。そして、それは結果的に、カナダ政府が先住民の土地を白人の定住者に与えることになるのである。

そして、何よりも、この条令では「インディアン」とは誰であるかを、経済的関心から定義しようとしている点が問題である。

さて、いくつかのインディアン条令の内容を検討してみることにしよう。

1868年のインディアン条例は、ある先住民が「インディアン」であると法的に宣言できる条件を定義している。この条例が挙げている第1条件は、血縁を決定的要因と見なし、それを土地と所有物の「権利」と結びつけ、「インディアンの血を持つ人はすべて、そのような土地や動かすことの出来ない所有物や彼らの子孫に権利を持つインディアンの部族、公認集団や集まりに属すものと考える」[75]と宣言している。これは、英国カナダの社会的枠組みを当然の前提として作り上げられた条令であり、その中で「インディアン」を定義することによって、先住民を操作しやすいような範疇あるいは概念に作り上げようとしているのである。

インディアン条例の定義はさらに続いて、次のように述べる。インディ

アンとは、次のような人々である。

> 「第1に、両親の両方が、そのような土地か動かすことの出来ない所有物、そして、そのような人々の子孫に権利があるインディアンの特別な部族や公認集団や集まりに属すと見なされているか、あるいは片一方がそうであるような、インディアンの間に住んでいる人々である。」[76]

この条例の特徴として、社会の男性中心主義を前提としているという点を挙げることができる。ここでいう「片一方」の親とは父親を指している。しかしながら、ディヴィッド・M・シュナイダー（David M. Shneider）が指摘しているように、この条項には、親族関係を定義する際のヨーロッパ的偏見が反映されている。ヨーロッパ的な血族関係、血縁関係に関する観念は、シュナイダーによれば

> 「存在の状態に、ある固有の、それゆえに譲渡出来ない属性に、『血』の象徴の一種（血族関係）によって代表される生物発生的関係に、『誕生』に、行いによりも質に、」[77]

依拠している。つまり、ヨーロッパ中心主義的であるだけではなく、ヨーロッパ的な特殊な文化的前提を暗黙のうちに含んでいる。父親の「血」という物質的性質を持つ象徴によって血族、親族関係を把握しようとする立場は、従来のホティノンションーニの立場とは異なり、相容れない面もある。例えば、母系制であった先住民社会に、男性の系列による子孫という血縁の考えを挿入し、それに取って代わろうとしている。また、ホティノンションーニ社会は、戦争で捉えた捕虜を養子として受け入れて、人口の不足を補うということをしていたのであり、社会的再生産は必ずしも「生物学的」ではなかったという側面とも相容れない。ホティノンションーニに属する先住民は「イロクォイ」の人々だけではなかったのである。

ところが、インディアン条令は、一方で、男性系列の子孫に優先権を与えているが、他方で、先住民女性の法的地位を低く、つまり、従属的立場に変えようとしている。まず、一般的に先住民の女性は、

「第3に、先に述べられたいくつかの種類に含まれる人と法的に結婚しているすべての女性。そして、そのような結婚から生まれた子供と彼らの子孫たち」[78]

を示す。この先住民女性の定義には、シェリー・B・オルトナー（Sherry B. Ortner）が西洋の女性のジェンダー的構築の特徴として挙げている諸点が当てはまる。つまり、

「女性は、反対に、ほとんど関係性の用語で定義される傾向がある。典型的には親族上の役割（『妻』、『母』、『妹』など）に関わる用語で定義される。それらは、詳細に検討してみると、女性の男性への関係を巡って構築されていることが分かる。」[79]

インディアン条例は、ヨーロッパ的な女性観を先住民社会に押しつけようとしていたのである。

しかしながら、インディアン条例の問題は、この法を通じて、「インディアン」、特に「インディアン」女性は、突然、法が付与したり、拒否したりすることができる範疇的地位になったということである。

例えば、1869年のインディアン条例は、次のように述べている。

「インディアン以外の者と結婚したインディアン女性は、この条例の意味の中においてインディアンであることを止める。また、そのような結婚から生じる子孫も、この条例の意味の中においてのインディアンであるとは見なされない。」[80]

この規定は先住民女性に特に向けられており、女性に関しては「インディアン」という称号でさえ取り除くことができると主張して、男性よりも劣る地位に貶めている[81]。このようにして、この規定は、男性に従属し、男性に属する限りにおいて法的地位を持つという、ヨーロッパ的な男性中心主義的な女性観を課している。

1876年のインディアン条例には、インディアンとは誰であるかについて、もう一つの重要な規準が定められている。

> 「如何なるインディアンも外国に5年間継続的に住んでいた場合は、総領事の許可のもと、インディアン部族の一員であることを停止する。総領事か総領事の代理人の認可と関係する公的集団の同意が最初に得られなかったら、再びもとの公認集団に属する一員となることは許可されない。」[82]

これらのインディアン法の条項に見られる「インディアン」とは誰であるかという定義は、先住民自身の自己理解に真っ向から対立する。特に、伝統主義的立場の先住民にとって、先住民であることは宗教的な事柄であって、成文法的な事柄ではない。後に行う神話の内容の研究で明らかになるように、ホティノンショーニの人々は、神話で語られている創造神の教えに従い、創造神が教えた儀礼を守る時に、自らを真実の人間であると考える。それゆえ、カナダ政府による「インディアン」とは誰であるかという法的定義は、人間であるとはどういうことであるかという先住民の神話的および宗教的理解に正面から挑戦することになる。

カナダ政府はさらに、先住民の自治政府組織に選挙制度を導入することによって、先住民の自治政府の正当性と合法性を否定し、そして、先住民社会を統制下に置こうと試みた。1869年のインディアン条例には、先住民保留地に選挙制度による議会を導入することを要求する、最初の条項が含まれている。この条項は、次の如くである。

「州知事は次のように命令を与えることがある。インディアンの如何なる部族、公認集団、集団の首長たちは、インディアン事情局の総長官の指揮下で、それぞれのインディアン居住地において、その時点、その場で、21歳に達している男性によって選挙で選ばれる。不誠実や不摂生、不道徳のために州知事によって解任されない限りは、3年間の任務を務めるように選ばれる。そして、200人に1人の首長と2人の副首長の割合で選ばれるべきである。」[83]

　この条例は、ホティノンショーニの2つの基本的原理を覆すことによって、6カ国の世襲首長議会の権威と権力を脅かしている。第1に、首長を自身の氏族の中から選ぶ権威を持つ氏族の母の役割と権威を否定している。先住民の伝統では、さらに、首長に選ばれた後でも、首長にふさわしくないと判断されたら、氏族の母が解任する権力を持っていた。カナダ政府の条例はこの原則を完全に無視し、否定している。第2に、この条項は世襲首長の称号の世襲制の原理を否定している。氏族の母と氏族の女性たちが彼は首長の役割にふさわしいと見なす限りは、首長であり続けることができるという先住民社会の原則を無視している。

　カナダのインディアン法は、諸先住民間の社会的および文化的相違を考慮することなく、インディアンという身分を一般化して、「インディアン」というカテゴリーを定義し、先住民をヨーロッパ中心主義的な政治システムに取り込もうと試みている。同時に、インディアン法は、法的および政治的言説の権利の源を定義し直すことによって、先住民の土地とそれに由来する天然資源を支配監督する力を得ようと試みている。表面的には、インディアン条例は、白人侵入者からインディアンの土地の天然資源が盗まれることを防ぐために制定されているかのように見える。例えば、1876年のインディアン条例は、総領事からの書面での認可なしに、樹木、若木、灌木、低木、木材、石、土、鉱物、金属などを切り出し、動かし、運び出した非先住民は罰せられると書いている[84]。同時に、しかしながら、同様の認可を受けていないインディアンも同じ罰則を受けることになると言明

している。

　それゆえ、表面上の親切さとは別のより深い次元で、インディアン条例は、土地や木材、石などの天然資源などの利用に関する認可を発行する権威と権力はカナダ政府のみが有するということを明文化しているのである。例えば、1876年のインディアン条例には、保留地の保護に関する条項で、次のように書いてある。これは先住民の行動に関して規定して述べられている箇所である。

　「総領事による書面上の認可か、彼によって同様の目的にために委任された事務官による書面上の認可なしに、如何なるインディアンも、ある土地の権利を持っている、あるいは、その土地の居住者であると部局によって認められている、そのようなインディアンの土地に無断で入り、樹木、若木、灌木、低木、木材、干し草を切り出し、あるいは、石、土、鉱物、他の貴金属を運び出すならば、罰せられる。」[85]

　この条令には木材に関して明記している条項がある。

　「45、総長官、あるいは彼によって権限の与えられた役人か代理人は、保留地や与えられていないインディアンの土地の木材をそのような割合で切り出す許可書を出すことが出来る。そして、総長官が時に応じて定める条件、規則、制限に従うものとする。そのような条件、規則、制限は、そのような保留地や土地がある場所に適用される。」
　「47、すべての許可書は木材が切り出される土地を正確に記述していなくてはならない。そして、そのように記述された土地の排他的な所有権を手に入れ、保持する権威を申請者に与える。その場合には、定められる規則や制限に従うものとする。」[86]

　この条例は、つまり、カナダ政府が、先住民の土地の天然資源を手にすることに関して、最終的な権威と権力を持っていると明言している。イン

ディアン条令によれば、先住民は自らの土地や天然資源に関する権威や権力をもはや持つことは出来ないのである。

　このようにインディアン条例は先住民の天然資源を支配しようと試みているがゆえに、6カ国の世襲首長議会は、彼ら自身の自治政府だけが、先住民自身と彼らの所有物、つまり、土地と天然資源を支配する排他的な権威と権力を持つ、ということを主張して、抵抗しなければならなかったのである[87]。

　本章では、1900年にギブソンがオノンダガ神話をヒィウィットに語った歴史的文脈を明らかにした。この歴史的文脈には、誰が先住民と彼らの所有物を支配する権威と権力を持つかという問題を巡って、インディアン事情局と6カ国の世襲首長議会との絶え間ない衝突が含まれている。これまで行われてきた研究は、この歴史的側面を十分に考慮には入れずに、保留地に選挙制度により首長議会を導入することを要求する改革運動にだけ関心を寄せていた。しかし、著者が行った歴史的研究から、次のように考えることができる。ギブソンがその神話を語った動機を明瞭には把握することは出来なかったが、歴史的文脈から、彼の動機は複雑であり、しかも、先住民の伝統主義者としてギブソンの動機には、この衝突に応答し、世襲首長議会の主張と立場を擁護しようとする試みが含まれていたのであろう。

　本章では、短期的な歴史的時点に焦点を当て、その時に生じた社会的衝突にギブソンが関わったという歴史の中に、彼の神話の語りを位置づけた。しかしながら、この衝突自体はその背後に長い歴史的背景を持ち、この衝突を長期的な歴史的過程の中に位置づけることなしには、その深い歴史的意義は十分に理解されないであろう。次章では、この衝突の背後にある長期的な歴史的文脈を明らかにし、先住民の伝統主義者としてのギブソンの立場を明確にしようと思う。そうすることによって、神話を語ったギブソンの動機はより明らかにされることと思われる。

第4章

伝統主義者ジョン・A・ギブソン

　前章では、ジョン・A・ギブソンがオノンダガ神話を語った歴史的状況として、政治的な衝突の歴史的場面に焦点を当てて考察を行った。ところが、この政治的な闘争は、その背後に文化的闘争が含まれている。つまり、この問題は、白人の文化を受容し先住民自身の文化を拒絶するか、あるいは、白人の文化を拒否し、先住民自身の文化を維持するか、というヨーロッパの植民地主義政策によって引き起こされた文化接触に関わる問題であった。

　ギブソンが伝統的な神話を語ったということの歴史的意義をより明らかにするために、ジョンソン家の内紛を巡る世襲首長議会とインディアン事情局との歴史的衝突の背後にある、広い文化的文脈を考察する必要がある。本章では、6カ国保留地の先住民による白人文化の受容と拒絶を巡る諸問題を考察の対象とすることにする。

　第1節では、ヨーロッパ型の文化と社会をモデルとして、先住民が受容しようとした歴史的背景を分析する。つまり、ホティノンショーニの中の一部の人々が英国的な生活を如何にして受け入れたかを考察する。また、前章で明らかになったように、英国式の教育を受けた人々が、先住民社会はヨーロッパ型の社会をモデルとして変えられるべきであると要求するようになったことを考えると、教育が果たした役割は重要である。それゆえ、教育機関が文化受容と同化の過程で如何なる役割を果たしたかについても考察を加えることにしよう。第2節では、ジョン・A・ギブソンの生涯を検討して、文化的受容と同化が加速していた時代に、如何にして彼が伝統

主義者として成長し、ロングハウスの伝統への確信を持つようになったかを検討する。ギブソンの人生の前半期を考察するために、ギブソンの妻が、彼の死後に、アレキサンダー・A・ゴールデンワイザーに語った、彼の伝記を史料として用いる。第3節では、世襲首長議会の一員として、ギブソンが果たしていた首長としての公的な役割について考察を加える。世襲首長としての役割を通じて外部世界に先住民の伝統の基盤を説明する努力を、ギブソンは行っていたことを明らかにする。それゆえ、彼がオノンダガ神話を語ったということは、フェントンが考えていたように、出来る限り「古い文化を保存しよう」と試みていただけではなく、それ以上のことを含んでいたということを示そうと思う[1]。ギブソンは、神話を語るにあたっては、受け身であっただけではない。文化接触という状況の中で、外部世界に自分自身の伝統を説明するという積極的な行動を、彼は率先して行ったのである。第4節では、出版されたギブソンのオノンダガ神話が作成される過程で、ギブソンのオノンダガ神話を聞き取ったヒィウィットが翻訳者・編集者として果たした役割について考察を加え、出版されたギブソンのオノンダガ神話を基本的史料として用いる際の問題点を論ずる。

第1節　先住民主導の支配的立場の受容

　ホティノンショーニは17世紀初め以来、ヨーロッパ人と接触を持ち、多くのヨーロッパ文化を受け入れた。特に交易を通じて、ホティノンショーニはヨーロッパのものに依存するようになり、伝統的な生活様式のいくつかを放棄した。アメリカ独立戦争以前に、既に、ホティノンショーニ社会は大きく変化していた。しかしながら、ヨーロッパ人と接触して以来のすべての変化をここでは論ずることは出来ないので、ホティノンショーニの人々がグランド・リバー沿いに移住してから、6カ国保留地に起きた変化のいくつかを取り上げることにする。

まず、先住民の立場から積極的にヨーロッパ的文化を取り入れようとして生じた変化のいくつかについて論ずることにする。そうすることによって、ホティノンショーニの人々は、植民地主義的状況においても、単なる受け身的な被害者ではなかったということを示そうと思う。支配的な社会の文化的および社会的形態が広まっている場合でさえ、先住民はしばしば変化を肯定する行為者として活動し、支配的な文化の社会モデルを積極的に受け入れたのである。前章で用いた分裂－融合モデルでは、支配的な社会が押しつけたモデルに対する先住民の行動的な抵抗に強調点が置かれていたが、しかしながら、支配的社会のモデルを、必ずしも強制され、押しつけられものと見なさない先住民の人々もいたのである。先住民のこれらの積極的・肯定的な応答の側面は、6カ国保留地の歴史を理解する上では重要である。

　本書の目的からするならば、6カ国保留地の歴史に関わるいくつかの点について論ずる必要があり、特にここで関係があるのは、6カ国保留地の歴史的起源とその後の展開である。既に述べた通り、6カ国保留地の歴史はジョセフ・ブラント（Joseph Brant）というモホーク男性と共に始まる。彼はアメリカ独立戦争の最中、ホティノンショーニの人々にイギリス側について戦うように説得した主要な人物であり、アメリカ独立戦争後、英国領カナダにホティノンショーニが逃避する場所を確保するのに重要な役割を果たした。6カ国保留地の歴史にとって重要な点は、ブラントの6カ国保留地の将来に関する洞察が、人々にヨーロッパ的社会を受容させ、先住民社会を再構成したということにある。例えば、英国の文化により文化的に同化されていたブラントは、ホティノンショーニの男性にヨーロッパ的農業の方法を学び、受け入れるようにと奨励した。ホティノンショーニ社会では、農業は、伝統的には女性の領分とされていたが、男性にヨーロッパ的な農業の方法を積極的に受け入れるように勧めた[2]。そして、文化的に同化された人々の多くはキリスト教も受け入れ、伝統的なロングハウスの宗教を拒否したのである。それゆえ、前章の議論と若干重複するとこ

ろもあるが、ブラントを西洋の文化を積極的に受容しようとした先住民の代表として取り上げ、話を進めていくことにしよう。

では、時代を少し戻し、ブラントの祖父の時代にまで話を戻すことにする。ブラントは、彼の数世代前からキリスト教に改宗し、イギリス王室に忠誠を誓っていたモホークの家族に生まれた。彼の祖父は「サ・ガ・イェアト・クア・ピエト・トウ（Sa Ga Yeath Qua Pieth Tow）」といい、1710年にイギリスを訪れた4人のイロクォイ首長の1人であった[3]。これらの首長たちは、イギリスからの軍事的援助と英国聖公会からの宣教師を求めて、イギリスを訪問したのであった。

この4人の首長たちの英国訪問は、植民地経営に重要な役割を果たしていた3人の男性の計画による。3人とは、メリーランドとヴァージニアの知事であったフランシス・ニコルソン（Francis Nicholson）陸軍大佐、最初のアルバニー市長であるピーター・シュイラー（Peter Schuyler）陸軍大佐、後にノヴァ・スコティアの知事となったスコットランド出身のサミュエル・ヴェッチ（Samuel Vetch）大佐である。当時、軍事的には、北米大陸ではフランスが侵攻を重ね、イギリス軍と交戦を繰り返していた。また、キリスト教の宣教という見地からは、18世紀初めから宣教の基地となる教会を設置するのに失敗し続けていた。ジョン・G・ガラット（John G. Garrat）は、次のように書いている。

「これらの3人は集まって、他の対策を講じた。フランスを前線から完全に追い出す作戦を遂行することを、アン女王に直接依頼しようと考えた。最初に行われたのが、忠誠心の強いインディアンを選び、彼らを英国の首都に送り、アン女王に謁見させることであった。この計画の政治的目的は明らかである。ロンドンのすばらしさと英国の権力を見させることにより、過去数年間に英国への忠実な献身のために多くの戦士を失った5カ国（モホーク、オナイダ、オノンダガ、カユガ、セネカ、後にタスカロラが参加し6カ国となる）が、英国を支持し続けることを確かにすることにあった。また、宗教上の目的もあった。イ

ンディアンに聖職上の当局を訪問させることにより、宣教師を送ることへの関心を再びおこし、部族が彼ら自身のキャンプでキリスト教の教育を受けられるようにすることであった。」[4]

3カ月の滞在中に、これらの4人の首長はアン女王に謁見し、贈り物を贈呈した。女王に贈られた贈り物にはワンパム、貝のネックレスやブレスレットが含まれていた[5]。そして、彼らは議会で演説を行った。この演説の前半は、その当時に、5カ国がフランスに対して行ったが、失敗した作戦の経緯について説明したものであり、フランスを抑制するためにイギリス側がもっと努力するように願うものであった。演説の後半は、先住民にキリスト教を教えるために宣教師か教師を送るように要請するものであった。

「彼ら（先住民）はイギリス人と接触を持つようになって以来、キリスト教信仰に関するおぼろげな知識を持つようになった。しかし、それ以前に、先住民は彼らが偽善者と見なしていたフランス人の祭司たちの提案を拒否していた。『しかし、もし、我らの偉大な女王が喜んで私たちを教える人を送って下さるならば、彼らは最も良く歓迎されるであろう。』」[6]

議会での演説以外に、4人の首長たちは以下のような日程をこなした。オーモンド公爵宅での晩餐、病院訪問、観劇、証券取引所の訪問、福音布教教会の訪問、聖パウロ教会での礼拝など。

これらの4人の首長たちの要請に対して、福音布教教会の委員会は2人の宣教師をモホークとオナイダに送る決議をした。そして、その主旨を4人の首長に伝えた。

これらの4人の首長たちは、女王が彼らに賜った数多くの贈り物を携えて北米に帰ってきた。女王からの贈り物には以下のようなものが含まれていた。

「綿織物、紡毛織物、やかん、鉛棒、眼鏡、鋏、ナイフ、煙草箱、首飾り、剃刀、櫛、ジューズハープ、10ポンドの朱色の顔料、女王の肖像、手提げランプ、銃1丁、一人ひとりに剣と2丁のピストル、400ポンドの火薬。」[7]

　彼らが北米に戻ってからの消息は次のようである。帰国後間もなくして、サ・ガ・イェ・クア・ピエト・トウは死亡した。他の2人の消息は分かっていない。残る1人の人物がブラントの姉のメアリー・ブラント（Mary Brant）の祖父であり、洗礼名がヘンドリックであった。彼の消息については若干のことが分かっている。ヘンドリックは「残りの人生で植民地とインディアンに関係する事柄において精力的な役割を果たした」と言われる[8]。彼は1740年に再びロンドンを訪れ、ジョージ3世に謁見した。王は彼に金のレースの付いた緑色のコートと三角帽を与えた。そして、フレンチ・インディアン戦争の最中の1755年に、彼は戦死した。
　このような祖父を持つ家族にジョセフ・ブラント、あるいはタヤンダネゲア（Thayendanegea）は1742年に生まれた。彼が逝去したのは1807年のことである。ジョセフ・ブラントに関しては、いくつかの主要な研究がなされており、彼の生涯については詳しく知られている。しかし、ここでは彼の生涯を詳細に検討することは必要ではない。ブラントに代表されるような、先住民自身によるヨーロッパ文化を積極的に受容しようとする先住民自身の選択について知ることが必要なのである。
　ブラントは子供の頃、英語で教育を行っていた聖公会モホーク宣教会やコネティカットにあったエリーザー・ウィーロック（Eleazar Wheelock）のインディアンのための学校などで、ヨーロッパ流の教育を受けた。ウィーロックの学校の寄宿生であった時、彼は「キリスト教に改宗し、（その後も）英国教会の熱心な信者であり続け」た[9]。ブラントはキリスト教聖書をモホーク語に訳したりしていた。彼はヨーロッパ文化にかなり同化し、ヨーロッパ的価値を受容していた。彼の姉のメアリーは、18世紀半ばに、

英国インディアン事情局長官となったウィリアム・ジョンソン（William Johnson）と結婚している[10]。

このようにして、ブラントは英国社会に深く入り込むことになった。ブラントの英国との結びつきは、先住民の一部の人々の間において、ブラント自身の地位を高めるのに役に立ったようである。その状況を、グレイモンドは、次のように書いている。

> 「ジョセフの能力、教育、都市的な振る舞い、彼への信頼度などのため、白人たちは彼の仲間との間にふさわしい以上の注意を彼に払った。ジョセフは、ほとんど白人のようなインディアンであり、彼らは、彼の文化受容の度合いのために、彼を尊敬し賞賛した。さらに、彼は英国のために働くことに熱心であり、行動的であった。インディアンたちの間に見られる気まぐれとは異なり、ブラントには依存できるという理由で、英国の役人たちは彼に注目し、賞賛したのである。」[11]

ところが、13州植民地が英国本国に対して抵抗をし、戦争を起こした。ホティノンショーニーの人々はこの戦争に困惑した。というのも、彼らの視点からするならば、「アメリカ人」とイギリス人は一つの人々であり、兄弟同士であった。戦争が勃発した時、植民地側も英国側もホティノンショーニーに自分の側につくようにと説得したが、戦争が始まってからしばらくの間は、大部分のホティノンショーニーは中立であり続けた。しかし、ブラントが英国を訪れ、帰国し、ホティノンショーニーの人々に英国側につくようにと説得するようになってから、事態が変化した。既に述べたように、ブラント自身の聖公会との結びつきと彼の姉を通じてのジョンソン家とのつながりのために、ブラントは他の先住民よりも英国王室に傾倒していたようである。

ブラントは白人からは首長と見なされていたようであるが、彼は世襲首長ではなかった。また、グレイモントによると、ブラントは必ずしもイロ

クォイの人々から敬意を払われていた指導力のある戦争時の首長（War Chief）でもなかった。当時、イロクォイの男たちがより多くの敬意を払っていた年長の戦争時の首長がいたのである。

「（ブラントの）様々な能力にもかかわらず、彼はイロクォイの男たちには指導的な戦争時の首長とは見なされていなかった。男たちが指導力を求めたのはサイェンクエラグタ（Sayenqueraghta）であり、彼については、ハリドマンド総督は、次のように書いている。『（サイェンクエラグタは）6カ国の中で、遙かに、最も指導力があり、最も影響力が強い人物である。』イロクォイ戦士の多くは、この首長に指導力を求めていたのである。また、ブラントよりも戦争でより多くの功績を上げていた戦争時の首長たちがいたが、彼らはブラントの野望と、白人が彼にいつも注意を払っていることに対して妬んでいた。ブラントは夜空に現れた新星のようであり、昔からある他の星の輝きよりも勝っていたのである。それゆえ、ブラントは白人の間には賞賛を呼び起こしたが、インディアン自身の間では多くの嫉妬を呼び起こした。」[12]

ブラントがホティノンショーニの人々に英国本国側に与して戦うように説得した時、彼は別の重要な問題についても考えていた。それは北米大陸の土地に対する先住民の領有権に関わるものであった。

植民地時代を通じて、先住民自身が住んでいる土地の保全は、先住民自身にとって、重要で重大な関心事であった。そして、アメリカ独立戦争が始まった時、ホティノンショーニの人々の土地の大部分は、ヨーロッパ人に奪われてしまっていた。13植民地と英国本国の間で戦争が起きた時、インディアン事情局の役人たちは、英国寄りの先住民たちに、英国側に立つことが白人植民者の侵入から土地を守る最善の方法であると繰り返し述べた。にもかかわらず、ホティノンショーニは中立を保っていた。しかし、ブラントは、英国を訪問して、英国側に立つようにという英国の主張を受け入れ、他のホティノンショーニの人々を説得するようになった。

しかしながら、グレイモンドが述べているように、英国政府は、ブラントを含んだ先住民の英国派には、英国が一切の先住民の土地の主権を持ち、先住民には居住権だけを認め、土地への主権を認めていないということを明らかにしなかった。

> 「ブラントは賢かったけれども、白人の見方からすれば、完全には賢くなかった。もし、彼が英国の領地の主権の主張を知っていたならば、彼がそれほど英国王への傾倒を保持していたかは、極めて疑わしい。」[13]

ここでは紙面の制約もあるので、アメリカ独立戦争中のホティノンショーニの関わりを詳しく論ずることは不可能だし、また必要でもない。重要な点は、ブラントの活躍を通じて明らかになってくる、ホティノンショーニと英国との関係である。英国がホティノンショーニに軍事的協力を要請した時、英国はホティノンショーニを一つの独立した主権国と見なしていたということである。

ところが、ブラントの生涯にはもう一つ別の考慮すべき側面がある。それは、アメリカの領域から脱出し、6カ国保留地を獲得してから、ブラントは彼自身の英国への傾倒を個人の次元にとどめるのではなく、広く先住民社会を巻き込むようになったということである。彼は、英国流の生活様式を積極的に導き入れ、文化的・社会的同化を推し進めたのである。ブラントは英国流の生活様式を押しつけとは見なさずに、むしろ、歓迎すべき新しいモデルであると見なした。ブラントについて、ジョンソンは次のように書いている。

> 「ノートンの助けでもって、ブラントは彼の仲間の、特に『キリスト教徒モホーク』の文化的・精神的健康を維持するのに奮闘した。彼自身の努力と、ハリドマンドの時期を得た助けと、非先住民の友人で

あるスミス一家、トマス一家などの努力で、聖パウロ教会、あるいはモホーク・チャペルが1785年に建設された。そして、学校と教師の任命のための計画も出来上がった。インディアン事情局局長ジョン・ジョンソンはこの動きに賛成した。明らかに、これらの動きはインディアンの英国への忠誠を強めるものになると考えられたからである。ブラントを『良い機嫌』にしておくもう1つの方法は、モホーク・チャペルに、モホーク谷のフォート・ハンターにあるもともとの教会に飾られていた、75年前に英国王からモホークに送られた装飾された聖餐式用の『アン女王寄贈の板』、説教の際に着用する衣服と黒いテーブル2つを与えることであった。」[14]

また、ブラントは、彼のイギリス人の友人に、新しく獲得した土地に移住することを勧めた。というのも、彼らが「農作業を、『農業』の中でも厳密に女性の仕事であると見なしていたイロクォイの男性に、模範と指導で、教えてくれるように」期待していたのである[15]。このようなイギリス人による助けは、開拓されていない領域が大きく減少していた地域では、何よりも必要な要請であったのである。ブラントが見据えていた6カ国保留地の将来像は19世紀終わりにはほとんど達成された。その頃には、6カ国のほとんどの男性は農業に従事しており、農業を彼ら自身の伝統的な仕事と見なすまでになっていた。特に19世紀後半は、保留地において農場が急速に増加した時期であった[16]。

先住民社会が英国流の社会に変化していく歴史的流れの中で、ブラントが与えた影響力は、保留地生活の経済的側面にとどまらなかった。ブラントは英国流文化を、ホティノンショーニの人々の生活に導入しようとした。英国聖公会の熱心な信者であったブラントは、キリスト教を推進するのに最善の努力をした。そして、聖書をモホーク語に翻訳もした。彼の死後も保留地のキリスト教化の試みは継続された。1827年にニュー・イングランド会社は、グランド・リヴァー保留地に、ロバート・ルジャー（Reverend Robert Lugger）司祭を送った。彼は、さらなるキリスト教化を推進するために、

保留地に学校を建立すべきであるという意見の持ち主であった。彼はまた、教育はキリスト教への改宗と一緒に行われるべきであり、先住民を文明化するための単なる副次的手段であるべきではないと考えていた。彼の確信のために、1831年に若者に農作業、商技術、家政を教える寄宿学校であるモホーク・インスティチュート（Mohawk Institute）が建設されることになった[17]。

モホーク・インスティチュートは文化同化の焦点でもあった。生徒は学校に寄宿し生活を送った。英国流の衣服を着ながら、生徒たちは農作業や農作業の機械の使用方法などを学んだ。モホーク・インスティチュートはかなりの目標を達成し、インディアン事情局の役人たちはその成功に満足していた。インディアン事情局の年間報告に、次のように書いてある。

「この学校はかなり満足のいく進歩を達成し、毎年、かなりの生徒が文明化された社会の中で適切な位置を占め、自らの労働と能力によって敬意に値する生活をするだけの収入を得ることができるほど進歩した。」[18]

既に述べたように、モホーク・インスティチュートの卒業生は農夫、商店経営者、製粉所作業員、大工、工事請負人、医者、牧師などになり、また、英国聖公会教会での教会活動や共同体のための活動で積極的に活躍していた[19]。これらの人々はカナダの白人社会にかなり同化しており、自らの社会的あるいは政治的地位を高めたいと考えていた。保留地に選挙制度を導入しようとした進歩的戦士と呼ばれる改革派の人々は、大部分がモホーク・インスティチュートの卒業生であったことを考え合わせると、教育が果たした役割を無視することは出来ない。

さて、次に、後世の6カ国保留地の人々がブラントをどのように見なしていたかについても若干の考察を行っておきたい。

ブラントが6カ国保留を含めたブラント郡の発展へ及ぼした貢献は、19

世紀後半のホティノンションーニの人々や首長だけではなく、6カ国保留地が位置するブラント郡の白人にも認められていた。そこで、ブラント郡は1884年にブラントの銅像を建立して、彼の業績を記念することにした。

ブラントの功績を称える計画は1874年に始まっていた。この年、6カ国の首長がブラントの肖像をコンノート卿（Duke of Connaught）に送り、ブラントの記念像を建立するために、コンノート卿にパトロンとなるように依頼した時、この計画は始まっていた。コンノート卿への声明文では、6カ国の世襲首長議会の首長たちは、6カ国が英国の忠実な同盟国であり、アメリカ独立戦争を通じて英国のために戦い、1812年のアメリカとの戦争でも勇ましい戦いをしたこと、そして、このことを覚えておいて欲しいということを強調している[20]。つまり、先住民自身の主導で、この計画は始まったのである。

1876年になると、ブラント郡の人々はジョセフ・ブラントを記念する公的な記念碑を建立するのを援助することにした。直ちに、公的な委員会が結成され、市の有力な人物が委員となった。6カ国自身も公的な委員会を設置し、代表としてそれぞれの国から2人ずつ、通訳者と共に、12人の首長を任命した。モホーク国からはジョン・カーペンター（John Carpenter）とディヴィッド・トマス（David Thomas）、オナイダ国からジョン・ジェネラル（John General）とニコデマス・ポーター（Nicodemus Porter）、オノンダガ国からジョン・バック（John Buck）とレヴィ・ジョンソン（Levi Johnson ── この人物が前章で問題となっていたレヴィ・ジョンソンと同一人物であるかは不明である。── 筆者註）、カユガ国からジョセフ・ヘンリー（Joseph Henry）とウィリアム・ウェッジ（William Wedge）、セネカ国からジョン・ヒル（John Hill）とジョン・ギブソン・ジュニア（John Gibson, Jr.）（ジョン・A・ギブソンのこと─筆者註）、タスカローラ国からモーゼス・ヒル（Moses Hill）とリチャード・ヒル（Richard Hill）である。

ジョセフ・ブラントを記念する委員会にジョン・A・ギブソンが参加し

ていたことは重要である。ギブソンはこの4年前の1872年に首長になっており、この時、ギブソンはわずか27歳であった。おそらく、このジョセフ・ブラントを公式に記念する行事に参加することによって、6カ国保留地の地域の歴史についてギブソンはよりよく知ることができたであろう[21]。

ブラントの彫像を建立する計画は、現在まで、当時の地域の政治的問題とは、特に関係なく論じられてきた。しかしながら、先住民保留地の選挙制度の導入を法で初めて規定した1869年のインディアン法によって引き起こされた、社会的および政治的不安という歴史的文脈の中に位置づける時、この1876年のブラントの彫像の建立という出来事が持っていた歴史的意義は明らかである。

このインディアン法を巡って、世襲首長議会の首長たちは、長い間議論を戦わせた。というのも、彼らはカナダ政府は選挙制度の導入を強制することができることを知っていたからである。この問題に関して、より同化した首長たちとより保守的な首長たちとの間には意見の相違が見られた。この点についてウィーバーは、次のように述べている。

> 「(インディアン ―― 筆者註) 法は上流の国々 (より文化的に同化した国々を上流の国々と呼ぶ。というのも、グランド・リバーの上流にブラント市の中心があったからである ―― 筆者註) の首長たちのうちの何人かには問題とはならなかったが、下流の国々 (ブラント市の中心から離れたより伝統主義的な国々を下流の国々と呼ぶ ―― 筆者註) の首長たちは、6カ国は英国の同盟国であり、国王の臣下ではない、それゆえ、独立した主権国であり、カナダの法律には服従しないという点を主張したかった。下流の国々の首長たちはカナダ政府に自らの独立国としての地位を確認させたく、1875年1月に、世襲首長議会の外で、6カ国は自らの古代からの法によって統治されており、カナダ法によっては統治されないということを、当時のインディアン事情局局長であるディヴィッド・レアードに告げる文書を用意した。同時に、彼らは、イロクォイ連合の歴史と手続きに関する文書をカナダ議会の認可を受けるために準備しており、この文書が将来の6カ国の自治を確保

することを望むと、レアードに告げた。」[22]

ウィーバーのこの説明と、コンノート卿にブラントの銅像建立の後援者になってほしいという依頼とを考え合わせると、ブラントの彫像建立計画は、インディアン法によって自らの権威が侵される可能性に対抗する首長たちの抵抗運動と考えることができる。つまり、ブラントの彫像の建立を記念する式典に同意するということによって、英国の王室が暗黙裏に6カ国は独立した政治体であるということを承認したことになる。このように考えると、ジョセフ・ブラントの彫像の建立と1900年の『6カ国連合の伝統的歴史』という文書の編纂の両者が、世襲首長議会のインディアン法に対して対抗するという意図の具体的な物理的産物であったということは注目すべき点である。

さらに、ここで明らかになったように、6カ国は自らの古代からの法によって治められているということを、レアードに告げようとする文書は、『伝統的歴史』の先行例であると見なすことも出来る。本書の視点から言うならば、両者が共に世襲首長議会の権威を確立しようとする試みであったということは重要であり、第3章で行った議論と一致する。また、ウィーバーの説明から、『伝統的歴史』という文書の編纂は、元来はカナダ政府にホティノンショーニの独立国家として承認を求めるロングハウス首長によって立てられた計画であったことが分かる。まだ20代の若いジョン・A・ギブソンが、1875年のロングハウス首長のこれらの行動を間近に見ていたということは、大いに可能性があると思われる。

当時、6カ国保留地の首長や人々がブラントについて何を語り、何を考えていたかは知る由もない。しかしながら、下流の国々のロングハウス首長たちが考えていたこと、話し合っていたことについて、推測を交えて考えてみたい。

ブラントの彫像に関わる先住民自身の歴史的記憶の2つの側面が重要である。第1に、6カ国の戦士たちは英国王室のために同盟として戦ったとい

うこと、そして、それゆえ、ハリディマンド総督から土地を得ることが出来たということ。第2に、6カ国は政治的に独立していたがゆえに、6カ国は軍事的同盟であったという点である。世襲首長議会の中のロングハウス首長たちは、これらの点をカナダ政府に認めさせたかったのである。

このような文脈で考えると、ブラントの彫像建立の計画を立て、それを完成させるということは、英国王室の忠実なる同盟者というブラントのイメージが構築され、共有されることを意味していた。世襲首長議会の首長たちは、この考えを目に見える物理的形で成立させたかったと思われる。

しかしながら、このブラントの彫像の建立の結果、ブラントは文化的同化と伝統主義という相反する2つの意味を見いだすことの出来る、両義的な歴史的象徴となってしまった。一方で、ブラントはホティノンショーニの人々に、様々な英国的あるいはヨーロッパ的生活様式を受容させた人物として覚えられている。世襲首長議会のキリスト教首長を含む、改革的な心情を持つ人々と選挙制度を導入しようとしていた若者たちは、この点を強調したであろう。他方、ホティノンショーニは英国の軍事的同盟として戦争を戦った、それゆえ、ホティノンショーニは伝統的な政治形態、独自の権威の構造、自らの生活を統御する正当な組織を持つ、独立した人々であるという主張の根拠を、ブラントの生涯に見いだすこともあったと思われる。それは、主に伝統主義的なロングハウス首長を初めとするロングハウス宗教を受け入れていた人々によってであった。

第2節　「伝統主義的」首長と抵抗者としてのギブソン

前節で明らかになった歴史的文脈で、おそらくジョン・A・ギブソンを含んだロングハウス首長たちは、ホティノンショーニは独立した政治体であり、英国の同盟国であると主張しており、それをカナダに認めさせたかったということが分かる。彼らは、カナダ社会がロングハウス社会に侵

入し、その社会的体系に組み入れようとする動きに抵抗していたのである。このようなロングハウス首長たちの立場には、リンカーンが、抵抗する集団に関して述べている点が、よく当てはまる。

「抵抗は、元来はよそ者であった集団によって押しつけられた政治的および経済的現実と支配的イデオロギーという、より高度な統合の次元へと取り込まれることを受け入れるのを拒否する、持続的ではあるが、決して成功することはない所与の集団の拒絶である。」[23]

確かにロングハウス首長たちは抵抗をしていた。しかしながら、彼らはよそ者である英国あるいはカナダ政府の存在を、完全に無視していたわけではなかった。既に述べたように、彼らも英国によって保留地に導入された経済的改革を受け入れていた。事実、ヨーロッパ流の農作業は広まり、19世紀終わりまでには先住民の男性の「伝統」にまでなっていたのである。加えて、ロングハウス首長たちの抵抗は、必ずしも英国の、特に英国王室の権威を否定するものではなかった。彼らは北米における英国王室の権威と権力を受け入れており、彼らが要求していたのは、彼らが英国の権威と権力を認めるように、英国も世襲首長議会の権威と権力を認めるように、ということであった。

ブラントの彫像が建立された時にはギブソンはまだ20代の若者であったが、1900年には51歳であり、世襲首長議会の中でも重要な位置を占めるようになっていた。ギブソンは、単に保存のために、ホティノンショーニーの伝承をヒィウィットに語ったのではない。第2章の内容から分かるように、彼が語った神話は内容の詳細さやまとまりの上で極めて特徴的である。彼は、今まで論じてきた歴史的文脈の中で、伝統主義的な首長として、そのオノンダガ神話を語ったのである。このように考えれば、ジョン・A・ギブソンも、彼が若い時にロングハウス首長たちから聞いた世襲首長議会の主張を十分共有していただろうということは予想される。

では、このようなギブソンとは、一体、どのような人物であったのであろうか。ギブソンが語ったロングハウスの伝承についてはよく知られているが、ギブソンはどのような人物であったかは、彼が伝統主義的なロングハウス首長であったという以外はあまりよく知られていない。本節と次節で、今日入手できるギブソンに関する史料を用いて、知り得る限りのギブソンの生涯について考えてみることにしよう。まず初めに彼の若い頃のことを、次に世襲首長としての活動について見てみることにしよう。

　ジョン・A・ギブソンの若い頃のことを知るために、「ギブソン夫人がA・A・ゴールデンワイザーに語ったジョン・ギブソンの生涯 (*The Life of John Gibson Narrated by Mrs. Gibson to A. A. Goldenweiser*)」(以下、「ジョン・ギブソンの生涯」と略する) という文書を参照することにする[24]。この文書はジョン・A・ギブソンの死後、ギブソン夫人が民族学者ゴールデンワイザーに語ったジョンの若い頃の話である。ギブソンがゴールデンワイザーに語ったイロクォイ連合の起源伝承を編集、翻訳したハンニ・ウッドベリーは、「ジョン・ギブソンの生涯」は、1912年のジョン・A・ギブソンの死後間もなくに、ゴールデンワイザーによって記録されたと考えている[25]。

　ジョン・A・ギブソンの生涯について語るという計画を、ゴールデンワイザーとギブソン夫人のどちらが言い出したかを知る由はないが、ギブソン夫人に、彼女の夫の人生について語って欲しいと頼んだのは、ゴールデンワイザーであったのではないかと思われる。というのも、ゴールデンワイザーは、ギブソンが死去するまで長い間、彼と仕事を共にしており、彼の死は、むしろ唐突な出来事であった。ゴールウデンワイザーは、当初は、ギブソンの後半生をも含む予定であったと思われるが、如何なる理由か不明であるが、ギブソン夫人の残りの話を記録しに戻ることはなかった。おそらく、このような理由で、「ジョン・ギブソンの生涯」の現存する文書は、ギブソンの比較的若い頃の人生だけを取り上げているのであろう[26]。

　「ジョン・ギブソンの生涯」の内容を、ここですべて紹介する必要はない。

第4章　伝統主義者ジョン・A・ギブソン　167

というのも、この物語の主要なテーマはラクロス（Lacrosse）であり、ラクロスの試合について繰り返し語られているからである。ラクロスは北東地域の先住民の間に見られる伝統的な球技であり、ホティノンションーニだけのものではなかった。ラクロスが、なぜ、「ジョン・ギブソンの生涯」の主要なテーマであるのかという歴史的理由については、後ほど考察を加えることとし、本書の議論にとって重要な側面を、初めに2、3指摘しておきたい。

　まず第1に、ギブソンのオノンダガ神話では、ラクロスはどのように語られているのかということを考えておきたい。第2に、「ジョン・ギブソンの生涯」という文書によると、ギブソンは、6カ国保留地の最初のラクロス・チームの組織化、つまり、新しいラクロスの行い方を形式化し組織化する過程に深く関わっていた。おそらく、このラクロス・チームを指導する際に、彼は指導者としての指導力を発揮したものと思われる。ギブソンが指導的な伝統主義的ロングハウス首長として成長する過程で、ラクロスを行うこととラクロス・チームを指導するという経験は大いに役立ったものと思われる。第3に、戦争とラクロスには類似性があるというトマス・ヴェンナム（Thomas Vennum, Jr.,）の指摘を考慮するならば、ラクロスはギブソンに彼の祖先である戦士たちの継承者であるという自己認識を与えたということも考えられるであろう[27]。

　まず初めに、ギブソンがラクロスをどのように見なしていたかを知るために、彼が語った神話の中でラクロスに触れている部分を見てみることにしよう。この箇所は、天上界の首長の妻であるアウェンハーイが経験する試練について語られている所に含まれる。

　　「2人（ホダへとアウェンハーイ）が食事を終わった時、ロッジの主は言った。『きっとあなたは野原で集まっている人々を見たでしょう。彼らは自分たちで楽しもうとしています。彼らはラクロス・ボールをします。それは本当に気晴らしになります。』」[28]

興味深いことに、ギブソンの神話では、人間の祖先は、デハエーンヒヤワコーンによって、この地上世界では季節の儀礼を行うようにと教えられるが、ラクロスと夢推理（dream guessing）だけが天上界で執り行われる儀礼である。なぜ、ラクロスは天上界で執り行われると、ギブソンの神話では語られているのであろうか。

ラクロスの神話的側面について述べているヴェンナムの意見に耳を傾けることにしよう。彼は次のように書いている。

> 「イロクォイがラクロスを宗教的儀礼として行う時、それぞれのチームには7人の選手がおり、彼らは7人の雷の神々を体現している。ラクロスは入道雲の中で神々によって行われており、稲妻は神々のボールであると彼らは信じている。」[29]

この点に関するギブソンの見解については何の情報もないが、ギブソン自身が語った神話で、ラクロスを天上界の存在者の球技として描いているので、ギブソンも、同様に、ラクロスを宗教的儀礼として見る見方を取っていたと考えることは可能である。もし、そうであるならば、ジョン・A・ギブソンにとって、ラクロスを行うということは、ホティノンションーニの伝統を学び、彼自身の伝統主義的立場の基礎を確立する重要な役割を果たしていたと思われる。

では、次に、「ジョン・ギブソンの生涯」がギブソンについて、何を語っているかを考察してみることにしよう。

ギブソン夫人はジョンの両親と彼女の両親によってまとめられた2人の結婚から話を始めている。2人は双方の両親から豚や鶏などの動物を何頭か贈られたが、自分たちの丸太の家を建てるのに人を雇わなくてはならなかった。しかしながら、ギブソン夫人の物語は、まるでラクロスが彼らの生活の中心であったかのように、直ちにラクロスに話が移っている。

「ジョン・ギブソンの生涯」は、当時、6カ国保留地の人々が他の町のラ

クロスのチームと試合を行いに行った時、ラクロスの試合がどのように行われていたかを述べている。19世紀の終わりまでは、6カ国保留地の先住民男性であるならば、誰でもラクロスの試合に参加することが出来た。試合の前に、年上の人があちらこちらの若い人の家を訪れて、試合に出る人を捜しに回った。6カ国保留地が、他のホティノンションーニの保留地の選手に招待されて、ラクロスを行いに行く時は、ラクロスの上手な男性が中心となって、一時的なチームを構成したのである。これらの男性たちの親戚や妻たちも一緒に試合の場所に出掛けたものである。トロントやケッベクにあるモホークの保留地であるアクェサスネにまで出掛けることがあった。「人々はラクロスの試合をするために志願した。」[30] 誰でもラクロスの試合に参加することが出来たのである。

　ラクロスの試合が行われる場合、相手側のラクロスの選手を迎える側の人々には、訪れる選手の面倒を見る義務があった。ギブソン夫人は、この時、如何に氏族制度が機能しているかを説明している。ラクロス選手を迎える側の女性たちが「あなたの氏族は何であるのか」と尋ねる。訪れて来た人々は1人ずつ、自分が属する氏族の名前を宣言する。迎える側の人々は、訪れて来た人々の中で同じ氏族に属する人の面倒を見る。そして、お互いの親戚や知り合いについていろいろと情報を交換する。ギブソン夫人の話から、お互いに離れて暮らしていた同一の氏族の人々を統合する働きを、氏族制度が果たしていたことを知ることができる。

　以上から、ラクロスの試合は、遠く離れて住んでいたホティノンションーニの人々が、氏族を通じてお互いの社会的絆を新たにする、数少ない機会を提供していたことが分かる。6カ国の間の関係を調整していた外交機関であったイロクォイ連合の6カ国のそれぞれの町や村に、氏族の成員が散在していたことを思い出すと、氏族制度が果たしていた重要な役割の意義についてよく理解できるし、ギブソンが生きていた時代にも、氏族制度はまだ機能していたということが出来る。

　ラクロスの選手たちが訪問している間には、晩に饗宴が催され、踊りや

歌があった。ギブソン夫人は皆が幸せで、平安で、満足しているのを見るのは、気持ちの良いことであったことを思い出して、「それは天上界からやって来た、我らの創造神が私たちに与えて下さった道である」と述べている[31]。ギブソン夫人は、若干、道徳的なことも述べている。人々は互いの絆を強め、結びつきを深くするために、互いに相手を思いやる気持ちが必要なのであると。

　このような話は、先住民にとっての宗教という領域が限定されていたものではないということを考えさせられる。この話は、確かに、当時のことを思い出しながら話している回顧の物語であり、その場における感想ではない。しかし、このような場で、厳密な意味では儀礼の場ではないが、宗教的感情が呼び覚まされているということを考える必要がある。序章で引用したように、先住民にとっては、宗教とはすべての領域に関わる事柄なのであり、週に1度だけ教会に行くことが、宗教的であるということではないのである。

　さて、ギブソン夫人が語っているいくつかの出来事の中で、若きジョン・A・ギブソンのことを考える上で重要となってくる出来事について考えてみよう。それは、6カ国保留地の人々が自らのラクロス・チームを組織化したという歴史的出来事である。この先住民自身のラクロス・チームの組織化に、ギブソン夫妻の両方が深く関わっていたようである。

　ギブソン夫人によると、ある時、ある人物（白人と思われるが、残念ながら、この人物が先住民か白人か特定することはできなかった）が、他の街のラクロス・チームと試合するために、6カ国保留地のラクロス・チームを雇った。ギブソン夫人は、この人物が遠征に必要な費用を払ったことに感謝の意を表しながらも、試合に遠征した選手たちには十分なお金が支払われなかったことに対して、選手たちは不満を感じた、と述べている。そこで、彼らは自分たちでラクロス・チームを組織することを考え始めた[32]。ジョン・A・ギブソンと夫人は、この運動の中心的役割を担っていたようである。ラクロス・チームを組織化しようとする運動に関わっていた人々

は、6カ国保留地の他の人々に6カ国のラクロス・チームを作るという主旨の声明を行い、そのための署名を集め、チームを維持するために必要な費用の寄付を募った[33]。このような動きに対して人々の反応は良かった。間もなくして、6カ国保留地の12人制のラクロス・チームが出来上がったのである。

元来先住民の球技であったラクロスの先住民のチームが出来たという知らせは、周辺の村や町に伝わり、近隣の白人たちは6カ国保留地のチームを試合に招待したりした。また、6カ国のチームは、ニューヨーク州にあるセネカ保留地を訪れて、ラクロスの試合をしたりした。ギブソン夫人は記憶に残っているラクロスの試合の様子を語っているが、ここではそれらを特に取り上げる必要はないであろう。

ここでは6カ国保留地のラクロス・チームが形成されていく歴史的文脈に注意を払うことにしたい。ギブソン夫人が述べている諸問題の一つに、先住民の選手を「雇った」白人の人物が、先住民の選手に十分支払ったか否かという点が挙げられている。先住民の選手たちは、ラクロスは「聖なる」儀礼であり、「世俗的な」ビジネスではないという質的な点に関して、不平を述べているのではなく、十分に支払われていないという量的な点に関して、不平を述べているのである。前章で論じたように、この頃までには貨幣経済は先住民社会に十分浸透しており、先住民たちも貨幣の価値については十分知っていた。それゆえ、先住民の選手たちは、貨幣との交換という面から、彼ら自身がラクロスの試合を行うということの価値を測ることができたのではないであろうか。

しかしながら、ジョン・A・ギブソン自身のオノンダガ神話では、ラクロスは「聖なる」儀礼的ゲームとして描かれている。ラクロスを、試合を行うために集められた選手と観客に見せるための世俗化したスポーツへと変容させるということに、伝統主義者としてのギブソンは如何にして関わることが出来たのであろうか。また、この計画に賛成した他の人々も、彼ら自身からある程度の財政的支援が求められるラクロス・チームの形成に

何らの問題も認めていなかったかのようである。なぜなのであろうか。

　儀礼としてのラクロスにお金が支払われるということの問題を少し考察するために、6 カ国議会議事録を参照することにする。この記録は1898年10月4日の議事録である。それは、ロングハウス首長であるジョージ・ギブソンが先住民のロングハウスで儀礼を行うために、世襲首長議会から財政的支援を受けたということを記録している。ジョージはジョンの弟である。

　　「議会は間もなく開催されるセネカ・ロングハウスでの異教徒の集会、あるいは祝祭のために10ドルを援助することに賛成した。」[34]

　この例が示しているように、「伝統主義的な」先住民でさえ、ロングハウスで儀礼を執り行うために、必要な経費の補助を議会から受けていたのである。

　つまり、ラクロスの儀礼としての地位に、何かしらの変化が起きたのである。以前には儀礼の際に用いる食事や他の儀礼において必要な品々を用意するために、金銭の助けなしに儀礼を行っていた。しかしながら、今や、伝統主義的な立場の者でさえ、儀礼の準備をし、それを行うために財政的援助を要求するようになったのである。しかしながら、問題は儀礼がもともと聖なる行為ではなかったということではない。儀礼の生活に貨幣という媒介を持ち込むことによって、先住民自身の儀礼行為の評価や期待が変化し、儀礼を行うことに対して、何かしらの新しい意義が付加されたのではなかろうか。

　世襲首長議会が伝統主義的な儀礼を行う必要経費を提供するか否かは、議会にかかっていた。ジョージ・ギブソンの場合のように、世襲首長であり、かつロングハウスの儀礼上の指導者でもあった人は、議会における彼自身の働きに対して、他の人々からより多くの感謝や敬意を受けていたことであろう。というのも、世襲首長でない人物は、世襲首長議会に、直接、この種の財政的支援を要求することは出来なかったからである。それゆえ、「伝統的儀礼」に財政的援助を受けるという点に関して、世襲首長議会と交

渉し財政的支援を受けるということは、それが出来る人には別の新しい次元の重要性を付け加えることになったのである。「伝統主義的」ロングハウスの儀礼指導者の間においてさえ、富の秩序と威信の秩序の間の関係が、如何なる仕方か不明ではあるが、再構築されたのである。

　このように儀礼の準備の仕方が歴史的に変化したことを考慮に入れれば、ラクロスの試合のために何らかの報酬を受け取ることは、「伝統主義的」なロングハウス首長であるジョン・A・ギブソンや他のラクロスの選手にとっても受け入れられることであったに違いない。

　ところで、ロングハウスにおける儀礼のために財政的支援を受けるのと試合のためにラクロスを行うのとでは違いがある。人々はロングハウスで自らのために儀礼を行うが、しかしながら、先住民のラクロス選手は、お金を払った観客のために、白人のラクロス・チームとラクロスの試合をしたのである。

　先住民が白人のチームを相手にラクロスの試合を行うことに関しては、もう1つの側面があると考えられる。というのも、ラクロスは先住民の「ゲーム」であったので、6カ国保留地のラクロス・チームは十分強く、白人のチームを打ち破ることが出来た。それゆえ、ラクロスを行うことには、今や政治的にも経済的にも白人に服従するようになってしまった先住民が、自らを文明化されるべきものと見なしている白人のよそ者に対して、自らの強さを示すことが出来るという点が含まれている。ラクロスの試合は、先住民と白人との間の社会的関係を転換し、先住民のアイデンティティを他者に対して示すことの出来る数少ない機会の一つであったのである。

　このような背景の中で、ジョン・A・ギブソンはラクロス・チームの指導者として頭角を現したのである。若いジョンにとって、なぜ、ラクロスがそれほど重要であったかを理解するために、ラクロスを巡る歴史的背景をもう少し吟味してみることにしよう。

　ラクロスが若い男性にとって重要になった歴史的背景を考えるには、次のことを思い出す必要がある。1812年の戦争が、6カ国保留地のホティノ

ンションーニの男たちにとって、戦士として活躍することが出来た最後の機会であった。この戦争以降、ホティノンションーニは英国・カナダにとって軍事同盟としてもはや重要でなくなり、カナダ社会の構造の中へと先住民を融合する試みが始まったのである。つまり、軍事的に有用でなくなった先住民を、独立した政治体を持った社会と見なす必要がなくなったのである。それゆえ、ホティノンションーニの男性にとって、戦士の立場を失うことと政治的独立を失うことは、同時に起きたのである。

前節で若干論じた6カ国保留地の建設者ジョセフ・ブラントの彫像を公的に建立するという機会は、おそらく、アメリカ独立戦争と1812年の戦争で英国側に立って戦争に参加したホティノンションーニの軍事的貢献を、白人社会と先住民社会の両方が公に認める最後の機会でもあったと思われる[35]。ブラントの彫像の建立儀式に参加した時には94歳であったジョン・ジョンソン首長は、個人的にジョセフ・ブラントを知っていたし、1812年の戦争にも戦士として参加していた。ジョンソンは、過去においてはホティノンションーニの男性は戦士であったことを具体例で示していたが、しかし、それは、その当時の先住民の若者には決して可能な役割ではなかった。男性が戦士として名を高める機会はもはやなくなっていたのである。

このように男性の領域であった戦争がなくなっていただけではなく、男性にとってかつて主要な経済活動であった狩猟も、19世紀半ばには、ほとんど行われなくなっていた。

> 「白人に囲まれてしまい、彼ら（6カ国の男たち）は狩猟の習慣をほとんど諦め、生計を立てる手段として、ほぼ完全に、文明の技術に頼ることになってしまったのである。」[36]

つまり、6カ国保留地の男性にとって、かつて若者が活躍する男性の場であった戦場と狩猟という2つの領域が失われてしまっていたのである。

繰り返して言うならば、ブラントの彫像を建立する機会は、地域の白人

第4章　伝統主義者ジョン・A・ギブソン　175

に彼らがどれだけイロクォイに「負って」いるかを思い出させるのに役立っただけではなく、6カ国の男たちに、戦争に参加することによって自らの地位を高めることが出来た時代があったことを思い起こさせ、同時にそのような日々は過ぎ去ってしまったという事実をも、再認識させる機会でもあった。若者が戦争で自らの力強さや勇敢さを証明することが出来なくなり、狩猟という男性の経済的重要性もなくなってしまっていたのである。

このような歴史的背景の中で、伝統的な球技であるラクロスが、男性にとって持つ重要性が増加していったのである。同様の歴史的変遷がイロクォイ語を話すチェロキー（Cherokee）でも起きていた。チェロキーのラクロスについて、レイモンド・D・フォゲルソンは次のように述べている。

「試合は、実際の戦争の属性をより多く帯びるようになったのかも知れない。試合は以前にも増して、より真摯に真剣に戦われるようになったと思われる。というのも、球技（ラクロス）は、以前ならば、若者が戦争で手にすることが出来たであろう威信や地位を、手に入れることが出来る唯一の行為になったからである。以前には白人や他のインディアン諸部族に向けられていた大量の攻撃性は、今や隣の町や隣の自治領域にいる仲間のチェロキーへと、内へと、直接に向けられるようになった。」[37]

19世紀前半の6カ国のラクロスの状況についてはよく分からない。しかし、チェロキーの間で起きた歴史的変化と同様の変化が、6カ国保留地でも起きていたと考えてもおかしくはないであろう。1812年以降、6カ国の若者たちが自らの力を戦争で示す機会を失ってしまってからは、戦争の代わりとしてラクロスを行うことが社会的にも政治的にも、そして宗教的にも重要となったと思われる。ラクロスを行うことは、先住民の男性性を新しく社会的に構築する新たな源となったのである。ラクロスを行うことは、おそらく、先住民の男性に戦士の継承者であるという意識を与えたであろうし、重要な独立国を代表する選ばれた者として自らを示す絶好の機会にもなっ

ていたであろう。19世紀半ばに、伝統的なロングハウスの立場を守ろうとしていた伝統主義的なロングハウス首長たちにとっては、特にそうであったと思われる。

このように考えると、ギブソン夫人が彼女の夫であるジョンの生涯を語るに当たって、なぜ、ラクロスを行うことや、ラクロス・チームの組織化に彼らが関わったということを中心に語っているかが、理解されるであろう。

第3節　世襲首長としてのジョン・A・ギブソンの公的役割

「ジョン・ギブソンの生涯」はジョン・A・ギブソンの若い頃に関して貴重な側面を明らかにしてくれた。ところで、ジョン・A・ギブソンはロングハウス首長として『伝統的歴史』の編纂に参加し、ロングハウス首長としてオノンダガ神話を語ったのである。それゆえ、ジョンが首長となってからの、首長としての働きについて知ることが必要である。幸いなことに、世襲首長議会におけるジョン・A・ギブソンの活動については、6カ国保留地世襲首長議会の議事録に見いだすことが出来る。

この史料から、オノンダガ神話を語ろうとしたギブソンの動機をよりよく理解することが出来ると思われる。彼自身が世襲首長であることの意義をどのように考えていたのか、特に伝統主義的なロングハウス首長であるということは如何なる意義を持つと考えていたかを考察することによって、ギブソンが、なぜ、オノンダガ神話を語ろうとしたのかということも、よりよく理解できると思われる。

6カ国議会の記録保管所に保管されている、19世紀半ば以降の世襲首長議会の議事録を研究した結果、ホティノンショーニ社会に訪れた変化を経験する中で、ギブソンはロングハウスの伝統を維持する責任を負っていると感じていたようであった。外部からの圧力の結果、他の世襲首長たちと同様に、ギブソンも、新しいが、しかしながら、伝統的な文脈において、

自分たち自身の権威と権力を再確信する努力をしていたようである。つまり、世襲首長たちは外部者に自らの伝統を説明し、守る努力をしていたと思われる。

6カ国議会の議事録の調査をもとに、本節ではロングハウス首長としてのジョン・A・ギブソンの公的役割について考察を加えることにする。ロングハウス首長としてジョン・A・ギブソンが主に活躍した領域が2つほどある。1つは、カナダ当局やカナダ社会との交渉に関わる対外的役割である。もう1つは、6カ国保留地の内政問題に関して、世襲首長議会の一員として果たした役割である。前者から始めてみよう。

世襲首長議会では、ギブソンはロングハウス首長とロングハウスの伝統に従う人々の関心と利益を代表していた。このような立場から、先住民社会の様々な領域にヨーロッパ文化とキリスト教が侵入してくるのに対して、抵抗していた。例えば、救世軍が世襲首長議会の建物を利用したいと許可を申請し、1885年3月16日に、この申請書について世襲首長たちが検討した時、議会の中でキリスト教首長とロングハウス首長との間が一時緊張した。

「公的な会合のために議会の建物の使用を許可することに関して、議論が行われた。ある首長たちは、上記の会議の建物が宗教上の儀式に利用されることに、強く反対した。秘書が立ち上がり、異教徒たちは宗教の推進を信じてはいないので、反対するのは不思議ではないが、彼が不思議に思っているのは、信仰を告白したキリスト教徒が、如何なるデノミネーションによる宗教的儀式にも、議会の建物が使用されることに反対することについてである。この点に関して、ジョン・ギブソン首長は、自分が述べたことに関して謝意を表した。議会の建物を利用したいという救世軍の申請は却下された。」[38]

この議事録から、ギブソンは、外部の宗教団体が議会の建物を使用することに強く反対していた、首長たちの一人であったと考えられる。ギブソンや他の首長たち（おそらく主としてロングハウス首長たち）はキリスト教

である救世軍が、イロクォイ連合の中心的建物である世襲首長議会の建物を利用することに反対していたのである。議事録は申請に反対した首長たちが、議会で具体的に何を述べたか記録していないが、ここで重要なことは、ギブソンがロングハウス首長の代表として反対の声を上げ、陳謝しているということである。この点から、ギブソンはロングハウス首長の立場を代表するような役割を果たしていた、ということが出来る。

　ところで、救世軍の申請に関しては続きがある。この問題は、1885年に一端解決したかに思えたが、1年後に再び取り上げられた。この時議会は、次のように結論を下した。

> 「将来、（議会の使用を願い出る —— 筆者加筆）度ごとに50セントを払う用意があり、事前に支払った場合は、如何なるデノミネーションや協会も、議会の建物を利用することができる。」[39]

　救世軍の議会の建物使用の申請に関わる議題の解決の仕方そのものが、世襲首長議会の議論がどのように進展したかを物語っている。議事録からは、議会で、どの首長がこの議題を取り上げ、どのように議論が展開され、そして、如何にして結論に至ったかを十分に知ることは出来ないが、しかし、議会の建物の利用料を払うという方法は、部外者である宗教集団が議会の建物を利用することに反対していた首長たちを宥める手段であったと思われる。ラクロスのチームを形成することに関わって、宗教的儀礼と経済的な関係の問題が出てきていたが、救世軍の申請に関わる議論とその解決の仕方は、議会という伝統的空間がキリスト教によって侵入されただけではなく、営利主義によっても侵入されていたことを示している。

　伝統主義者としてのギブソンは矛盾、緊張の中に投げ込まれ、最後には、ある意味の敗北に直面したのである。歴史の変遷の中で、伝統主義的なロングハウス首長として、ギブソンは解決することの出来ない問題と取り組まざるを得なかったのである。

別の機会に、ギブソンはグランド・リバー海運会社破産の件を取り上げている。この事件は19世紀半ばに、カナダ政府が6カ国基金を管理する権利を濫用した、ホティノンションーニにとっては悪名高い事件である。グランド・リバー運河会社の破産にまつわる経緯は既に述べているが、もう一度思い出すために簡単に要約しておこう。

　グランド・リバー海運会社の社長らが、事業を開始するための資金を調達しようとしていた時、時の上カナダ州知事は、6カ国の世襲首長議会の首長たちや6カ国保留地の人々に相談することなく、6カ国基金から資金を彼らに与えたのである。6カ国基金は、6カ国保留地のもともとの土地を英国王に売却することによって得た資金が始まりであった。先住民たちが元来の土地を売却することに同意したのは、英国王に土地を売ることによって、さらなるヨーロッパ移民の侵害から先住民のために留保された土地を守ることが出来るからだ、と説得されたからである。

　しかしながら、鉄道がブラントフォード市に開通した直後の1861年に、グランド・リバー海運会社は倒産した。そして、6カ国基金から投資されたお金はすべて失われてしまった。世襲首長議会はカナダ政府とイギリス政府に失われた資金を返還するように求めたが、如何なる行動も取られなかった。

　1896年に、シュナイダー（Schneider）というカユガ男性が、この件に関して何かしらの行動を取った。具体的に何を行ったかは不明であるが、英国政府宛に書面を書き送ったようである。1896年6月2日の議会で、ギブソンはインディアン事情局の派遣長官に、シュナイダー氏の訴えがどのように扱われているかを尋ねた。

　　「ジョン・ギブソン首長は派遣長官に、グランド・リバー海運会社に投資された6カ国の基金に関して質問状を送った、カユガのシュナイダー氏はどのように対応されているのか、と尋ねた。派遣長官は、次のように答えた。

シュナイダー氏が用意した嘆願書は州知事に送られ、知事は帝国政府に同書状を送った。私は彼に知事がこの保留地を訪れる時まで待つようにと言った。その時に本国政府への知事の影響力を行使するようにと依頼することが出来る。」[40]

　グラント・リバー海運会社の問題に関して、世襲首長議会は彼らの要求に対する英国政府の返答が遅れていると不満を述べ、素早く行動を取るように繰り返し要求した。

　　　「1899年9月12日。明日午後、カービー・ハウスで、イギリス、ロンドンのエドワード・レオックス・サンチャリ氏を待ち、帝国政府に対する我々の長期にわたる不満を述べ、出来るだけ早く我々に返答をするように帝国政府に働きかけるように依頼する代表を決めた。以下が代表の首長たちである。ピーター・ポウレス（Peter Powless）、ジョン・A・ギブソン（John A. Gibson）、アレクサンダー・ヒル（Alexander Hill）、ジョセフ・ポーター・ジュニア（Joseph Porter Jr.）、アブラム・チャールズ（Abram Charles）、ジョサイア・ヒル（Josiah Hill）。」[41]

　ここで挙げられている長期にわたる不満の内容が何であるかは明確にはされていないが、議事録の調査から、それは、グランド・リバー海運会社の破産によって引き起こされた財政的喪失を補填するようにという世襲首長議会の要求に対して、何らの応答をしない英国政府に対する不満を述べていることと思われる。しかしながら、この問題を解決するために、英国政府もカナダ政府も、何かしらの行動を取ることはなかった。
　上記の諸事例から明らかになる点は、ギブソンは伝統主義的なロングハウスの人々の関心と利益を代表していたということである。例えば、救世軍の事例では、ロングハウス宗教の立場から、外部の宗教団体が議会の建物を、おそらく、宗教的に利用することに対して反対の意見を述べた。結

果的には彼らの立場は受け入れられなかったが、この件に関する議論の進行具合を見てみると、ギブソンらはホティノンショーニーの原則に則って問題を扱っていたということがよく分かる。ホティノンショーニーの原則によれば、人々は他人の意見を聞き、合意が得られるまで議論しなくてはならない。ギブソンは救世軍の申請に反対していたにもかかわらず、キリスト教首長たちに謝意を表し、彼自身の立場が引き起こしたと思われる緊迫した状況を解消しようとした。

　第2の事例では、ギブソンは6カ国の利益と関心を代表して、インディアン事情局の派遣長官に直接的に説明を要求した。おそらく、ギブソンと他の首長たちは、派遣長官に何を尋ねるかを事前に議論していたことと思われる。もし、そうであり、カナダ政府から派遣された役人にこの件を切り出す役に、ギブソンが他の首長から選ばれたのであるとするならば、ギブソンはロングハウスの人々から指導者的立場にあり、彼らの声を代弁する立場にあると見なされていたと言えるであろう。

　6カ国はカナダ政府やイギリス政府と政治的問題を抱えていただけではなく、隣接の先住民であるミシサガと土地を巡る争いをも展開していた。ことの起こりは、英国がブラントらに土地を与えるために、グラント・リバー沿いの土地をミシサガから購入した時にまで遡るようである。1890年代後半に、6カ国とミシサガは、英国が1777年にミシサガから購入し、6カ国に賦与した土地を巡って、両者の領域の境界を巡って長い間争っていた。どちらの自治政府も代表を相手側の議会に送り、問題を議論していた。6カ国からミシサガ国へ派遣された代表の中にギブソンの名前も含まれていたことがある。6カ国議会議事録は次のように記録している。

　　「1900年7月3日。議会は、準備が出来次第、土地を巡る論争に関して、ニュー・クレディットのミシサガ議会を訪れる6人の首長からなる委員会を設置することを決定した。派遣長官は、ここでスチュワードなどのインディアン事情局役員と連絡を取り、以下の首長たちが訪れ

るためにニュー・クレディットのミシサガ議会が特別の例会を開催する日を交渉して決めるようにと求められた。ピーター・ポウレス、ジョン・A・ギブソン、フィリップ・ヒル（Philip Hill）、A・S・ジョンソン（A. S. Johnson）、Hm・ウェイジ（Hm. Wage）、ジョサイア・ヒル、そして、派遣長官は代表団に随行する。」[42]

6カ国とミシサガとの間の争いがどのような経緯をとったかは、あまり明らかではない。このように先住民同士の間で、土地を巡る問題も起きていたのである。

世襲首長議会は、このような経済的な問題との関わりだけで周囲の社会との交渉にあたっていたのではない。世襲首長議会は、白人社会にホティノンションーニの伝統と立場を説明するために、機会があるごとに隣接の町や市に代表団を送った。このような代表団の中にジョン・A・ギブソンの名前は定期的に現れてくる。そのような例をいくつか参照してみよう。

例えば、1897年6月に、世襲首長議会は、ナイアガラ・オン・ザ・レイクにおける歴史協会の会合に出席する首長を何人か選んだ。この代表団に含まれているのは以下の首長たちである。E・D・カメロン（E. D. Cameron、派遣長官）、ウィリアム・リープ（William Reap、通訳）、A・G・スミス（A. G. Smith）、J・W・M・エリオット（J. W. M. Elliot）、ヨアブ・マーティン（Joab Martin）、ウィリアム・スミス（William Smith）、ピーター・ポウレス、ニコデマス・ポーター（Nicodemus Porter）、ネレス・モントゥアー（Nelles Montour）、ベンジャミン・カーペンター（Benjamin Carpenter）、ジョージ・ヒル（George Hill）、ジョサイア・ヒル、ウィリアム・エチョ（William Echo）、アレクサンダー・ヒル（Alexander Hill）、ジョン・A・ギブソン、ジョージ・ギブソン（George Gibson）、そして、アブラム・チャールズ（Abram Charles）である[43]。

翌年、世襲首長議会は、5月3日に開かれたオンタリオ開拓歴史協会の会

合に出席する代表団に、A・G・スミス、ジョン・A・ギブソン、アレクサンダー・ヒル、ジョージ・ヒル、ベアファミン・インタープレター、リチャード・ヒル、ネレス・モントゥアーを選んだ[44]。1899年にも再び、世襲首長議会は代表団をオンタリオ歴史協会の会合に送った。この時はホティノンショーニの6カ国のそれぞれの代表と、ホティノンショーニの一員として受け入れられているデラウェアの代表およびインディアン事情局の長官が含まれていた。この代表団は以下の首長から形成されていた。それぞれの国の代表とその名前は以下の通りである。セネカはジョン・A・ギブソン、モホークはピーター・ポウレス、オノンダガはディヴィッド・ジョン、オナイダはニコデマス・ポーター、カユガはベンジャミン・カーペンター、タスカロラはジョサイア・ヒル、デラウェアはネレス・モントゥアーであった。そして、インディアン事情局の代表はE・D・カメロンであった。

　さて、以上見てきたように、ギブソンは周囲の白人社会に対して様々な活動を行っていた。ホティノンショーニの先住民の関心事を代表して、外部の当局と交渉し、対処する、つまり、6カ国の利益の主張の正当性を相手に説明するということを行っていたのであろう。歴史協会という歴史について語る集まりに、世襲首長議会が積極的に代表を送ったということから、彼らはオンタリオの歴史が後世のために作られるにあたっては先住民の声も受け入れられるべきであると考えていたのであろう。特に、6カ国の視点から見たカナダの歴史の重要性は、6カ国が独立した政治体であるということを歴史的に主張するためにも重要であったのである。

　このように、6カ国の利益と関心を代表することは、ギブソンにとって馴染みのないことではなかった。それゆえ、同様に、オノンダガ神話をヒュウィットに語るにあたっては、外部社会にロングハウスの人々の関心事を代表して伝えるという首長の役割を担いながら、神話を語ったと考えても、以上のようなロングハウス首長としてのギブソンの活動を鑑みれば、それほど無理な見解ではないと思われる。特に、世襲首長議会の中でキリスト

教首長とロングハウス首長の間に様々な相違があったにもかかわらず、世襲首長議会の権威と権力を守るというような状況では、ホティノンショーニの伝統を担うことの出来ないキリスト教首長も含めて、伝統主義的なロングハウス首長の立場から世襲首長議会の正当性を主張しようとしたと考えることは不可能ではないであろう。

　ロングハウス首長の立場から、先住民自身の利益と関心事を白人社会に説明することによって、ギブソンと他のロングハウス首長たちはいくつかのことを達成することが出来たであろう。まず、彼らは伝統的なロングハウスの立場の意義と価値を文化的に同化したキリスト教首長や他の先住民にだけではなく、伝統を守っている伝統主義的な先住民にも示すことが出来たのであろう。第2に、白人社会に文化的に同化することによって勢力を持っていたキリスト教首長たちに対して、世襲首長議会内でのロングハウス首長の地位を推進し、より強い立場を獲得することが出来るようになったであろう。そして、第3に、世襲首長議会は6カ国の代表として人々の関心事を外部社会に適切に説明しており、政治体として上手く機能しているということを示すことが出来た。そうすることによって、選挙による議会は必要ないということも内外に示すことが出来たのであろう。

　さて、以上、ギブソンが行っていた外部社会、つまり、白人社会との政治的対応について考察を加えてきた。次に、先住民社会内におけるギブソンの内政的役割について眼を向けてみたい。既に述べたように、6カ国の世襲首長議会が内政をも司るようになったのは、19世紀半ば以降のことである。それゆえ、世襲首長議会は新しい問題に取り組むことになった。

　内政的に考えた場合、ギブソンの首長としての重要性は彼がロングハウスの伝統に造詣が深かったということと無関係ではなかったであろう。ギブソンは先住民伝統に関して権威ある人物の一人として世襲首長議会の中で役割を果たしていた。ギブソンのホティノンショーニの伝統の知識の豊かさを尊重してであろう、彼は条例を制定する委員会にしばしば任命されていた。以下、ギブソンのこの側面について考察を行い、ギブソンのロ

ングハウス首長としての働きについて考えてみたい。

　まず初めに考察を加えるべき点は、世襲首長に関わる事柄である。ロングハウスの伝統によく通じているということから、ギブソンは、1870年代の20代の頃から彼の死まで、祭祀を執り行う著名な首長として尊敬されていた[45]。彼は優れた記憶力を持っており、記憶を助ける手段である哀悼の杖（Condolence Cane）を見ることなく、50人の世襲首長の名前を正確に暗唱することが出来たといわれている[46]。哀悼の杖は、哀悼儀礼の際に50人の首長の名前を順番通りに挙げるのを補助する道具である。ギブソンは視力を失っていたのだから、この哀悼の杖に刻まれた文様を見ることは出来なかったわけであるから、以上のように彼の記憶力について語ることは若干考えなくてはならないが、彼の記憶力の良さは、おそらく、様々な伝承をも覚えているということにも関係していたのであろう。

　このように世襲首長の名称を正確に知っていたので、ギブソンは、世襲首長議会の世襲首長の名簿を確認し、新しい首長が任命されたりした場合には、その名簿を更新するという役を、他の伝統主義的首長とともに任じられることがあった。例えば、

　　「議会はジョン・ギブソンとWm・ウェイジを、秘書を手伝って、連合の規則と秩序に従って、6カ国の首長のリストを訂正する仕事に任命した。」[47]

　ロングハウス首長の間では、ロングハウス首長が死去した後に哀悼儀礼がロングハウスで執り行われていたが、世襲首長議会の場でも短い哀悼の言葉が伝統主義的な首長によって伝えられていた。哀悼の言葉の短縮版を語る伝統主義的な首長は、6カ国の首長の中でもセネカ、カユガ、オノンダガの伝統主義的な立場に属していることが多かった。哀悼の言葉を述べる場合は、セネカ首長であるギブソンは、モホーク、セネカ、オノンダガの「3兄弟」の代表として述べていた。哀悼のもう1つの「側」はオナイダ、

カユガ、タスカロラ、トゥテロである。

> 「1908年7月4日。議会のモホーク側の首長の1人であるジョン・A・ギブソン首長が、6カ国の通常の習慣である哀悼の儀礼を、同僚の1人であったフリーマン・トマス首長の死去のために悲しんでいる議会のもう1つの側のために行った。議会の反対側のロバート・ディヴィッド首長は、哀悼儀礼の古来からの習慣に則って返答をした」。[48]

ギブソンは世襲首長議会の伝統主義的立場を代表するだけではなく、ロングハウスにおける実際の儀礼の準備も担っていた。例えば、1905年11月の世襲首長議会の場で、来るべき哀悼儀礼の予定について報告している。

> 「ジョン・A・ギブソン首長は、金曜日に上カユガ（Upper Cayuga）・ロングハウスで哀悼儀礼が執り行われる予定であり、モホーク、セネカ、オノンダガはロングハウスに向かう前に出来るだけ準備を行う主旨を報告した。」[49]

　世襲首長議会では年長の首長は、若く、新たに任命された首長を指導する責任を負っていた。ある時、ジョン・A・ギブソンは世襲首長議会によって、新しく任命された首長に、首長の義務や役割について説明する役を与えられた。

> 「タスカロラの若者であるフリーマン・トマスが世襲首長議会の中に連れてこられ、6カ国の首長たちの中、トマス首長の脇に立っていた。エチョ氏は、4兄弟のために役割を果たし、彼にサキヴァリトラという首長の称号を賦与するいつも通りの儀礼を執り行った。その後で、ジョン・A・ギブソンが推挙され、6カ国の首長の1人として彼自身と6カ国の人々、そして、我々の後から来る人々（子孫を指す－著者註）への義務について、この若者に説明した。ギブソンはかなりの時間をかけて、これを行った。その後、歓迎の握手が交わされ、年金生活で

隠居したソロモン・ナシュ前首長の代わりに任命された、この若い首長の身内の女性や親戚が準備した豪勢な夕食が振る舞われた。」[50]

この事録が示す通り、ギブソンは伝統主義者として活動的であっただけではなく、自身のロングハウスの伝統についての知識に起因する力と地位を、世襲首長議会の中で行使していたようである。

ところで、ギブソンの知識は世襲首長に関わる事柄に関してのみ利用されていたわけではなかった。次の例は、新しい歴史的状況に6カ国の人々が適応できるように、ロングハウスの伝統に関する知識をギブソンが利用し、また、回りからもそのように期待されていたことを示す例であると考えられる。

19世紀後半を通じてホティノンションーニの主要な社会問題の一つに、正式な結婚を経ずに生まれた子供を6カ国の給付金名簿に掲載するか否かという問題があった。というのも、6カ国保留地の合法的な先住民は6カ国基金から財政的支援を受ける権利があったからである[51]。1896年12月8日、特別会議が開かれ、この問題が議論された。そして、合法的でない子供を受け入れることに関する条例が制定された。例えば、

「世襲首長議会によって（インディアン事情）局に提出された非合法のすべての子供は、その両親が共に血縁によってインディアンである限り、（不明な言葉）6カ国の給付金名簿に載せられる完全な権利を持つ。そして、他の如何なる者も、この決定によって、6カ国の給付金名簿には載せられない。」[52]

この特別会議の終わりで、常任委員会が設置されることになり、多くの委員とともにジョン・A・ギブソンの名前が最初に挙げられている[53]。非合法の子供を受け入れることに関する条例を制定し、そのような子供の受け入れの申請を審査することによって、ギブソンと他の首長たちは、6カ国

に属する先住民では誰であり、誰でないかということに関する規準を設定することになった。

非摘出の子供を巡って定めたこのような条令に関して、いくつかの重要な問題がある。まず何よりも、ギブソンと他の首長たちは、先住民の子供を両親という基盤に基づいて定義しなくてはならなかった。かつての母系継承の社会では誰が父親であるかということはそれほど重要な問題ではなかった。ところが、伝統主義と思われるロングハウス首長を含めたこの委員会が定めた条令では、外部から持ち込まれた両親による子供の定義を援用せざる得なかったのである。そして、このように定められた摘出・非摘出という区分は、どの子供が6カ国基金から財政的援助を受けられ、どの子供が受けられないかを決定するのに用いられた。第2に、誰が先住民であるかということを決定するために、法を定め、「法的」権力を持つ幾人かの世襲首長たちが存在していたということ、その中にギブソンが含まれていたということは、ギブソンの世襲首長としての役割を考える上で意義がある。ギブソンが世襲首長議会の中で、このような重要な法的役割に関与していたということは重要である[54]。

1904年3月、世襲首長議会は保留地の条例を調査し、欠点を補正する必要を感じた。議会は3月4日に、ジョン・G・マーティン、ジョン・A・ギブソン、ディヴィッド・ジョン、ジョセフ・ポーター、ピーター・ジャミソン、リチャード・ヒル、ジョサイア・ヒルの7人の首長をこの任に命じた[55]。この特別委員会でギブソンが如何なる役割を果たしたかは知る術もないが、この特別委員会の常任委員として、他の首長とともに条例の内容に関して議論をし、修正された条例が人々を助けるように、必要があればその内容を修正したであろう。あるいは、自らの立場を利用して、自身と知り合いが何かしらの便宜を受けられるように、条例の内容を修正するように要求されることもあったかも知れない。

このように世襲首長議会の中でロングハウス首長としてジョン・A・ギブソンは重要な役割を果たしていた。また、ギブソン家からは、ジョンの

弟のジョージ・ギブソンも世襲首長であった。ジョージ・ギブソンは世襲首長議会の中で貸し付けに関する委員会にしばしば参加していた。このように一つの家族から複数の世襲首長が出ることはよくあったらしい。筆者が聞いたところでは、世襲首長の継承権のある家族同士が結婚し合い、家族の中から多くの世襲首長を出そうとしたこともあったらしい。

さて、このようにロングハウス首長として重要な役割を果たしていたジョン・A・ギブソンであるが、彼の家族もそのようなロングハウス家族として何らかの責任と指導力を発揮する立場にあったと思われる。ギブソン家の6カ国内における地位をよく物語る例がある。それは英国からウェールズ皇太子が6カ国を訪問した時のことである。州知事は世襲首長議会に英国のウェールズ皇太子を世襲首長議会の名誉首長として受け入れ、敬意を表するようにと依頼した。世襲首長議会はジョージ・ギブソンにウェールズ皇太子のための儀式を執り行うことを依頼し、ジョン・A・ギブソン夫人に皇太子に贈る綬を織るように依頼した[56]。おそらく、ジョンは視力がなかったためこの役には適正ではないと判断されたのであろうか。しかし、このことからギブソン家は、伝統主義的なロングハウスの道に従う家族として、6カ国の人々の間で何かしらの社会的な立場を担っていたようである。

第4節　ギブソンがヒィウィットに語った神話

前節の議論から、ギブソンは、外部社会や白人社会に先住民の視点や価値を説明するという仕事に、首長として深く関与していたことが明らかとなった。そして、同じ観点からギブソンはオノンダガ神話をヒィウィットに語ったのではないか、という可能性についても示唆しておいた。それゆえ、次に行うことはギブソンが語った神話の内容を検討することであるが、しかしながら、その前に、一つの問題を取り上げなくてはならない。それ

は、ギブソンが語ったオノンダガ神話はヒィウィットが出版したものと同じものであったのであろうか、という疑問に答える作業である。なぜ、このような作業が必要かというと、レイモンド・J・デマリ（Raymond J. DeMallie）がナイハート（Neihardt）が出版した『ブラック・エルクは語る（*Black Elk Speaks*）』を詳細に検討して示したように[57]、先住民の神話・伝承を取り上げるにあたっては、先住民が語ったとされる神話や伝承の内容は、先住民が語ったそのままの形で出版されているのか、あるいは編集者や翻訳家の歪曲を含んで出版されているか、ということを明らかにしなくてはならないのである。つまり、出版されたオノンダガ神話をジョン・A・ギブソンが語った神話そのものであると考えてよいのであろうか、という疑問である。この疑問に答えるためには、ギブソンの神話の編集者であり、翻訳者であったスミソニアン博物館の民族学者J・N・B・ヒィウィットがギブソンの神話が出版されるまでに果たした役割を吟味する必要がある。

　ジョン・A・ギブソンがヒィウィットに語ったとされるオノンダガ神話には、少なくとも4つのテキストがある。成立の過程順に挙げれば以下のようになる。

　最初に作成されたのは、スミソニアン博物館国立人類学古文書館に保管されているヒィウィットの手書きのオノンダガ語の原稿である。それは666頁ある。第2のテキストは、同所にあるヒィウィットがタイプで打った原稿である。第3のテキストは、第4の全文英訳とともに出版された行間英訳付きのオノンダガ語テキストであるが、しかしながら、それは第1の手書きの原稿の最初の361頁分しか含まれていない。第4がオノンダガ神話の全内容をヒィウィットが意訳した英文テキストであり、それは138頁になる。

　これらの4つのテキストを比較すると、第1のテキストが最もギブソンが語った内容に近いと仮定することが出来る。しかしながら、これは正確ではない。というのも、ギブソンが口頭で語ったオノンダガ神話には繰り返しや話の逸脱などが含まれていたであろう。そのような繰り返しは、第1

のテキストを作成する段階でヒィウィットによって削除されたであろうし、もし、ギブソンが話をしている最中に話が逸れてしまった場合、おそらく、ヒィウィットがギブソンに質問をして、内容を確かめるということも行ったであろう。それゆえ、第1のテキストもギブソンが語った神話をそのまま記録しているものではない。そこで、第1のテキストを編集者としてのヒィウィットの手が加わっていることを認めつつ、ギブソンが語った神話の内容に最も近いと仮定することにしよう。

　そして、それと第3と第4のテキストとを比較することによって、第3、第4のテキストを作成する過程で、神話のテキストの編集者としてヒィウィットが如何なる役割を果たしたかが明らかになる。ウィリアム・N・フェントンによると、ヒィウィットは神話の「完全な」内容を求めてギブソンからオノンダガ神話を聞いた後も、他の先住民に様々な情報を求めた。それゆえ、後に作成されたテキストには後からの追加が含まれていると考えられるので、第1の手書き原稿と後に出版されたテキストを比較することによって、どの部分が後に追加されたものかを明らかにすることが出来るであろう。しかしながら、ヒィウィットが、他の先住民の情報提供者に相談した後で、相当箇所を挿入したのか、あるいは物語の筋の上で円滑に話が進むように自分で考えて挿入したのかは明らかではない。あるいは、さらに、ヒィウィットがギブソンに再び会って、ある部分について質問した時にギブソン自身が示唆した追加なのかも知れない。これらのいずれが真相を語っているかは、今では知る術はない。また、ヒィウィットは、彼の英訳が、その調子においてキング・ジェームズ版聖書のように響く訳を作成しているようにも思われる。

　さて、スミソニアン博物館国立人類学古文書館にある出版されていない手書き原稿と行間英訳と意訳の付いたオノンダガ語のテキストを実際に比較してみると、編集者としてヒィウィットが行った役割が明らかになる。以下、ヒィウィットが行った編集者としての役割を4点ほどにまとめて説明したいと思う。

まず、ギブソンが語った神話の基本的な筋を変更することなく、いくつかの語句を挿入している例である。ヒィウィットが、なぜ、このような付け加えをギブソンが語った神話に行ったのか、その意図は明確ではない。しかし、英訳を読む際に読みやすくするために行った追加のように思われる。
　例えば、デハエーンヒヤワコーンが、彼の祖母が彼の双子の兄弟に弓と矢を作ったので、彼にも弓と矢を作るように頼んだ場面で、手書き原稿は次のようになっている。

> 「そして、彼女は言った。『私はあなたにもそれを作ります。』そして、彼女は弓と矢を作った。それから、彼女は言った。『さあ、あなたが望むようになりました。』」[58]

同じ箇所の英文意訳では次のようになっている。

> 「今や、彼女は弓と矢を作り始めた。彼女の仕事が終わった時、彼女は言った。『さあ、あなたの心が望むようになりました。』」[59]

最初の文の「始める」と次の文の「彼女の仕事が終わった時」は手書き原稿にない付け加えである。
　また、ヒィウィットは、オノンダガ語の文では英語の読者には意味が不明瞭な場合に、意味が明瞭になるように語句を付け加えた場合もある。例えば、次の箇所はオハーアが創造の業を真似ようとしているところである。手書き原稿は次のように書いてある。

> 「そして、彼はそれを作った。彼はそれを終え、言った。『立ち上がれ。』彼は立ち上がった。そして、彼は言った。『あなたはこの大地の上を歩き回りなさい。』その時、彼は歩き始めた。」[60]

第4章　伝統主義者ジョン・A・ギブソン　193

出版された英訳は次のようになっている。

> 「その時、彼はもう1つを作った。彼がそれを作り終えるや否や、再び言った。『さあ、聞きなさい。あなたは真っすぐに立ちなさい。そして、歩きなさい。』今や彼は真っすぐ立ち上がり、オハーアは言った。『この大地の上をあちらこちらに行きなさい。』その時、彼がその身体を作った者は歩いた。」[61]

この英訳においても、ヒィウィットはオノンダガ神話が創世記に見られる物語のように聞こえるように、努力しているように思われる。しかし、神話の筋に関しては、ヒィウィットは、特に本質的な変更は加えていないと思われる[62]。

　別の種類の付け加えも見られる。それは、ヒィウィットがある語句の意味の解釈を行っている時になされている。例えば、次の話は、デハエーンヒヤワコーンと彼の祖母がゲームで相争おうとしている箇所である。手書き原稿は次のようになっている。

> 「彼女（祖母）は言った。『もちろん、私はそれ（ボール）を投げ始めます。』そして、彼女をそれを投げたが、何にもならなかった。」[63]

出版された英文テキストは次のようになっている。

> 「年取った女は言った。『もちろん、私は今すぐに玉を投げます。』そして、彼女は玉を投げた。しかし、彼女の夢は悪かった。なぜならば、何も得点されなかったからである。」[64]

この挿入には、上記の前2者とは異なる付け加えが見られる。話の内容が明らかになるためや、英語に直した時に円滑に話が進むようにという配慮

以上の挿入がなされている。夢という全く新しい要素が挿入されているのである。

これらの挿入とは異なる種類の挿入が、さらにある。それはヒィウィット自身のホティノンションーニ宗教の解釈が加えられた例である。それは力の概念に関わる挿入で、明らかに手書き原稿にはなく、出版されたテキストに見られる挿入である。1902年に、ヒィウィットは「オレンダと宗教の定義」という論文を発表している[65]。オレンダ (orenda) という語は、ホティノンションーニの力の観念を示すために、ヒィウィットがワヤンドット（ヒューロン）語から借用した語である。

「オレンダは、神秘的にある結果を引き起こしたり、結果を及ぼす仮説上の力、あるいは潜在力である。」[66]

ヒィウィットがニューヨーク州とカナダ、オンタリオのホティノンションーニの人々の間でフィールドワークを行った時に、この論文を書くのに十分な、先住民の力の観念に関する情報を手に入れたと考えることは可能である。

ヒィウィットがこの論文を書いていた時、ヨーロッパでは、E. B. タイラー (E. B. Tylor) の説に従うアニミズム派の学者と R. H. コドリントン (R. H. Codrington)、R. R. マレット (R. R. Marett)、アンドリュー・ラング (Andrew Lang) といったディナミズム（アニマティズム、あるいは前アニミズム）派の学者との間で、宗教の本質と起源に関する議論が繰り広げられていた。ヒィウィットの論文は後者の立場への重要な貢献となっているが、ヒィウィット自身は当時のヨーロッパにおける学問的議論についてはあまりよく知らなかったようである[67]。

さて、この具体例を見てみよう。ヒィウィットは、出版されたギブソンのオノンダガ神話のテキストに、彼のオレンダの観念を付け加えた。次は、デハエーンヒヤワコーンが大地の上のものが如何にして成長するかを説明

している箇所である。手書き原稿は次のようになっている。

> 「その時、デハエーンヒヤワコーンは言った。『大地はまだ子供であり、成長し続ける。それは力（o'shasdēⁿä′yēⁿ）を持っている。さらに、まだ成長している多くのものがあるが、それらはまだ幼く、成長し続ける。それらは力を持っている。また、成長し続けている多くの生きている動物がいる。それらは力を持っている。」[68]

同じ場面の出版されたオノンダガ語テキストは、次のように、ヒィウィットの彼自身のオレンダの観念を含んでいる。

> 「その時、デハエーンヒヤワコーンは語った。『ここにある大地はまだ幼く、生命において若い。それは成長し続け、オレンダを出す力を持っている。それは成長しているすべてのものがある。それらは生命において若く、成長し続けている。それらにはオレンダを出す力を持っている。同じことが動物にも言える。それらは幼く、成長し続ける。それらはオレンダを出す力を持っている。』」[69]

この例は、オレンダという観念を使わなかったギブソンが語った元来のテキストに、先住民の力の観念に関するヒィウィット自身の解釈を挿入したことをよく示している。この種の挿入はギブソンが語った神話の筋に害を及ぼすものではないが、神話の語り手であるギブソン自身がオレンダという語を使ったという誤った印象を読者に与えてしまう。実際、筆者がイロクォイの力の概念について研究をしている時に、ギブソンの神話のこの箇所を読み、オレンダとはこのように神話の中で用いられるのだと思ってしまった。

　さて、最後の例を取り上げてみよう。これは、デハエーンヒヤワコーンとハドゥイの物語に関係している。この物語は出版された神話には含まれ

ているが、手書き原稿には見られない。本来、ハドゥイとデハエーンヒヤワコーンの物語は、秘密の治癒結社であるハドゥイ結社(「顔の結社、the Face Society」)の起源神話とされている。ギブソンは同じ話を別の機会にゴールデンワイザーに語っているので[70]、この話を知っていた。では、なぜ、ヒィウィットにオノンダガ神話を語った時に、この話を組み込まなかったのであろうか。

この挿入に関して考察すべき点が2つほどある。1つ目は、ロングハウス宗教における夢の経験についてであり、2つ目は、ハドゥイがデハエーンヒヤワコーンに呼び掛ける時の呼び掛け方である。

なぜ、ハドゥイの伝承に関して夢が取り上げられるかというと、病気になった時に見た夢にハドゥイが現れたりした時、その人は「顔の結社」に儀礼を行ってもらい、病気を癒してもらうのである。つまり、ハドゥイと夢は密接に関連しているのである。ところが、手書き原稿にハドゥイの話しが含まれていないということは、ギブソンは、彼のオノンダガ神話では夢について何も述べていないということである。ギブソンが彼の神話の中で夢について何も語っていないということは、ギブソンが語ったこのオノンダガ神話とは何であるかを考える上で重要である。

例えば、アンソニー・F. C.・ウォーレス(Anthony F. C. Wallace)は、イロクォイの夢理論はフロイトの精神分析の先駆けであるとさえ言っている[71]。イリス・アンナ・オットー(Iris Anna Otto)もロングハウス宗教に於ける夢の重要性を強調している[72]。このようにロングハウス宗教における夢の重要性に関して多くの研究者が指摘しているところである。如何なる意味で、夢は、ロングハウス宗教の中核をなすものであるかと言うと、単純化するならば、夢は創造神の言葉が人間に伝えられる経路である。もし、そうであるならば、ギブソンが、彼自身の実際の儀礼および宗教生活において、夢経験と何らかの関わりも持たなかったと考えることは不可能であろう。

もし、そうであるならば、なぜ、ギブソンは夢に関連するハドゥイの話

を、ヒィウィトに語った神話に挿入しなかったのであろうか。また、ラクロスの時に述べておいたように、夢推測の儀礼は、ギブソンの神話では、天上界でのみ行われているということを考え合わせると、ハドゥイについての物語が欠けているということは何を意味するのであろうか。

　このようにギブソンの神話から夢の要素が欠けているということは、神話の内容と神話を語るということの意図との間の関係について何かを示唆していると思われる。神話の語り手として、ギブソンは予め、彼自身が抱いていた目的を達するために、ヒィウィットに何を語るかを考えていただろう。もし、そうであるならば、予めその神話においては夢については言及しないでおこうと決めておいたのかも知れない。あるいは、別の言い方をするならば、ある特殊な物語を広めるという目的のためには、夢の経験はヒィウィットへ語る神話の中に挿入するには、あまりにも大切過ぎたと言うことも出来るかも知れない。また、別の見方からすれば、夢の経験について語ることは、彼が行おうとしていた神話の語りという目的を達するためにはそれほど必要ではないと思われたのかも知れない。いずれにせよ、この特徴は、ギブソンの意図をよりよく理解するのに役立つ。

　次に、このヒィウィットの挿入の中でも、デハエーンヒヤワコーンに呼び掛ける呼び掛け方に、ある特徴が見られる。それはハドゥイがデハエーンヒヤワコーンと大地の統制権を巡って争い、敗北を認めた後で述べた言葉であり、手書き原稿には見られない表現である。ギブソンが語った神話の特徴を考える上で重要な箇所である。

　　「デハエーンヒヤワコーンはハドゥイを見て、彼の鼻が曲がり、口も曲がっているのに気づいた。その時、デハエーンヒヤワコーンは言った。『さあ、私がこの大地の主人である。私自身が完成させたのである。』そして、デハエーンヒヤワコーンは言った。『一体、何が起きたのか。あなたの顔は変わってしまったから、何かが起きたのだろう。』ハドゥイは言った。『あなたは偉大な力を持っており、向こうにある山を動かすことができた。あなたの力のために、このようなことが私に

降りかかったのである。何かが私の肩を見つめているように感じたので、私は振り返った。すると、そこに立っていた山に私の顔がぶつかってしまった。あなたは立っている山を動かすことができるのであるから、あなたがこの大地を作り上げたということが分かった。あなたがこの地上の支配者（the Ruler）である。あなたが大地にあるすべてを形作り、完成したのである。』」[73]

ハドゥイはデハエーンヒヤワコーンに「大地の『支配者』」と呼び掛けている。この表現はヒィウィット自身の表現であるかも知れないが、おそらくヨーロッパ・アメリカ文化の影響のもとでデハエーンヒヤワコーンへの呼び掛けに用いられたものと思われる。

さて、以上でオノンダガ神話の4種類のテキストの比較を簡単に行った。ギブソンがヒィウィットに語ったもともとの神話に近いと考えられる手書き原稿と出版されたオノンダガ語のテキスト、およびそれに付随する行間英訳やヒィウィットの全文英訳との比較から、ヒィウィットの編集者および訳者としての役割が、ある程度明らかにされたと思われる。本節で論じたような諸点に関して、ヒィウィットは変更や挿入を行ったが、神話の基本的な筋に関しては大きな変更は加えていないと思われる。

　本章では、様々な歴史的資料に考察を加えることによって、ジョン・A・ギブソンは、変化する歴史的な過程の中で、伝統主義的なロングハウス伝統の声を代表する人物に成長し、伝統主義者的指導者として頭角を現していったということが明らかになった。ギブソンは戦の分隊を導く代わりにラクロスを行い、ラクロス・チームを組織化することを通じて、彼は新しい型の若い指導者として成長した。また、ギブソンは様々な政治的あるいは社会的場面を通じて、先住民社会における非伝統主義的立場の先住民に対処するとともに、外部の白人社会にも対処していた。その際には、ギブソンは伝統主義的なロングハウス派の人々の声と関心事を代表することがしばしばあった。ロングハウス伝統の声、関心事、視点を代弁するこ

とに慣れていたギブソンにとって、外部社会にオノンダガ神話を語るということは、それほど目新しいことではなかったと思われる。

　第3章と第4章の議論を踏まえて、ギブソンが語ったオノンダガ神話は、同じ頃に作成された『伝統的歴史』という文書が編纂された意図とほぼ同じ意図を持っていた、ということが言えると思われる。次に行うべきことは、そのような特殊な歴史的状況で語られた神話や伝承に何かしらの特別な歴史的痕跡が認められるかという問題を取り上げることである。そして、同時に、これら2つのテキストが如何なる意味で異なるテキストであるか、つまり、ギブソンの神話が如何なる意味で、主に政治的な動機に基づいて作成された『伝統的歴史』とは異なる、宗教的テキストであるかを考察することである。

第 5 章

政治的物語から儀礼的物語へ

　本章では、『伝統的歴史』とギブソンが語ったイロクォイ連合の起源伝承の内容をそれぞれ検討し、それぞれのテキストの特徴を明らかにする。そうすることによって、ギブソンは『伝統的歴史』とオノンダガ神話の2つのテキストの作成に関わっていたけれども、ギブソンが語る伝承には儀礼的特徴があることを指摘し、以下の章で行うオノンダガ神話の内容の解釈のための序章とする。ここで言う儀礼的特徴とは、その物語の中で儀礼的所作への言及が意義を持って語られるということを意味し、儀礼において語られる物語という意味ではない。

　本書では、語られた神話を、それを語った語り手と結びつけることによって明らかにすることができる神話の諸側面を解釈しようとしている。それゆえ、ギブソンが語ったオノンダガ神話に、神話の語り手が置かれていた、あるいは、その中に放り出されていた社会的・政治的・歴史的状況を反映しているような伝承上の特徴を示す内容が見い出すことができるかどうかという問題を取り上げることにする。言い換えるならば、歴史と神話の関係の問題を取り上げるのである。

　しかしながら、このようにな考察を加えるとしても、歴史的状況が神話物語の内容を全体的に決定すると主張しようと思っているわけではない。また、伝承の語り手は、手に入る神話、伝承、物語を、歴史の中で利用できる文化的資料として操作しているだけである、と主張するものでもない。しかしながら、時間と空間に生きる社会的行為者としての語り手は文化的

に特徴づけられており、自らの歴史の中において意味の世界を構築し、伝達し、それに参与するためには、社会的に価値あるものと認められている象徴的形式や伝承を用いる必要がある。それゆえ、利用することのできる文化的資源という意味での神話のモチーフ、物語、文化的に意義づけられた象徴や記号を如何に意識的に用いるかという側面にも、注意を払う必要がある。このように考えるのは、ジョン・A・ギブソンは彼自身が語った神話を『伝統的歴史』とどのように結びつけ、また、どのように区別したのであろうか、という問題があるからである。それゆえ、本章で問題としたいのは、神話や伝承は、その社会に属する人々にとっては世代を越えて伝えられる伝統であるが、しかし同時に、ある特定の場所で特定の歴史的状況において、ある特別の意図を持って神話や伝承は語られることもあるのであり、そのような特別の意図を解明することは神話を語るということ、そして、そのように語られた神話の意味を解釈するのに必要であるということである。

　本章では、まず初めに、『伝統的歴史』の語り手（たち）がその物語としての枠組みをどのように構築したかを論ずる。『伝統的歴史』の物語としての枠組みを、他のホティノンションーニの起源伝承の物語としての枠組みと比較することによって、前者の特徴が明らかにされると思われる。

　第2に、世襲首長議会の世襲首長たちの社会的基盤である氏族制度を『伝統的歴史』が如何に示しているか、また、世襲首長の首長の称号の基礎となっている母系家族の起源と氏族の起源を、ギブソンの神話が如何にして示しているかを考察する。そして、ギブソンが語る伝承には、新たな社会的構造の構築に関わる一連の諸象徴が見られるということを示す。

　第3に、『伝統的歴史』が物語の中心的人物であるデカナウィダーをどのように表現し、彼が達成した偉業をどのように特徴づけ、その権威と権力の源をどこに位置づけているかを論ずる。

　第4に、以上の考察を踏まえ、ギブソンが語った神話の内容を考察する予備的考察として、ロングハウス宗教の祭祀を司っていたギブソンにとっ

て、儀礼的所作は省略できるようなものではなく、最も重要な象徴的意義を持ったものであるということを示そうと思う。そして、ロングハウス宗教の人々（ホティノンショーニの伝統では「本当の人間（オンゲェ・ホンウェ（on'gwe' honwe'））」と呼ばれる）にとって、儀礼を行うことは、神話的には、創造神であるデハエーンヒヤワコーンの教えを守ることに他ならないということを、ギブソンは儀礼行為で示していたことを指摘する。

第1節　テキストの物語としての枠組み

　第3章の歴史的考察が明らかにしたように、『伝統的歴史』は政治的意図を持った文書であった。政治的意図を持った象徴を構築するということを伝統の発明という言葉で考えようとする人々がいる。例えば、エリック・ホブスバウム（Eric Hobsbawm）は、「発明された伝統」とは、「実際に発明され、構築され、そして、公式に組織化された『伝統』と、日付の追うことのできる短い期間に、おそらく2、3年の間に、曖昧な仕方で生じ、急速に確立した伝統」との両方を意味し、「伝統の発明（Invention of Tradition）」とは、「本質的に過去への参照に特徴づけられる形式化と儀礼化の過程である。」と定義している[1]。彼が強調している点は、それまで特別に重要な意義を与えられていなかった紋章や徽表が、政治的意図を伴って作り出されるという象徴の政治的利用の側面である。この概念は、例えば、伝統主義的なロングハウス首長たちが、長い間忘れ去られていた世襲首長議会を開始する際にワンパムを用いるという慣習を再び取り出し、ロングハウス首長の立場に権威づけをしようとしたというような歴史的出来事を考える上では若干の助けにはなるかも知れない。

　しかしながら、より細かく見るならば、ワンパムも忘れ去られていただけであって、全く何もないところから作り出されたわけではない。少し、発明という語が持っている意味を見てみることにしよう。『ウェブスター英

語辞典第3版世界辞典』によれば、「発明」という語には次の4つの意味がある。

1）発見や見いだすという行為（an act of finding or of finding out）
2）新しい観念や関係を生み出す力
　　　　（the power to conceive new ideas and relationships）
3）精神的創造や組織化の行為
　　　　（an act of mental creation or organization）
4）それ以前には存在していなかったものを作り出すこと
　　　　（the creation of something not previously in existence）[2]。

　ホブスバウムは、以上の四つの意味を全て含んで、「発明」という語を用いている。しかし、4）の意味では、「発明」という語を本書が扱っている事例には用いることはできない。というのも、ワンパムも19世紀末以前に存在していたのであり、また、デカナウィダーの伝統も、『伝統的歴史』というテキストが作成された時には、既にホティノンションーニの人々の間に存在していたからである。それゆえ、『伝統的歴史』のテキストを編集した世襲首長たちは、何もないところから伝統的伝承を「発明」したとは言えないのである。
　そうであるならば、本書で取り上げている事例をより適切に表現するには、どのような言葉を選ぶのが適切であろうか。既存の政治的構造に権威を付与し、正当化する目的で、既にある伝承を用いるという物語の語り手の意識的な努力を示すのに、「伝統の（再）構築（re-construction）」という概念を用いることにしたい。本節では、世襲首長議会がその政治的目的を達成するために、イロクォイ連合の「伝統」を如何に（再）構築したかを考察する。まず、『伝統的歴史』の内容を検討することにしよう。
　『伝統的歴史』の序文の初めに編者たちは、伝統的歴史であるデカナウィダーの話を始める前に、6カ国が成立した歴史的背景と、自らの伝統の

「保存」を試みる理由を説明している。そして、その後で、このテキストが編纂された主な目的が書かれている。その目的は、

> 「一般にはイロクォイと知られている、5カ国連合の形成に関する伝統的伝承。これらの国々によって、そのロデヤネソン（『主長たち（lords）』あるいは『首長たち（chiefs）』）の選択と任命に際して用いられる古来からの習慣、慣習、儀式の説明。連合の組織者であるデカナウィダー、ハヨンワサ（ハイアワサ）、タドダホ（と他の指導者たち）の生涯と生活に関する伝統」、³

を説明することにある。

　まず、ロデヤネソン（Ro-de-ya-ner-sonh）という語を説明しておこう。この語は一般のイロクォイ語と同様に、接頭辞（prefix）、名詞幹（noun stem）、接尾辞（suffix）からなる。名詞幹にあたるのが(e)yaner-で、首長や高貴という意味を表す。接尾辞にあたる-sonhは名詞が複数であることを示す。接頭辞にあたるRodeは、おそらく、彼らはという意味であると思われる。つまり、ロデヤネソンは「彼らは首長たち」という意味である。

　この序の記述が示しているように、イロクォイ連合の伝承を語る主な目的は2つある。それは5カ国連合の形成を説明し、ロデヤネソンの選択と任命に関する古来からの習慣と儀式を説明することである。このテキストは、読者をインディアン事情局として念頭に置き、編纂された文書であったことは第3章で明らかにされている。それでは、ここで述べられているこれらの目的は、どのように考えることが出来るのであろうか。世襲首長議会の主な意図は、世襲首長議会の特別の地位の正当性をインディアン事情局に受け入れるように説得することにあったのであるが、この序文の説明には何か特別の意義があるのであろうか。

　この序文の特徴を明らかにするために、このテキストを他のホティノンションーニの起源伝承と比較してみることにしよう。筆者が調べた限りで

は、少なくとも起源伝承の本文が始まる前の他の説明には、世襲首長たちの選択の手続きに強調を置いているものはほとんどない。例えば、1888年にジョン・バック（John Buck）というオノンダガ首長が語った伝承について、ヒィウィットは次のように説明している。

> 「それは、連合の基礎が築かれた時に起きた主要な出来事は何を意味するのか、そして、連合の明白な目的と目標を明らかにするところを説明する。」[4]

ここでは、世襲首長議会への首長の任命については、何の強調点も置かれていないということに注意する必要がある。

第2の例は、1940年代初めに6カ国保留地のモホーク首長の協力を得たポール・A・W・ウォレスが報告している例である。彼はその伝承を次のように説明している。

> 「15世紀中頃の（ニューヨーク州シラキュース）オノンダガで起きた、13州をアメリカ合衆国へと変える際のモデルとなり、誘因となった有名なインディアン連合であるイロクォイ連合の、起源についての物語である。」[5]

ここでも、世襲首長議会の首長の選択と任命については、一言も触れられていないことは注目に値する。

第3の例は、ジョン・A・ギブソンがアレクサンダー・A・ゴールデンワイザーに語ったもので、ホティノンションーニを意味する「拡大された家に関して」と副題が付けられている。編者であり訳者であるウッドベリーは、この著作を説明するにあたって、首長たちの選択と任命については特に強調していない[6]。

以上の簡単な比較から、世襲首長議会は、その序で書いているように、

単にホティノンションーニの起源伝承を保存し、語ることを目的としていたのではなく、新しく展開している歴史的状況に応じて、彼らの特殊な立場に強調を置こうとしていたことが分かる。つまり、世襲首長の選択と任命過程の伝承的正当性を強調しようとしていたのである。

さらに別の表現にも注意が引かれる。それは、世襲首長たちが自らを呼ぶのに英語の「Lords（主長）」という語を用いていることである。この語を選択したということの意義は重要である。つまり、世襲首長議会たちは、インディアン事情局に対して、自らの世襲的地位に特に強調点を置こうと試みたからだと考えることが出来る。筆者が調べた6カ国保留地議会議事録には、「lord（主長）」という語が用いられている例がある。それは1908年12月に6カ国保留地を訪問したウェールズ皇太子を呼ぶ時に用いられている。その時、世襲首長議会は皇太子を首長として受け入れ、「首長」を意味するモホークの称号オノンディヨを皇太子に贈った。このように考えると、世襲首長たちは自分たちの地位をインディアン事情局などの当局と対等の、あるいはそれ以上の地位に高めるためにホティノンションーニの主長と自らを称しようと試みたのかも知れない。

さらに、世襲首長たちの地位が、世襲首長議会が先住民社会を統治する権威と権力の主張の根拠と密接に関わっているのであるとしたら、この序に見られる世襲首長たち自身の自己表示は、『伝統的歴史』に描かれているホティノンションーニの創設者であるデカナウィダーの記述と軌を一にしている。『伝統的歴史』の始まりには、次のように書かれている。

>「彼女が子供を産み、男の子の場合は、その子をデカナウィダーと名付けるようにと大霊は望んでいる。その子にその名前を与える理由は、この子は天上界からの平和と力の良き知らせを伝え、大地の上で導き統治をするからである。」[7]

ここで見られる導き手であり、統治者としてのデカナウィダーという記述

は、他の伝承と較べる時、特異な特徴を示しているということが分かる。例えば、ポール・A・W・ウォーレスが報告している版では、天上界からの使者は、デカナウィダーに、大地における別の役割を与えている。次に引用する箇所は、祖母の夢に天上界からの使者が現れている場面である。

> 「処女であるあなたの娘が子供を産むのは、生命の主、天上界の保持者の意志である。彼は、デカナウィダー、物事の支配者と呼ばれる。というのも、彼は平和と力の良き知らせを伝えるからである。あなたとあなたの娘は彼を大切にしなさい。というのも、彼はこの世界で行うべき偉大な役目があるからである。」『子供の役目とは何ですか』と祖母が尋ねた。『彼の役目は地上の人々の平和と生命をもたらすことである』と使者は応えた。」[8]

デカナウィダーを平和と法の使者として描く視点は、他のホティノンショーニの人が語った版でも見られる。

デカナウィダーを平和と法の使者として描き出す種類の伝承は、同時に、人々の間で行われていた戦争、殺人、頭皮剥ぎが、彼が平和の知らせを伝えた理由であるということも強調している。例えば、ジョン・A・ギブソン自身の伝承は次のように始まっている。

> 「戦争があった。いくつかの国々のインディアンたちはお互いに殺し合っていた。これが行われていたことである。彼らは様々な村でお互いに頭皮剥ぎを行っていた。つまり、戦士たちは森や草の間を動き回り、住人の頭皮を剥いでいたのである。」[9]

このような戦争の記述は、デカナウィダーの伝承とホティノンショーニの成立を考える上では、重要な歴史的出来事であった。そして、ダニエル・K・リヒターが述べているように、デカナウィダーの知らせはこの戦

争、争い、血の報復という文脈において、よく理解できるようになるのである[10]。デカナウィダーが人々にもたらした平和は、平和の木の根本の下に武器である戦の棍棒を放棄するということに最も良く示されている。しかしながら、『伝統的歴史』はこの争いという背景を、意図的とも思える仕方で最小限にとどめている。

このデカナウィダーの伝承の重要な要素で、しかし、『伝統的歴史』から排除されている話がある。それは哀悼儀礼で用いられる記憶補助の道具として儀礼的に用いられる、貝から作られたワンパムの起源に関する伝承である。哀悼儀礼は首長の死が引き起こした悲しみを和らげるとともに新しい首長を任命する儀礼である。

また、ワンパムはロングハウス宗教の最も重要な象徴の一つであるが、『伝統的歴史』はワンパムに言及するのを避けている。ところが、『伝統的歴史』にワンパムについて言及している箇所がある。それは哀悼儀礼の箇所である。実は、この部分は、編者であるスコットが、ヘイルの『イロクォイ儀礼の書（*The Iroquois Book of Rite*）』から相当箇所を組み入れた部分である。それゆえ、『伝統的歴史』の中のもともとの部分にはワンパムの言及はないと言える。

ワンパムは、他の版ではデカナウィダーにではなく、デカナウィダーの仲間であるハイヨンワサ（ハイアワサ）と結びつけられている。デカナウィーダーかハイアワサかという疑問は残るが、ここではこの問題には深く立ち入らないことにする。では、ワンパムに関する伝承について、その内容を少し見てみることにしよう。

『伝統的歴史』では、ハイヨンワサには3人の娘がいたが、彼がデカナウィダーに出会った後で3人とも病で死んでしまう[11]。悲しみに打ちひしがれ、ハイヨンワサは村を離れ、1人野の中を彷徨い歩く。そして、トウモロコシ畑の脇に建てられている小屋に辿り着き、そこで火をおこす。次の朝、ある女性がトウモロコシ畑から煙が上がっているのを見て、村の首長に連絡する。彼は使いを送り、火をおこしている人を連れてくるようにと

第5章　政治的物語から儀礼的物語へ　209

言う。使いがトウモロコシ畑に到着した時、彼はハイヨンワサが腰掛け、「古い果実樹の枝」を眺めているのを見つけた[12]。

他の伝承では、ハイヨンワサは、村から彷徨い出た後でワンパムを作るか、見つけるかしている。例えば、ウォーレスの版では次のようになっている。

>　「湖の底から貝を拾い上げ、彼（ハイヨンワサ）は彼の悲しみの印として節のある3本の紐に結んだ。オノンドゴンワ、つまり、節の地と彼が名付けたその場所で火を灯した夜、彼は3本の紐を手にして言った。『私のように悲嘆に暮れている人に出会ったら次のことをしよう。これらの貝の紐を手にし、その人々を慰めよう。紐は言葉となり、人々を包んでいる闇を解き放す。これらの貝の紐を手にすると、私の言葉が本当になるであろう。』」[13]

他の版では、ハイヨンワサは湖の底でワンパムを見つける。この版によれば、彼の最後の娘が死んだ後で、ハイヨンワサは南の湖に向かって歩いて行き、そこで湖の表面に多くのアヒルが浮かんでいるのを目にし、話しかけた。驚いたアヒルたちは飛び上がり、その時湖の水も運び去った。ハイヨンワサは空になった湖の底に向かって少し歩いていき、底の泥を掘り始めた。すると「少量のワンパム」を見つけ、それを袋に入れた[14]。次の第3の版はニューヨークのオノンダガで伝えられている伝承である。これによると、ハイヨンワサは初めに氏族制度を確立し、それから川に行き、「川岸で小さな貝を集め、異なる長さと幅の紐を作った。」[15]

これらのワンパムの起源に関する伝承はそれぞれ異なる内容を持つが、しかしながら、2つの基本的要素は共有している。つまり、ハイヨンワサの娘たちを失った悲しみとワンパムの起源である。象徴としてのワンパムには再生としての水の象徴が関係していることが分かる。自分の娘たちが死んでしまい、嘆き悲しんでいるハイヨンワサが、水と関わりのある貝で出来たワンパムを見つけて、悲しみから解き放たれるという点に水の象徴の

力を見ることは出来る。19世紀末に記録されたデカナウィダー伝承では、このようにワンパムが重要な役割を果たしていると言える。もし、そうであるならば、なぜ、同じ頃に成立した『伝統的歴史』にはワンパムへの言及は含まれていないのであろうか。

　この点に関して、ウィリアム・M・ビーチャンプ（William M. Beauchamp）はワンパムは東海岸の植民者との取引が始まってからホティノンションーニに取り入れられたという立場から、それ以前は色のついた枝を用いていたと考えている[16]。もし、それが歴史的に正しいならば、『伝統的歴史』はより古い伝承を伝えていると言えないことはないが、しかしながら、後に述べるように『伝統的歴史』は必ずしも古い伝承だけを保存しているわけでもない[17]。

　このように考えると、『伝統的歴史』と同時代のいくつかの伝承が、ハイヨンワサとワンパムの起源の間にある結びつきを明示しているのであり、『伝統的歴史』にワンパムの言及がないということの方が特異であると考えることが出来るのではないであろうか。もし、そうであるならば、その理由として、世襲首長議会のキリスト教首長たちが、ロングハウス宗教と密接な関係のあるワンパムへの言及を含みたくなかったということが考えられるのではないであろうか。キリスト教首長たちはロングハウスの哀悼儀礼を受けることには何らの価値を認めていなかったし、ロングハウスの象徴との結びつきも拒否していた。もし、そうであり、キリスト教首長たちが自らの権威、正当性、権力の根拠として哀悼儀礼を受け入れないとするならば、キリスト教首長たちが世襲の首長であるということの唯一の正当性の根拠は、世襲の氏族制度だけであると言える。

第2節　テキストに見られる表現上の特徴

　前節で見たように、『伝統的歴史』には、他のホティノンショーニの人が語った伝承と較べた場合、特異的な要素があることが分かった。それゆえ、次に、この伝承の語り手たち、つまり世襲首長たちが如何にしてこの伝承を再構築しているかを考察しなくてはならない。

　『伝統的歴史』の内容を検討してみると、そこに挙げられている世襲首長たちの一覧表に関して重大な問題があることが分かる。もし、序文で述べられているように、『伝統的歴史』の意図が伝統を保存することにあるならば、これは説明のつかない問題である。具体的には『伝統的歴史』には世襲首長の50人の称号がすべて含まれておらず、他の資料と突き合わせても不整合なのである。『伝統的歴史』には含まれていない世襲首長の称号について考えてみると、このテキストの意図が、その序が述べているように伝統の保存にあったのではないことは、より明らかになると思われる。ここでは、特に、2つの文書と比較して、この点を明らかにしてみようと思う。1つ目のテキストは、イロクォイ民族学者であるエリザベス・トゥッカーの世襲首長議会の政治構造に関する研究であり、もう1つは、1897年に作られたエドワード・M. チャドウィック（Edward M. Chadeick）の世襲首長と副首長の一覧表である[18]。

　エリザベス・トゥッカーによれば、50人の世襲首長の称号のそれぞれの国別の内訳は次の通りである。モホークには3氏族と9人の首長が、オナイダには3氏族と9人の首長が、オノンダガには9氏族と14人の首長が、カユガには9氏族と10人の首長が、そして、セネカには9氏族と8人の首長がそれぞれいる[19]。『伝統的歴史』に挙げられている50人の首長の一覧とこの一覧を比較すると以下の相違が明らかになる。

　まず、モホークとカユガに関しては相違がない。しかしながら、オナイ

ダに関しては、トゥッカーの一覧では3氏族と9人の首長がいるが、『伝統的歴史』では2氏族と7人の首長しか挙げられていない。後者のテキストに見られない称号は「ガノグェヨード（Ganogueʔyǫ́:dǫ）」と「デヨハグゥェーデ（Deyohaʔgwẹ̃:deʔ））」である[20]。同様に、セネカに関しては、トゥッカーの一覧では9氏族と8人の首長がいるが、『伝統的歴史』には5氏族と6人の首長しか記載されていない。欠けている2つの称号は「ガノギダーウィ（Ganǫgidá:wi）」と「デヨニンホガーウェ（Deyoninhogá:węʔ）」である。最後に、オノンダガに関しては、トゥッカーの一覧では14人であるが『伝統的歴史』には13人の首長が挙げられている。欠けている称号は「デハトガドス（Dahetagáʔdǫhs）」である。

　なぜ、このような相違があるのであろうか。確かに、世襲首長は後継者がいない場合などは、途絶えることがあった。しかし、そのようなことが起きないように、他の氏族に称号を貸し渡すということをして、世襲首長の称号が継承するように努力していたのである。それゆえ、これらの『伝統的歴史』に欠けていた世襲首長の称号は、後継者がいなくて途絶えてしまった首長なのかもしれない。

　この点を検討するために、19世紀終わりのイロクォイ研究者であったチャドウィックが作成した、6カ国保留地の世襲首長の一覧表を参照することにしょう。

　チャドウィックの世襲首長と副首長のリストには、世襲首長の家族には属していないが、自らの能力で首長と認められた松の木首長（Pine Tree chief）とタスカロラの首長も含まれている。それゆえ、このリストには50以上の人物の名前が挙げられている。ところで、このリストが有用なのは、当時、継承者がいなく途絶えた首長の箇所には、後継者なしという説明書きがあり、空欄になっているのである。我々に関心があるのは、途絶えてしまっていた首長である。というのも、もしかすると、『伝統的歴史』に欠けている首長は、当時既に途絶えてしまったために記入されなかったからかも知れないからである。

チャドウィックのリストによると、オナイダには3人の、オノンダガには2人の、カユガには3人の、セネカには2人の、それぞれの首長が途絶えてしまっていたことが分かる。途絶えてしまったそれぞれの首長の称号は以下の通りである。オナイダは、「ショノンセス（Shonǫ́ses）」、「デワダホデーヨ（Dewadahǫdę́:yo）」、「ホニヤダシャイェ（Honiyaʔdasháyę）」、オノンダガは「アウェゲーヒィヤット（Aweʔgé:hyat）」、「ホサーハウィ（Hosae:hahwi）」、カユガは「ガダグワージ（Gadagwá:ji?）」、「ハディヤセネ（Hadyaʔsęnéʔ）」、「トゥハダヘーハ（Thadǫdahé:haʔ）」、セネカは「サディエーナワット（Sadyé:nawat）」、「ショゲジョナ（Shogęʔjóʔnaʔ）」であった。

　チャドウィックのリストが示す途絶えていた首長のリストを参照することによって、『伝統的歴史』にはある首長が含まれていない理由が分かるかも知れない。つまり、チャドウィックのリストで、後継者不足のために途絶えてしまったとされる首長が『伝統的歴史』でも記載されていなければ、単に途絶えてしまっていたために、それらの首長が『伝統的歴史』に含まれなかったということになる。ところが、チャドウィックで途絶えてしまったとされる首長は、すべて『伝統的歴史』に記載されている。つまり、後継者がいないために途絶えた首長も『伝統的歴史』に載せられている。それゆえ、『伝統的歴史』が記載しなかった首長は、当時存続していた首長であったということができる。

　チャドウィックのリストと『伝統的歴史』とをつき合わせてみると、当時まだ存続していたが、『伝統的歴史』には記載されていなかった首長は以下の通りである。それらはオナイダの「ガノグェヨード」と「デヨハグェーデ」、オノンダガの「ダヘトガドス」、セネカの「ガノギダーウィ」と「デヨニンホガーウェ」である。

　なぜ、これらの当時存続していた首長の称号が『伝統的歴史』から排除されていたのであろうか、その理由を考察しなくてはならない。というのも、もし、『伝統的歴史』の序で述べられている伝承の保存という意図が正

しければ、その同じテキストがこれらの称号を除いた理由が理解できないからである。

ところで、前2章における歴史的考察が正しければ、『伝統的歴史』が当時存続していた首長を含めた50人の首長全員の称号を含んでいなくても問題にはならない。なぜならば、世襲首長議会は、その序で述べている目的とは異なり、このテキストを編纂したのは、伝統の完全で正確な保存のためにではなく、インディアン事情局に対して自らの指導的立場の世襲性の正当性を訴えるためであったからである。それゆえ、氏族数の実際との相違や正確な数の首長の記載ということは、『伝統的歴史』を編纂した首長たちにはそれほど関心事ではなかったと思われる。というのも、氏族と首長の称号そのものが、彼らにとって、それ程意味を持たないものになってしまっていたからかも知れなく、それに対して、特別な地位への世襲の主張そのものがより重要になっていたのかも知れない。

ところで、『伝統的歴史』の首長の称号の記述に関しては別の問題がある。それは首長の称号に関わる儀礼的側面である。つまり、デカナウィダーが、それぞれの首長の頭に鹿の角を載せるという、首長の称号を与える時になされる儀礼的所作が、『伝統的歴史』では1度しか描かれていないのである。これに対して、ジョン・A・ギブソンの伝承には、デカナウィダーが、各々の首長の頭に鹿の角を権威の象徴として載せる儀礼的所作が繰り返し述べられている[21]。この相違は、ギブソンが語る伝承の特質を考える上で重要な鍵となる。

まず、『伝統的歴史』がどのようにこの点を記述しているか見てみよう。人肉を食い、初めはデカナウィダーの平和と法の知らせを受け入れるのを拒否したオノンダガの首長であるタドタホ（Thadodaho'）を、既にデカナウィダーの知らせを受け入れた4カ国の5人の首長たちがやっと説得するのに成功した後で、デカナウィダーは言った。『あなた方に考えてもらいたい最初の事柄は、人々の間に既に氏族はあるのだから、いくつかの氏族は兄弟と従兄弟として結びつくということです。』[22] そして、彼は、それぞれの

首長に自分の国のいくつかの氏族から首長としての仲間を選び、任命するように要請する。これらの他の首長たちを選ぶ時、『伝統的歴史』は首長の頭に鹿の角を載せるという儀礼的所作を、タドダホの場合の1度しか描き出していない。

　　　「人々によって『主長』と呼ばれる、それぞれの人の頭の上に、こ
　　　れらの鹿の角が載せられ、彼は人々を統治する力を持つように。」[23]

ここでは、首長の頭に鹿の角が載せられるように、というデカナウィダーの言葉が述べられているが、それぞれの首長の頭に鹿の角が載せられる儀礼的所作は繰り返し述べられていない。つまり、『伝統的歴史』の語り手たちは、この儀礼を世襲首長の権威と権力の重要な源としては見なしていなかったと言うことが出来る。

　ところが、このような『伝統的歴史』に対して、ギブソンが語った伝承には、鹿の角を首長の頭に載せる儀礼的所作が繰り返し描かれている。そのような例の1つを挙げることにする。ギブソンの伝承を編集・英訳したウッドベリーは、デカナウィダーの名前をテカナウィタと表記している。ここではそのまま引用することにする。

　　　「その後で、テカナウィタ（デカナウィダー）は言った。『さあ、あ
　　　なた（デカナウィダーの平和の知らせを最初に受け入れた女性であるチ
　　　クサセ[Tsikuhsahseʔ]を指す）には権威がある。あなたが鹿の角を拾い
　　　上げ、テカイホケに載せます。』それから、テカナウィタは彼を呼び、
　　　その女性が鹿の角を拾い上げた時、彼女とテカナウィタは共にそれを彼
　　　の頭に載せた。それから、テカナウィタは言った。『さあ、私たちはあ
　　　なたに鹿の角を載せた。というのも、あなたは今や偉大な首長だからで
　　　す。テカイホケ、これがあなたの首長としての称号です。あなたの仕事
　　　は、この大地に生きる人々が生き延び、家族が続く限り自らの領域に平
　　　和をもたらした偉大な法が機能するように見張ることです。』」[24]

『伝統的歴史』とギブソンの伝承との間に見られる、儀礼的所作の記述を重要視するかしないかという相違からいえることは、自らがロングハウス宗教の祭司であったギブソンは、儀礼的所作を世襲首長の正当性を構成する極めて重要な側面であると見なしていたと思われる。

『伝統的歴史』とギブソンが語った同じ伝承の相違を考えるために、デカナウィダーの権威と権力が如何に提示されているかを考察してみよう。

どちらのテキストでも、デカナウィダーはいくらか「超自然的」資質を備えていると描かれている。主な3点を挙げてみよう。まず、デカナウィダーは、争いを避けて村から離れて、母と生活していた処女である娘から生まれる。処女の娘から生まれるというが、よりイロクォイ的表現を用いるならば、「父なし子」である。「父なし子」（処女から生まれた男の子ではなく）のモチーフはホティノンショーニの伝承にはよく見られる。第2に、デカナウィダーは天上界からの知らせを伝える媒介として描き出されている。第3に、デカナウィダーが母と祖母のもとを離れる時、知らせを伝えるために湖の上を越えていく白い石で出来たカヌーを漕いでいく。この白い石で出来たカヌーに関して、ヒィウィットは、それはもともと冬の神であった双子の悪い方が作ったものであったと考えている。[25]

ここでは、第2の点についてだけ考えてみよう。というのも、2つのテキストおけるデカナウィダーの描き方の相違は、デカナウィダーの権威と権力の源泉の問題が、彼自身の出自の問題と密接に関わっていることを示していると考えられるからである。『伝統的歴史』では、人間デカナウィダーと彼の教えとの間に明確な区別を行っている。天上界からの使者がデカナウィダーの祖母に夢で語る場面は、次のように述べられている。

> 「彼女（デカナウィダーの母—筆者註）が子供を産むのは大霊の意志であり、少年は天上界からの平和と力の良き知らせを明らかにする。」[26]

この『伝統的歴史』のテキストは、デカナウィダー自身は天上界に起源を

持たないが、彼が伝える知らせは天上界に起源を持つという区別を明らかに示している。つまり、このテキストはデカナウィダーは人間であるが、彼の知らせは天上界に由来するということを示している。これに対して、ギブソンが語った伝承では、天上界の「支配者（ハウェニヨ、haweniyoʔ）」は天上界から地上へ少年を送ると述べている。

「彼は地上の上の空からやって来る。」[27]

ギブソンが語った伝承では、デカナウィダー自身と彼の教えの両方が天上界から地上へと送られてきたことが明らかである。

『伝統的歴史』とギブソンが語った伝承の、それぞれが描き出すデカナウィダーの出身の相違は、小さい問題と思われるかも知れないが、しかし、その相違は質的な相違を示している。

この相違の理由は、ギブソン自身がロングハウス宗教の祭司であり、神話の語り手であったのに対して、『伝統的歴史』を編纂した8人の首長たちは全員がロングハウス宗教の祭司ではなかったことにあると思われる。特に、キリスト教首長はデカナウィダーには、人間としてのデカナウィダーしか認めなかったであろう。それに対して、ギブソンには、デカナウィダーが地上の上の空の世界に起源を持つということが意味のあることであったと考えられる。それゆえ、ロングハウス宗教の祭司であり、伝承の語り手としてのギブソンの役割を理解することが、彼が語った神話を解釈する上では重要となってくると言える。ギブソン自身の宗教的言説は、世襲首長議会における彼の経験や役割よりも、ロングハウスにおける宗教的および儀礼的生活から生まれてきたものと考えられるからである。

ここで少しイロクォイ連合の社会的特質について考えておく必要がある。

ホティノンションーニの初期の歴史を研究した研究者たちが指摘しているように、イロクォイ連合は主として外交に関わる政治的機能を果たしていた。植民地時代にはイギリスやフランスなどの外部の政府との交渉にあ

たって、ホティノンションーニのそれぞれの国を代表して、役割を果たしていた。それぞれの国の内政に関しては、氏族が地域の統治やそれぞれの地域の問題の対処にあたっていた。

ところがトマス・アブラー（Thomas Abler）が論じているように、イロクォイ連合は「その政治的儀礼が象徴的統一を強調している汎部族的組織と見なすと、その機能を最もよく理解できる。また、政治的現実の領域では、共通の政策を作り出すのにはほとんど役割を果たしていなかった。」[28] つまり、保留地時代以前にはイロクォイ連合はむしろ象徴的・宗教的組織として機能していたと言うことができる。

また、第3章で指摘した通り、6カ国保留地の世襲首長議会が内政的政府として機能し始めるのは19世紀半ばになってからのことである。それゆえ、『伝統的歴史』が提示している、世襲首長議会は6カ国の人々の「主長」として人々を代表する主要な統治組織であるという主張は、永遠の過去からそうであったのではなく、歴史的に条件づけられ再構築された主張であると言える。

さて、先に論じた『伝統的歴史』のテキスト上の諸特徴について少々考えてみよう。おそらく、これらのテキスト上の諸特徴は、この文書を作成した世襲首長議会が置かれた社会的・政治的状況を表していると言える。つまり、世襲首長議会の中で、ロングハウス首長たちはロングハウス宗教の宗教的儀礼や象徴に関して責任を負っていたが、キリスト教首長たちはそれとの関係を避けていた。おそらく、キリスト教首長たちはロングハウス宗教に関わる宗教的要素に反対していただろう。しかし、それらが彼ら自身の地位の正当性を再強化する限りは、その政治的・社会的側面を受け入れていたと思われる。同時に、『伝統的歴史』の作成過程に関わっていたロングハウス首長たちは、それが非先住民の聴衆に向けて作成されているという理由で、その物語に見られる伝統的な宗教的視点が曖昧になることにはそれほど反対しなかったであろう。

さて、以上の議論から、『伝統的歴史』というテキストは、極めて政治的

な意図を持って伝統を再構築した物語であるということが明らかである。では、次に、このテキストとギブソンが語った神話との関係について考察を加える必要がある。そのために、まず初めに、ギブソンが語った神話と同じ神話の他の版とを比較してみる。

　第2章で示したように、ヒィウィットが収集した3つの世界生成および創造神話は世界創造が完成したところで物語は終了している。それらに対して、ギブソンが語ったオノンダガ神話は、世界の創造が完成した後の出来事も語り続けているという点で、上記3版と鋭い対立を示している。ギブソンの神話には儀礼の起源を含み、氏族と半族の組織化と成立の話で終わっている。このギブソンの神話の構成そのものに、ギブソンが神話を語るという行為と彼の歴史への関与の結びつきの可能性を見ることが出来るかも知れない。

　この問題、つまり、如何にして、また、なぜ、ギブソンが歴史を神話の語りに取り入れたかという問題を取り上げるにあたって、そのテキストの最後に見られる新しい社会機構の成立との関連で、テキストの意義を論じてみることにしたい。

　ある意味では、『伝統的歴史』もギブソンの神話も、新しい社会機構の起源を説明していると考えることが出来る。前者はホティノンショーニの起源を、後者は氏族と半族の起源を、である。しかし、このように述べても、神話や伝承を語る目的は一つだけで、それは社会組織の起源を語ることであるとか、あるいは神話は社会学的にのみ解釈できるということを主張しているのではない。

第3節　新しい社会の起源に関わる象徴的側面

　本節では、『伝統的歴史』とギブソンのオノンダガ神話の相違についてさらに論じるために、両者が提示している新しい社会の起源に関わる象徴に焦点を当てることにする。初めに、デカナウィダーの伝承に見られる象徴的側面を取り上げることにしよう。

　ここでは、デカナウィダーの説得で人肉食を止め、他の4カ国の首長たちの説得で平和と法の知らせを受け入れた、オノンダガ首長のタドダホについての話に焦点を当てることにする。しかし、歴史的に人肉食が実際に行われていたかどうかは、ここでは議論しないことにする[29]。

　タドダホは髪の毛の代わりに蛇が生えている人肉食いの呪術師で、彼に近づく者は誰でも殺され、食われてしまう、そのような首長であった。デカナウィダーがタドダホの住居に近づいた時、タドダホが人間の死体を小家の中に運んで行くところを見た。タドダホが出てきて川に水を汲みに行った時、デカナウィダーはその小家に近づき、屋根に登った。煙突の上から覗くと、タドダホが水を汲んで戻って来て、彼の犠牲者を料理するために鍋を火の上にかけるのが見えた。デカナウィダーは煙突の上から真下の鍋を覗き込んだ。タドダホが鍋を覗くと、鍋の中に彼を凝視しているデカナウィダーの顔が見えた。タドダホは驚いて、立ち退き、隅に座り込んだ。そして、たった今、鍋の中で見たことを考え始めた。彼は「今まで起きたことの中で最も素晴らしい出来事である。」と思った。そして、『伝統的歴史』では次のように言う。

　　「『私が今までにこの家に住んできて、このようなことは起きたことがない。私は自分がこのように偉大な人間であることを知らなかった。それゆえ、私の今の生き方は間違っているに違いない。』そして、彼は

言った。『もう一度見て、自分が目にしたことが本当か確かめよう。』彼は立ち上がり、鍋のところに行き、もう一度中を覗いた。彼は同じものを目にした。それは偉大な人間の顔であり、彼を凝視していた。それから、彼は鍋を取り、出掛け、山腹に向かい、そこで鍋を空にした。」[30]

デカナウィダーは屋根から降りて来て、家の外でタドダホに会った。彼はタドダホに平和と友情が到来したので、過ちを悔いるように説いた。タドダホは人肉を食べることを止めるのには同意したが、デカナウィダーの知らせをすべて受け入れることはしなかった。

　デカナウィダーが他の国々を回り、彼の知らせを受け入れるように説得するのに成功した後で、デカナウィダーは4カ国の首長たちを率いて、タドダホに平和の知らせを受け入れるように説得するために、再び出掛けた。デカナウィダーはタドダホに、他の国々は自分の平和と法の知らせを受け入れたと伝え、4カ国の首長たちはタドダホもデカナウィダーの知らせを受け入れるように要求した。タドダホは何も言わなかったが、明らかに心を動かされたようで、涙を流した。デカナウィダーと他の首長たちはタドダホに、もし、彼がデカナウィダーの知らせを受け入れれば、すべての首長と戦士たちは彼に従い、彼が全ホティノンショーニの責任を負うようになると言った。タドダホが彼らの提案を受け入れた時、彼の頭の蛇は動くのを止め、他の首長たちは彼の髪の毛を櫛でといた。

　この後で、デカナウィダーは首長たちの権威と権力の象徴として鹿の角を選び、彼の知らせを最初に受け入れた女性に、それぞれの首長の頭にこの印を置くように言った。この時デカナウィダーは次のように言った。

　　「我々の命を支える野生の鹿に関して、その頭から角を抜き取り、それは象徴となる。というのも、それを偉大な首長に載せるからである。」[31]

また、鹿の角は、火打ち石を削る時に用いられ、それを砕く力を象徴している。ここには、大地、鹿の肉、食べること、火打ち石、権威といった事柄の間の象徴的関連を見いだすことが出来る。これらの点については後で詳しく論ずることにする。

　さて、ここで要約した伝承に含まれるいくつかの象徴的側面を取り上げることにしよう。まず、タドダホは、デカナウィダーが覆そうとしている、復讐という昔ながらの、今では問題となってしまったホティノンショーニ社会の在り方を代表していると言える。このタドダホのイメージにはある種の歴史的および社会的現実が反映されていると考えることができる。

　ダニエル・K・リヒターによれば、先住民の戦士たちは、先の戦で殺された身内の者の復讐の戦に明け暮れていた[32]。リヒターはこの復讐の急襲を「弔い合戦（mourning war）」と呼んだ[33]。重要な点は、当時、殺された者の身内の男性が、弔いの戦に出掛けるか否かを決定する力を持っていたのは一族の女性である。それゆえ、復讐の繰り返しは、ホティノンショーニの母系継承、妻方居住社会の一側面であったことが分かる。この歴史的文脈に位置づけ、考察するならば、タドダホは、女性の伝統的権力と権威に基づいた復讐の繰り返しの体系が凝集された男性的像であると見なすことが出来る。

　第2の重要な象徴は水である。火にかけた鍋の水に映ったデカナウィダーの顔の像が、タドダホを変容させた。鍋は女性の象徴と考えられ、それゆえ、鍋の水は女性の変容する力を象徴していると考えることも可能である。レヴィ・ストロースに従えば、料理する力は自然を文化へと変容する力と見なすことが出来る[34]。しかし、タドダホが料理していたのは人間の肉であり、それゆえ、彼は誤った自然のものを料理していたのである。このように料理する火の変容する力を正しく元に戻すために、上からのイメージが必要であった。こうして、水は、その媒介する役割として上からのイメージを映すことによって、社会を再構築するにあたって重要な創造的役割を果たすことになる。

次の点を強調しておきたい。ここでは水の象徴の一般的意味についての考察を行っているのではない。水の象徴の一般的意味として、再生や更新といった意味を読みとる方法も可能であるが[35]、ここでは、一つの社会が文化的に構築している象徴の意味に限って考察を加えているのであり、水の象徴の一般的意味に関しては、ここでは取り上げてはいない。

第3に、タドダホの過ちは、彼が人間の肉を食べるということに示されている。鹿の肉を食べる代わりに、彼は人間の肉を食べている。デカナウィダーが新しい首長の権威と権力の象徴として鹿の角を選択した時、人々は鹿の肉を食べて生きていたという事実に基づいていたと思われる。この食するという点に関しては、この伝承は人肉を食べることは誤っていると明らかに述べている。それゆえ、食べ物は道徳的判断を行う象徴的道具として用いられていることが分かる。

第3と関連して、第4点として、鹿の肉は男性と密接に関連している、狩猟というより大きな象徴の複合体に参与している。それは、女性と密接に関わっている農業生産による食べ物（トウモロコシ、豆、スクワッシュ）と対称的である。それゆえ、この伝承では、一方では、ホティノンショーニの権威と権力の源泉を、村の中の内なる「女性的」空間の外に位置づけ、他方では、女性には、男性の首長の頭に鹿の角を置き、または、それを取り除くという役割を与えているのである。

このような考察を行っているが、この伝承の詳細の内容が当時の6カ国保留地の歴史的状況の実際を反映していると主張しているのではない。前章で述べたように、文化変容と文化同化の過程は、19世紀半ばまでには、保留地の生活に深く影響を与え、世紀末頃までには大部分の男性が、以前は女性の領域と見なされていた農作業に従事するようになっていた。これに対して、狩猟はほとんど消滅してしまっていた。それゆえ、このような歴史的状況で、このような伝承を物語るということは、変容する社会的・経済的状況の中で権力を再獲得しようとする手段として、伝統的な男性性の象徴にイデオロギー的に訴えていると考えることも可能である。

さて、以上でホティノンションーニの起源伝承に関わる象徴的・社会的意義について論じてきたが、次に、世襲首長の称号の基盤である氏族と半族の起源がオノンダガ神話でギブソンが如何に描き出しているかを考察し、ギブソンの語りと『伝統的歴史』との間にあり得ると考えられる結びつきについて考察してみよう。

ギブソンのオノンダガ神話は、天上界における出来事に始まり、氏族と半族の起源を説明するところで終わっている。ゴールデンワイザーは「これらの区分（半族）に言及する起源神話は、デカナウィダー神話に見られるもの以外は手に入らなかった」と書いているが、しかし、ギブソンの神話は半族の起源も説明していると考えられる[36]。

ギブソンの神話では、氏族と半族の創造は、デハエーンヒヤワコーンが彼の世界創造を終え、世界の統制に関わって彼の兄弟との争いに勝利した後の人間の歴史時代に属している。デハエーンヒヤワコーンは、彼自身に感謝を捧げる第1の、そして、義務的行為として儀礼を行うようにと、人間に命じた。少なくとも筆者が読んだ限りでは、ギブソンの神話では、儀礼は人間が行う中で最も重要なものとして描き出されている。この箇所は第2章で要約してあるが、もう一度簡単に要約してみる。

時が経つにつれて、人々が死に始めた。人が死んだ後は、地面に穴が開けられ、その中に死体は埋められ、その上に土がかぶされた[37]。人々は動揺し、泣き続けた。死の悲しみのため儀礼は省みられなくなった。長老たちが、問題を解決する方法について議論している時、1人の若者が立ち上がり、氏族制度を作り出し、人々が儀礼を再び行えるようにしようと提案した。

彼は自分の計画を説明するにあたって、デハエーンヒヤワコーンの創造の業について語り、この地上において、他の被造物と同じ条件のもとに置かれているのであるから、人間は他の生き物の模倣をすべきであると提案した。そして、彼は言った。「私が、存在すべき氏族を創造する時が来た。」[38] 彼は人々に、それぞれの母系家族で集まり、母系の長を先頭にして歩き出すよう

に言った。彼は人々を川岸に導き、そこで人々を2組に分けた。川岸にある葡萄の蔓を取り、川の反対側に投げ、橋を作った。そして、彼は、それぞれの母系家族の長に、次の朝水を汲みに行く時に目にするものに注意を払うようにと言った。そして、彼は人々を導いて川の反対側に進んでいったが、最初の半分が渡り終えた時、ちょうど日没になり、葡萄の蔓が切れてしまい、2つの集団は離ればなれになった。

次の日の朝、夜明け時に女家長は川に水を汲みに出掛けた。戻ってきた時に、男は川で何を見たか尋ね、彼女たちが水面に見た動物が彼女の家族が属する氏族の印になると言った。それゆえ、例えば、ある女家長が鹿を見たならば、彼女の家族は鹿氏族に属するようになるという具合であった。川の両岸にそれぞれ4つの母系家族がいたので、計8つの氏族が作られた。一方の岸には鹿氏族、熊氏族、シギ氏族、ウナギ氏族が、もう一方の岸には狼氏族、ビーバー氏族、亀氏族、子熊氏族がそれぞれいた[39]。ギブソンの神話は、氏族が作られた後、儀礼が再開されたとは語っていないが、おそらくそうであったであろう。この若者の努力を賞賛して、人々は彼に「偉大な心を持つ者（Ho'nigo^{nꞌ}heowāꞌnē^{nꞌ}、He who has a Great Mind）」という名前を与えた。

この若者に与えられた「偉大な心を持つ者」という名前は、通常儀礼において創造神に呼びかける時に用いられる呼び名の一つである。それゆえ、暗に、創造神と氏族の成立が関連していると、示唆されていると考えることもできる。

既に述べたように、ギブソンが語ったオノンダガ神話の特徴として、それが氏族と半族の起源を説明して終わっているという点を挙げることができる。この神話が語られた歴史的状況に位置づけられる時、この特徴の歴史的意義が明らかになると考えられる。というのも、ギブソンは、氏族制度は伝統主義にとって中心的な制度であり、「進歩論者」によって危機にさらされていると感じた。歴史への応答として、世襲首長の権威と権力が基づいている氏族制度に、神話的基盤を付与する必要をギブソンは感じたと考えられる。

ここでは、まず、当時の氏族制度の状況について若干述べておこう。というのも、ギブソンの神話を彼が置かれていた歴史的状況に位置付けることが必要である。ギブソンがそのオノンダガ神話を語った頃には、ホティノンションーニの妻方居住の原理は崩壊し、核家族型の居住形態に取って代わられていた。しかも、外婚の制度もかなり薄れていたように思われる。ゴールデンワイザーが作ったと思われるギブソンを含んだ家系図には、同じ氏族同士の夫婦の例がいくらか見られる。しかし、母系継承の原理はある程度継続していたと思われる。この点はハンサム・レイクも特に否定はしていなかった。アンソニー・F・C・ウォーレスは次のように書いている。

> 「彼（セネカ預言者のハンサム・レイク）は、血縁関係にある者同士に関してとか、首長を推薦する習慣とかに関しては、母系原理には挑戦しなかった。彼は、母系継承ではなく、むしろ、核家族が行動の宇宙における道徳的・経済的中心であるということを明白にしたのである。」[40]

このような歴史的背景をもって、ギブソンは母系継承に基盤を持つ氏族の伝統的形態を説明したものと考えられる。それはヒィウィットがオワチラ（ohwachira）と呼んだものであり、首長の称号の社会的基盤となるものである。かつては、オワチラとは、

> 「すべてのイロクォイ部族の社会組織の主要な単位である。オワチラの成員同士は結婚できないということを見過ごすべきではない。そして、1つ、2つ、それ以上のオワチラからなる氏族の成員同士は、一つの有機的な集合体を形成し、姉妹に、あるいは姉妹のオワチラになる。そして、そのように形成された単位の成員は相互に外婚関係で結びついた。」[41]

しかしながら、既に述べたように、外婚性は崩れつつあった。

　さて、『伝統的歴史』は世襲首長の権威と権力に関する、この母系継承のつながりについては何らの言及もしていない。オワチラは重要ではないと見なす何人かの首長の意見を反映したのかも知れない。

　さて、ギブソンの神話とデカナウィダー伝承を比較すると、死、水、水に映った像などが共通であることが分かる。どちらの場合も、死と死によって引き起こされた悲しみが、新しい社会機構を作り出す主要な理由である。

　ギブソンが氏族と半族の起源を説明している神話に、死の問題性と死が引き起こす悲しみの感情の問題が含まれているということは何を意味するのか。悲しみという感情は、人々が儀礼を行うのを妨げるという理由で否定的に評価されている。しかしながら、死の問題性に対する応答と解決は、文化的創造性の源ともなっている。それは世襲首長議会の場合もそうである。ヒィウィットは哀悼儀礼の儀礼の歌について、次のように述べている。

　　「拡張した家（ホティノンションーニのこと－筆者註）の基盤に見られるいくつかの要素とともに、6つの歌を用いることは、イロクォイのすべての部族にではないとしても、その多くに共通に見られる古くからの10年ごとの死者祭に関わる一群の儀礼や慣習が、拡張した家の組織が基礎づけられた基盤であるということを示している。」[42]

　氏族とホティノンションーニのそれぞれの起源が明らかにしているように、死と死が引き起こす悲しみの感情のために、人々が儀礼を行い続けることが出来るような適切な新たな社会機構を必要とするのである。

　次に、水の象徴について見てみよう。特に、この水という象徴を成立させている感覚的次元に注目してみたい。

　象徴の感覚的次元に関しては、ウォルター・オング（Walter J. Ong, S. J.）[43]、デイヴィッド・ホーウェズ（David Howes）[44]、コンスタンス・

クラッセン（Constance Classen）[45]などによる研究がいくつかなされている。これらの中で、例えば、クラッセンは、感覚的意味さえ文化的・社会的に構築されており、それゆえ、それぞれの文化は感覚的意味の異なる価値的に判断された体系を持っていると論じている。彼女が強調しているのは感覚的意味の文化的構築性である。我々の関心は、これらの文化構築主義的立場から、ギブソンの2つの伝承に見られるロングハウス宗教の象徴としての水の特徴を明らかにすることにある。

　水の象徴に含まれる主要な感覚的側面は視覚的経験であり、それは直接的な視角経験ではまだ実現されない新しい物事の不可視な性質を捉えるという、水に反映した像を見るという視覚的経験である。ギブソンの神話における氏族と半族の起源の伝承では、女家長は下を向いて川の水の表面を見、上から映った動物の姿を目にする。ホティノンショーニの起源説話では、タドダホは火にかけた鍋の水を覗き込んで、そこに映った顔を見る。人間は自分の目では上に由来するイメージを直接的に見ることは出来ないが、下を向いてかがむことによって、水に映った像を通してそれを間接的に知ることが出来る。一度、人々がこのようなイメージを目にすることが出来ると、過去の破壊的な繰り返しのパターンから解放され、新しい始まりを創造することが出来る。

　氏族の起源の物語に含まれているもう1つの要素は、その方向性である。朝、女家長が水を汲みに行き、水に映った像を見るのは東の方向である。その前夜、若者は人々を西の方角へと連れて行った。2人の若者がトウモロコシ、豆、スクワッシュを探しに行き、地面の下に横たわっている人を見たのは西の方角であった。東は誕生の方向であり、西は死の方向でもある。それゆえ、空間的方向もここでは含まれているのである。

　水に反映したイメージが重要な役割を果たす例は、ギブソンの神話には含まれていないが、他の先住民が語った神話に現れてくる。1つは、ヒィウィットが1889年に6カ国保留地のジョン・バックから聞き、記録した神話であり、それは1897年にバックの息子によって手を加えられている。天上

界から天上界の女性であるアウェンハーイが落ちて来た時、天上界の下の世界に既に存在していた原初の水に浮かんでいた神話的存在者であるアビ（loon）は、水の深みから女が浮かび上がってくるのに気づいた。

> 「その時、アビと呼ばれる水鳥が叫んだ。『見ろ。女の人間が水の底からやって来る。彼女の身体が浮かび上がってくる。』」[46]

水に映ったイメージのもう1つの例は、アーサー・パーカーが報告しているセネカ神話の中の人類創造神話に出てくる。双子の良い方（デハエーンヒヤワコーンのこと—筆者註）は、

> 「光の木の根を掘り返し、切り株が育っている水の中を覗き込んだ。彼は自分の顔の写しを見て、人間（オングェ、Ongwe）を創造することを考えついた。そして、男と女の両方を創造した。」[47]

この物語にはキリスト教の聖典に含まれる人類創造の物語の影響を見て取ることも可能であるが、しかし、問題は、ロングハウス神話では、何か新しいもの、例えば、新しい社会秩序などが創造される時、水に映る像という象徴が繰り返し用いられているということである。水の持つこのような創造する力とともに、既に少し述べたが、ワンパムの発見に伴って語られている嘆き悲しむ心を癒す変容する力が、水に関連した貝が持っているのである。

第4節　儀礼行為の卓越性

ギブソンが語ったオノンダガ神話では、「偉大な心を持った者」は人々に川岸に向かうように言い、女家長が彼女の一族集団を導いた。各々の母系

家族の年長の女性たちは、ホティノンションーニの人々の間で最も尊敬されていた人々である。ゴールデンワイザーは次のように説明している。「そのような集団の長となる女性は、いつでもその集団の人々に最も強い影響力を持っていた。」[48]

女家長が指導的役割を果たす母系家族は、先に述べたオワチラである。もう少し詳しくオワチラの役割をみてみよう。

「(1) オワチラがその構成単位である氏族の名前への権利、(2) 亡くなった人の所有物を相続する権利、(3) オワチラの議会の集会に参加する権利、(4) 議会を統括する女性の助言でよそ者を養子として受け入れる権利。」[49]

さらに、スタイテスは「親族集団の中では、女性だけが真の土地の所有者である。」[50]と書いている。このようなオチワラの中でも、社会的・政治的に重要な役割が女家長に与えられていたが、ギブソンの神話では、女家長の宗教的役割が最も重要であるされている。これは、デハエーンヒヤワコーンが人間に義務として与え、死の悲しみのゆえに行われなくなった儀礼の一部である。女家長の宗教的義務は次のように語られている。

「いくつかのオワチラが集まる所、いくつかの樹皮の家がある所、人々がいくつかの火を焚く所、そのような所では、最も年長の女性は、オワチラの間で、新しい日が始まる時、新しい日の出を見る度に、何度も何度も感謝を述べるという義務を行う。」[51]

この女家長の責任とされる儀礼に関して、ゴールデンワイザーは、彼が研究を行った19世紀後半には、「女系家族のこれらの機能は、現在は、ほとんど消滅している。今日までの私の資料からは、この古い状態については何の情報も得られていない」と書いている[52]。

ギブソンの神話に関するここまでの考察から、女家長である年長の女性の儀礼的意義、土地や他の所有物への権利、新しい首長を選択する権利との間には極めて強い関係があることが分かる。そして、重要なのは世襲首長の称号は母系家族に属しており、女家長は氏族の母（Clan Mother）とも呼ばれ、この女性が自分の母系家族に属している男性の中から世襲首長の任に適切な男性を選び、推挙するのである。

　ここに、ギブソンが、その神話を語った際の意図と歴史的状況との結びつきを見いだすことが出来ると考えられる。第2章で論じたように、ギブソンがオノンダガ神話を語ったのは、先住民の生活に関わる事柄と所有物に関する統制する力を誰が持つかという問題を巡って、世襲首長議会とインディアン事情局との間に衝突が起きていた時である。白人の政治的およびイデオロギー的侵入に対して、世襲首長であるロングハウス首長たちは、先住民の女性たちが土地の所有者であり、土地に由来する一切の物の継承者であるという伝統的見解を弁護したのである。ホティノンショーニの社会的結合力が保たれていたのは、女性の系統を通じてであり、それは、先住民女性の「インディアン」としての地位は、例えば、白人男性との結婚で剥奪されるという見解とは、真っ向から対立する見方である。さらに、ギブソンの神話では、女家長の儀礼的責務と大地への責任が明白に語られているということの事実を見逃すべきではない。

　以上のように考えると、ギブソンが語った神話では、儀礼的実践の重要性と意義に強調が置かれているということが明らかである。ロングハウス宗教の祭司であり、神話の語り手という立場から、ギブソンはロングハウスの人々にとって、つまり、神話的には「オンゲ・ホンウェ（真実の人間）」にとって、儀礼生活が他の社会生活に対して卓越性を持っているということ、そして、他の社会的組織はこの儀礼生活を可能にする必要要件であるということを神話的に説明していると考えることが出来る。というのも、先住民の社会構造の役割と機能についての彼の神話による説明によれば、一切の社会的に存在する組織は、デハエーンヒヤワコーンが人間に最

初に与えた儀礼を確実に執行するために存在しているのである。ギブソンが儀礼的実践に強調を置いていることは、彼自身がホティノンショーニの儀礼生活に深く関与していたことを思い返すならば、容易に理解されることである。

　ギブソンの儀礼生活ににについてはあまりよく知られていないが、1883年にホラティオ・ヘイルが観察した哀悼儀礼の記述から知ることが出来る。ヘイルは、ギブソンがこの儀礼に参加しているとは予想していなかったようである。しばらく、ヘイルの記述を引用することにしよう。

　　「我らの首長たちが、彼らに哀悼を示す招き人を歓迎するのが役目であった。私が驚いたことに、この役目を果たすように任じられたのは私の盲目の友人である、若いジョン・ギブソン（カニヤダリヨ）であった。彼は素晴らしい音楽的な声の持ち主で、記憶力も良く、彼がそこにいると人々を気持ちよくするような人物である。彼が視力を失ったということのため、人々は同情の気持ちを持ち、この役目に打ってつけの人物である。彼が真っすぐな姿勢で顔は地面に向け、高く震える声で、歓迎の歌を歌っている間、友人の1人が彼の腕を引いて導き、世話人たちと招き人たちとの間を行ったり来たりして、歩き続ける。彼が歌う言葉は『儀礼の書』に見られる言葉そのままである。」[53]

ヘイルは続いて、ギブソンの記憶力について語っている。

　　「歌詞の間には長い区切りがある。その間は『ハイ・ハイ』というイロクォイの歌には不可欠の長い節が歌われる。これを例外と呼んだとしても、この首長の素晴らしい記憶力は、伝統的な言葉を全く正確に発し、昔の首長の名前の長い一覧を正しい順序で述べることが出来る。そこには、彼の記憶を手助けするようなものは何もないのにもかかわらず。こうして、私は、以前には理解していなかったこと、『儀礼の書』のこの部分は語られるのではなく、歌われるということを初めて学んだ。それゆえ、その本の残りの部分は、『連合の諸法』を含んで

いるが、同様であると思われるのである。」[54]
ヘイルはまた、ギブソンの歌声の質についての言及をしている。

> 「カーテンの後ろの隅からは、今度は哀悼の歌がとてもまろやかに歌われてくる。盲目のカニヤダリヨの音楽的な声が合唱を先導している。それが終わった時、彼は別の首長に引かれて前に進み、広間の中を行ったり来たりした。その間、彼は高く澄み切った声で、彼らの祖先たちへの願いを歌い、『家を強くするために』これらの祖先が作った古来からの法を歌った。」[55]

> 「古くからの規則では、哀悼の儀礼で慰められた国々は、適切な返答と感謝の意を表することが求められている。再び、哀悼の歌が始められた。今度は東の隅から。スカナワティ首長が高く澄んだ声で合唱を先導した。合唱の中に、盲目のカニヤダリヨの甘い音楽的な音色と彼の父アトタルホ（タドダホのこと－筆者註）の低く低音の声が聞こえた。20人からなる力強い男性たちの声は力強いハーモニーを形成した。森の中を駆け抜ける風のうねりのように高くなったり低くなったりしながら。このように歌われると、『賛歌』は大変興奮させるものとなる。この時、私は、なぜ、この歌が『鼓舞させるもの（Stirrer）』、『呼び起こすもの（Rouser）』と呼ばれているのか分かった。」[56]

これがギブソンの儀礼の実践の例である。

ギブソンの儀礼との関係でもう1つ考慮しておく点は、預言者ハンサム・レイク（Handsome Lake）との関係である。ハンサム・レイクは1812年に死んだセネカの預言者である[57]。ギブソンはハンサム・レイクの教えの語り手としてもよく知られていた[58]。ハンサム・レイクの教えは19世紀後半の6カ国保留地のロングハウス宗教にも影響を与えていたと思われる。このハンサム・レイクという名は、このセネカ預言者の首長の称号である。そして、重要なのはセネカ出身のギブソン自身の世襲首長の称号もハンサム・レイクなのである。自分自身がセネカ預言者の首長の称号を

継承しているという自己認識は、ギブソンが自分自身のホティノンショーニの伝統の中で果たす役割を考えた時に何かしらの影響を与えたであろうと考えることは不可能ではないであろう。

　ギブソンがハンサム・レイクの教えをどのように説いたかは知ることは出来ないが、ギブソンとハンサム・レイクの教えが強く結びついていたであろうことを示唆する史料がある。

　ハンサム・レイクの死後、彼の孫のジミー・ジョンソンが中心になって、その教えを伝承していた。彼が1848年に行ったハンサム・レイクの教えを語る集まりの時の様子が知られている。その時に6カ国保留地から訪れたオノンダガ祭司の言葉が記録されている。

　　「5人目の話し手は、カナダの6カ国保留地からのオノンダガであった。彼は次のように語った。『ロングハウスの友人と仲間たちよ、水の向こう側に住んでいる私の人々は、あなた方とともに議会の火の回りに集うことができたことを伝える。彼らは良い教えを得るためにやって来た。我々の宗教の儀礼は彼らが住んでいる所で継承されている。この大切な進展において、気持ちを新たにするためにやって来た。彼らはオダアクアデウ（「太陽の光が休息する所」）を彼らの説教者に任命した。前回の告白の集まりの時には、集会の前に57人の人が立ち上がり、罪を告白し、悔い改めた。私の人々の言葉はこのワンパムの中にとどめられている。』」[59]

　このオノンダガ祭司についての言及は大変重要である。なぜならば、ギブソンは、そのロングハウスの神話や儀礼の多くをオノンダガ祭司から学んだからである。オノンダガの首長であり祭司である人物が、ジョン・A・ギブソンがロングハウスの伝統、宗教、儀礼を知ることにとても熱心であったので、ギブソンに教えるようになった、とヒィウィットは報告している[60]。ギブソンに神話等を教えたオノンダガ首長と上記のオノンダガとが同一人物であるとはどこでも述べられていないが、同じロングハウス

に属していたということは重要であり、この点にも注意を払っておく必要がある。

　ギブソンが語っている神話の内容とハンサム・レイクの預言者運動の関係については、推測の域を出ないが、ハンサム・レイクが出現したということと彼の教えは、先住民（オンゲ・ホンウェ）がショングワヤディサイ（創造神）の道から外れる時、必ずションヤワディサイの使者が人々を訪れ、改めて正しい道について教えるという宗教的視点を再確認させたと思われる。ここはハンサム・レイクの預言者運動を詳細に検討する場ではないが、ロングハウス宗教の祭司であるジョン・A・ギブソンの視点からするならば、ハンサム・レイクの「ガイウィオ（良き言葉）」の知らせは、ロングハウス宗教に伝承される神話と伝承の型に属していると考えられる。つまり、ロングハウスの宗教的世界ではションワヤディサイが使わした3人の使者、「偉大な心を持つ人」、デカナウィダー、ハンサム・レイクはそれぞれ、先住民社会が危機に陥った時、その既存の構造を修正し維持しつつ、先住民社会を再構築、再組織化したのである。そして、重要な点は、このような宗教的枠組みは『伝統的歴史』には完全に欠けているということである。

　このようなロングハウス宗教の祭司としての背景を考慮すると、ギブソンの神話は世襲首長であり、かつ祭司が語った神話として理解する必要がある、ということが言える。しかし、同時に、世襲首長議会の権威と権力が危機にさらされている時に、外部の白人社会に向けて語った神話で、なぜ、儀礼行為の卓越性を強調したのかについて考察を深めなくてはならない。そして、その神話の中で儀礼行為の卓越性を前面に押し出すことによって、彼の仲間である世襲首長たち（特にロングハウス首長たち）の政治的利益や関心事との関連で、一体、何を達成しようとしたのかを考察する必要がある。

第6章

デハエーンヒヤワコーンの権威と権力の神話による主張

　さて、今までの議論から、神話を語ることによって、先住民だけが先住民自身と彼ら自身の所有物を統制する排他的権利を持つ、という世襲首長議会の主張を擁護することに、ギブソンが深く関与していたことが分かった。しかも、このような視点に立てば、ロングハウス宗教にのみ立脚する自治制度は、キリスト教首長が世襲首長議会に多くいたことを考え合わせれば、もはや不可能であることは、ギブソンや他のロングハウス首長たちは知っていた訳であるが、にもかかわらず、ギブソンは宗教的基盤に立脚した神権政治を推し進めようとしていたのではと考えることも可能である。そして、もし、そうであるならば、ロングハウス宗教の祭司として、ギブソンはロングハウス宗教の宗教的権威と権力の場を説明し、また、そうすることによって、世襲首長議会内でのロングハウス首長の重要性を高めようと試みていたと考えることも可能である。先住民の伝統主義者が、ある出来事やある物事を説明したり、その意味を解釈したりする時に、神話や伝承を用いることは通常のことであったし、また、現在もそうである。

　ギブソンが語った神話の歴史的文脈を考察し、その象徴的意義を指摘してきたので、次は、その神話の内容を考察し、その意義を解釈しなくてはならない。より詳しく言うならば、ギブソンが語った神話を、社会的・歴史的行為者が意識的に、ある意図を持って編集し、構築した言説として解釈する必要がある。今までの議論の基本的な視点は、特別に文字という形式で記録された神話は、特殊な歴史的状況に生き、しかも、文化的に利用

できる過去からの伝統という資質を利用することが出来た、先住民の社会的行為者と、彼が語る神話の記録者であり編集者としての民族学者との共同作品であるということである。しかし、このような視点から神話の内容を解釈すると言っても、神話を語ることは単に歴史的出来事に過ぎないと主張しているのではない。第4章では、ギブソンを伝統の継承者として考察し、第3章では、その伝統の、歴史を越える意味と価値の可能性を否定はしなかった。というのも、神話を語る語り手は自身と聞き手の置かれた状況を省みるとしても、語られる神話が持つ力は、物語そのものが持つと考えられている歴史を越える性質に由来するからである。

　本研究の主要な目的の一つは、ギブソンの神話を歴史という文脈に位置づけ、語り手の役割を語られた神話に位置づけることにあるので、神話そのものの歴史的意義を解釈するとともに、それが持つより広い象徴的および文化的意味を解釈する必要がある。そのために、ギブソンや他の先住民によって語られた他の神話や伝承も参照することにする。以下の議論では、ギブソンの神話の中で用いられている様々な象徴は、文化的に価値あり意味あるものとしてホティノンショーニーの人々の間で認められていた、と考えて、議論を展開する。さらに、ギブソンが念頭に置いていた聴衆は白人である政府の役人であったから、それぞれの象徴を意識的に詳しく説明しようという努力もあったことと思われる。ギブソンの神話に関しては、このような視点から、その歴史的意義とその象徴的意味を解釈しようという試みは、今までなされていない。

　以下の2章で行うギブソンが語った神話の内容の考察は、本書の前半で明らかにした歴史との関連で、その内容を理解しようとして行った解釈の試みである。ギブソンが神話を語った歴史は本書において初めて明らかにされたのであり、この歴史との関連でギブソンの神話の内容を解釈しようとする試みも筆者の前にはなされなかった。それゆえ、以下の2章で展開されるオノンダガ神話の内容の解釈は、筆者独自の視点からなされるものであり、他の研究者の視点に依拠して行われるものではない。

第1に、カメロンの通信記録が明らかにした先住民と白人との衝突の主要な問題点が木材であったので、ギブソンが語った神話の内容を考察するにあたって、まず木の象徴を取り上げることにする。そうすることによって、権威と権力が、神話におけるこの象徴と、如何に関わっているかが明らかになるであろう。第2に、天上界の権威と権力が地上世界に如何に伝達されたかを解釈するために、神話的存在者の系譜を考察し、特に双子の間の闘争と競争に注意を払うことにする。そうすることによって、デハエーンヒヤワコーンが、彼の双子の弟と祖母に対する戦いを通じて、天上界の権威と権力の正当な継承者であると証明したことを明らかにする。第3に、神話の中で語られている人類創造神話の持つ歴史的および政治的と考えられ得る意義を解釈する。また、ギブソンはその神話の中で、儀礼を執り行うことが出来るようにと、氏族と半族が如何に創造されたかを語っているので、行為者としての人間の宗教的意義を、つまり、儀礼行為の持つ社会的および政治的行為者が持つ宗教的意義を理解する必要があることを指摘する。第4に、人類創造神話が開示している神話論的な人間の存在論的構造について考察を加えることにする。

第1節　木と鹿の角の象徴

　ジョンソン家では、父と息子が木材を使う権利は誰にあるかという問題でこじれていた。これは法的問題として世襲首長議会とインディアン事情局との対立を呼び起こしたが、また、それは先住民と白人のそれぞれの経済的関心が問題を起こしていることが明らかになった。今までの議論で、ジョンソン家の問題の背景にあると考えられる先住民独自の所有物の考え方があることが分かった。土地は6カ国保留地が所有しているが、土地の上に建てられた私的な建造物は、その土地の一時的な領有権を示していた。しかし、その土地の法的な所有者が、議会にその土地の権利放棄を申請す

れば、その土地は一つの家族から別の家族に移譲することが可能であった。ギブソン自身、土地の法的な所有権は6カ国に属すが、「私的な」土地は移譲可能であることを認めていたようである[1]。木材はこの移譲可能な所有物の一部であったが、ジョンソン家の争いは、最終的に6カ国の土地は誰に所属しているのかという問題であった。しかし、既に見たように、誰が所有者であるかという問題に関しては、世襲首長議会とインディアン事情局とでは全く異なる解釈をしていた。

　まず初めに、木材の使用に関してインディアン事情局が法的に介入しようとしたことについて、なぜ、世襲首長議会はそれ程脅威を感じていたのであろうか、ということを考えてみよう。なぜ、世襲首長議会にとって、木材の所有に関する決定権を維持することがそれ程重要であったのであろうか。これらの疑問点を考えるために、経済的側面から始めてみよう。6カ国保留地における男性の仕事と所有権に関する見解の変化について、簡単に、その歴史を振り返ってみることにする。

　19世紀半ばにホティノンショーニの伝統的な経済行為の形態が崩れる前には、男性と女性の間には、労働と所有に関して明確な区分がつけられていた。この点については研究者の間で意見の相違はない[2]。男たちは村の外で森や野で狩猟や魚取りに従事していたが、女たちは畑で農作業に従事していた。女性の親族のために森を切り開き、畑を開墾するのは、しかし、男性の仕事であった。農作業には女性が従事していたので、そのような土地や農作業の道具はすべて女性に属していた。男性の所有物の範囲は極めて限定されていた。また、蓄積された富の配分に関して、スタイテスは次のように説明している。

　　「最も重要なことは、イロクォイ女性が、たとえ男性が手に入れたものでも、すべての食べ物を配分し、分配する権利を維持していたということである。この点は、部族にとって主要な富とは蓄積された食べ物であったので、とても重要である。部族の経済的組織を統制する

ことにより、イロクォイの女家長は議会の会合、戦争、宗教的儀式の開催、家族の日々の食事のために食べ物を用意したり、控えたりすることができた。」[3]

　このような事態であったので、開墾されていない森は男性の所有物の領域であり、そこでは男性は経済的な自由と行動の自由を示していたのである。
　このような労働と所有の伝統的な性的な区分は、しかしながら、歴史の過程の中で崩れてしまっていた。6カ国保留地に限って言えば、ジョセフ・ブラントの指導に従い、男性たちはヨーロッパ型の農作業の仕方を受け入れており、しかも、狩猟地は減少していた。従って、男性たちは、伝統的な農作業の道具を用いる女性的な方法を単に男性の方法として受け入れるのではなく、それらよりも経済的にも象徴的にも優位である動物と鍬などのヨーロッパ的農具を用いた農作業を受け入れたのである。狩猟を諦め、農作業を受け入れたということは、男性が女性の領域に従属したということを意味していたが、しかしながら、ジェンダー化された新しいヨーロッパ型のシステムを導入することによって、農作業は男の領域となったのである。こうして、19世紀の終わりには、農業は6カ国保留地の男性にとっては伝統的な経済活動と見なされるまでになっていたのである。
　おそらく、このような事態になっても、先住民の男たちは、伝統的には農作業は女性の領域であり、森が男性の場であるということを覚えていたであろう。このような歴史的状況では、伝統的な男性であったギブソンにとっては、森はまだ極めて男性の領域として訴えるものがあったのかも知れない。もし、そうであるならば、記憶と男性の経済活動の現状の分裂は、世襲首長たちにとって、異なるイデオロギー的価値を生み出すことになった。その結果、「伝統主義者に誤った道を押しつける」という緊張は、ジョンソン家の争いに介入しようと試みるインディアン事情局に対して怒りを引き起こすことになったのかも知れない。
　同時に、より重要な点として、世襲首長にとって木は政治的象徴として

重要な役割を果たしていた。まず、伝承の上では、ホティノンショーニニが戦争を放棄した時、彼らは木をひっくり返し、木が生えていた穴の下に武器を投げ捨てたのである。そして、彼らは木の象徴のもとで自分たちを統一したのである。この木の枝は四方に広がり、その庇護のもとに来る者を保護し、「白い根」は連合の部外者を内部者にするように四方へと広がっている。世襲首長議会の中の1人の首長は「松の木の首長」と呼ばれている。この人物は首長の称号を手にする世襲の位置にはないが、自らの業績や武勇で首長へと推挙された人物である。また、第2章でロングハウス宗教で役割を果たす人物を説明した時に、世話人と呼ばれる人物と世襲首長との関係が示されていた。そこで、世襲首長の助手であるために推挙される世話人について、次のように説明されていた。首長が任命される時、象徴的に「木」を「覆う」と呼ばれる従者に囲まれる。首長は木であり、従者は幹を囲む小さな枝である、と。

　以上のように、ある意味では、首長は木なのである。この点に関して、フェントンは次のように書いている。

　　「木は引き起こされ、死によって根こそぎにされるとともに、その場に新しい木が再び植えられる首長の象徴でもある。」[4]

それゆえ、木は象徴的に先住民社会に、特に世襲首長に特別な意義を持っていたのである。

　ところで、木は政治的な意味を持つものであるが、何よりもロングハウス宗教の世界では霊的な力の一つの現れであった。ジェイムズ・W・ヘリック（James W. Herrick）が述べているように、樹木は霊的に力強い植物が育つ森の中に現れている、それ自体が霊的な力の一つである[5]。感謝の祈りの言葉でも木には感謝の祈りが捧げられるのである。本書の関心からは、木の宗教的意味を検討することが重要である。

　木の宗教的意義を検討する前に、イロクォイの言葉で木を表す語がどの

ような言語学的な意義を持っているかを見てみる。イロクォイ語の言語学者であるハンニ・ウッドベリーによれば、いくつかのイロクォイ語の名詞は常に位置を示す動詞に組み入れられなくてはならない[6]。このような名詞には、大きく動かすことの出来ないもの、動かすことの出来ない自然の特徴、何かしらの自然現象が含まれる。これらの動かすことの出来ない自然のものは、その形態と根が付いている付き方によって取り込む動詞を選択する。水平性に広く広がっている長くて動かすことの出来ないものは -ye- という動詞を採る。大地に根を差し、上空に向かっているものは -or- か -et- という動詞を採る。木はイロクォイ語で kæ·hé·taʔ であり、その語の形態から大地に根を張り、上方に向かって立っているものの形態を示している。それゆえ、この木という語はそれ自身で、既に、垂直性や上方性を示している。

　ロングハウスの木の象徴を研究したアーサー・C・パーカーは、天上界の木と地上界の木の両方を取り上げた。彼は世界生成神話とホティノンションーニの起源伝承のいくつかの版を参照して考察を加えた。天上界に関する神話では、天上界の木はあらゆる種類の果実を実らせ、あらゆる種類の花を咲かせる「光の木」でもある。

　この光の木の形態は、衣服に付けられる飾りに、しばしば使用される。パーカーは次のように書いている。

「イロクォイの装飾芸術のいくつかの例を検討してみると、あるパターンが繰り返し用いられているのにすぐに気づく。それは2本の水平線の上に垂直に伸びた、直線の上に付いている半円のデザインで、それはその頂点で、分かれたたんぽぽの茎の先のように外側に分かれて向かっている。」[7]

パーカーがここで描いているデザインは天上界の木の象徴的表現である。2本の水平線は宇宙の2つの層、つまり、天上界とその下の地上界をそれぞ

れ表している。この2重階層の神話論的宇宙の中で宇宙樹は垂直の直線で表されている。

地上界の木は、その「枝は天を突き刺し、その根は地下世界の水にまで達している」と描かれている[8]。この象徴的表現は、国々の間の法と平和の象徴としてデカナウィダーが植えた木の政治的象徴を理解する上でも重要である。それは、宇宙の2つの層を結びつけている。ロングハウスの宇宙生成神話は、大地は神話的亀の甲羅の上に置かれていると描くのであるから、大地の上に生える木は亀の甲羅の上に根づいていると描かれることもある。

パーカーによれば、亀と木の間の結びつきは、仮面を付けた踊り手たちの治癒結社である「顔の結社（Face Society あるいは False Face Society）」の伝承にも見られる。すべての仮面の主である「偉大な顔」は、世界中を守っている目に見えない巨人であると言われる。「偉大な顔」は、その亀の甲羅で出来たガラガラを世界樹に擦り、その力を得、「顔の結社」の人間が被る目に見える仮面である顔すべてに移す。そして、「顔の結社」の構成員はそれぞれのガラガラを松の木の幹に擦りつけ、「大地の力と天上の力の両方を身に帯びると信じている」[9]。

「顔の結社」については第1章で少し説明しておいた。繰り返しになるが、ここでも少し説明しておくことにしよう。特に、「顔の結社」の起源伝承を簡単に見ておこう。この結社の起源は、既に第4章で述べたように、ギブソンのオノンダガ神話にはもともと含まれていなかったが、後にヒィウィットによって挿入されて、神話で語られている。

デハエーンヒヤワコーンが地上を歩き回っていると、ハドゥイ（Hadu'i'）という名のある男に出会った。この男は西の方角からやって来て、自分が地上の世界を創造したとデハエーンヒヤワコーンに告げた。デハエーンヒヤワコーンは自分が地上世界を創造したのだと言い返した。ハドゥイは亀の甲羅で作ったガラガラを手にしていて、それで音を出した。デハエーンヒヤワコーンは、彼に、どちらが本当の創造神であるかを競う

ために、近くの山を動かせるかどうかで、力を試そうと言った。山に動くように命令し、それが動くのを待つ間、2人は息を止めて待つことにした。初めにハドゥイが山を動かそうとするが、失敗する。そして、次にデハエーンヒヤワコーンの番になる。すると、ハドゥイは背後に何かがあるのを感じたので、彼は急いで振り返ってみると、そこにはデハエーンヒヤワコーンが動かした山があった。ハドゥイは、慌てて顔を動かしたので、山の端に顔をぶつけてしまい、その拍子にこの男の鼻と口は曲がってしまった。ハドゥイはデハエーンヒヤワコーンが創造神であることを認め、地上にいることを許してくれるならば、病気になった人間を助けると述べた。彼はデハエーンヒヤワコーンに自分の顔の形を真似た仮面を人間が作るようにと言う。こうして、彼は地上にいることを許されるのである[10]。

　神話的存在者である「顔」は地上世界の端に住んでいる。「顔」の仮面を被った踊り手たちは、この神話的な実在である「顔」を模倣したものであり、実際の力は地上世界の端にいる「顔」に由来する。「顔」は人間によって祖父と呼びかけられ、「顔」は人間を孫と呼びかける。「顔の結社」の成員になるのは、「顔の結社」によって病気を癒された人や夢で「顔」を見て、「顔の結社」に儀礼を行ってもらった人などである。

　この「顔の結社」の儀礼は、主に3種類ある。春と秋に各家庭を訪れて病気などを追い払う儀礼、病気になった人を治癒する儀礼、真冬の儀礼の際に行われる「顔の結社」の儀礼である。ここでは最初の2つについてだけ述べておこう。

　春と秋に、「顔の結社」成員は各家庭を訪れ、煙草を求め、家を浄める。「顔」の仮面を付けた踊り手がやって来る前に、トウモロコシの皮（Corn Husk）で作った仮面を被った人が各家庭を先に回り、「顔」の仮面がやって来るのを伝える。踊り手たちは、手にしたガラガラと松の枝で家の中のすべてのものを擦り、病気を追い出す。フェントンによれば、ホティノンションーニでは病気は空気によって引き起こされると考えられている。また、空気は強い風を引き起こし被害を起こす[11]。　そのため、「顔の結社」の

仮面を被っていない成員は風を鎮める歌を歌う。

　2つ目は、「顔の結社」の成員だけの儀礼である。この儀礼に参加するのは「顔の結社」に病気を治してもらった人や夢で「顔の結社」の仮面を見た人である。病気になった人が、病気を治すためには、「顔の結社」に治療儀礼をして貰うようにと、言われると、「顔の結社」に治療儀礼を行うように依頼する。「顔」の仮面を被った踊り手たちは、病人の家を訪れ、ガラガラで音を出しながら踊り、ストーブに溜まった灰を手で掴んで病人の頭や具合の悪い部位に擦りつける。あるいは、「顔」の仮面を被った踊り手は真っ赤に燃える炭を手に掴んで、その力を示す。

　「顔の結社」の歴史的側面については相反する2つの評価がある。1つは「顔の結社」に見られる継続性を強調する評価である。もう1つは顔の仮面の宗教的意義が変化しているという歴史的変遷の側面である。ハロルド・ブラウ（Harold Blau）はオノンダガの「顔の結社」を研究し、ホティノンションーニのこの伝統の強い継続性を指摘している[12]。これに対して、ウィリアム・C・スチュアーテヴァント（William C. Sturtvent）は、キリスト教の「一神教」的見方がホティノンションーニに影響を与え、その結果、「超自然的存在者や一般的な超自然的力の容器あるいは現れというよりも、仮面そのものに内在する力、それ自身の力を強調する傾向が強くなった」と論じている[13]。つまり、仮面の形式や儀礼の形態は継続しているけれども、そこに見られる宗教的価値評価は変遷しているという立場である。

　さて、話を元に戻そう。木の象徴的意義を考える上で、ロングハウス神話に見られる木の水平性と垂直性の象徴もまた重要である。というのも、既に見たように、木という言葉には垂直の物体という意義が込められているからである。木の垂直性の象徴はギブソンが語った神話でも重要な意義を与えられている。この点を考察してみよう。

　まず、木の垂直的象徴との関連で、ギブソンの神話をもう一度見てみることにする。

ギブソンが語った神話は大きく分けて3部分からなる。最初の部分は天上界の出来事とアウェンハーイという名の天上界の女性が落ちる話である。第2部は、善なる兄弟と呼ばれるデハエーンヒヤワコーンと悪しき兄弟あるいは反対の兄弟と呼ばれるオハーアとの間の対立に関する部分である。第3部は儀礼と氏族の起源に関する部分である。垂直性と水平性の象徴が最も明確に現れてくるのは第1部においてである。第1部を簡潔に要約してみよう。

　天上界の神話の主要な登場人物は以下の通りである。アウェンハーイ（「成熟した花」）、彼女の兄であるデハドンフェーンデジイェーンドンス（「彼は大地を揺らす」）、彼らの名前が挙げられていない母、早く死んでしまい、松の木の上に置かれ、そこからアウェンハーイにいろいろな指示を与える彼らの父、天上界の首長ホダヘ（「立っている木を持つ者」この木は「歯」とも呼ばれている）、姿を人間の形に変えることが出来る様々な動物の存在者、そして、炎の龍である。

　神話は天上界の、母と父、そして、彼らの息子と娘からなる天上界の家族について語り始める。2人の子供の父親は彼らが良い心を持つようにと、子供の間家の中に隠しておく決心をする。しかしながら、間もなく彼は死んでしまい、彼の身体は高い松の木の上に運ばれ、そこに横たわらせられる[14]。しばらくして、天上界の首長の使者が彼らの家を訪れ、首長のホダヘが宴を開いており、彼の病気の原因を当てようとする者は誰でも招待されると伝える。

　しばらくして、父は彼の若い娘にホダヘを訪れ、結婚するようにと命じる[15]。彼女はホダヘを訪れる。彼は彼女の名前がアウェンハーイであることを知り、自分が宴を催していた理由は、自分の家の脇に立っている光の木の枯れかけている花を蘇らせ、回復させることにあることを明らかにする。ホダヘのもとにとどまるために、アウェンハーイはいくつかの試練を成功裏に経る。ある日、ホダヘは自分の妻アウェンハーイが、自分たちは性的関係を持っていないにもかかわらず妊娠していることに気づく。ホダ

へは病気になり、天上界の神話的存在者や動物存在者に自分が見た夢の夢解きをするようにと依頼する。ほとんどすべての者が夢解きに失敗してから、炎の龍がホダへに、「歯」と呼ばれる木を根元からひっくり返すようにと言う。ホダへが炎の龍の言葉を聞いた時、彼の病気は治った。彼はアウェンハーイを木の脇に連れていき、動物存在者たちに木を根から引き抜くようにと命じた。木が根本から引き抜かれると、天上界の下の空間へと通じる穴が開いた。ホダへはアウェンハーイに穴の縁に座り、下を覗くようにと言った。アウェンハーイが穴の縁に座った時、彼は天上界の世界の下の暗闇の世界へと彼女を突き落とした。

　アウェンハーイがホダへを訪れ、結婚した主要な理由は天上界の木の花を再生することにあった。つまり、天上界の光を回復することにあった。この物語に見られる空間のオリエンテーションに関しては、次のことが言える。アウェンハーイの動きは、天上界の一つの場所から別の場所への水平方向の移動であり、アウェンハーイの父とホダへの両方は天上界における固定化された垂直方向の木を持っていた。ホダへは天上界の首長と呼ばれていることから、彼が天上界の権威と権力を保持していたと言うことが出来る。彼の天上界の首長としての地位は、彼が保持している「光の木」によって示されている。

　木が根本から引き抜かれた後に出来た穴からアウェンハーイが落ちた後で、炎の龍がやって来て、彼女の身体を支えながら下に落ちていった。炎の龍は彼女に乾いたトウモロコシと乾いた肉を与え、途中まで彼女に付き添って行った。それから、天上界から下の世界にやって来て水の上に漂っていた水鳥や動物存在者たちが彼女が落ちて来るのに気づき、飛び上がって、彼女の身体を支えた。彼らは彼女が降りるのを助けた。彼女が降り立つ場所を見つけるために、何羽かの水鳥たちが水の中に潜り、土を持ってこようとした。何羽かの水鳥たちが試みたが失敗して、死んで浮かんできた。ビーバーが死んで浮かんできた時、他の動物存在者たちは彼の手と口に土がいっぱい詰まっているのに気づいた。亀が甲羅にその土を背負うと

進み出た。水の底から運ばれてきた土が亀の甲羅に置かれるや否や、土は大きくなり、水の上に広がり、大地となった。

　ギブソンが語ったこの神話では、垂直と水平の要素が宇宙の構造を記述する際に明らかに強調されている。宇宙の2重の水平構造に与えられている意味も同時に考察することができる。アウェンハーイが天上界から落ちる前に既に、天上界と天上界の下の世界の宇宙に2層が存在していた。それらは所与の動くことのない層である。ここで興味深いのは、光の木の花が枯れかけていた時、女性であるアウェンハーイの水平方向の運動が、花を回復するために必要とされていたのである。男性のホダへは垂直方向の光の木を保持していたが、問題を解決する方法を知らなかったのである。アウェンハーイの身体の水平方向の運動が、垂直方向の光の木の花を再生するのに必要であったのである。

　この宇宙の2層構造において、垂直方向の運動は天上界からのアウェンハーイの落下においても表されている。垂直方向という点では、天上界の木の垂直方向と同じであるが、それが動かず固定されているのに対して、アウェンハーイの落下は動きを示し、2つの世界の間を移動するのである。アウェンハーイの落下の垂直的運動が地上世界を生成する契機となる。アウェンハーイが天上界から落ちてくると、それに対応して水の上に浮かんでいた神話的鳥たちが上昇し、彼女を支え、次に、水の下へ潜って土を取ってこようとした。ここでも重要な垂直方向の運動が見られる。そうして、水の底から垂直方向に運ばれてきた土は、亀の甲羅の上に置かれ、おそらく水平方向へと拡大したのである。

　以上が神話の最初の部分の要約であるが、最後の大地が地上に拡大したという点に関して一言付け加えておこう。ギブソンの神話には亀の甲羅の上に根をはやしている世界樹という象徴は現れてこない。しかし、亀の甲羅の上に根をはやす世界樹という象徴は、ホティノンションーニの伝承にはよく見られる象徴である。

　また、アウェンハーイの落下の原因についても少し述べておこう。明ら

かなように、アウェンハーイが落下したのは、直接的にはホダへの嫉妬のためである。彼はアウェンハーイが妊娠したことを知り、夢を見る。ギブソンが語った神話では、アウェンハーイを誘惑しようとする者としては狐、狼、熊が現れてくるが、しかし、彼らは成功していない。他の人物が語った神話ではオーロラや炎の龍がアウェンハーイを誘惑する者として描かれている。ギブソンの神話では、炎の龍は直接アウェンハーイを誘惑していないが、ホダへの夢を解き、アウェンハーイを根こそぎにした木の穴の下に落とすようにと示唆するのは炎の龍であり、彼女に乾いたトウモロコシと肉を与えるのも炎の龍である。このように考えると、直接的には述べられていないが、ギブソンの神話で炎の龍がアウェンハーイを誘惑したと、暗黙のうちに示唆されていると考えることも出来るであろう[16]。この点については後ほど再び取り上げることにする。

アウェンハーイが天上界から落ちる前の2つの宇宙の領域の間にある相違は、天上界には神話的存在者や動物存在者がいるが、天上界の下の世界、それを世界と呼んでも良いか問題であるが、そこには原初の水だけがあり、その水の底には隠された土があるという点である。この相違は天上界の存在形態と地上世界の生成と創造に関する先住民自身の理解とも関連してくる。天上界は恒久的に存在するが、天上界の下の世界は、水と大地（土）の上に創造され、変容されなくてはならない。

この2つの世界の間の相違を考察するために、ここで天上界そのものの特質と意義について注目してみよう。ここでは、ギブソンがヒィウィットに1899年の冬に語った「その身体が2つに分裂した者（**De'hodyā'tkāˉewēⁿ**、デホディヤトカーエウェン）」という神話を参照することにする[17]。

この伝承は、天上界に旅をし、そこに「しばらくの間」滞在し、そして、人間の村に再び戻ってきた4人の男の話である。天上界へ向かう旅の途上で、彼らは地上世界の端に辿り着いた。そこには上下運動をし続けている空の壁があり、その危険を通り越していかなくてはならなかった。彼らのうち4人は、上下運動をする空の壁を上手に避けて、地上界の端から天上

界へと入ることが出来たが、5人目の男は失敗してしまった。彼がまさに跳ぼうとした時、

> 「彼はそれ（空）を通り抜けることが出来ず、それ（空）が落ちてきてしまった。そして、それ（空）が消えた時、そこには男が死んでいた。」[18]

男は降りてきた空に潰されてしまったのである。この話が示しているのは、空とは空虚な中身のない空間ではなく、物質的に充満している空間であるということである。

　天上界の象徴的性質を示している別の話を参照してみよう。地上界から訪れた男たちは天上界にある家の中に人間（オンゲェ ongwe）がいるのに気づいた。彼が頭を一方に向けると冷たい風が吹き、また、別の方向に向けると暖かい風が吹いた。彼にはいくつかの名前が与えられている。1つ目の名前は「トハエンヒアワギ（T'hae^{n}hiawa''gi'）」であり、その意味はデハエーンヒヤワコーンと同じである。2つ目の名前は「デホディヤトガエウェ（De'hodyā't'gā'ewē$^{n\epsilon}$）」で、その意味は「彼の身体は分裂している」である。この名前と彼の暖かい風と冷たい風を吹くという特徴から、地上世界ではデハエーンヒヤワコーンとオハーアがそれぞれ表していた2つの特質が、1人の神話的存在者に融合されているということが出来る。3番目の名前は「オウィソンヂョン（Owi'soñ'dyoñ'）」で「雹が降る」である。この名前は、この神話的存在者が持つ別の力を示している。

　天上界の特質として考えられるもう一つの性質は、天上界の光の木の名前の「歯」が示している。今日では、先住民の人々自身、なぜ、天上界の木が「歯」と呼ばれているかは知らない[19]。しかし、「歯」の恒常性を鑑みて、レイモンド・D・フォゲルソンは、この木は不死を含意する常緑樹を意味しているのかも知れないと述べた[20]。「歯」が持つもう一つの性質は、その堅さである。ギブソンが語った伝承には、天上界と堅さ、あるいは耐

久性との結びつきを示す別の話が含まれている。天上界では、ある老女が人間の髪の毛から自分のためにケープを編んでいた。彼女は地上界から訪れてきている人間たちに、人間が死ぬと、死んだ人の頭から髪の毛が抜けて彼女のもとへ直接飛んでくると説明した。

　歯と髪は共に頭の上か頭の中に位置する。身体上の位置に関するだけではなく、両者ともに人間の身体の部分の中で、腐敗に抵抗し、肉体が腐り溶けてしまってからも長い間存続する。両者ともに堅さや恒久性を象徴的に表していると考えられる。それゆえ、歯と髪が天上界に属する性質を持つと考えられているのでは、と思われる。

　天上界の木の地上界との関連で考えられる特質としてもう一点挙げられるのは、天上界の木がすべての実を実らせ、すべての花を咲かせるという、地上界の植物界の全体性を表している点である。この点はギブソンのオノンダガ神話で語られており、「その身体が2つに分裂した者」には出てこない。

　ところで、木の象徴に関して、パーカーは天上界の木の象徴と首長の「鹿の角」の象徴との結びつきについて論じている[21]。既に述べたように、イロクォイの衣装のデザインには、天上界の木の象徴として、次のような形象が見られる。

　　　「2本の水平線に伸びた直線の上に付いている半円のデザインで、それはその頂点で、分かれたたんぽぽの茎の先のように外側に分かれて向かっている。」[22]

この外側に向かって円を描くデザインは、フランク・G・スペック（Frank G. Speck）によれば、北東地域の先住民の間に円を描くデザインは共通に見られるが、外側に向かう円は極めてイロクォイ的なデザインである[23]。

　パーカーはこの同じ形が首長の「鹿の角」を象徴的に表す際にも用いられ

ていると付け加えている。哀悼儀礼において、慰めの言葉をかける首長は亡くなった首長の身体の上にワンパムの紐を鹿の角の形にして置く。紐は内側に向かって曲線を描き、その端はくっつき、円を形成している。慰めの言葉をかけ終わると、首長はワンパムの紐を亡くなった首長の身体から取り、それを首長の称号の継承者に手渡す。その時、ワンパムの紐をちょうど天上界の木のデザインのように外側に向ける。パーカーによれば、ここで用いられている象徴的表象はそれぞれ「死」と「生」を表している[24]。この象徴的形式は「鹿の角」と呼ばれ、ここでは木とは呼ばれていないが、両者の間にある類縁性は明白である。

さらに木と鹿の角の間の類縁性を明確に示す伝承がある。それはハリエット・M・コンバース（Harriet M. Converse）が語っている「高い松の木が話す（O-so-ah, The Tall Pine, Speaks）」という伝承である。

> 「松の霊は、かつて戦士たちを戦にいくたびか導いたが、遂に敵に捕まり、焼き殺された勇敢な戦争首長であった。イロクォイの世界では魂は再生する。この首長の解放された魂は、松の木の中に入った。そこで永遠にインディアンの人々を導く森の導きとなった。松の木のてっぺんの2つの枝は、実際、東と西を向いており、森で迷った人のコンパス代わりとなった。これらの枝は、首長の地位を示す印である『鹿の角（deer horns）』をも象徴している。」[25]

ギブソンが語った神話では、鹿の角は双子の間の争いで重要な役割を果たす。デハエーンヒヤワコーンがオハーアに何で彼は殺されるかと質問した時、オハーアは火打ち石と鹿の角であると答えている[26]。つまり、鹿の角は、デハエーンヒヤワコーンが彼の強敵である兄弟をうち破る潜在的な武器である。既に述べたように、鹿の角は火打ち石を削る道具でもある。ギブソンの神話では、デハエーンヒヤワコーンは鹿の角を武器としては用いずに、山を武器として用いるが、ウィリアム・M・ビーチャンプ

（William M. Beauchamp）が報告している神話ではデハエーンヒヤワコーンは鹿の角を武器として用いている。ここではデハエーンヒヤワコーンのことを「良い心（the good mind）」と、オハーアを「悪い心（the bad mind）」と呼んでいる。

「悪い心は自分の兄弟に挑戦し、勝利を得たものが宇宙を統制すべきだと述べた。そして、戦う日を設定した。良い心は挑戦を喜んで受けた。そして、自分の兄弟との一致点を見つけようとした。良い心は、旗で叩くことによって自分の命を絶つことが出来ると嘘をついた。そして、彼の兄弟に彼の死を導く道具は何であるか尋ねた。悪い心は鹿の角を使って、自分の身体を叩けば、自分は死ぬと言った。指定された日、戦いが始まった。それは2日間続いた。ひどいつむじ風で木や山を引き抜いた後で、最後に死の道具として言われた鹿の角を用いることによって、良い心は自分の兄弟を騙すことに成功した。良い心は悪い心を地面に叩き潰した。最後に悪い心が口にした言葉は、人間が死んだ後の魂に同様の力を持ち続けるであった。彼は永遠の定めに沈み、『悪しき霊（Evil Spirit）』となった。」[27]

このような象徴的関連として、天上界の木と地上界の首長の鹿の角との間には、さらなる結びつきが見られる。アウェンハーイは天上界で木を持つ男の娘であり、光の木を保持する天上界の首長の妻でもある。彼女は、双子の母親となる娘を天上界で身ごもり、地上界で生む。アウェンハーイが天上界から落ちることによって、天上界の2つの木と結びつきのあるアウェンハーイは、天上界の木が表している権威と権力を地上世界にもたらすことになる。それゆえ、アウェンハーイの孫である双子は、天上界の木の権威と力の継承者であると考えることが出来る。この双子が天上界の木のどちらの権威と権力を表しているか考えることは、ギブソンの神話の構造を考える上で興味深い問題であるが、ここではまだ回答することは出来ない。

天上界の木の象徴と地上界の世襲首長の権威と権力を象徴する鹿の角との間に、意味上の関連が認められていることが明らかになった。そして、ホティノンショーニの起源説話では、デカナウィダーは鹿の角を首長の権威と権力の象徴として選択しており、ギブソンが語った神話は世襲首長議会の社会的基盤である氏族の起源を語ることで終わっている。それゆえ次に、天上界の木と地上界の首長の鹿の角との間を結びつける象徴的関連である神話論的存在者の系譜について考察することにする。

第2節　神話的存在者の系譜学と双子の闘争

　天上界の権威と権力が如何にして地上の存在者に移譲されたかを考察するために、ギブソンが語った神話における神話的存在者の系譜学を取り上げることにする。この考察を通じて、デハエーンヒヤワコーンは天上界の木が表している権威と権力の地上における正当な継承者であることを、彼の兄弟に対する対決などを通じて証明している、という意味において、天上界の木は地上世界の権威と権力と、神話論的に結びついているということを示そうと思う。

　まず、改めて神話的人物の背景を詳しく見てみよう。アウェンハーイ（「成熟した花」）の父は木を保有しており、彼女はまた「立っている木を保持している者」という名前の天上界の首長ホダへの妻でもある。彼女が地上に落ちてから、双子の母親となる娘を生む。彼女は双子を生む時、オハーアが彼女の脇の下から生まれてきてしまったので、殺されてしまう。アウェンハーイには兄が天上界にいて、「大地を揺らす者」という名前であった。彼は、デハエーンヒヤワコーンが自分の死んだ母親を生き返らせ、月になるように命じた時、太陽となって、デハエーンヒヤワコーンを助けた。

　まず、この神話的人物には一連の二幅対の集まりがある。フェントンが指摘しているように、二幅対はイロクォイ世界には広く見られるテーマで

ある[28]。ギブソンが語った神話の初めから終わりまで、二幅対の集まりが繰り返し現れる。アウェンハーイと彼女の兄弟、彼らの母と父、アウェンハーイとホダヘ、アウェンハーイと彼女の娘、双子のデハエーンヒヤワコーンとオハーア、オハーアと彼の祖母のアウェンハーイ、デハエーンヒヤワコーンと彼の「父親」、月となった双子の母と太陽となったアウェンハーイの兄。この象徴的な二幅対は、神話の様々な逸話において、対称と対立を際立たせている。ここでは、天上界の権威と権力が如何にしてデハエーンヒヤワコーン継承されているかを、明らかにできるように考察を行ってみたい。まず、双子の出自の問題から始めてみよう。

双子が生まれた時、祖母であるアウェンハーイは彼らにどこから来たのかと尋ねた。デハエーンヒヤワコーンは答えた。

　　「私は、私たちがやって来た所を知っています。それは大地の向こう側の空からです。私はこのことを忘れないし、私がやって来た所の空をしっかり掴みます。」[29]

これに応えて、彼の祖母は彼に「空を両手で掴む者」という意味のデハエーンヒヤワコーンという名前を付けた。他方、オハーアは、自分がどこから来たか考えないし、大地を離れた時にどこに行くかも考えない、と答えた。彼は、この大地に辿り着いたことに満足しており、自分の父が与えてくれたものを信頼していると応えた。それゆえ、彼の祖母は彼に「火打ち石」という意味のオハーアという名前を付けた。

この話では、デハエーンヒヤワコーンは自分が天上界に起源を持つということを覚えているが、オハーアは自分が天上界に起源を持つということを思い出さない。系譜学的な継承の観点から言うならば、デハエーンヒヤワコーンは自分の祖母と母を通じての母系による継承を承認しており、そうすることによって天上界の権威と権力を受け取ることが可能となっている。このように、ギブソンはデハエーンヒヤワコーンの母系継承を通じて

の天上界の父系（アウェンハーイの父とホダヘ）の権威と権力の継承を認めているのである。

　他方、デハエーンヒヤワコーンの父との結びつきは、デハエーンヒヤワコーンが水の底の小屋に住む男から様々な助けを受けるという点で示されている。この水の底の人物が誰であるかは明らかではないが、彼はデハエーンヒヤワコーンに近い将来に何が起きるか、様々な出来事に如何に備えるかということを教える。この男性がデハエーンヒヤワコーンを助ける助け方は、アウェンハーイの死んだ父親が彼女を助ける仕方に非常に似ている。将来に起きる出来事を予め伝えることによって、彼は彼女にどうすべきかを教える。同じような関係がデハエーンヒヤワコーンと人間の間にも見られる。デハエーンヒヤワコーンは人間たちに儀礼を行うことを教え、近い将来に起きる出来事を伝える。このような保護する人物が、助けを必要とする者に助けを与えるという関係は、繰り返し現れてくる。そして、水の底にいる父親的な人物は、デハエーンヒヤワコーンの祖母やオハーアとの戦いに際して、助けるのである。デハエーンヒヤワコーンと彼の父的人物との関係ついて、もう少し詳しく考察を加えてみよう。

　アウェンハーイが天上界から落ちてきた時、彼女は炎の龍から乾燥したトウモロコシと肉を受け取る。双子が誕生した後で、アウェンハーイはオハーアの方を好み、彼にだけ弓と矢を与える。アウェンハーイはまた、オハーアとだけトウモロコシと肉を食べた。デハエーンヒヤワコーンは彼女に弓と矢をもらっていないと不平を言い、彼にも弓と矢を作るようにと頼む。アウェンハーイは初めは拒否していたが、2回目にデハエーンヒヤワコーンが頼んだ時弓と矢を作った。しかし、アウェンハーイはデハエーンヒヤワコーンとはトウモロコシと肉を分け合うことはしなかった。ある日、デハエーンヒヤワコーンは空を鳥が飛んでいるのを目にし、それを矢で射ようとしたが、失敗した。彼の矢は湖に落ちてしまう。彼は水の中に潜り、そこで家の中に座っている男に出会った。

　その男はデハエーンヒヤワコーンに、自分がデハエーンヒヤワコーンを

地上に送った者であると、自分が何者であるかを明らかにする。アウェンハーイがデハエーンヒヤワコーンと食べ物を分かち合わないのでかわいそうに思い、その男はトウモロコシを育てるようにと言い、トウモロコシの種を与えた。デハエーンヒヤワコーンは地上に戻り、植物を作り、そして、種を蒔いた。彼が作った植物は、ヒマワリ、赤ヤナギ、苺、ティンブルベリー、桑の実、ハックルベリー、リンゴであった。これらの植物を作り、トウモロコシを収穫してから、彼はトウモロコシを炒り始めた。火に炙られたトウモロコシは「食欲をかき立てる香り」を醸し出した。オハーアは炒られたトウモロコシの甘い香りに気づき、デハエーンヒヤワコーンに幾つかくれるようにと頼んだ。初め、デハエーンヒヤワコーンは、トウモロコシは後で自分が創造する人間のためであると言い、オハーアに与えなかった。後に、オハーアが再びトウモロコシをくれるようにと頼んだ時、オハーアの生命の基である「火打ち石」と交換で、トウモロコシをオハーアに与えることに同意した。オハーアは自分の身体の中から火打ち石を取り出し、それを炒ったトウモロコシと交換でデハエーンヒヤワコーンに渡した。

　この逸話には、食べ物の意味に関していくつかの点がある。第1に、デハエーンヒヤワコーンは、アウェンハーイが天上界の炎の龍からもらった乾いたトウモロコシと肉を少しも受け取っていない。しかし、彼は、彼を地上に送った者であると名乗っている父親的人物からトウモロコシを受け取った。同じ世界生成神話で、6カ国保留地で記録されたオノンダガ版とモホーク版にはこの逸話が含まれているが、ニューヨーク州で記録されてセネカ版にはこの逸話は含まれていない。このことから、この逸話は6カ国保留地で基本的に伝承されていた話であるという可能性がある[30]。

　このことは、6カ国保留地の先住民男性たちが19世紀終わりまでには農業を自らの職業と受け入れたことと関係があるのかも知れない。ヴァフによれば、19世紀半ば頃までは、例えば、ニューヨーク州のオノンダガでは農作業に関わることは男にふさわしくないと思われていたが、19世紀の終

わり頃には、少なくとも、6カ国保留地ではホティノンションーニの男性はそのように考える者はいなかった[31]。

　もし、そうであるならば、デハエーンヒヤワコーンを父系上の継承者として考えると興味深い問題が現れてくる。デハエーンヒヤワコーンは天上界に自分の起源があることを認めるが、彼の祖母は彼と食事を共にすることを拒否する。その結果、デハエーンヒヤワコーンは自分の「父親」から助けを受け、トウモロコシをもらうことになる。そして、デハエーンヒヤワコーンが用意している食べ物は、彼のためではなく、人間のためであると言っている。

　ところで、この「父親」のイメージは、天上界のアウェンハーイの父の場合もそうであるが、祖母であるアウェンハーイの鮮明なイメージとは対照的に、非常に漠然としており、輪郭が不明瞭である。この「父親」のイメージの不鮮明さは、ホティノンションーニがかつては母系社会であり、「父なし子」の伝承があることなどと関係があるのかもしれない。

　さて、ギブソンはアウェンハーイが天上界から地上界へ乾いたトウモロコシと肉を運んでくるという話を入れているが、しかし、同時に人間の創造神であるデハエーンヒヤワコーンが自分の「父親」からトウモロコシを受け取り、それを人間のために植えるという話を挿入することによって、最初の話の価値を単なる母系による食べ物の獲得だけではなく、父系による食べ物の獲得という食べ物獲得に関する価値を付け加えている。むしろ、母系による食べ物の獲得はここでは否定的な意義を与えており、それに対して、父系による食べ物の獲得により積極的な意義が与えられていると言える。そして、興味深いことに、第2章で見たように、ギブソン以外の他のホティノンションーニの人が語った世界生成および創造神話では、アウェンハーイに世界創造の業が委ねられている。これに対して、ギブソンの神話ではアウェンハーイにはそのような力はほとんど与えられていない。

　このようなギブソンのオノンダガ神話に見られる特徴をどのように解釈することが出来るのであろうか。ギブソンが生きていた歴史的状況を考慮

するならば、継承の父系的系譜を構築し、確立する方法として、男性的神話的存在者が人間にトウモロコシを与えるということを説明する必要があったのかも知れない。それは先住民の父系的系譜の確立であり、おそらくカナダ政府の父系的権威主義の侵入に対する抵抗でもあったのかも知れない。

さて、次にギブソンが語った神話の中で、炒られたトウモロコシの良い香りと良い味に強調が置かれていることに注目する必要がある。

> 「その時、彼（デハエーンヒヤワコーン）は火を起こし、トウモロコシを炒った。甘い香りが空に満ちた。その時、オハーアは自分の小屋から飛び出て、その甘い香りを嗅ぎ、それが何であるかを理解した。デハエーンヒヤワコーンの小屋からそこに向かって、風が甘い香りを運んだのである。」[32]

ここで興味深いのは、デハエーンヒヤワコーンが自分の「父親」によって与えられた食べ物の感覚的喜びを、オハーアが享受しているという点である。なぜか、デハエーンヒヤワコーンにはそのような役割は与えられていない。他方、オハーアはトウモロコシと火に炒られたトウモロコシの香りを認めるという、トウモロコシを人間の感覚的喜びと結びつける媒介的役割を果たしていると言える。これはオハーアが火打ち石を意味していることとも関連があるのかも知れない[33]。

さて、次にデハエーンヒヤワコーンとオハーアの争いについて考察を加えることにする。双子の兄弟間の闘争は様々な視点から解釈することが可能であるが、本論の歴史的考察を考慮し、地上世界のものの世界への権威と支配権を巡るデハエーンヒヤワコーンの闘争として解釈する。というのも、デハエーンヒヤワコーンの地上世界への権威と支配権と、彼が創造したものを人間が使用する権利があるという主張とは非常に密接な関係があると考えられるからである。

神話的存在者である双子の行動について考察を加える前に、双子の性質について若干の考察を加えておくことにする。ヒンドゥー神話に見られる双子は、必ずしもイロクォイ神話の双子が示している関係と同じ双子の関係を示してはいないが、イロクォイ神話の双子の特徴を明らかにするために、ヒンドゥーの神々と悪魔の関係を、特に両者の間の闘争を参照することにする。ウェンディー・D・オフラエティ（Wendy Doniger O'Flaherty）は次のように書いている。

> 「この神話を理解するためには、前提と条件を区別する必要がある。神々と悪魔は異なるというのは神話の前提である。しかし、事実、彼らは似ているというのが神話の条件である。争いに関する如何なる神話からも直ちに明らかになるように、その性質において、神々と悪魔は似ている。しかしながら、機能においては、昼と夜が異なっているくらい異なっている。」[34]

　ヒンドゥーの神と悪魔の対と同じように、デハエーンヒヤワコーンとオハーアは似ていながら、異なっている。両者ともに同じ母から誕生したのであるから、2人は似ており、「実質的に共通している（cosubstantial）。」[35] ヒンドゥーの悪魔が、神々は自分を騙すのではと疑うが、ギブソンの神話では、デハエーンヒヤワコーンは、オハーアがいつも座っているところに火打ち石を積み上げて、オハーアを騙して殺そうとするのである。そして、「神々と悪魔は異ならないという事実が、彼らが争い合う、まさにその理由である。そして、争いを通じてのみ、両者の間に相違が生まれるのである。」[36] とオフラエティは述べている。イロクォイ神話ではデハエーンヒヤワコーンとオハーアは様々な点で異なっているが、結局、両者ともに同じ母から生まれた双子であり、実質的に同じである。デハエーンヒヤワコーンが地上の被造物の創造神であり、支配者であると自らを証するのは、2人の間の争いを通じてである。この目的を達成するためには、騙しも用いなくてはならな

かったのである。

　双子の争いについて考察を行う前に、ヒィウィットがこの神話をどのように解釈していたかを見てみよう。彼は、ホティノンショーニーニの神話は自然の力の人格化（anthropomorphism）を表していると解釈している[37]。ヒィウィットによれば、デハエーンヒヤワコーンは春と太陽の人格化であり、オハーアは冬と冷たい風の人格化となる。ヒィウィットは、オハーアが動物を洞窟に隠したのは冬の間の冬眠を表していると見なした。しかしながら、ヒィウィットの神話を自然現象の人格化と見なす読解は不十分である。というのも、自然の力の人格化だけでは神話の話の内容のすべてを解釈することが出来ないからである。第2に、たとえ、デハエーンヒヤワコーンとオハーアは自然の力の特徴をいくつか持っているとしても、自然の人格化という解釈は両者の神話的存在者の特徴のいくつかを説明できるだけである。

　さて、双子の争いを通じて明らかになってくる、神話的権威と権力の諸相がある。例えば、デハエーンヒヤワコーンが人間のために植物や動物を創造したのであるけれども、彼はそれらへの権威と権力を保持するためにオハーアの挑戦を受け、勝利しなくてはならなかった。つまり、創造はそのままでは被造物への権威と権力を保証するものではないのである。この双子の争いに関して、先住民の首長たちは自らの立場を重ね合わせていたと考えることも、推測の上では可能であろう。つまり、元来、先住民に所属している大地とその生産物への自分自身の権威と権力が、部外者によって脅かされているという状況と。しかし、これはあくまでも推測にしか過ぎない。

　さて、動物を含んだ食べ物を巡る双子の争いを要約し、考察を加えてみよう。

　まず、トウモロコシに関して言えることは、既に述べたように、デハエーンヒヤワコーンのトウモロコシは「父親」からもらい受けたのに対して、アウェンハーイのトウモロコシは天上界から落ちてくる途中で炎の龍から受け取ったものである。しかも、それは乾燥したトウモロコシであり、そ

の時にもらった肉も乾燥していた。それに対して、デハエーンヒヤワコーンのトウモロコシは、火で炒た時に油が滴ったと述べられているように、水ではないが湿っている。また、デハエーンヒヤワコーンが創造した動物たちも生きているので、乾燥しているのではなく、血があり、湿っている。ここには、乾燥と湿りの対立がある。

　デハエーンヒヤワコーンが人間のための動物を創造した後で、オハーアは動物たちが走り回っているのに気づいた。オハーアは、自分と祖母のアウェンハーイだけが動物を食べることが出来るようにと動物たちを盗み、山の洞窟の中に隠してしまう。デハエーンヒヤワコーンが自分が創造した動物たちの姿が見えず困った時、水の底のハオンフェンドジヤーワコン（「大地を両手で掴む者」）に助けを求めた。両者の名前の類似性は彼らの間に何かしらの結びつきがあることを示唆している。デハエーンヒヤワコーンは天空を掴み、ハオンフェンドジヤーワコンは大地を掴むのである。前者はオハーアから動物を取り返すために、後者の助けが必要であった。デハエーンヒヤワコーンが動物たちを取り返した後、祖母のアウェンハーイのために何頭かを射た。そして、アウェンハーイが動物を食べるのを最初に楽しむであろうと言った。また、彼は人間が動物を最終的には支配するであろうと宣言した。

　この双子の争いにから何が言えるであろうか。創造の問題とは別に、問題の中心は誰と食べ物を分かち合うかということである。アウェンハーイが天上界から落ちた時に炎の龍からもらった乾燥したトウモロコシと肉をオハーアとだけ食べていたのに対して、デハエーンヒヤワコーンが彼の「父親」からもらったトウモロコシと彼が創造した植物や動物は、人間に与えるためであった。獲物としての動物の場合、動物を創造したのはデハエーンヒヤワコーンにもかかわらず、オハーアは自分たちだけで独占しようとし、山の中の洞窟に動物を隠してしまう。つまり、オハーアはデハエーンヒヤワコーンの創造の業に含まれる創造そのものに由来する権威と権力を認めていないのである。

また、動物を巡る双子の争いは別の視点からするならば、デハエーンヒヤワコーンは動物を人間のために創造したのであるが、どちらが天上界の存在者である祖母に動物をあげることができるかということに関する争いであるとも考えることが出来る。デハエーンヒヤワコーンは山の中の洞窟から動物を取り戻した後で、動物を祖母にあげている。つまり、双子は祖母に食べ物を供給しているのである。ところが、オハーアとアウェンハーイはその食べ物を自分たちのためだけに用いようとし、食べ物は人間のためにであるとするデハエーンヒヤワコーンと対立することになる。ゆえに、デハエーンヒヤワコーンとオハーア・アウェンハーイ組との争いは、人間が最終的にトウモロコシや動物への支配権を主張することが出来るかどうかということを巡っての争いであると言える。そうであるならば、双子の争いは、誰に食べ物を与えることができるかに中心的に関わっている、ということができる。

　第2の種類の争いは、双子が如何なる種類の被造物を創造するかという点についてである。この争いを巡って、双子の間の主要な相違が明らかにされる。この逸話は次のようになっている。デハエーンヒヤワコーンがアウェンハーイとオハーアのために狩った動物の肉がなくなってしまったので、オハーアは動物を狩りに出掛けた。しかし、その前の日にデハエーンヒヤワコーンが動物をオハーアたちから切り離すために、水を用いて陸地を二分してしまっていた。そのため、オハーアがいる土地には動物が1匹もいなかった。そして、オハーアはデハエーンヒヤワコーンが創造したのと同じ種類の動物を創造しようとしたが、彼が創造した生き物は害をなす生き物ばかりであった。オハーアは自分が創造した生き物にデハエーンヒヤワコーンが創造した生き物と同じ名前を与えるが、デハエーンヒヤワコーンがオハーアの被造物を見て、それらが自分が創造した物と異なることを見た時、デハエーンヒヤワコーンは別の名前を与えた。

　この話に見られる争いには次のような問題が含まれている。デハエーンヒヤワコーンとオハーアは双子であるがゆえに、両者ともに創造の力を持

つことが、神話上の前提とされている。しかし、オハーアはデハエーンヒヤワコーンの創造の業を模倣しようとするが、成功しない。オハーアは創造する力を持っているけれども、デハエーンヒヤワコーンが創造する生き物が正しいとするならば、正しい生き物を創造する力を持っておらず、また、自分が創造した被造物の正しい名前も知らない。オハーアは創造する力を持ってはいるが、自分が何を創造しているか知らないし、自分が創造した物が何であるかも知らない。つまり、オハーアは無知なのである。しかし、オハーアの創造物は、自然界の均衡という点から言えば必要な生き物であった。

　双子は、また、彼らの母親の頭を巡っての争いもする。オハーアは死んだ母親がすぐに生き返らないので、彼女の頭を切り離し、小屋の壁高く吊るす。そして、アウェンハーイが、彼女の娘の頭が壁からぶら下がっているのを見ると気が沈むと言っても、オハーアはそこにあるべきだと主張する。デハエーンヒヤワコーンがオハーアとアウェンハーイに、母親の頭を自分と人間に返すようにと言うが、オハーアは拒絶し、誰でも彼女の頭を盗もうとする者を殺すと脅した。デハエーンヒヤワコーンは、そこで、地上のものを誰が統制するかを決定するために器のゲームをして決めようと提案する。デハエーンヒヤワコーンとアウェンハーイはゲームを始めるが、デハエーンヒヤワコーンは蟬の助けで器のゲームに勝つ。デハエーンヒヤワコーンは、母親の頭を返すように要求するが、オハーアはまだ拒絶したままであった。そこで、デハエーンヒヤワコーンは、狐、黒栗鼠、ビーバー、人間の男性の助けを借りて、母親の頭を取り返すのに成功する。デハエーンヒヤワコーンは母親の頭を身体に戻し、彼女を生き返らせ、月になるように命じる。また、アウェンハーイの兄が太陽になることを約束する。そして、デハエーンヒヤワコーンは月に、地上の事物が成長するのを見守るという役割を与える。

　　「私の母よ、この大地の上のすべてのもの、草、実を結ぶ草、低木、

実を結ぶ低木、森、すべての木、そのうちいくつかは実を結ぶ木、大地の上で育つ異なる種類のもの、人間や動物、これらすべての物を見守るように、あなたに命ずる。」[38]

　この争いは母親を巡っての争いであるが、この争いを通じて三つのことが達成される。第一は、アウェンハーイに対する勝利、第二は、死んだ母親の復活、第三は、月の創造と、それに併う太陽の創造である。第二点目は、ある意味では、デハエーンヒヤワコーンのオハーアに対する勝利である。というのも、オハーアが、母親の脇から生まれたために、母親は死んでしまったのであり、母親の首を切り離したのもオハーアであるからである。

　4番目の争いは、双子の1対1の争いである。デハエーンヒヤワコーンは昼と山を武器として用い、オハーアは夜と火打ち石の付いた矢を武器として用いた。デハエーンヒヤワコーンは山をオハーアに繰り返し投げつけた。山に埋もれる度にオハーアは這い出すが、デハエーンヒヤワコーンが山を投げ続けるので、遂にオハーアは這い出すのを諦め、降参する。この後で、デハエーンヒヤワコーンはアウェンハーイに天上界に戻るように言い、双子も天上界へと去って行った[39]。

　デハエーンヒヤワコーンがオハーアに対して戦いを望んだ理由は、もし、オハーアが地上世界の統制権を得るならば、人間が苦しむと予想されたからである。オハーアが勝利するならば、彼は動物を奪い去り、人間のことは何も心配しないであろう。それゆえ、デハエーンヒヤワコーンが勝利したということは、人間も勝利したということを意味する。それゆえ、創造と闘争の勝利を通じて明らかになったことは、デハエーンヒヤワコーンの創造とは結局人間の利益のためになされたということである。

　以上から、神話論的にいうならば、、大地の統制に関する権威と権力、は闘争と争いを通じて明らかにされるのであって、自明のことではなかった。しかも、この争いは宇宙の継続的な特徴であり、人間は儀礼への参与と地

上の物事に配慮することによって、この宇宙的次元にも参与することになるのである。

　前章の終わりで、双子のどちらが天上界の木のどちらを表しているのかという問いを提出した。この問いへの答えは推論に過ぎないが、双子のそれぞれの特徴と天上界の性質を考え合わせると、デハエーンヒヤワコーンはアウェンハーイの父の木を、オハーアはホダへの木をそれぞれ表していると考えること可能である。というのも、一方で、アウェンハーイの死んだ父親の曖昧な形態と助言を与えるという役割は、デハエーンヒヤワコーンの「父親」の曖昧な形態と助言を与えるという役割と類似しており、他方で、「歯」と呼ばれる木の象徴的質は、オハーアと密接に関わる火打ち石の堅さと鋭さを彷彿させるからである。しかしながら、この類推はあくまでも推測の域を出ない。

　以上の神話的存在者の系譜学を考察することによって、デハエーンヒヤワコーンの創造し、被造物に名称を与える能力は、彼が他の被造物の保護役を月や人間に命じる権威と権力と結びついていることが明らかになった。デハエーンヒヤワコーンの創造は、オハーアのとは異なり、正しい。彼が、オハーアが創造したものも含めて、すべての被造物に与えた名称は正しい。

　正しい名前を与えるという行為を通じて、デハエーンヒヤワコーンは世界の事物の分類化（classification）あるいは範疇化（categorization）を行っていると考えることも可能である。例えば、動物と鳥を区分し、分類しようとした時、どちらの範疇にも属するような不明瞭な存在である蝙蝠を特に名指ししたりしている。また、人間に有益をもたらす動物と害をなす動物の二範疇を作り上げ、両者が交錯しないようにという配慮も行う。デハエーンヒヤワコーンはホティノンションーニの世界が構造化され、分類化される根元であり、源である。

　最後に、彼の被造物を見張る役割を先住民である人間に与えたということは、明らかに神話論的に正しいのである。ホティノンションーニの世界の創造神であるデハエーンヒヤワコーンが、先住民の祖先に大地を見張る

ようにと命じたのである。このように、オハーアとの争いを通じて明瞭にされたデハエーンヒヤワコーンの権威と権力は明らかであり、彼の創造と教えは秩序と正しさの両方を含んでいるのである。

第3節　2重の人類創造 —— 先住民と白人

　ギブソンが語った神話に見られる人類創造神話に考察を加える前に、この人類創造という神話がキリスト教から先住民の神話に取り入れられたものであるかどうか、という問題について少し述べておきたい。先住民がキリスト教宣教師から人類創造の神話を聞き、それを自分たちの伝承の枠組みに取り入れたという可能性は否定出来ないが、しかし、同時に、キリスト教宣教師と接触を持つ以前から人類創造の神話を持っていたという可能性も否定出来ない。あるいは、人類創造という神話は知られていなかったが、キリスト教の神話を聞き、先住民の神話の枠組み内でこの可能性について深く考察し、「伝統的」神話的あるいは宗教的世界の文脈で独自の解釈を行ったという可能性も否定出来ない。植民地時代の資料には人類創造に関する神話は記録されていないということだけで、元来、先住民が人類創造の神話を持っていなかったと断言することは出来ない。というのも、先住民が宣教師や植民者にその宗教伝統をすべてを明らかにしたと前提することは出来ないからである。しかしながら、ここではギブソンの神話に見られる人類創造という神話の歴史的起源を決定することが目的ではない。むしろ、ギブソンがその神話を語った歴史的状況における人類創造の神話が持つ歴史的および宗教的意義を解釈することにある。

　デハエーンヒヤワコーンの人間の創造について考察を加える前に、植物と動物の創造について考察を加えておきたい。デハエーンヒヤワコーンの創造の業の神話的意味は、オハーアが彼にした質問への答えの中に見つけることが出来る。オハーアがデハエーンヒヤワコーンが創造した植物や動

物を見た時、植物や動物を創造した物質をどこから手に入れたのかと質問した。デハエーンヒヤワコーンは次のように答えた。

> 「大地は生き、死ぬ。そこで、私は土（oʰheʹdaʼ）を取り、それを用いて植物を創造し、それらを植えた。そのような理由で、植物は生き、死に、土に再び戻る。動物に関しては、私は土を取り、それを用いて動物を創造した。そのような理由で、動物は生き、死に、再び土に戻る。」[40]

デハエーンヒヤワコーンは土は生きていると主張している。この土は、アウェンハーイが天上界から落ちてきた時に、水鳥や動物たちが水の底から持って来た土（oʰheʹdaʼ）と同質のものである。既に論じたように、土は既に存在していた原初の物質であり、神話的存在者によって創造されたのではない。それゆえ、土は存在論的に天上界の下の空間にいる神話的存在者より先行するものである。デハエーンヒヤワコーンは土を創造しなかった。土は生きており、存在論的に彼に先行するのであり、彼はそれを用いて植物や動物を創造することが出来た。

植物と動物に関しては、土に形を与えたという意味で創造されたものである、という特徴づけが明らかに見られる。植物は自らを生み出す、あるいは成長させ（-donni）、実をつける、つまり自己生産的である。デハエーンヒヤワコーンが創造したとされる植物は、既に述べたようにヒマワリ、赤ヤナギ、苺、赤ラズベリー、ティンブルベリー、ハックルベリー、リンゴである。動物に関しては、動物を何種類か創造した後で、次のように述べている。

> 「私はあなたの身体を創造し、植えた（-yeñtʰhwaʽ）。あなたが子孫を大地の上に生むように。」[41]

植物が自らを再生するということと動物が子孫を生むということは、同じ形態のものが再生産されるという点で等価であると言えるであろう。そうすると、「植える」という語が、植物の場合にも動物の場合にも、用いられているのは興味深い。神話的に言うならば、植物と動物に生命を与え、自己を再生産する能力を付与しているのは土の性質であると言える。そして、この「植える」という語の農業的含意から、ギブソンは人間のために収穫するものとしての植物や動物という意味合いを含んでいた、ということが言えるであろう。

　さて、次に人間の創造について考察をしてみよう。植物と動物の創造と人間の創造の間には質的な差が見られる。デハエーンヒヤワコーンは男性と女性の両方を同じように創造するが、男性が始めに創造されるので、ここでは男性の創造だけを取り上げることにする。まず、先住民である人間の人類創造について見てみよう。

> 「デハエーンヒヤワコーンはやって来て、言った。『さあ、私は人間（oñ´gwe'）と呼ばれるものを創造しよう。彼らはこの浮かぶ島の上で生活をする。』そうして、彼は人間を作った。彼は土を取り、言った。『これは私が取った土である。大地は生き続けるのであるから、これも生きている。これを用いて人間の身体を創造しよう。』そして、彼は人間の肉体（oyee^n'da'）を作った。作り終えた時、彼はそれについて考え、言った。『もし、これが私が生きているように生きるようになれば良いであろう。』そして、彼は自分の命（hodon'he'´sä'）を取り、それを人間の肉体に入れた。次に彼は自分の心（ho'nigo^n'dā'´sä'）を取り、人間の頭に入れた。次に彼は自分の血（hotkwē^n'´sä'）を取り、人間に入れた。次に彼は自分の2つの眼（de'hatgā'doñ´nyo^n'k）を取り、人間の頭に入れた。次に彼は自分の話す力（habadyā'´t'ha'）を取り出し、人間の口に入れた。そして、彼は自分の息（wā'hadoñwi'señ´dak）を人間に吹き込んだ。その時その肉体は生命を持ち、起き上がった。彼は大地の上に立ち上がった。」[42]

デハエーンヒヤワコーンの植物と動物の創造と人間の創造の間には、共通点と相違点の両方が見られる。植物、動物、人間はすべて、デハエーンヒヤワコーンが生きていると主張する土から神話的に創造された。それゆえ、「もの」の被造物としての植物、動物、人間は同じ存在物の範疇に属する。イロクォイの神話とは別の文脈での話だが、ジョン・ウィトホフト（John Witthoft）は人間と他の被造物との間の関係についての先住民の考えについて、次のように書いている。

「相違は、双子の創造神の創造の時に決定された権威、霊的力、知識の度合いに準じている。人間は、実在的であれ想像的であり、存在者の段階的階層の中の一地位を占めている。」[43]

しかしながら、植物、動物と人間の間には質的な差異も同時に認められている。デハエーンヒヤワコーンが彼自身の内から彼自身の要素を取り出し、人間の肉体に入れるまでは、人間は生命を持たなかった。これに対して、植物と動物はデハエーンヒヤワコーンが形を作ってすぐに動き出し、生命を持った。それゆえ、この相違は、植物や動物の生命と人間の生命の間に質的な相違を認めていたことを意味しているのであろう。

人間の生命の持つ独特の特質は、大地の生命力とデハエーンヒヤワコーン自身の力の結合としての人間という、人間の特別な存在論的構造にある。さらに、デハエーンヒヤワコーンが神話的には天上界に属する、あるいは天上界の神話的存在者の子孫であるとするならば、このようにして創造された人間は大地と天の特質の結合体であると言える。この人間としての先住民のデハエーンヒヤワコーンによる創造は、オハーアの白人の創造の神話と比較する時、その特質がより明らかにされる。

オハーアがデハエーンヒヤワコーンが創造した人間を見た時、自分も人間を創造したいと思った。デハエーンヒヤワコーンはオハーアに人間を全く同じように真似るようにと教え、彼が作り終わった時に彼が作ったもの

を確かめに来ると言った。オハーアは、陸地の端で、水が波打っている水辺に泡が浮いているのを見た。泡が溜まっていたのである。そして、

> 「彼（オハーア）は泡を取り、それを使って身体を作った。彼は自分の技術を用いて、人間の身体を作るのを終えた。人間の身体の枠組みを作り終えた時、それに命を与えようとしたけれども、オハーアは出来なかった。『すぐに、私の兄弟が来るであろう。私は彼にこれに生命を与えるように頼もう。私は一生懸命に働いたので、とても心穏やかである。私は人間を創造したのだから、彼は私のしたことを認めるであろう。』」[44]

オハーアはデハエーンヒヤワコーンに自分が創造したものを見せた。デハエーンヒヤワコーンは人間の身体に生命を与えるのを助けるのを約束した。前に行ったのと同じように、デハエーンヒヤワコーンは自分自身の部分をいくつか取り出して、人間の身体に入れた。すると、人間の身体は生きるようになった。この後で、デハエーンヒヤワコーンは赤い身体を持つ自分が創造した人間を「本当の人間（ongwe honwe）」と呼び、白い身体を持つオハーアが創造した人間を「斧の作り手（hasenni）」と呼ぶことにした。

　まず、ギブソンがその神話を語った歴史的文脈を考慮することによって、双子による人類創造のこれらの神話の歴史的意義について考察をしてみよう。ここで注意してほしいのは、白人の創造を神話時代に挿入しているのは、歴史的現在を神話的時代の過去に投影した明らかな例であると言うつもりではない。神話的人類創造の意味の解釈に、歴史的文脈の中の争いの状況を取り込むことによって、この神話の歴史的および宗教的意味を明らかにしようということである。

　この神話から読みとることが出来る、オハーアが水の泡から創造した人間である白人の性質は何であろうか。第1に、神話の中でオハーアが創造した被造物はすべて人間に害を与える存在であるので、この白人も人間に、つまり、先住民にとって害を与える存在と見なされていると考えることが

出来る。木材の盗賊であれ、インディアン事情局の役人であれ、連邦インディアン法を作ったオタワの政治家たちであれ、ロングハウスの伝統主義者から見れば、先住民の政治的、経済的、そして、宗教的生活をないがしろにしようとしている人々である。「白い身体」を持つ人間に与えられた名前「斧の作り手」には、斧でもって木材を奪う白人という歴史的ニュアンスが含まれていると考えることも不可能ではないであろう。

　第2に、オハーアが白人を創造している時、彼は自分が何を創造しているのか、何を創造しようとしているのか知らずに、創造した。彼はデハエーンヒヤワコーンの模倣をしていると考えているが、自分が創造したものが何であるか分かっていない。これは、デハエーンヒヤワコーンが人間を創造しようとした時の明確な意図とは極めて対称的である。彼は自分が何を創造しているのか知っていたし、理解していた。

　第3に、そして、最も重要な点は、白人は大地からではなく、水の泡から創造されたということである。つまり、白人は大地とは結びつきを、その創造の時から、欠いているのである。白人は、それ自身の存在の本質を、大地とは共有していないのである。この点には二重の意味があると思われる。

　第1には、白人は大地の外のヨーロッパから来たのであり、それゆえ、ホティノンショーニの土地には属していない。第2には、白人は大地から創造されていないので、先住民が儀礼的に大地と結びつきを持つようには、大地と結びつきを持つことは出来ない。第1の点は政治的に重要である。というのも、白人は大地に属していないのであるから、先住民の土地への白人の主張は偽りである。第2の点は宗教的に重要である。というのも、白人は、神話的には、地上のすべての被造物の物質的根拠である大地と、宗教的に結びつくことが出来ないのである。それゆえ、この点をさらに理解するためには、先住民である創造に関わる身体的・物質的側面の意義を、換言するならば、人間としての先住民の大地的性質の宗教的意味を理解することが必要となってくる。この点は、さらに、儀礼の場で、先住

民はデハエーンヒヤワコーンをショングワヤディサイ「われらの身体を創造した方」と呼ぶことからも伺うことが出来る。実際、この儀礼的呼びかけは、天上界の権威と権力が神話的に大地から創造された人間に、つまり、先住民に移譲されていることを示しているのであり、このことは先住民の権威と権力を先住民がどのように理解しているかを考える上で重要となってくる。

第4節　人 (Person) としての人間ともの (Matter) としての人間

　以上の考察から、神話が開示している人間の創造に見られる、人間の存在論的構造が意味あることが明らかになってきた。そして、人間がこのように創造されたということと人間が行動することが出来るということは、人間の儀礼行為とも深く関わってくる。そして、このような人間に天上界の権威と権力がどのように移譲されるのかという問題は、人間が如何なる存在であるかという問題と儀礼行為の問題に関わってくる。ギブソンのオノンダガ神話に特徴的なのは、人間の創造に関わってデハエーンヒヤワコーンが人間に与えた彼自身の諸能力が事細かに述べられている点である。ここでは、ギブソンが語った神話で語られている人類創造に見られる問題、つまり、人間の存在論的構造に関わる問題、特に、「ひと」の問題を取り上げて、検討することにしたい。

　ところで、人間が如何なる構成要素からなる存在者であるかという問題は、複雑な問題である。例えば、人間の問題を精神と身体の関係の問題として捉えようとするのが一般的である。ところが、人間を構成する構成要素には他の諸要素も介在している。その諸要素の中で人 (person) という概念を哲学的に取り上げたのが、社会学者のマーセル・モース (Marcel Mauss) であった。モースは議論を西洋の歴史に限っているが、そこで明らかになっていることは、人 (person) という範疇は時代によって変遷し

ているということである[45]。この議論は今となっては当たり前のようであるが、モースがこの点を指摘した功績は重要である。

ところで、自己の文化伝統を離れて人類学的なフィールドで異なる文化社会と向き合う中でこの問題に直面し、その問題を取り上げたのが、モーリス・レーナルト（Maurice Leenhardt）である。レーナルトはメラネシアの人物（「カモ」）という観念の範疇を取り上げているのであるが、実に、身体の問題も同時に取り上げているのである[46]。確かに、レーナルトはメラネシアがヨーロッパ社会との接触によって引き起こされた人間理解の変遷を問題にしている。しかし、その中でメラネシアの人概念に神話的要素を見て取っていたのである。そこで人間と周囲の世界との関係を人間形態論的（anthropomorphic）と宇宙形態論的（cosmomorphic）とに区別している。ここではレーナルトの見解を説明する必要はない。むしろ、身体の問題と人、人格、人物といった人間の構成に関わる問題は、一つの宗教、文化伝統を理解する上では中核となる問題の一つとして考えられてきたということである。

この問題は、イロクォイ研究の分野では、アンソニー・F・C・ウォーレス（Anthony F. C. Wallace）が、イロクォイの夢理論について論じている際に、イロクォイの人概念について語っている[47]。イロクォイの夢の理論では、夢で伝えられた天上界の主の望みは、儀礼など行うことによって満たされなくてはならないとされるが、ウォーレスは、それをフロイトの夢理論の先駆けであると考えている。また、イロクォイの人概念を論じているメアリー・A・ドルーク（Mary A. Druke）は、イロクォイの人概念には「意識（consciousness）」と「生命の原理（living principle）」という2つの形而上学的原理があると指摘している[48]。ドルークは、ヒィウィットが「イロクォイの霊魂論（The Iroquoian Concept of the Soul）」で論じている、イロクォイの二元論に依拠している[49]。ヒィウィットによれば、イロクォイの世界では、人間は「身体の生命原理である感覚的霊魂（sensitive soul which is the animating principle of the body）」と「ひと

つか、あるいは、それ以上の理知的霊魂または心的実体（one or more reasonable or intelligent souls or psychicentities）」から構成される。前者は、身体に生命を付与し、死語、骨の中に留まり続ける。これは複数と見なされることはない。後者は、理性と知性を伴っており、複数あることがある。後者は、特に、人間の身体の中でも頭にあると受け止められている。この二元論的霊魂論は、デハエーンヒヤワコーンの人類創造においても明確に見て取られる。

以上のホティノンションーニの人間観、あるいはオングエとは何かという問題には、A・アーヴィング・ハロウェル（A. Irving Hallowell）がオジブエの存在論を論じるにあたって、「人間以外の人（the other-than-human persons）」という範疇で問題提議した問題が最も参考になる。ハロウェルは「オジブエの存在論、行動、そして、世界観（Ojibwa Ontology, Behavior, and World View）」（1981年）で次のように述べている。

「例えば、オジブエにとって、gízis（昼間の光、太陽）は我々の意味における自然物では全くない。彼らの観念が異なるだけではない。太陽は人間以外の『人（person）』なのである。さらに重要なのは、我々の科学的見解に含まれている運動における秩序づいた規則性という観念が欠けているという点である。オジブエは、自然の法則に従って、太陽は来る日も来る日も『昇る』とは考えないのである。事実、神話的存在者であるトゥチャベックは、太陽の動く道に罠をかけ、太陽を捕まえてしまったのである。」[50]

ハロウェルの重要性は、オジブエが語っている言葉を理解する際に、自分自身が生きている文化的・科学的世界観の中に当てはめることによってではなく、オジブエが理解しているように理解した点にある。つまり、太陽が人であるというならば、それは太陽が人であるということなのである。この点を理解する上でハロウェルは「人間以外の人」という概念を用い、人（person）というのは人間だけに用いられる存在論的範疇ではない、と

いうことを指摘したのである。
　おそらく、この人というのは、イロクォイ研究では霊（spirit）という語で表されてきている存在者の範疇であり、本書では神話的存在者と呼んでいる存在者の範疇である。例えば、感謝の祈りの言葉で、人間も霊的存在の一人であり、感謝の祈りが捧げられるということ、あるいは、天上界の存在者が「人間（ongwe）」と呼ばれていることなどに見られるホティノンションーニの存在者の範疇である。
　ハロウェルは、また、オジブエの宗教の特徴として、人は変容（metaphorsis）という要素を持つと挙げている[51]。ギブソンの神話で変容が語られているのは、天上界の世界においてである。アウェンハーイを誘惑しようとした男性たちが狐や熊といった動物の姿に変容して立ち去っていくという場面に見られる。これらの天上界の人たちが姿を変容するとは何を指しているのかは、実は、ギブソンの神話の中で語られているより大きな変容、つまり、それは世界創造と人間の創造を示すが、それとの関係で初めて理解されるものなのである。
　では、これらの議論を念頭において、具体的にギブソンの神話の内容を検討することにしよう。
　まず初めに指摘しておきたいことは、神話の内容から明らかなように人間だけでなく植物や動物も、それらはすべて大地から創造されたのであるから同じ大地の物質を共有しているということである。それゆえ、物質上の関係から言えば、人間と植物・動物との間には連続性があるのである。しかし同時に、「霊的関連」で言うならば、人間と他の2種類の被造物との間には断絶もある。というのは、人間だけがデハエーンヒヤワコーンの「霊的」要素を与えられているからである。それゆえ、人間と天上界の神話的存在者との間には「霊的」な連続性が認められる訳であるが、しかしながら、両者の間には断絶もある。というのも、前者には大地的要素があるが、後者にはそれが欠けているからである。このように考えるならば、人間とは2重の連続と断絶から存在論的に構成されていると言うことが出来る。

この点をもう少し明らかにするために、「その身体が2つに分断された者」というギブソンが語った神話をもう一度参照することにしよう。地上界からの訪問者である人間たちが天上界に到着した後で、天上界の神話的存在者は、彼らが天上界にふさわしいように彼らの地上の身体を作り換える。

　　「その男は木の所に行き、両腕を伸ばした。そして、彼は木を掴み、引き倒した。彼は樹皮を剥ぎ、木を横にして、言った。『ここに来なさい。』1人の男が進み出た。彼がそこに着いた時、樹皮の上に横たわった。後に残った男たちは注意深く見つめていた。男はその人間の男の身体をばらばらにし、すべての関節を外し、脇に積み上げた。それから、関節をきれいに拭き始めた。それがすべて終わった時、それらをすべてつなぎ直した。それが終わった時、彼は言った。『さあ、私は終わった。立ち上がりなさい。』身体が修正された男は立ち上がった。」[52]

　この物語に含まれる神話的な人間の再生を検討すると、人間の身体の意味と機能に関する先住民の理解がさらに明らかにされると思われる。まず第1に、地上世界から訪れた人間たちは天上界に滞在するためには存在論的に変容されなくてはならなかった。この変容は、天上界の神話的存在者が人間の身体をばらばらにし、その部分を洗い、再び結びつけるというシャーマニズム的な在り方で行われている。ギブソンの神話はこの変容が何であるかは明確には語っていないが、ヒィウィットは、その英訳で、神話的存在者は人間の「大地的な土」を取り除いたと解説している[53]。これはヒィウィットの解釈であるが、神話的存在者は地上の人間から「大地的な土」を取り除いたという解説は、ギブソン自身が何を神話的人物は人間から取り除いたのかと聞かれたら答えたであろう内容と、それほど相違ないのでないかと思われる。ここで含意されていることは天上界の神話的存在者と地上界の人間とは存在論的には異なるが、天上性（skyness）を共有しているということだと考えられる。両者を区別しているのは、人類創世の神話で見られるように、人間を創造した際の材料であった大地の物質性

の質であると思われる。

　この天上性について、もう少し検討してみることにしよう。ここでは、デハエーンヒヤワコーンが人間に付与した彼自身の諸部分に注目してみることにする。彼が自分自身の身体の中から取り出し、人間の肉体の中に挿入した諸要素は、彼自身の生命、彼自身の心、彼自身の血、彼自身の2つの眼、彼の話す力、そして、彼の息であった。これらは、先のイロクォイの霊魂観を論じた際に示したように、人間においては、複数可能な理知的霊魂を示していると考えられる[54]。デハエーンヒヤワコーンが人間の身体に挿入した諸部分は、これらの知的な魂の諸要素であったと考えられる。

　しかし、興味深いのは、デハエーンヒヤワコーンが彼自身の身体から取り出した部分の中で、視覚は彼の身体的「感覚」と見なされているが、神話の中で火の上で炒られたトウモロコシの甘い香りと美味しさを認識するのに重要な役割を果たした嗅覚と味覚は、この中には含まれていないという点である。それゆえ、デハエーンヒヤワコーンに属していないと見なされているこれら2つの感覚は、人間の身体の大地性に属していると考えられる。それらは大地が生み出すものと人間を美的に結びつける主要な感覚器官であると考えることが出来るのではないかと思われる。そして、それはオハーアに属していた。オハーアが誕生した時にアウェンハーイに質問され、自分はこの地上にやって来たことで満足していると答えたことが思い出されるであろう。もし、そうであるならば、デハエーンヒヤワコーンが彼自身の身体から取り出し、人間の中に挿入した諸要素とは生命の「天上性」であり、「大地性」ではないということも出来る。以上の議論が示している点は、人間は「天上性」と「大地性」の両方から構成されるという存在論的理解であろう

　人間の肉と身体に関わる先住民の理解に関する第3の点は、大地はそれ自身の生命を持つが、しかしながら、同じ大地から創造された動物とは異なり、人間の身体的運動を制御したり操作することは出来ないということである。大地から創造された動物は直ちに動き出したが、人間は大地から

創造されるだけでは動くことはなかった。それゆえ、天上界に由来する魂だけが身体における人間の動きを制御し、操作することが出来るのである。この点は、神話において、人間が行うべきものとして示されている儀礼行為と深い関係があると思われる。そして、この点は、天上界と結びつきのあるものだけが、人間を含んだ大地から創造されたすべてのものの成長と動きを制御する権威と権力を持つという意味で、政治的意味合いを含むだけではなく、宗教的意味をも示していると考えることが出来る。

第7章

世界の中心としての儀礼的に変容された身体

　さて、考察の最後の章となった。本章では、ギブソンがその神話で表象している儀礼の宗教的意味を解釈することに焦点を当てる。まず、これまで行ってきた考察を振り返ってみたい。

　第3・4章では、ギブソンが語った神話の歴史的・政治的文脈を考察し、当時の政治的衝突の状況に、神話を通じて言及しているということを明らかにした。第5章ではギブソンが語った神話や伝承には象徴的側面が強く出ているということを指摘し、第6章では、歴史的意義との関連で神話の内容の考察を行い、神話的な権威と権力の場を説明しているということを明らかにした。そして、双子の争いはデハエーンヒヤワコーンによる人間の創造、つまり「天上性」と「大地性」の両方から成る二重構造を持つ人間の創造へと収斂されることを示した。デハエーンヒヤワコーンの神話的創造は、先住民である人間の存在論的構造を説明しているだけではなく、指示された儀礼の執行を含む規定された生活様式を説明しているということが、暗に示されていることを明らかにした。

　以上の議論から、これらの神話で表象されている先住民が行うとされる儀礼の諸特徴を明らかにすることが必要となってくる。本章で行う議論を先取りするならば、以下の通りである。

　ギブソンが語った神話における儀礼行為の神話的表象はいくつかの側面から考察される必要がある。主に、実践的側面、感覚的側面、そして、感情的側面である。これらはすべて儀礼行為の内在的な身体的資質に関わっており、これらの経験を通じて達成される統覚的経験を実現する。神話的

に表象された儀礼行為のイメージを解釈することによって、ギブソンは、儀礼を通じて人間の身体が創造された世界の象徴的中心へと変容するということを、神話的に語っているということを示す。そこには水平性と垂直性の二面がある。一方では、儀礼的な感覚経験は大地の物質と人間の身体の物質的結合を是認する。他方では、儀礼的な感情経験は、天上界と地上界の間の分離を突破することによって、人間と天上界の間の非物質的あるいは「霊的」な結びつきを実現するのである。つまり、儀礼行為と経験がもたらす統覚経験の質は、地上とは異なる天上界の儀礼経験という表象で表されている他性が経験されることを示しているのである。ギブソンは、ロングハウス宗教の説明を代弁する者、神話および伝承の語り手、儀礼を行う祭司として、伝統主義的なロングハウス宗教を保持する先住民にとっての権威と権力の場は宗教的行為と経験にあるということを、神話を語ることによって説明したのである。

第1節　儀礼行為の神話による表象

　人類創造神話に見られる2種類の人間の創造が、先住民と白人を、両者の共通点を認めつつ、両者を分離し、区別する手段であるとするならば、神話の中で「本当の人間（オングェ・オンエ）」である先住民だけが参与すると表象される儀礼行為も、両者を分離し、区別する場という意味合いがあると考えることも可能である。白人はこの儀礼に参与するということは全く考えられていない。まず、儀礼の起源に関する神話的説明を、双子の争いが終わった時点から要約してみよう。
　オハーアとの争いに勝利し、デハエーンヒヤワコーンは天上界へと去って行った。彼が去る前に、彼が創造した2人の人間に、つまり、オデーンドニア（「若木」）とアウェンハニヨンダ（「満開の花」）の2人に子供を作るようにと命じた。やがて、人間の数が増加したが、何をすべきか分から

なかった。その時、デハエーンヒヤワコーンが地上に戻ってきて、人間に4つの聖なる儀礼を教えた。「偉大な羽毛踊り」、「皮太鼓踊り」、「歌（アドンワ）」、そして、「大いなる賭け」である。この後、デハエーンヒヤワコーンは3度地上に戻ってくる。3回目と4回目の訪問の折に、彼は新しい儀礼を教え、初めの4つの聖なる儀礼を補足する。4回目の訪問の後、彼自身は二度と地上世界に戻ることはなく、代わりに使者を送るようになった。再び人々が儀礼を行わなくなったので、如何にして問題を解決すべきか論じた時、最後に一人の若者が氏族と半族を作ることを提案したのである。さて、大筋は以上の如くであるが、デハエーンヒヤワコーンが人間に与えた儀礼の内容について検討してみよう。

デハエーンヒヤワコーンが人類の祖先に4つの儀礼を教えた時、彼自身は儀礼を行うことなく、代わりに儀礼の時期と行い方を口頭で説明した。儀礼は年に2回、人間の生存が依拠している農産物が熟した時と、狩猟の季節である冬が始まる時の2回である。デハエーンヒヤワコーンは儀礼の祈りの言葉と踊りを教えた。儀礼の祈りの言葉は、次のように唱えるようにと教えた。これは通常「感謝の祈り」と呼ばれる祈りである。

「私が今日も生きており、健康であることに、私たちが生きるもの（食物のことを指す－筆者註）を、再び、眼にすることが出来たことを、彼（デハエーンヒヤワコーンのことを指す－筆者註）が私たちに与えた儀礼の行いを、再び、眼にすることが出来たことを、感謝します。私は、私の身体を形作り、天上界に住むあなた（デハエーンヒヤワコーンのことを指す－筆者註）に繰り返し感謝を述べます。あなたが私たちに与えた儀礼を、今日も行うことが出来ることを感謝します。」[1]

次に、デハエーンヒヤワコーンは儀礼の踊りについても教える。

「あなたたちはすべての儀礼を行わなくてはならない。そして、火

の回りを回ります。火の回りを、必ず、一方方向で回ります。誰にも、反対方向で、火の回りを回らせないように。回る際には、輪の外側に身体の左側を向けないようにしなさい。火の回りを回る時、身体の右側が輪の外側に来るようにしなさい。2人の歌を歌う人は座り、残りの人は全員輪を作りなさい。」[2]

このように儀礼の祈りと踊りを教えた後で、デハエーンヒヤワコーンは、これらの儀礼は天上界に起源があることを説明する。

「私は、あなたが空と呼ぶ大地があるところで行われている儀礼に倣って、それを作った。空の上側にいる者たちが感じる喜びが最も重要なのである。このような理由で、私は空の下側の、ここ地上の上で行われる儀礼も、空の上側の儀礼と同じになるようにと願ったので、そのように作ったのである。」[3]

デハエーンヒヤワコーンのこの説明には重要な点が3つある。第1に、彼は天上界に詳しい。第2に、天上界の儀礼が地上世界の儀礼の範型である。第3に、喜びの感情経験が儀礼が行われる際の最も重要な要素である。これらの3点については、後ほど詳しく論ずることにする。

次に、デハエーンヒヤワコーンは真冬の儀礼と呼ばれる儀礼を人間に教える。真冬の儀礼には、上記の四つの儀礼に加えて、「灰を掻き回す (Stirring Ashes)」、「白犬の供犠 (White Dog Sacrifice)」、「嘆きの儀礼 (Ritual of Lamentation)」が含まれる。また、「我々の母、大地」、太陽、月、雷に煙草を捧げ、感謝の祈りを捧げる儀礼も教えた。これらの儀礼は、父の氏族たちと呼ばれる男性によって行われる。今ここでは神話の中で表象されている儀礼に焦点を当てているので、混乱を避けるために、これらの儀礼の内容を説明することなく、ここでは続いて、神話の中で表象されている儀礼だけを見て行くことにする。

デハエーンヒヤワコーンは年長の女性にも重要な儀礼上の役割を与えている。それは、1日の始まりと終わりに感謝の祈りを捧げるという役割である。朝の祈りは次のように唱えられる。

「いくつかの母系家族が住むところ、いくつかの樹皮の家が建っているところ、人々が火を起こすところ、そのようなところでは、年長の女性は、自分の母系家族のために感謝の祈りを繰り返し捧げる役目を持つ。新しい1日の日の出を見る時、常に次のように感謝の言葉を述べる。『私たちは私たちの母、大地に感謝します。私たちは、私たちがそれによって生きるすべての育つものに感謝します。私たちは、ショングワヤディサイが私たちとともに1カ所に残して下さった動物たちに感謝します。私たちは年上の兄である太陽に、祖母である月に感謝します。私たちは西からやって来る雷、祖父たちに感謝します。そして、私たちはすべてのものと人間を創造し、ここで述べたものにそれらの役割を果たすようにと命じ、私たちの身体を作り、空に住むあなたに感謝します。一つの場所からもう一つの場所へ安全に旅が出来ますように。昼と夜を安全に過ごせますように。火を分かち合っている我々が皆、昼と夜と安全に過ごせますように。』」[4]

夕方の祈りでは、その日に死者などが出なかったことを感謝しなくてはならない。この儀礼の祈りでは様々な神話的存在者に感謝を捧げているが、デハエーンヒヤワコーンは、同様の感謝の祈りを人間同士にも捧げ合うように、命じている。

ここで感謝という言葉について一言述べておく必要がある。感謝するに相当するオノンダガ語は「nyawen'ha」である。しかし、この語が意味するところは、英語のthankよりも幅が広い。セネカ語の感謝の祈りの研究を行ったウォレス・L・チェイフ（Wallace L. Chafe）が指摘しているように、このイロクォイ語には「感謝する、あることに対してと、あることのために感謝する、喜ぶ、恵みを与える、挨拶する」といった意味合いが

含まれている。チェイフはさらに詳しく、次のように解説している。

> 「問題は、セネカ語の概念は単純な英語の言葉が表す以上の広い概念内容を示し、感謝すると挨拶の両方の習慣化された穏和さだけでなく、ある物事や人物が存在していることに対する幸福の一般的感情をも示す。その結果、『誰々に感謝する』と『何々を感謝する』という英語の区別に相当するセネカ語はないのである。」[5]

このようにホティノンションーニの感謝という語には、かなり広い意味が含まれている。

さて、儀礼に関する指示を与え終えた後で、デハエーンヒヤワコーンは人々に、自分の弟は今でも人間に悪い影響を与えようとしており、もし、儀礼と祈りを怠ったならば、人々は互いに対立し合い、争いが始まり、殺し合うであろうと注意をした。というのも、これらの悪い行動はオハーアの影響が現れている証拠だからである。また、デハエーンヒヤワコーンは空に虹が見えたら、自分の教えを思い起こすようにと言った。

2回目に地上を訪れた時、デハエーンヒヤワコーンは、雷に、地上のものを見守るために、西からやって来るようにと命じた、と人々に伝えた。そして、彼は地上の最初の3つの色を創造した。それらはヒマワリの黄色、赤ヤナギの赤、ブルーバードの青である。この後で、デハエーンヒヤワコーンは新しい儀礼を教えた。それらは最初の聖なる4つの儀礼を補足するためのものであり、ベリー（液果）が熟した時に、それを集め行う儀礼であり、苺儀礼、キイチゴ儀礼、マルベリー儀礼である。それぞれの儀礼に関する教えはほぼ同じであるので、ここでは苺儀礼を取り上げることにする。

デハエーンヒヤワコーンはまず、人々に、春に苺が熟した時に、人々は集まり、苺を摘み、儀礼を行うようにと言った。ロングハウスで、人々は苺ジュースを用意する。思春期を迎えた若い男女の1組が選ばれ、会衆に

苺ジュースを配る役を担う。最後に、会衆一同が苺ジュースを飲む前に、祭司が感謝の祈りを捧げる。ここで、苺ジュースを飲むという時に用いられている「hesgonnenda」というオノンダガ語の訳に、ヒィウィットは初め「飲み込む（swallow）」という訳語を当てている[6]。後でこの訳語を消して、「飲む（drink）」という語に変更しているが、「飲み込む」という語に含まれる身体内部の喉の動きに着目した表現は、この儀礼の意義を考察する上で重要であると思われる。

　3回目に戻ってきた時、デハエーンヒヤワコーンは人々にオハーアが悪い影響を及ぼし始めており、自分自身が創造したものに害を与えようとしていると人々に警告を発した。そして、人々に儀礼を行い続けるようにと伝え、再び天上界へと去って行った。

　4回目に戻ってきた時、デハエーンヒヤワコーンは人々に、オハーアが人間の心に影響を及ぼしていると伝えた。オハーアの影響のために、人々は争い、殺し合っており、その結果、嘆きや悲しみが人々の間に満ちていると説明した。そして、デハエーンヒヤワコーンは人々に地上界には2つの道があり、そのうちの1つは、4つの聖なる儀礼を真面目に行う人々の道であり、もう1つは、儀礼を行わない人々の道であると説明した。最初の道に属する人々は、互いに愛し合い、平安のうちに生き、死後、天上界の神話的存在者が儀礼を行っているところへ赴く。もう1つの道に属する、儀礼を行わず、争ったり、殺し合いをしたりする人々は、死後にオハーアが支配しているところに行き、そこで苦しむようになる。

　デハエーンヒヤワコーンは、次に、病について説明し、草、低木、木から薬を作る方法を教えた。食物に関して、デハエーンヒヤワコーンは人々に3姉妹であるトウモロコシ、豆、スクワッシュを植えるように教え、それらに「我らの母」と呼びかけて感謝の祈りを捧げるように、と教えた。というのも、これらの食べ物は人々を心と身体の両面において強く健康にし、「人々の息を強く」するからである。これらの食べ物が収穫される時、人々は集まって収穫し、感謝の祈りを捧げなくてはならない。トウモロコ

シが最初に収穫されるので、トウモロコシへの感謝儀礼が最初に行われる。そして、豆とスクワッシュの感謝の儀礼が続く。人々の代表として選ばれた語り手が感謝の祈りを捧げ、それに続いて、火の回りを回る踊りと収穫された食べ物から作られた飲み物を共有する。

そして、次に、デハエーンヒヤワコーンは、天上界における儀礼的感情の意義について語っている。

> 「そこ（天上界）に辿り着く者は誰でも喜びしか知らず、死を知らず、病気にはならず、生命を支えるもののために争うこともなく、悲しんでいる人や悲しみを起こすものは知らず、喜びを与えるものだけを見る。」[7]

このように説明してから、オハーアがまだ人々に悪影響を与えようとしているけれども、彼自身の3回（あるいは4回）の地上界への訪問は終わったので、二度と地上界へは戻ってこないと告げた。しかし、彼の兄弟のオハーアの影響に対抗するために、使者を、2度、地上に送ると約束した。ここで言われている2人の使者とは、おそらく、デカナウィダーとハンサム・レイクを指すのであろうと思われる。

最後に、デハエーンヒヤワコーンは人々に若者を2人、男女選び、2人を西の方角へ、トウモロコシと豆とスクワッシュを見つける旅へ出させるように命じた。そして、デハエーンヒヤワコーンは次のように説明した。西の端に到着したら、女性はトウモロコシと豆を拾い、男性はスクワッシュを拾う。そして、2人は、大地の端の地面に穴が開いているのを見つけ、その中に人が横たわっているのに気づくであろう。大地の下に人が横になっているのは、すべての人の地上の生命には限られた日数があり、死ななくてはならないということを示している。このように説明してから、デハエーンヒヤワコーンは天上界へと去って行った。

この後で、人々はデハエーンヒヤワコーンが教えた通り、若い女性と若

い男性を1人ずつ選び、トウモロコシと豆とスクワッシュを採ってくるように、西へと送った。2人が大地の端に到着した時、2人はトウモロコシ、豆、スクワッシュを見つけた。2人がそれらの食べ物を拾っている時、人が頭を西に向け、足を東に向け、横たわっているのに気づいた。2人は「3姉妹」を持って、村へ戻ってきた。人々は喜び、デハエーンヒヤワコーンに感謝の祈りを捧げた。この逸話の後、人々は儀礼を行い続けるが、しばらくして、喧嘩、対立、行方不明、死が人々の間で生じた。問題を解決するために若者が立ち上がり、半族と氏族を作る提案をするのだが、この部分は既に触れたので省略する。

　さて、以上、儀礼の起源と形式に関わる内容を要約した。まず最初に考えるべきことは、創造神であるデハエーンヒヤワコーンは、如何に表象されているのか、という点についてである。なぜならば、デハエーンヒヤワコーンが儀礼を人間に教えたのであり、彼が人間に儀礼の仕方を教えなかったら、人間は儀礼の行い方を知らないのである。

　まず注目すべき点は、デハエーンヒヤワコーンは天上界の儀礼について知っており、それゆえ権威を持って、地上世界で人間に儀礼の説明をすることが出来るのである。そして、重要な点は、デハエーンヒヤワコーンは儀礼の行為について説明はするが、彼自身は儀礼を行わない。つまり、彼は言葉を発する語り手であり、それゆえ権威を持つのである。彼は儀礼を書き表したという意味で作者であり、ロングハウス宗教の根元的な言葉の源であり、権威の源なのである。

　デハエーンヒヤワコーンは人間に開示する言葉を知っているということは、世界の創造の際にも見て取ることが出来る。特に、オハーアが彼を模倣して創造した生き物に正しい名前を付けたということは、デハエーンヒヤワコーンが正しい言葉を知っているということと軌を一にしている。また、ロングハウス儀礼において、デハエーンヒヤワコーンは「言葉の良い方」と呼び掛けられていることも指摘しておきたい。それゆえ、デハエーンヒヤワコーンは、何よりも言葉の源なのである。

ところで、ギブソンの神話の特徴の一つとして、第2章でいくつかの神話も要約したので分かる通り、創造神の名前がデハエーンヒヤワコーンであり、彼の双子の弟の名前がオハーアであるという側面を挙げることが出来る。そして、このデハエーンヒヤワコーンという名前の意味が「天上を両手で掴む者（He Who Has the Sky with Two Hands）」であるということの意義は極めて大きい。また、ホティノンションーニの人々が儀礼の中でデハエーンヒヤワコーンを呼びかける時に、「我らの身体を創造された方（ショングワヤディサイ、Shogwaya'di'sa'i'）」と呼びかけるのは、「天上を両手で掴む者」という名前とともに、その身体性に特徴があることが分かる。ホティノンションーニの人々が持つ彼のイメージは、言葉の源であるとともに、身体を大きく広げて天上を支える姿であり、人間の身体の形態の中にその創造の業の意味が顕わにされている、そのような、神性を担っているのである。

　ところで、このようにデハエーンヒヤワコーンが言葉を発する神話的根元であり、権威の神話的源であるとするならば、そのデハエーンヒヤワコーンの言葉を語るロングハウスの祭司とは、一体、如何なる人物なのであろうか。ウェーバーが言うように制度化された権威の中で伝承を語り、そうすることによって制度を支えようとする宗教的人格なのであろうか。この問題はジョン・A・ギブソンが世襲首長議会の首長であり、かつ、ロングハウス宗教の祭司でもあったということから避けられない問題でもある。

　最近のいくつかの儀礼研究に、儀礼執行者である祭司は、その制度の中で伝統を語ることによって、儀礼の参加者を統御する政治的人物であるという立場がある。例えば、キャサリーン・ベル（Catherine Bell）は、儀礼に参加する人々の身体を、宗教的イデオロギーの対象かつ政治的操作の対象として、力関係を構築するのが儀礼の機能であると論じている。つまり、祭司は神話的人物の言葉を語ることによって、他の儀礼参加者の身体と身体運動を操作し規定し、政治的影響力を行使するということである。

「儀礼化は、力が軍事的勢力や経済的優位から由来するのではなく、神から由来すると主張される時、力関係を構築する手段である。それは、また、人々が人格的には力を付与する共同体の秩序に対する視点を経験する手段でもある。」[8]

このような意味での儀礼化は、ギブソンが語ったオノンダガ神話の中で表象されている儀礼の起源に当てはまるように思われる。例えば、人間が行う儀礼はデハエーンヒヤワコーンに由来する。そのデハエーンヒヤワコーンの言葉を語るロングハウス宗教の祭司は、人々に儀礼の構造を与え、そうすることによって、社会に秩序を与えることが出来るようになるのである。しかし、ベルの視点には「神」という観念は社会的構築物であるというデュルケム的あるいはマルクス的な立場が暗に含まれており、前章で論じた本書の立場とは異なる。しかしながら、ギブソンの神話の歴史的文脈の研究から明らかになったように、ギブソン自身が何かしらの力と地位を持っていた世襲首長議会を維持し、その存続を外部社会に対して守ろうとしていたことは明らかである。内外に対して、ロングハウスの伝統の権威と知識の代弁者としての自分自身の立場を擁護しようとしていたのかも知れない。このような視点を借用して、「デハエーンヒヤワコーンが人類の祖先に守るようにと教えた儀礼行為を、神話的に表象することによって、何を達成しようとしたのか」という問いを立てることは可能であり、必要である。

ところで、この力関係というのは何であろうか。

マイケル・K・フォスター（Michael K. Foster）が論じているように、ホティノンショーニの社会では、祭司の地位は家族で継承するようなものでもなく、組織的に制度化されていた地位でもない。祭司の個人的な能力と動機に依拠していたのであり[9]、それゆえ、ギブソンは、ヘブル聖書やヴェーダに見られるように、神話的に祭司という特別な地位の起源を語ることはしていないのである。また、祭司という地位にあることによって得

られる利益は、人々から尊敬を受け、人々に自分の意見を受け入れてもらうことが出来るということである。しかしながら、それは強制によってではなく、あくまでも説明と説得によってなのである。それゆえ、ギブソンは、神話を語ることによって、ロングハウス宗教における祭司という、特別な地位にいることによって享受する力関係を維持しようとしていたと、単純に言うことは難しいと思われる。

　しかしながら、同時に、ギブソンが世襲首長議会の中で、その知識のゆえに、また、その地位のゆえに、何らかの便宜を受けていたことも確かである。『伝統的歴史』の編纂に携わった首長たちには、かなりの金額が謝礼として議会から支払われていた。また、ギブソンは、目が見えなかったために、他の失明した人々とともに議会から補助金を受け取っていた。ある時、議会は盲目の人々への補助金をうち切ることにしたが、ギブソンは例外としていた[10]。このように、おそらくギブソン自身が要求していたかどうかは別として、世襲首長たちがギブソンの世話を助けていたことは確かである。このような世襲首長議会を守ろうとギブソンがしたとしても、不思議ではないであろう。

　さて、次に考えるべき問題は、デハエーンヒヤワコーンの教えとそれを受け止める人間との関係である。デハエーンヒヤワコーンが言葉の根元であり、権威の源であるとするならば、その言葉を受け取る人間は、その言葉を実践に移す行為者であり、代理者であると言える。このような神話的存在者の言葉とそれに相応する人間による、あるいは下位の者によるその言葉の内容の実践という相互関係は、ギブソンの神話を通じて見られる型である。それは神話的存在者同士の間でも、神話的存在者と人間との間でも見られる関係である。例えば、天上界で死に見えなくなったアウェンハーイの父親は、その身体が置かれた木の上からアウェンハーイに何が起きるか、ホダヘーの家で何をすべきかということについて説明をし、助言を与えている。双子の争いに際しては、デハエーンヒヤワコーンの「父親」は同様の助言を与えるという役割を果たしている。また、太陽と月の創造に

際して、彼はデハエーンヒヤワコーンにアウェンハーイの天上界にいる兄に太陽になるように依頼するようにと教える。デハエーンヒヤワコーンがその兄に太陽に成るように頼んだ時、彼はデハエーンヒヤワコーンの母が月になるようにと示唆する。このように教えを与える者とそれを実践する者という相互関係の型が繰り返し現れてくる。

　この関係、デハエーンヒヤワコーンの言葉、あるいは教えを具体的に実践し実現するという関係は、実に「イエズス会士の書簡集」に見られるヒューロンの夢儀礼の、夢で伝えられた天上界の主の望みや願いを満たすという関係と、基本的には同一行動を持っていることが分かる。

　そして、神話の中では、デハエーンヒヤワコーンの行為は、地上世界の被造物の創造に向けられているが、彼の言葉は、地上世界で人間を行うべき儀礼の形式と内容を明らかにすることに向けられている。デハエーンヒヤワコーンの創造の行為は地上の物質的形態を、その言葉は人間の儀礼的行動形態を、それぞれ顕わにしている。このようなデハエーンヒヤワコーンに対して、人間の儀礼行為は、デハエーンヒヤワコーンの言葉に従ってなされる行為であり、儀礼における言葉は、特に感謝の祈りの言葉は、何よりもデハエーンヒヤワコーンの創造の業、行為に向けられている。デハエーンヒヤワコーン自身が、自分と他の神話的存在者にふさわしい儀礼を人間に教えるということは、デハエーンヒヤワコーン自身が、儀礼的および神話的権威の源であるということを意味しているのである。

　しかしながら、デハエーンヒヤワコーンは天上界の権威の声を代表しているだけではなく、彼の関心は人間の物理的・身体的安寧にも向けられている。ここで思い出すことは、デハエーンヒヤワコーンが最初に行った創造的行為は、彼の「父親」からトウモロコシをもらい、トウモロコシを人間のために作ることであった。そして、病気を治療する薬を作る方法や、「3姉妹」を見つけ、手に入れる仕方まで、人間が食物を摂取し身体を維持することに特別な注意を払うことによって、デハエーンヒヤワコーンは人間の幸福に関心を寄せている。また、太陽と月を創造した時には、人間に

光が必要であると考え、創造した。そして、彼の母には大地の生き物の様子を監視する役割を与えもした。

では、次に、デハエーンヒヤワコーンの言葉を現実化する人間の儀礼行為の神話的表象を如何に考えるこことができるか、について考えてみることにしよう。

第2節　儀礼の神話的表象と儀礼の民族学的研究の比較

　前節では、ギブソンが語った神話の中で儀礼がどのように表されていたかを見た。ギブソンが神話を用いて表象した儀礼の意味を理解するために、神話の中で表象された儀礼が如何なる儀礼であり、その神話的表象に如何なる特徴があるのかを考察する必要がある。また、ギブソンがその神話の中で描いた儀礼と実際のロングハウスで行われていた儀礼とを比較して、ギブソンの神話が表象した儀礼の特徴を考えることが必要である。

　先住民の儀礼といっても不変なものではない。特にカナダ文化の影響を受けて、大きく文化変容をしていた時代のロングハウス儀礼は、場所と時代によって、内容や強調点が異なっていたであろう。例えば、シモニーは1950年代の6カ国保留地の真冬の儀礼では、かつてはその主要な要素の1つであった夢推測（dream guessing）はほとんど行われなくなってしまっていると書いている[11]。また、儀礼を行うロングハウスや儀礼を執り行う祭司によって、儀礼の内容は少しずつ変わることも当然である。それでは、ギブソン自身が行ったロングハウスの儀礼は如何なるものであったのであろうか。

　幸いにも、イロクォイの食べ物と食べ物の準備に関して民族学的研究を行ったカナダの民族学者F・W・ヴァフ（F. W. Waugh）の情報提供者として、他の先住民とともにギブソンの名前が載っている[12]。限定的な意味においてではあるが、ギブソンが語った儀礼の民族学的説明を知ることが

出来る。限定的な意味というのは、以下のことを指す。自身の伝統に関して民族学者に与える情報は、民族学者の質問や関心によって規定されるので、特に、食べ物と食べ物の準備に関して調査していたヴァフに語ったギブソンの儀礼に関する情報が、ギブソンが知っていたロングハウス儀礼のすべてであるということではない。また、それはあくまでもギブソンが語った儀礼であり、確かに、それは彼の儀礼行為に基づくものであると考えられるが、それは第三者がギブソンの儀礼行為を「見て」、それを記述したものではない。ただ、ギブソンが語った神話からだけではなく、他の資料からもギブソンの儀礼に関する知識を知ることが出来、それを用いて、神話的に表象された儀礼が何であるかという問題を考察することが可能なのである。それでは、まず、ギブソンが、ヴァフの情報提供者として説明している儀礼の内容を要約してみよう。

初めに、春の儀礼が挙げられている。春の種蒔きの準備として、女性の集まりが種蒔きの日のおよそ1週間程前に集まり、儀礼を行う日取りを決める。日取りを決めた後で、彼女たちは保留地の人々全員に連絡する。儀礼の時、ロングハウスに集まった会衆の前で、任命された話し手が話をする。ギブソン自身、この儀礼の言葉を述べる役にしばしば任命されたようである。ヴァフは次のように書いている。

「ギブソン首長によれば、儀礼の話し手は、次のように言って終える。『天にいる我らの父に感謝します。我々は今日もまだトウモロコシ、豆、スクワッシュ、そして、他の野菜を植える義務と格別の恩恵があります。私たちは、あなたに、私たちの父に、この季節もいつもと同じように食べ物を与えるように、鳥や動物たちを送るようにお願いします。私たちは儀礼を執り行う格別の恩恵があることについて今日あなたに感謝します。』」[13]

この春の種蒔きの儀礼の際には、他の儀礼の時と同じように、踊り、ゲーム、歌が行われる。器のゲームで男組と女組が競争した後で、儀礼の参加

者は「ハウェニヨ（『彼の言葉は良い』という意味であるが、創造神デハエーンヒヤワコーンを指す－筆者註）」に感謝を捧げる。そして、女の集まりの指導者が女性を代表して次のように述べる。

> 「私の息子たちよ、私たちは私たちの偉大な3姉妹に感謝を述べる義務を行わなくてはならない。私たちは偉大な3姉妹のために歌を歌わなくてはならない。あなたたちは私たちを手伝わなくてはならない。」[14]

全員が立ち上がり、男たちは中央の一方に1列に並び、女たちは反対側に1列で並ぶ。そして、歌を歌う。

春の種蒔き儀礼の後で、トウモロコシの「薬」が種を病気から守るために種にまかれる。ギブソンは、春の遅い霜で発芽した芽が害されないように、次のような対策を取ると話している。ある植物の根を8株ほど集め、水を8分目ほど入れて、6分目ぐらいになるまで沸かす。そして、それを冷まして、トウモロコシの種を入れ、1時間ほど浸しておく。水を流した後、種は籠に移され、発芽し、芽が少し大きくなるまで水を与え続ける[15]。

そして、種植えの時期が来ると、女性たちはトウモロコシ植えの儀礼を行う。これが第2の儀礼である。女性たちは「われらの母、大地」と創造神に感謝を捧げ、雷に植物を保護し、種が成長するように雨を降らすように祈る。雷は、また、被害を与える嵐を避けるように統制されなくてはならない。

トウモロコシが成長するにつれて、人々はトウモロコシ畑の草を抜くために2度集まる。最初の草抜きは「大勢の人が集まり働く」と呼ばれ、2回目の草抜きは「盛り上げをする」と呼ばれる[16]。それぞれの草抜きに際して、人々は集まり、踊り、感謝の祈りを捧げる。その後で、トウモロコシスープが作られ、人々の間で配られる。

第3番目に行われる儀礼は雨乞い儀礼であり、デハエーンヒヤワコーンが植物の成長を見守るようにと命じた、雷存在者への祈願の祈りである。

この雨乞い儀礼には、儀礼の言葉を述べる話し手、踊りを踊る若者、水を運ぶ役割をする年長の女性が参加する。初めに、ロングハウスの外で、話し手は、火に煙草をくべながら、雷存在者に大地に水をもたらし、川、小川、湖を再生するようにと祈願する。この後で、ギブソンは次のようにヴァフに述べている。

「戦士たちがロングハウスの方向に向かってゆっくりと踊り始める。踊り手たちは時々跳ねたり、『雷』のように大きな声で叫んだりしながら、ロングハウスの中へ入っていく。年長の女性は、彼らが中に入っていく時に、彼らに水を掛けながら続いて行く。ロングハウスの内側でも踊り手たちはしばらくの間踊り続ける。そして、多くの男女の老人たちが感謝の言葉を次々に述べる。」[17]

男たちが踊るとき、彼らはロングハウスの建物の西側に備えられた火の回りを踊る。というのも、西の方角は雷存在者が地上を訪れる時にやって来る方向だからである[18]。

第4の儀礼は収穫の時に行われる儀礼である。収穫の季節には、女性が重要な役割を果たす一連の儀礼が執り行われる。これらの儀礼では、初めに儀礼の話し手がデハエーンヒヤワコーンに感謝を述べる。そして、男たちが踊り、その後で女たちは「『私たちの母、大地』と3姉妹に感謝する踊り」を踊る。参加者全員男女共に踊る場面もあるが、女性だけが踊る場面もある。収穫の儀礼では、女性が「私たちの母、大地」と3姉妹に感謝の言葉を述べる責任がある。男性が天上界の男性の神話的存在者であるデハエーンヒヤワコーンに感謝を述べる責任を負うのに対して、女性が大地の「霊的な存在者」に感謝を述べる責任がある。

これらの儀礼とは別に、ギブソンは種蒔きと収穫を容易に行うために一時的に形成される集団についても言及している。それは「蜂（Bees）」と呼ばれる相互協力の集まりが果たす役割である。この集団の誰かが、草刈

りや収穫に際して他の人々の助けが必要な時、その人は集団の長に連絡を取る。この長は他の人々の連絡をする。この集団に属する人は、年齢に関わりなく、自分の鍬や道具を持って、助けを必要とする人の畑にやって来る。多くの人々が一緒に働き、助けを求めた人は、来てくれた人々にトウモロコシスープを差し出す[19]。

　ホティノンショーニの儀礼に関するギブソンの情報の中で、種蒔きなどで重要な責任を持つ女性の集団は、ギブソンの神話の内容を考察する上で考慮しなくてはならない。というのも、女性の集団は、50年後の1950年代には、ロングハウス社会ではもはや重要な役割を果たさなくなっていたからである[20]。それゆえ、ギブソンが語った神話でもギブソンが提供した儀礼に関する民族学的情報でも、女性の集団が果たしていた重要な役割に言及されているということは、後の時代よりもロングハウス儀礼において女性は重要な役割を果たしていたということが出来る。1950年代よりもギブソンの時代には、女性の集団と女性が果たしていた役割はより大きかったということは、ギブソンが語った神話の中で女性が重要な役割を果たしていたということと何かしらの関係があると考えることも出来る。

　さて、以上の民族学的な情報とギブソンが語った神話の中で表されている儀礼とを比較して見て、何が分かるのであろうか。まず、女性が重要な役割を果たす儀礼に重要性を置いているように思われる。女性たちは「われらの母、大地」と3姉妹に感謝の祈りを捧げるという重要な責任を負っている。この女性の重要性は、ヴァフに与えた情報が主として、農耕儀礼であったからということが言えるかも知れない。次に、農耕儀礼との関連で言えば、ギブソンの儀礼の神話的表象は民族学的情報とほぼ一致すると言っても良いと思われる。しかし、ギブソンが提供した儀礼に関する情報は、食物に関わる農耕儀礼だけであったので、真冬の儀礼などの他の儀礼については、ギブソンはヴァフには民族学的情報は与えていない。また、言うまでもないが、ロングハウスの儀礼では男性も重要な役割を果たしている。この点に関しては、ヴァフは次のように書いている。収穫祭が終わると、

「儀礼暦は、『肉を求めて狩猟するため』再び男性の手に渡される。というのも、次の儀礼である真冬の儀礼は、男性が日取りを決め、男性が執り行うからである。」[21]

男性が冬の間の儀礼の準備と執行の責任を負うことになる。しかし、真冬の儀礼に豊饒のモチーフが欠けている訳ではない。次の年の種植えや収穫を予祝するという豊饒のモチーフも含まれているのである。

ギブソンが語った神話において表象されている儀礼と民族学的資料に見られる儀礼は、ほぼ共通しているが、同時に、どちらにも欠けている儀礼がある。それは夢解きの儀礼である。既に指摘しておいたように、ロングハウス宗教にとって夢と夢の経験は極めて重要である。例えば、真冬の儀礼では儀礼化された夢解きは重要な儀礼の一部を形成しているが[22]、ギブソンはこの点に関しては一言も触れていない。また、夢と関係があり、地上の制御権を巡ってデハエーンヒヤワコーンに挑戦したハドゥイの話は、ギブソンが語った神話にはもともと含まれていなかった。ハドゥイの夢を見た病人は、仮面の結社に病気を癒すための儀礼を行ってもらうようにと依頼する。このように重要なロングハウス儀礼をギブソンが知らなかったということは考えられない。ギブソンがその神話においても、儀礼に関する民族学的情報においても、夢の儀礼については何も語っていないということには、ギブソンが語った神話の構成と内容と密接に関わっていると思われる。

ところが、ギブソンの神話では社会的関係を結びつけたり、強化する機能を果たす儀礼を主に表象しているようにも思われる。デハエーンヒヤワコーンが新しい儀礼を教えるのは、最初に与えた4つの聖なる儀礼を行えなくなるような社会的危機に応答して、社会を改めて再組織することによって儀礼を継続するためである。もし、そうであるならば、ギブソンが語った神話に表象されている儀礼は、その社会的統合の機能との関連でも考えなくてはならない。それでは、儀礼の持つ社会的統合の機能と儀礼の参

加者の身体とはどのような関係にあるのであろうか。

この点に関して、社会人類学の視点からメアリー・ダグラス（Mary Douglas）は次のように書いている。

> 「人間の身体は常に社会のイメージとして取り扱われている。同時に社会的次元を含まないような身体を考えるような自然な方法はない。」[23]

ここでダグラスは身体の表象と社会のイメージとの間に密接な関係があることを強く指摘しているが、若干誇張しているとも思われる。しかしながら、ギブソンの神話における人間の身体の表象と社会の構築、あるいは、再構築との関係について考察を加えるために、もう少し彼女の意見に耳を傾けてみよう。

> 「身体の統制は社会の統制の表現である。儀礼における身体の制御の放棄は、表象されている社会経験の要求に応じている。さらに、相応する社会的形式なしに身体的統制を成功裏に行えるという期待はない。そして、身体的経験と社会的経験を調和を持って結びつけようとする動機はイデオロギーにも影響を与える。その結果、身体上の統制と社会的統制の間に相応関係が見つけられるならば、政治的思想とイデオロギーにおける様々な態度を考察する根拠となりうる。」[24]

ここではダグラスは、社会的象徴としての身体が持つ社会的意義に関心を持っている。つまり、身体の部分に付与されている意味が階層を形成しているということは社会内の階層を反映しているということである。

しかしながら、ギブソンの神話における儀礼を行う身体の表象には、身体の諸部分に対する関心はほとんどない[25]。しかし、このことはギブソンには政治的関心がなかったということではない。人類創造神話で見られるギブソンの政治的関心は、むしろ、先住民社会と白人社会との関係に向けられている。そして、身体の諸部分にではなく、人間の身体が作り出され

る材質に関心が向けられている。それらは、先住民の身体が作られた大地と白人の身体が作られた水の泡である。これらの材質の質的相違と、おそらくは2種類の人間を創造した双子の神話的存在者の相違が、むしろ2つの社会と2つの人間を区別する指標であると考えられる。

また、ダグラスが言うように、神話的に表象された身体のイメージは先住民社会内部の階層を反映しているとしたら、神話の表象における人間の身体の部分の階層化の欠落は、むしろ、ホティノンションーニ社会の相対的に階層化されていない社会構造の特質を反映していると言うことも可能かも知れない。実際、既に述べたように、ロングハウス宗教の祭司の権威と権力は彼らの説得力にあり、彼ら自身はそれだけでは政治的な力を行使するということはない。しかしながら、ここまでの議論で明らかになってきた点は、ギブソンにおいては、「宗教」と「政治」を完全に切り離すことは難しい、むしろ、それらは、車の両輪、あるいはコインの表面と裏面の関係に非常に近いという点である。だが、「宗教」の問題を完全に「政治」の問題に還元できるということではないし、前者には後者にはない問題があることも確かである。

それでは、既に論じたように、デハエーンヒヤワコーンによって創造された先住民の人間の身体が天上界の権威と権力の場であり、神話に語られた儀礼は先住民の身体を通じて行われるのであるとするならば、神話において表象されている儀礼をどのように考えることが出来るであろうか。

ここで第6章の人類創世神話において示されている先住民の人間創造を思い返すことにしよう。人間は他の被造物と同じく、大地からその身体は創造された。しかし、動物とは異なり、大地から創造されるだけでは人間は動き出さなかった。そこで、デハエーンヒヤワコーンは彼自身の中から自分の諸能力を取り出し、それらを人間に挿入した。すると、人間は起き、動き始めたのである。このような存在として理解されている存在構造を持つ先住民にとって、儀礼を行うとは何を意味しているのであろうか。特に、デハエーンヒヤワコーン言葉が顕わにした儀礼行為を行うとは、どういう

ことなのであろうか。

　それでは、ギブソンの神話において表象されている儀礼行為について考察を加えてみたい。まず、儀礼的に収穫された果実や野菜のジュースを飲む、あるいは食べることにとても重要な意義を与えられていることが分かる。先に述べたように、それは口と喉を用いた身体的な経験であり、儀礼的に飲み込むという経験である。なぜ、飲み込むという身体的行為と経験が儀礼の場で重要なのであろうか。それは単に儀礼の場で行われると言うだけでなく、感謝の祈りの言葉を述べてから飲み込むということが宗教的に重要なのである。食べ物を儀礼的に取るのは何もロングハウス宗教に限ったことではない。キリスト教聖餐式ではパンと葡萄酒を受け取っている。しかしながら、ロングハウスの儀礼では味わうという味覚上の美的経験の肯定は、ギブソンの神話では重要なのである。この点は、人間の感覚的経験は文化的・社会的に構築されているという文化相対主義的な多文化主義の立場を思い出させる。例えば、コンスタンス・クラッセン（Constance Classen）は、ヨーロッパの歴史においてでさえ、異なる感覚が異なる時代と異なる場所で異なる意義を与えられていたということを指摘している。

　　「かつて嗅覚は我々の感覚的・象徴的意識の大部分を占めていたことがあり、ある重要な場合には、視覚よりも優位であると信じられてさえいた。」[26]

　もし、そうであるならば、ギブソンの神話で人間の感覚経験が神話的に、そして、象徴的に如何なる意義を与えられていたかを見つけ出す必要がある。

　このような感覚的経験とともに、神話で重要な意義を与えられているのが、儀礼行為を通じて経験される喜びの感情である。感覚の場合と同様に、文化的に価値あると解釈される感情が、そのように神話的に表象される。文化的に意義づけられる感情の文化的構築性については、キャサリーン・A・ルッツ（Catherine A. Lutz）が西洋の「普遍的」とされる感情の概念

も、西洋の文化的特殊性に枠付けられていると指摘している[27]。また、ロバート・R・デスジャレ（Robert R. Desjarlais）は日常生活における繊細な美的経験の質が、儀礼などにおける感情経験に影響を与えるということを指摘している[28]。それゆえ、ここでも安易にロングハウス宗教の感情を、我々が一般に感じる感情と同じであると仮定することは控える必要がある。それゆえ、神話的に表象された儀礼感情もそのようなものとして解釈する必要がある。

　しかし、ここで一つ強調しておきたい点は、儀礼的感覚経験の場合も感情経験の場合も、「観察され得る」儀礼の場における直接的な感覚的・感情的経験を取り上げているのではなく、あくまでも、ギブソンの神話において表象されている儀礼行為に見られる感覚的・感情的経験であるということである。現時点での議論を明確にするために、このように一応限定をしておきたい。

　ところで、このように神話において言語的に表象された儀礼経験を如何して理解することができるのであるのであろうか。この表象というのは、単に言語的に構築された身体的経験から切り離された言説の次元の問題ではなく、ギブソン自身がロングハウス宗教の祭司であったということからも、そこには実践的次元の裏づけがある表象であると考えられる。さらに言うならば、それは身体的経験に根差した体現化された経験であると考えることができる。神話において表象されている儀礼の行為および儀礼の経験の意味を考えるにあたっては、語り手であるジョン・A・ギブソンは宗教的人格であったのであり、研究者ではなかったということを思い出す必要がある。しかし、神話における儀礼行為の身体的根拠については、以下の2節で少しずつ詳しく論じていくことにする。

　それでは、次に、創造神であり、宇宙的争いの勝利者であるデハエーンヒヤワコーンの言葉に、儀礼上の権威と権力の根拠を見い出すという視点から、そこで表象されている儀礼経験の感覚的および感情的側面の意義を如何に解釈することが出来るか論ずることにする。

第3節 水平線上に体現化された中心としての儀礼を行う人間の象徴

　世襲首長議会とインディアン事情局との間の政治的衝突という歴史的状況において、ギブソンがその神話を語ったということと関連して、神話の人類創造が示すように、身体を作り出す物質の相違は先住民と白人とを区別し、分離する土台であり、また、デハエーンヒヤワコーンが与えた儀礼は先住民だけが行う儀礼行為であり、それゆえ、儀礼を行うということが両者の間の境界をさらに明確にする試みであると考えることが出来る。儀礼の行為にはオハーアが創造した白人が含まれていないのは、白人はロングハウス宗教に従わないというだけではなく、白人は大地から創造されず、水の泡から創造されたので、大地と直接的に関わりのあるロングハウスの儀礼に参加することが出来ない、つまり、質的に大地と関わり合うことが出来ないからである。そして、デハエーンヒヤワコーンが儀礼を人間に教えたと言うことから、デハエーンヒヤワコーンの神話的権威と権力が実現されるのは、儀礼を行い得る先住民の身体と身体による儀礼行為の場であると考えることが出来るのである。そして、これらとの関連で、儀礼の感覚的経験と感情的経験がどのように関わり合うのかという問題が取り上げられなくてはならないのである。

　最初に、ロングハウスの儀礼は楓の蜜、苺、トウモロコシなどの食することの出来る食べ物を巡って、それらを中心として組織されているということを指摘しておく必要がある。これらの実りのうちのいくつかは自生の大地の産物である。そして、収穫を祝う儀礼において食べるという儀礼行為が大地と人間を結びつけるものであるとしたら、「飲み込む」という儀礼行為を通じて、両者が互いに結びつけられると考えることが出来る。

　食べ物が持つ象徴的意味に関しては様々な研究がなされている。キャロ

ライン・W・バイナム（Caroline W. Bynum）は中世キリスト教における女性の聖者にとってもつ食物の意義を論じているが、彼女はこれらの女性たちが生きていた政治的・社会的文脈を強調し、食べ物は女性が制御することが出来た唯一の資源であったと論じている[29]。ここでのバイナムの論点は、女性の聖者が食べ物を象徴的媒体として選択したのは組織的に決定されていたという点である。同様に、嗜好の形成には、人が所属している組織の社会的形成力が決定的に作用するというのが、ピエール・ブルデュー（Pierre Bourdeu）の研究である[30]。

ヨーロッパ中世の女性とは異なり、ロングハウス社会では女性の力は強かった。この点は既に述べた通りである。また、ロングハウス儀礼との関連では、儀礼において関係があるのは樹木、ベリー、3姉妹などの食べ物に関してであり、大部分は女性の領域に関するものである。

ところが、ロングハウスの儀礼における食べ物そのものの象徴的意義の解釈に関しては、ナヴァホの少女の成年式におけるトウモロコシパンの象徴を取り上げたブルース・リンカーンの研究が役に立つ。というのも、彼は、成年式におけるこの食べ物の象徴の多様な象徴的次元に注意を払い、成年式の終わりで配られるトウモロコシで作られたケーキについて、次のように述べている。

「ケーキはこうして極めて複雑な象徴の集合体になる。それは太陽と大地を、男性と女性を、すべての存在の最初である聖なる人々、トウモロコシ、その延長としてすべての野菜、中心点、頂点と底点。これらの多様な要素は完全な全体性のイメージの中で統合されている。厳しい夜通しの歌の後の祝宴でケーキを配り食することは、儀礼の参加者全員を社会全体へと統合する役目も果たしている。」[31]

リンカーンは、このように儀礼におけるケーキに含まれている多次元的な神話的および儀礼的意味を指摘している。

同様な視点に立つならば、ロングハウスの儀礼で食物に関わる宗教的お

よび神話的意義としてまず注目するのは、収穫された食べ物が作られるジュースである。それは熟した果実と水から作られる。神話論的に言うならば、熟した果実は原初のそれ自身で成長し生命を持つ大地の産物であり、水は、地上世界の生成以前に存在していた原初の水の象徴である。そして、これら大地（あるいは土）と水とは2つの原初の物質であり、存在論的に世界の生成に先立つ原初の物質である。しかしながら、ナヴァホのケーキとは異なり、このジュースは天と大地の統一の象徴ではない。ロングハウス儀礼におけるジュースは天上界の下の世界の2つの原初の物質の統合を表象していると考えられる。

そして、ギブソンの儀礼の神話的表象が示しているように、ロングハウス儀礼は大地の産物の季節の成長と共時的に執り行われる。例えば、冬の終わりには楓の蜜の儀礼が行われ、春には苺の儀礼が行われる。それは大地の再生の時でもある。儀礼の参加者は年間を通じて重要な儀礼を行い、感謝の祈りを捧げ、踊り、大地の季節の産物から作られたジュースを飲む。トウモロコシを植えた後には、トウモロコシの苗が成長するに従い儀礼が行われる。

いくつかの食べ物の中で、デハエーンヒヤワコーンが人間に伝えたトウモロコシは、ギブソンが語った神話の中で特に重要な位置が与えられている。人間にとって主食であるトウモロコシの意義をここでは考察してみることにする。ギブソンが語った神話の中のトウモロコシと、彼が別の機会に語ったトウモロコシに関する伝説を参照することにしよう。まず、神話の中でトウモロコシに関連のある話を要約してみよう。

双子が生まれた後で、祖母のアウェンハーイは弓と矢をオハーアにだけ与え、デハエーンヒヤワコーンには与えなかった。また、天上界から落ちてくる時に炎の龍からもらったトウモロコシをオハーアとだけ食し、デハエーンヒヤワコーンには隠していた。後に、デハエーンヒヤワコーンが湖に落ちた矢を拾いに水の中に潜り、水の底で彼の「父親」に出会い、彼からトウモロコシをもらう。デハエーンヒヤワコーンが火の上でトウモロコ

シを炒り始めると甘い香りが空中に広がった。オハーアとアウェンハーイはこの香りに気づき、デハエーンヒヤワコーンのもとに行き、トウモロコシを分けるようにと頼んだが、彼は、トウモロコシは人間のためであると言って、あげなかった。アウェンハーイは怒り、灰をトウモロコシにかけてしまう。後でアウェンハーイとオハーアが再びデハエーンヒヤワコーンにトウモロコシを分けるように頼むと、少し彼らに分け与えた。2人は喜んでそれを食べた。

　ギブソンが語った神話に含まれるトウモロコシに関する説話には、2種類のトウモロコシがあり、それぞれが異なる意義を与えられている。最初のトウモロコシは炎の龍がアウェンハーイに与えたトウモロコシであり、乾燥していた。もう1つは、デハエーンヒヤワコーンの父が彼に水の中で与えたものである。最初のトウモロコシは、神話の物語の話の進行との関連で考えるならば、分離、悪意、嫉妬などと関連しており、第2のトウモロコシは結合、共有、喜びなどと関連している。炎の龍がアウェンハーイに与えたトウモロコシは衝突と分離の源泉となっている。天上界では炎の龍はホダへを嫉妬させ、彼に光の木を根こそぎに引っこ抜かせ、その穴の下の闇にアウェンハーイを落とさせた。それゆえ、炎の龍は分離と衝突を引き起こす感情と関わっている。他方、デハエーンヒヤワコーンの父が与えたトウモロコシは、第1には、人間のためにデハエーンヒヤワコーンが創造するトウモロコシであるが、デハエーンヒヤワコーンとオハーアとアウェンハーイがトウモロコシを共有する機会を与える。それは父親と彼の氏族との父系的結びつきを確立し、母系の力との均衡を作り出す。

　ギブソンは別の機会に多くのイロクォイの伝承を語った。その中に、「トウモロコシの伝承」と題されている、トウモロコシ踊りと歌の起源の伝承が含まれている。この伝承を取り上げ、トウモロコシが持つ意義をもう少し考察してみよう[32]。

　この伝承はある男についての話から始まる。この男は家族も親族もおらず、友人もいなかった。ある時、彼は病気になり、横になっている敷物か

ら抜け出ることが出来ない程弱ってしまった。彼が住んでいる所には火も食べ物もなかった。彼は頭に毛布を掛け、横になりながら、次のように独り言を言った。

「私はとても貧しく惨めである。とても空腹であり、おそらく私は餓死してしまうであろう。」[33]

このように言った時、突然彼は女たちが話をしている声が聞こえた。1人の女性が病気の男について心配すれば、もう1人の女性が、彼は彼女たちの妹の1人を大切にしていたから、彼の健康が回復するように助けるべきだ、と答えた。このように話しているのを聞いて、男はこの女性たちが誰か見てみようと、頭に被っていた毛布を取り除いたが、誰もいなかった。その晩、彼は夢を見た。身なりは貧しかったが、長い黒髪をした美しい容姿の女性が現れ、彼は3姉妹のトウモロコシ、豆、スクワッシュの世話をよくしていたので、病気を治す方法を教えると、彼に言った。間もなく雨が降るので、雨水を集め、それを飲むようにと教えた。そして、女たちがトウモロコシの上を歌い踊るのを聞くであろうと言い、次のように語った。

「次のことを覚えておきなさい。人間が私たちに注意を払う時、私たちが大地から生まれる時、私たちが立っている土地を彼らが耕す時、私たちは私たちに与えられている配慮に感謝し合う。そして、人間が私たちの回りに丘（土盛り）を作る時、私たちは喜びます。そして、私たちの身体が成長するにつれて、丘を大きくしてくれることに、私たちは歌を歌い、トウモロコシ踊りを踊って感謝します。そして、人間がトウモロコシの実を抜き、畑の真ん中に山のように重ね、皮をむき、トウモロコシの実を紐で結んでトウモロコシを結び合わせ、家の柱に掛ける時、私たちは同じように感謝をします。そして、これらのトウモロコシの紐が乾き、家の中に運び込むとすぐに、私たちは歌と踊りで感謝を捧げ、喜びます。」[34]

女は男に、他の人にも、トウモロコシが熟した時には、感謝を捧げるためにトウモロコシ踊りと歌を歌うように伝えるようにと言った。男が目を覚めると、雨嵐が近づいているのに気づいた。彼は起き上がり、教えられたように、桶を家の外に運んだ。雨が降り始め、すぐに雨水が桶を満たした。彼は雨水を飲み、彼の健康はすぐに回復した。

次の夜、男は女たちがトウモロコシの歌を歌っている声を聞いた。彼は家の中の木の柱に沿ってトウモロコシの実が紐で結びつけられたまま歩き、前後に揺れているのを見た。そして、「トウモロコシの実の、女性の姿を取った粒から、歌が歌われている」[35]のに気づいた。彼は村に行き、人々に彼が経験したことを語った。この後で、男は再び病気になった。彼はトウモロコシが植えられている所でトウモロコシ女の歌を聞いた。そして、「多くのトウモロコシの人々、豆の人々、スクワッシュの人々が集まっているのを見、彼が見る限りは、彼らはどこをとっても全く人間と同じ姿だった。」[36] 彼らは、トウモロコシが大地に生えている時にトウモロコシの茎が風に揺られているさまを真似て、ゆっくりと優しく踊っている。彼はトウモロコシ踊りを学び、それを人々に教えた。長老たちは皆トウモロコシ歌と踊りを行うべきだと賛成した。

この説話でギブソンは、神話におけると同様に、儀礼の歌と踊りに重要性を置いている。そして、このトウモロコシの歌と踊りの起源に関する伝承と、神話において表象されている儀礼のどちらも、人間の食べ物への応答と責任とに関連している。そして、これらの物語に見られる特徴の一つは、儀礼が一人の人間（その人物が孤独であったり、病気であったり、あるいは今にも死にそうであったり）に初めに伝えられ、そして、彼から村全体に伝わる、という点にある。それゆえ、食物に関わる儀礼は、社会を結びつけ、人間の心と身体に健康をもたらすという機能を果たすことになる。

ヴァフに与えた民族学的情報においても、ギブソンが語った神話においても、食物が持つ人々を結びつける機能は天上界の話に見られる。アウェンハーイが天上界の首長であるホダヘを訪れた時、彼は彼女に茹でつぶ

した栗で、結婚のための食べ物を用意するようにと言う。しばらくして、ホダヘは彼女の母親がまだ彼を訪れていないことに気づき、アウェンハーイを家に帰し、母親に結婚のためのパンを作り持ってくるように伝えるように言った。アウェンハーイの母親はパンを作り、ホダヘのもとへ持って来た。応答として、彼は乾いた肉を彼女に与え、それを彼女の家に持って返り、親戚と分かち合うようにと言った。ヴァフに語ったイロクォイの食べ物に関する情報で、ギブソンは茹でて作る結婚のためのパンについて話している。

> 「少女は、中にベリーが入ったトウモロコシパンを20個作る。これらは若者の家に運ばれ、そこに集まった親戚や友人たちに配られる。」[37]

ギブソンは、天上界においても地上界においても、食べ物は人々の間を媒介し、結びつける機能を果たすということを知っていたのである。

　このように、ギブソンは媒介し結びつける機能としてのトウモロコシの象徴を強調しているが、このような社会的機能とは別に、トウモロコシを食するということは、また、感覚的経験としても描き出されている。少なくとも、嗅覚と味覚という2つの感覚が食べ物と密接に関わっている。嗅覚は、デハエーンヒヤワコーンがトウモロコシを炒り、甘い香りが空中に漂い、オハーアがそれに気づいたという所で見られる。味覚はオハーアとアウェンハーイがデハエーンヒヤワコーンからトウモロコシを受け取り、それを炒り、食べ、美味しいと口にした時に見られる。

　このような感覚的経験に関わって、次の2点が特に注目に値する。

　まず、トウモロコシを食するということを通じて、神話的存在者が、人間がそうする前に、感覚的喜びを経験し、その経験が持つ社会的結合力を経験する。そして、ここで強調すべきことは、トウモロコシはデハエーンヒヤワコーンが用意している正しい食べ物であるということである。第2に、双子はトウモロコシの創造とその是認において、相互に異なるが補完

的な役割を果たしているという点である。デハエーンヒヤワコーンは人間のためにトウモロコシの種を植え、育てるが、炒ったトウモロコシの甘い香りと美味しい味を喜ぶとは描かれていない。炒られたトウモロコシの甘い薫りと美味しい味が善であるということを是認し、表明するのはオハーアとアウェンハーイである。このように双子の神話的存在者は単に対立し、相争うだけではなく、相互に補完的であると言うことが出来る。この相互に補完的な関係は、儀礼における人間の感謝の祈りや、あるいは天上界の木の象徴などを考慮すると、さらにロングハウス宗教の複雑な象徴体系を示唆していると考えられる。しかし、ここではこの問題にはあまり十分には立ち入ることは出来ない。別の機会に改めて取り上げることにする。

　さて、正しいとされる食べ物のトウモロコシと、それに関わる人間の感覚的是認という意義は、哀悼儀礼で用いられていた鹿の角の象徴との関連を示唆する。第5章でデカナウィダー伝承を論じた際に述べたように、鹿の角が、新しく選ばれた世襲首長の頭に権威の象徴として載せられた。保留地時代以前には、ロングハウスの男たちは狩猟に従事し、鹿は、農作物が少ない冬の間の主要な食べ物であった。鹿の肉は男性が運んでくる「正しい」食べ物であり、共同体全体で食されるものであった。そして、鹿の肉との関連で、食されず腐ることのない鹿の角は、狩猟が持つ象徴的恒常性を示している。それゆえ、鹿の肉を食べることはホティノンショーニの人々にとっては正しく適切なことであるが、他方、人肉食のタドダホの例が示しているように、人間の肉を食べることは誤っている。食されるものは何かしらの道徳的意味を担っていると見なされるのである。

　食べ物の材料の象徴的意味だけではなく、それを料理する方法にも象徴的意味があると考える立場がある。レヴィ゠ストロースによれば、ゆでる方法は文化の側に属するが、炒る方法は自然の方法に属する[38]。このような区分法がホティノンショーニの場合にどの程度有効かは疑問であるが、デハエーンヒヤワコーンはトウモロコシを炒り、タドダホは人間の肉をゆでている。少なくとも、ホティノンショーニの神話では、炒るという料

理の方法はトウモロコシという正しい食物を料理する正しい方法であり、トウモロコシが人間の手を借りて植えられるということも考え合わせれば、炒るというのは文化に属する方法であると言える。しかし、トウモロコシを茹でてコーン・スープを作ることも実際にはなされていた。ただ、それは神話の中では言及されていない。

　さて、再びギブソンに戻ろう。ギブソンが語った神話の中で、食べ物と関連する象徴で重要なことは、様々な食べ物は大地に育つ、大地に源を持つということである。つまり、ホティノンショーニの宇宙における水平の地平に直接的に関わっているのである。大地が水平の空間的オリエンテーションと直接的に関連しているということは、原初の土が亀の甲羅の上に置かれた時、土は水平に広がって大地になったという神話からもうかがうことが出来る。また、ホティノンショーニの世界には大地の上に3つの領域があることが知られている。これらの3領域は、それぞれの領域に属する霊的力あるいは神話的存在者の次元とそれぞれ対応する。ホティノンショーニの感謝の祈りを研究したフォスターによれば、ホティノンショーニの世界の空間的構成は、特にハンサム・レイク以後は、天上界の世界、地上の上の世界、そして、大地の3領域からなる[39]。天上界の世界には創造神、ハンサム・レイク、ハンサム・レイクを訪れた4人の使者が属する。第2の次元には、つまり、天上界と地上世界との間には、風、雷、太陽、月、星などの霊的存在が属する。そして、第3の次元の地上には、人間、大地、草、果実、木、水、動物、鳥、3姉妹などが属する。

　ギブソンが語った神話の中で表象されている儀礼は、この3領域の中では、主に3番目の大地の領域に関わる儀礼である。つまり、大地の水平の地平と関わり、そこにおいて行われる儀礼である。例えば、木の一つである楓の蜜が流れ落ち始める時、ロングハウスでは楓の蜜儀礼が準備され、行われる。液果の一つである苺が実を実らせる時、ロングハウスでは苺儀礼が準備され、行われる。それゆえ、ギブソンが語った神話で取り上げられている儀礼は大地の上のものと関連している。つまり、存在物の第3の

空間領域の物的状況と関連しているのである。ギブソンのオノンダガ神話で表象されている儀礼は大地と水平線的に関連のある儀礼であるという解釈は、フォスターの区分では第1の領域である天上界からのメッセージと結びつきのある夢や夢推測の儀礼や、天上界と地上界の間の領域に属する雷や風などには言及していないことからも正しいと考えられる。

　ロングハウスの儀礼では、これらの大地の産物を儀礼的に食することによって、それを儀礼を執り行う人の身体内に取り込む。その際には儀礼の参加者は大地の産物の経験を儀礼的に、また、象徴的に是認する。コンスタンス・クラッセンがインカの食物の儀礼的摂取に関して述べているように、食べ物を儀礼的に食することは、人間と大地が一つに統合されることを象徴的に示している[40]。この点は、ロングハウス宗教の儀礼にも当てはまるであろう。それゆえ、大地に由来する食べ物を食する儀礼に参加する人間の身体は、食べ物の善を感覚を通じて是認し、大地の様々な産物が収斂する場として、水平線上の大地の世界の象徴的中心へと変容されるのである。我々はここで、先住民の人間の身体は大地から創造されたことを思い出すことで、人間の身体と大地が、大地の産物という媒介と儀礼的に食するという儀礼行為を通じて、統合されると解釈することが出来る。大地の中心といっても、ここでは人間の身体は地域的で、空間的で、固定化された中心を意味しない。それは、儀礼が人間の身体を水平線の地平の中心の象徴へと変容するという意味で、ロングハウス宗教の儀礼の過程を通じて現出される中心なのである。こうして、ロングハウスの儀礼は、味覚という儀礼的感覚経験を通じて、大地の産物と大地の上の人間の、水平線上の季節の変化に従った、結びつきを是認し、肯定する象徴的機能を果たしていると考えることができる。

第4節　人間の身体を世界軸と意義づける
　　　象徴としての儀礼的感情

　神話の中でギブソンは、ある意味では、儀礼感情は儀礼行為の頂点であると表象している。もし、そうであるならば、ロングハウスの儀礼は、様々な種類の大地の産物の成長に応じて組織され執り行われるのであるから、ギブソンの神話で表象されている食べられる食べ物として表象される自然の成長とそれを食すること、そして、儀礼の喜びの感情との間には何かしらの結びつきがあると考えられる。ギブソンの神話は、儀礼の最中に儀礼の参加者が経験する、あるいは、すべき儀礼感情の意義を強調しており、さらに、その儀礼の感情は天上界で天上界の神話的存在者が経験する感情と同じ感情であると述べている。もし、そうであるならば、儀礼的喜びの感情的経験は、象徴的に天上界と地上界を結びつける媒介であると考えることも可能である。天上界の儀礼を模倣して創造された儀礼を執り行うことを通じて、儀礼の参加者は人間の物質的な大地性を伴った身体の中で天上界の感情を体現することが出来る。そして、おそらく、後に論ずるように、このような解釈はギブソンがその神話を語った歴史的および政治的文脈に照らし合わせると、その歴史的・政治的意義を読みとることが可能なのである。まず、ここではギブソンが表象した儀礼経験の神話的表象と感情経験の体現的性質について考察を加えることにする。

　まず、ギブソンの神話を通じて感情は重要な役割を果たしている。例えば、天上界の首長であるホダヘはアウェンハーイが妊娠していることを知った時、彼は大いに嫉妬した。そして、この嫉妬は、ある意味ではアウェンハーイを天上界から突き落とした感情である。アウェンハーイが天上界から落下したことが地上世界の生成へと直接的に結びついているのであるから、ホダヘの嫉妬が地上世界の生成の主要な原因であるということも可

能であろう。また、ギブソンの神話では、死が引き起こした悲しみや嘆きが、否定的ではあるが重要な意義を与えられており、それらは人々が儀礼を怠る原因とされるのである。

　死によって引き起こされたこのような悲しみと嘆きの感情に対処するために、ロングハウスの人々は10年に1度の集団的儀礼である「死者祭り」を行った。また、世襲首長が死んだ時には哀悼儀礼が執り行われた。第4章で見た通り、ギブソン自身哀悼儀礼に参加し、その中で重要な役割を果たしていた。ギブソンが「死者祭り」を知っていたかどうかを示す民族学的資料は残されていないが、おそらく知っていたと思われる。例えば、ジョン・A・ギブソンの息子のシメオン・ギブソンは、イロクォイ研究者のフェントンに次のように語っている。カユガの人々が現在のブラントフォード市の東側にあったエコー・プレイスから現在の6カ国保留地に移動した時、カユガの人々が住んでいた所のロングハウスで夜通しの大規模な「死者祭り」が行われ、死者の骨が埋められている隣の墓地から人々が去っていくということが死者に伝えられた[41]。シメオン・ギブソンが直接的にこの光景を見たわけではないから、彼自身、誰かから聞いた伝承であろう。シメオンが知っていたということは、彼の父ジョン・A・ギブソンも知っていた可能性を否定できない。むしろ、シメオンは彼の父であるジョン・A・ギブソンから聞いて知っていたと考える方が無難であろう。

　このように考えると、死はホティノンションーニ文化の重要な一側面であるといえる。フェントンは次のように書いている。ロングハウスの人々の生活には死者が至るところに存在しており、

　　　「『死者祭り』は通年のイロクォイの儀礼の中で繰り返し立ち現れる
　　特徴である。」[42]

　イロクォイの「死者祭り」は、ヒューロンの死者祭りと似ていたことが知られている。1636年にヒューロンの埋葬儀礼を観察したイエズス会の宣教

師のル・ジュネは、次のように述べている。埋葬が終わるまでは参加者は泣かなかったが、一度埋葬が終わると、

> 「会衆全体が泣き叫び、呻き、涙を流した。」[43]

このような儀礼化された嘆きは北米の先住民の間では例外的ではなかった[44]。このような儀礼化された嘆きに対して、ギブソンの神話では、まだ儀礼化されず、組織化されていない嘆きと悲しみを表象していると言っても良いであろう。

死と死によって引き起こされた感情的苦しみについて語る所で、ギブソンは社会的な秩序の欠如の有り様を強調し、悲しみと嘆きを社会的混沌の徴候であると見なしているようである。ここではヒィウィットの訳を参照してみよう。

> 「今や次第に病気になる人の数が増えていった。そして、大人も子供も死ぬ人の数が増えていった。そして、その生活が変わり、気が狂う人の数が増えていった。そして、嘘つきや互いに噂話をする人の数が増えていった。また、家族同士で不満を言い合う人々が増えていった。お互いに仲違いする人の数が増え、互いに殺し合う人の数が増えていった。隣人同士でお互いに敬い合う人はいなくなり、旅人に敬意を示す人もいなくなった。こうして、人々が集まっても何もすることが出来なくなった。4つの聖なる儀礼も行われなくなった。このように日々が過ぎて行った。そして、遂に、女性たちと子供たちが泣くこと以外しなくなってしまった。そして、来る日も来る夜も、恐れ以外の何もなくなってしまった。」[45]

ギブソンは、このようにデハエーンヒヤワコーンの教えに従わなくなると生じる社会的徴候を述べている。それらは、病気、死、狂い、嘘、家族の不和、殺人、旅人の世話をしなくなること、社会の崩壊、嘆きである。こ

の中で、嘆きと悲しみは死への悲しみの表現としてだけではなく、社会の無規範性の象徴としても用いられている。そして、社会的無規範性のより明瞭な徴候は、人々がデハエーンヒヤワコーンが命じた儀礼を行わなくなることである。

　社会の無規範性の状態は、ホティノンションーニ社会の肯定的な原理と比較すると、その特徴がよく分かる。例えば、ヒィウィットによれば、それは次のようにまとめることができる。

　　「(1) ネ・スケーノ（Ne' Sken'non'）。この語の意味は、第1に心が正常であり、身体が健康であることを指し、第2に、個々人の間、人々の集団同士の間に平和があるということを指す。
　　(2) ネ・ガイイウィヨ（Ne' Gaii'hwiyo）。この語の意味は、第1に行為において正しく、考えていることと話すことにおいて正しいということを、第2に、公平である、あるいは公正であることを指し、権利と義務の適正な均衡を指す。
　　(3) ネ・ガシャスデーサ（Ne' Ga's'hasden'sa'）。この語の意味は、第1に身体的強さや力を、軍事力や市民の権威を指す。第2に、人や組織あるいは儀礼のオレンダ、あるいは呪術的力を指し、神話的・宗教的意味を含む。」[46]

このホティノンションーニ社会の善なる価値とギブソンが神話で表象した社会的無規範性に陥った人々の様子を比較すると、次のように言える。ネ・スケーノ（心の正常と身体の健康）が欠けた状態は、病になったり、気が狂った状態を指す。ネ・ガイイウィヨ（行為の正しさと公正さ）が欠けた状態は、家族同士や隣人同士で嘘を言い合い、争い、喧嘩するような状態に見られる。3番目のネ・ガシャスデーサが欠けた状態は、人々が共同して物事を行えない状態であると考えるならば、まさに儀礼を行えないという状態がそれに該当する。このように考えると、ギブソンが彼の神話の中で社会的無規範性として描き出した状態は、ここで見られるホティノン

ションーニ社会の理想的状態とは正反対の社会状況であると言える。

　こうして、泣くことや嘆くことはホティノンションーニの社会的な基本原理が崩壊したということの表れであると考えられる。さらに、ギブソンの神話は、デハエーンヒヤワコーンによって与えられた4つの儀礼を再び開始することは、崩壊した社会の諸要素を再び結び合わせる正しい方法であることを示している。もし、そうであるならば、儀礼の行為はホティノンションーニ社会の社会的原則を再構成する象徴的基盤として機能していると言える。

　この観点から、ギブソンの神話で表象されている儀礼的感情の宗教的意味を解釈するために、ホティノンションーニの象徴体系における泣きと嘆きの他の例を参照することにする。ここでは特に哀悼儀礼を取り上げることにする。

　世襲首長の1人が死去した際に行われる哀悼儀礼は、世襲首長たちが祭司として執り行う複雑な儀礼である。その政治的機能は新しい世襲首長を任命することにある。「普通の」人々もこの儀礼に参加するが、哀悼儀礼は世襲首長による世襲首長のために行われる儀礼であると言っても良いであろう。

　この哀悼儀礼では世襲首長の死によって引き起こされた悲しみの感情が言及される。新たな世襲首長を任命する儀礼で悲しみの感情が取り上げられるということから、世襲首長と悲しみの感情とは何らかの関係があるのではと考えられる。なぜ、新しい首長が象徴的に任じられる儀礼において悲しみの感情が取り上げられるのか。悲しみには如何なる意義が与えられているのであろうか。ギブソンの神話では死の悲しみのために儀礼が行われなくなってしまうということが繰り返し語られている。氏族が創設されるのも、悲しみに対処して儀礼を再び行えるようにするためであった。ジョン・A・ギブソン自身が世襲首長であり、ロングハウス宗教の祭司であり、両方の領域における悲しみの経験の意義を、彼は十分理解していたであろうと考えることは許されるであろう。

悲しみと嘆きの感情的経験のイロクォイ的理解を理解するために、1911年にギブソンがゴールデンワイザーに語った哀悼儀礼の内容を含むホティノンションーニの起源伝承を取り上げてみよう。

哀悼儀礼そのものは複雑で長い儀礼である。参加者は、連合の中で属している3兄弟側（モホーク、オノンダガ、セネカ）と4兄弟（オナイダ、カユガ、タスカロラ、トゥートン）のそれぞれの半族に分けられる。死去した首長が属していた側の半族が「嘆き」の側として儀礼を行い、もう一方の半族が「慰め」の側として儀礼に参加する。哀悼儀礼を構成する諸儀礼は、「旅の途上で（On the Journey）」[47]、「棘のある低木の近くで（Near the Thorny Bushes）」[48]、「彼らの涙を拭う（Wiping Their Tears）」、「6つの歌（The Six Songs）」[49]、「森の向こうで（Over the Forest）」[50]である。これらの儀礼の中で「彼らの涙を拭う」が特に悲しみと嘆きの感情を取り扱っているので、これを取り上げて、考察してみる。この儀礼において、いわゆる「15の事柄（Fifteen Matters）」が言及される[51]。これらの15の事柄を考察し、感情経験とその身体的性質についてのホティノンションーニの理解を明らかにしてみることにする。

ギブソンのホティノンションーニの起源伝承を編集し、訳したハンニ・ウッドベリーはこれらの15の事柄を2つの部分に分けた[52]。ロングハウスの建物の外で行われる最初の3つの儀礼とロングハウスの建物の中で行われる残りの12の事柄の2つにである。彼女はどこで儀礼が行われるかに着目して、15の事柄を2つに分けたが、ここでは感情経験に対処している儀礼の言葉に注目したいので、便宜上これらの15の事柄を3つのグループに分ける。最初は、第1から第3までの事柄で、嘆きの側が慰めをする側を迎える準備の儀礼である。第2は、第4から第8までの事柄で、悲しみと嘆きのために悪くなってしまった感情的・身体的状況を示す儀礼と健康な状態を回復する儀礼からなる。第3は、残りの第9から第15までの事柄で、悲しみと嘆きのせいで、ホティノンションーニのための仕事が出来なくなってしまった嘆いている世襲首長について語る。それぞれの事柄を述べる時、

語り手はワンパム紐を手にして語り、語り終えると、火の反対側へとワンパム紐を渡す。以下、少し長くなるが、それぞれの事柄の内容を簡単にまとめることにする。
　なお、ここでは condoling に相当する語に「慰め」という語を用い、弔問という語を用いない。なぜならば、弔問という言葉から連想する日本の葬送儀礼と哀悼儀礼は異なるから、誤解を避けるために、訳語としてはこなれていないが「慰め」の側という表現をする。また、喪に服するという意味もある mourning にあたる語には、嘆きという語を用いることにする。喪という文字から連想する内容とも異なる儀礼の役割が担われるので、「嘆き」の側という表現を用いることにする。ギブソンが語ったのは3兄弟が「慰め」の側で、4兄弟が「嘆き」の側となっているものである。
　最初の3つの事柄はロングハウスの建物の外で、嘆きの側が慰める側のために行う儀礼である。それらは、目、耳、喉の身体の3器官の機能を儀礼的に回復することに向けられる。マイケル・K・フォスターが指摘しているように、これらの3つの身体器官はコミュニケーションに関わる能力と関係がある[53]。つまり、見ること、聞くこと、そして、話すこと。慰めの側が、嘆きの側のためにこれらの3儀礼を行う前に、嘆きの側が最初に慰めの側のために、これらの3儀礼を行い、この後で、ロングハウスの建物の中に入る。ロングハウスの建物の中では嘆きの側と慰めの側とが役割を交代し、慰めの側が嘆きの側のために同じ3儀礼を行う。以下、それぞれの事柄の内容を簡単に要約する。その際には、最初の3儀礼が交互に行われるということは繰り返して述べないことにする。
　第1の事柄は目に関わっており、用いられるワンパム紐は「涙」あるいは「目」と呼ばれる。慰めの側が村のはずれに到着した時、彼らがロングハウスの建物に近づいた時に彼らの涙は落ちたと述べ、ギブソンは次のように述べている。

　　「『さあ、大いなる涙の時が、あなた方4兄弟に訪れた。』3兄弟は続

いて言う。『私たちはあなた方の涙を拭き取ります。』そして、布を手にして言います。『私たちがあなた方の涙を拭うと、あなた方は再び回りを見回します。あなた方の甥や姪が、あなたの回りを動いているのに気づきます。そして、大地を目にし、住んでいる所で何が起きているかについて耳にします。これからは幸せになるでしょう。少なくとも1日の間は、心安らかに思うでしょう。』」[54]

　第2の事柄は、耳に関わっており、用いられるワンパム紐は「耳」と呼ばれる。

　　「3兄弟は言います。『彼らの耳が、繰り返し、ふさがってしまうのはひどいことである。そのようなことが起きてしまった。あなた方の耳がふさがってしまったので、聞くことができない。さあ、私たちがあなた方の耳をきれいにしてあげます。そうして、彼らがあなた方の回りを動いている時、話すのを聞こえるようになります。彼らが住んでいる所で起きていることをすべて聞くでしょう。これからは幸せになるでしょう。少なくとも1日の間は、心安らかに思うでしょう。』」[55]

慰めの側は嘆きの側の耳を象徴的に再び開いて、聞くことが出来るようにする。
　第3の事柄は、喉に関わっており、ワンパム紐は「喉」と呼ばれている。

　　「3兄弟は続いて言います。『悲しみで喉がしばしば詰まってしまうのはひどいことである。』『さあ、私たちはあなた方、私たちのおじ、4兄弟の首長たちの喉から悲しみが引き起こした障害物を取り除きます。そうすると、あなた方は再び喜び、息ができるようになります。あなた方の身体は再び強くなり、心も強くなります。そして、あなた方は穏やかに話すようになります。そうして、お互いに感謝し合いましょう。そして、これから、少なくとも1日の間は、あなた方は心穏やかに

思うでしょう。』」[56]

慰めの側は嘆きの側の人々の悲しみのために詰まってしまった喉から障害物を取り除き、人々が、再び、喜び合えるようにする。

　第4の事柄は悲しみの身体経験に関わっており、ワンパム紐は「彼の胸の中」と呼ばれる。慰めの側は次のように言う。

>　「『身体の中にひどいねじれがある。身体の中の器官が、あちらこちらに置き換えられるだけでなく、ひどい苦しみがある。やがて、精神も力もなくなってしまう。そして、私たちから下流にいる、あなた方の心がぐるぐると回ってしまい、あなた方の身体の中では器官があちらこちらに動き、ひどい苦しみがある。』」[57]

この後、薬草か何かを拾い、飲み物を作ると述べているが、この薬草が何か不明である。続いて、次のように述べられる。

>　「『さあ、私たちはその飲み物を注ぎます。その飲み物が身体の中に入ると、働き始めます。それはあなたの心を強し、内蔵の具合の悪さを直し、身体の中でよじれた器官を元通りにします。そうすると、あなた方は再び幸せになるでしょう。あなた方の心とこれからの生活もきちんとなるでしょう。少なくとも1日の間は、あなた方は心穏やかに思うでしょう。』」[58]

　第5の事柄は首長の椅子が空席であることに触れられる。ワンパム紐は「血のついたトウモロコシの皮ベッド」と呼ばれる。慰めの側は次のように言う。

>　「『赤い印が人がいるところに記され続けるということが繰り返される

のはひどいことだ。あなたがその場所から赤い印を拭き取ります。』」[59]

　第6の事柄は気を失うことに関わっており、ワンパム紐は「悲しみの暗闇」と呼ばれる。慰めの側は次のように言う。

　　「『人が気を失う。そして、日の光があっても、物事に気づかないのはひどいことだ。暗くなってしまい、あなた方が日の光をもはや見ることはない。』3兄弟は続いて言う。『さあ、私たちはあなた方のために再び明るくしてあげます。日の光を見、あなた方の居住地区であなた方の甥や姪が動き回っていることに気づくでしょう。あなた方は大地を目にし、これから幸せになります。少なくとも1日の間は、心穏やかに思うでしょう。』」[60]

　第7と第8の事柄は視覚能力に関わっている。
　第7の事柄は空が見えないということについてであり、ワンパム紐は「空の喪失」と呼ばれる。慰めの側は次のように言う。

　　「『あなたから空が失われてしまった。あなたは空に気づかない。』3兄弟は言います。『さあ、私たちはあなた方のために空を明るくします。そして、あなたは空が見えるようになります。空が再び澄み切った時、あなた方はそこを見続けます。あなた方は心穏やかに思います。少なくとも1日の間は、心穏やかに思い続けます。』」[61]

　第8の事柄は太陽が見えなくなってしまったことについてであり、ワンパム紐は「太陽の喪失」と呼ばれる。慰めの側は次のように言う。

　　「『人が太陽の道筋を見失ってしまうのはひどいことである。私のおじである首長は太陽の道筋を見失ってしまった。あなたは太陽の動

きに気づくことができなくなった。』3兄弟は続いて言います。『私たちは太陽をあなたに取り戻してあげます。』次の日に太陽が再び昇り、森の上を動く時、あなた方は太陽が動くのを見続けます。空の中心に太陽はあり、あなた方の回りを輝きます。そして、あなた方に、あなた方が人々のために行うべき仕事を思い出させます。そして、心穏やかに考えるでしょう。少なくとも1日の間は、心穏やかに思うでしょう。』」[62]

「涙を拭う」の第3部にあたる第9の事柄から第15の事柄までは、悲しみに打ちひしがれた首長が社会的役割を果たすように回復することに関わっている。

第9の事柄は悲しんでいる首長たちのうつろな心の状態に関わっている。ワンパム紐は「お墓の覆い」と呼ばれる。慰めの側は次のように言う。

「人の心がお墓のある場所をうろついているのはひどいことである。私たちのおじである首長たちの心は、あなた方がかつて頼りにしていた人のお墓の回りをうろついている。そして、そこに心はついてしまう。しかし、3兄弟は次のように言う。『さあ、私たちは彼のお墓があるところの土を掘り返す。すべての種類の野菜を掴み、そこに投げ出す。暑さが届かないように、雨が届かないように、その場に着飾った木を立てる。こうして、あなた方がかつて頼りにしていた人の骨はそこに安らかに横になる。今や、あなた方は心穏やかに思うでしょう。少なくとも1日の間、心穏やかに思うでしょう。』」[63]

第10の事柄は、死んだ首長が殺された場合だけ言及され、ワンパム紐は「20の事柄」と呼ばれる。慰めの側は次のように言う。

「『破壊者は、私たちの頭の高さほどある棒で、私たちを脅す。彼は家の近くに、闇に乗じてやって来て、ものを振り払いながら、呪術の力で私たちを打ち倒す。』3兄弟は言う。『彼らが去った時、私たちはあ

なたの骨を集めます。20の事柄、これが私たちの祖先が命じたことです。彼らが骨を拾った時、彼らはあなたの骨を結ぶのに20の事柄を使います。こうしてあなた方は心穏やかに思うでしょう。さらに少なくとも1日の間は、心穏やかに思うでしょう。』」[64]

第11の事柄は、顔のない破壊者が人間をたぶらかしているということを述べる。ワンパム紐は「議会の火」と呼ばれる。慰めの側は、偉大な破壊者が首長の席の空席を引き起こした、と言う。

「『破壊者はあなた方が頼りにしていた人を掴んでしまった。そして、空席を作った。破壊者ははね回り、炉から燃え木を散らかした。こうして、あなた方はがっかりし、頭を垂れてしまっている。さあ、私たちは火を再び起こし、美しい煙が再び天空に辿り着きます。再びあなた方が住んでいる所に多くの火が灯されるのを見るでしょう。また、あなた方の心を再び高めます。私たちがあなた方のためにおこした火で、あなた方を再び地位につけます。』そして、彼らは言います。『あなた方2人は、大いなる法のために再び働きます。あなた方はこれから心穏やかに思うでしょう。少なくとも1日の間は、心穏やかに思うでしょう。』」[65]

第12の事柄は女性とロングハウス宗教の祭司に関わり、ワンパム紐は「創造神の助手 —— 氏族の女家長と戦士」と呼ばれる。

「これはあなた方の姪と甥である女たちと男たちに関わることである。私たちを創造された方は地上に信仰の保護者がいるようにと決めて、言った。『私が命じたようになるように。』創造神は次のように言った。彼は女たちに特別の重要性を与えた。女たちは火の回りで忙しくし、食事の世話をするように。女たちは新しく生まれる人の源であり、子供を育てる責任を負う。もし、血縁で結ばれている女性たちのつながりから死が彼女を引き離すとしたら、それはひどいことである。

というのも、ずっと続いていく関係に空白を作ってしまうからである。』」

「彼女が死んでしまうと、私たちの母の心は悲しみで一杯になる。彼女たちの伴侶であった男たちは取り残されて立ちつくし、打ちひしがれてしまう。3兄弟は言います。『彼女たちと男たちの心を高めましょう。そうして、彼らが心穏やかに思うように、手に手を取って彼らの責任を果たすように、今からは、心穏やかに思うでしょう。少なくとも1日の間は、心穏やかに思うでしょう。』」[66]

第13の事柄では、慰めの側は悲しみに打ちひしがれた首長たちに、首長としての正しい道からはずれないように忠告する。用いられるワンパム紐は「大地の上では何でも起きる。狂気さえも」と呼ばれる。

「あなたが進むべき道を外れてしまうのは良くないことである。もし、このようなことが起きたら、あなた方の姪はあなたの様子を見ます。というのも、彼は彼女に知恵を与えたからです。あなたの前に立っているこの人は、次のように話すのを聞いて、あなたは驚くでしょう。『首長である私のおじがあなたの道から外れてしまっていること、あなたの仲間に相談しないというのは驚くべきことです。あなたが独りぼっちでいる時、人々は向こうに立ったままでいます。あなたはあなたの道から外れてしまった。そこで、私はあなたにあなたの道に戻るように頼みます。』」[67]

第14の事柄は呪術を用いる危険について忠告をしており、慰めの側は首長たちに復讐をするために呪術を用いないように、と忠告する。ワンパム紐は「松明」と呼ばれる。

「あなたの心の制御を失わないように。あなたの正気がなくなってしまうのはひどいことです。実際、大地は呪術から逃れている。しかし、そこに生えている植物は人を殺すことができる。このような理由

で、3兄弟は言います。『私たちは禁止します。それをしないように。あなたの心の制御が失われてしまいます。』」[68]

第15の事柄は首長の死を象徴する消えた火に関してである。ここで、慰めの側は火を再びおこすと言う。ワンパム紐は「松明」と呼ばれる。

> 「『あなたの松明の火は消えてしまっている。このようなことが起きたのはひどいことだ。』3兄弟は続いて言います。『彼らは2つの柱を一緒にすべきだ。その柱の上に松明を再び灯すべきだ。こうして、私たちは皆同じになる。私たちが死を引き起こすものを見る時、松明を下ろし、如何なる痕跡も残さない。そして、連合の領域中を回って、すぐに境界に辿り着き、連合の火が灯されている所すべての人に知らせる。さあ、あなたは今から心穏やかに思うでしょう。少なくとも1日の間は、心穏やかに思うでしょう。』」[69]

さて、以上で長くなったが、「彼らの涙を拭う」という儀礼の内容を要約した。次に、その内容に考察を加えてみよう。

まず、ここで強調されている、悲しみのために嘆いてしまい、社会的機能を果たせなくなってしまったという点に関しては、ギブソンの神話の中でも同様の様子が描かれている。死のために人々は嘆き悲しみ、儀礼を行わなくなってしまった。

同様に、「涙を拭う」という儀礼で繰り返し強調されているのは、悲しみと嘆きという感情経験の身体的特質（embodied nature）である。例えば、悲しみと嘆きの感情的経験のために、目、耳、喉が機能しなくなってしまう。フォスターが述べているように、これらのコミュニケーションに関わる3つの器官から、後に続く儀礼で悲しみと嘆きが与えている重荷を取り除く前に、初めに悲しみと嘆きが引き起こしている障害物を取り除かなくてはならないのである。また、悲しみと嘆きのために身体の中の内臓がねじれてしまっているという悲しみの感情経験は、それ自体極めて身体的経

験であり、悲しみと嘆きという感情の経験の身体性を如実に物語っていると考えることが出来る。それゆえ、この悲しみと嘆きの感情経験とは先住民がそれらを経験する時の身体性を、つまり、感情経験が身体的であるということと密接に関連している。

　このように、哀悼儀礼に見られる悲しみと嘆きの感情経験の身体性、あるいは悲しみと嘆きの身体的感情経験とでも呼んでも良い経験は、その身体性のゆえに、哀悼儀礼において言及される悲しみと嘆きに関わる感情だけにとどまらないと考えることは可能である。つまり、神話において表象されている悲しみと嘆きの感情経験も同様に身体的根拠を持つと考えることができると解釈しても、それほど間違いではないであろう。それは、神話のなかで悲しみと嘆きのために儀礼という身体的行為が行えなくなってしまったという叙述からもうかがうことが出来る。さらに、ギブソンがロングハウス儀礼の祭司であったことを考え合わせれば、感情の身体的特質は、儀礼の場にだけ限られることではなく、彼が語った神話においてもそのように想定されていたと考えることが出来る。

　もし、このように考えるならば、ギブソンの神話の中で言及されている儀礼による喜悦の感情、儀礼を行うことによって経験される喜びと楽しみの感情にも、身体的次元が含まれていると考えることが出来るのではないかと思う。むしろ、身体的行為である儀礼によって得られる経験が、それが言語的に表象されているとしても身体的ではないと考える方が、解釈の一貫性を欠くと考えられる。

　もし、そうであるならば、つまり、喜びと楽しみの儀礼的経験の身体性をギブソンの神話は語っているのであるならば、ギブソンの神話で表象されている儀礼経験の意味の解釈に重要な意義がある。一方で、ギブソンが語った神話において表象されている儀礼的感情には身体的基盤がある、ということである。そして、その先住民の身体は大地から創造されたという意味において、大地の基盤を持つということが出来る。ギブソンの神話が示しているように、ロングハウスの儀礼は「私たちの母、大地」に生育す

る様々な「もの」の成長と成熟への人間の応答に密接に関わっているのである。他方で、デハエーンヒヤワコーンが人間の祖先に説明しているように、地上の儀礼の喜びと楽しみの感情経験は、天上界の神話的存在者が儀礼を行うことによって経験する、儀礼の喜びと楽しみの感情経験と同じ経験である。この際に重要なことは、この儀礼的喜びと楽しみの感情経験をする前に、初めに大地の産物との感覚を通じた結びつきが儀礼的に確立されていることが必要とされている点である。そして、ギブソンの神話では、儀礼を行うことによって得られる喜びと楽しみの経験は、ある意味では、儀礼の身体的行為が導く頂点であると表象されている、と考えることが可能である。

　地上世界の大地から創造された人間が行う儀礼の喜びと楽しみの感情経験と、天上界の大地という要素を持たない神話的存在者が行う天上界の儀礼の喜びと楽しみの感情経験が同じであるということは、この儀礼経験を通じて、天上界と地上界とが結びつけられるということを象徴的に意味すると解釈することが可能なのではないであろうか。ここで、デハエーンヒヤワコーンの名前の意味をもう一度思い出すことにしよう。彼の名前の意味は「天上を両手で掴む者」という意味である。ある意味では、それは大地と天とを結びつけている姿を表象していると考えることができる。もし、そうであるならば、ギブソンが語っているロングハウス儀礼は、「水平線上」の感覚的経験と天上界と地上界を結ぶ「垂直性上」の感情的経験との両方を表していると考えることが出来る。

　これまでの議論を少し整理してみよう。儀礼の行為と感情を通じて、儀礼の参加者は大地の産物を飲み込むことによって、象徴的に地平線の中心へと変容される。この象徴的で身体的な飲み込むという経験によって、儀礼に参加する人間の身体は地平線上の中心へと変容され、天上界の感情を経験する土台を準備する。象徴的あるいは儀礼的経験を通じて、儀礼の場と時間において、大地から創造された大地に基盤を持つ人間は、天上界の儀礼経験を地上において経験することによって、天上界と地上界が結びつ

き、その大地的あるいは物質的限界を超克することが象徴的に経験される。それは儀礼の運動、経験によって生み出される統覚経験であり、その中で天上界の儀礼経験という表象が示すように他者性を深く担った儀礼経験なのである。ツルダスが論じているように、他者性は自己の構成要素の主要な部分なのである[70]。

　ギブソンはその神話を語ることによって、水平線上の感覚的経験と垂直性上の感情的経験という儀礼的感覚および感情経験の統覚経験を通じて、ロングハウス宗教の参加者の、その身体的存在が世界の中心を象徴するものへと儀礼的に変容されるということを説明しているのである。儀礼の場において、人間の身体的存在は世界の象徴的中心へと変容されるのである。

　そして、重要な点は、このような儀礼的身体が、ギブソンがその神話を語ることによって外部者に語り、説明し、弁護しようとした先住民の宗教的権威と権力の場であるということである。大地から創造された先住民の人間だけが儀礼を通じて、この天上界の権威と権力へ近づく宗教的手段を持つのである。つまり、大地から創造されず、水の泡から創造された白人は、この天上界の権威と権力へ近づく方法を欠いているのである。

　ギブソンが語った神話に表象されているロングハウス宗教の宗教的あるいは儀礼的経験の意味のこのような解釈は、モーリス・ブロッホ（Maurice Bloch）が儀礼の過程で生じる還元され得ない宗教経験の性質を明らかにしようとして示した、ある種の弁証法的関係と似ている。彼はオロカイヴァの少年のイニシェーション儀礼の過程で生起する人間の物質的側面と霊的側面との間のある種の弁証法的関係を明らかにしようとした。このイニシェーションの前は、少年の社会的地位とは、食べ物として狩られる豚の地位と同じである。豚は世界の物質的側面を表している。イニシェーションに際して、少年は豚のように「狩られ」、霊の小屋に連れて行かれる。その場で、「霊」になるための教育を受ける。「霊」になることを学んだ後で、少年たちは「イニシェーションの間に獲得した霊性」を維持しながら、狩り人として村に戻ってくる。この点に関して、ブロッホは次の

ように書いている。

　「彼らは、ある特殊な階層的関係にある聖なるものと俗なるものの結合を達成した。」[71]

　イニシェーションを受けた少年が暴力を振るう立場へと変えられるという「跳ね返ってきた暴力」という側面を、彼は強調している。この暴力という要素はロングハウス宗教には欠けているが、ロングハウス儀礼の参加者も、地上界という基盤を維持しつつ、天上界と密接な関わりのある儀礼的感情を通じてある霊性を獲得し、それを失うことなく維持しつつ、そして、物質的世界に立ち戻ってくるという意味で、両者には類似性があると考えられる。つまり、儀礼の過程を通じて、ロングハウス宗教の参加者は、儀礼に参加した後で、「聖なるもの」と「俗なるもの」のある結合体として再び立ち現れてくるのである。そして、まさにこの点にこそ、儀礼参加者が地上の産物に対する天上界の権威と権力を持っていることを主張する神話的基盤があるのである。

　さて、ここで再びギブソンがそのオノンダガ神話を語った歴史的文脈に立ち戻り、この神話の歴史的意味と宗教的意味を整合性をもって解釈することを試みてみよう。本書の最初に行った歴史的考察で明らかになった点を振り返ってみよう。

　先住民の世襲首長議会とカナダのインディアン事情局は、先住民の人々と所有物を支配する権威と権力を誰が担っているかという点に関わって、政治的にも法的にも相争っていた。具体的な問題は、先住民の一家であるジョンソン家の父と息子の木材の所有権を巡る争いである。そして、この問題に関して、誰の法が適用されるのか、誰がその法を適用する政治的力を持つのか、という極めて難しい歴史的状況の中にギブソンは置かれていた。ギブソンは他の8人の首長とともに『伝統的歴史』という文書を作成するのに直接関わり、インディアン事情局に対して世襲首長議会の権威と

権力の伝承的所在を説明した。同じ頃に、ギブソンはヒィウィットにオノンダガ神話を語った。

　この神話は、筆者の解釈によれば、この神話で表象されている儀礼行為と儀礼的経験を通じて、デハエーンヒヤワコーンによって大地から創造された先住民の人間の身体が世界の象徴的中心と世界軸へと変容されることを示している。ギブソンは神話では、先住民の人間の身体そのものが大地から創造され、大地と大地の産物と水平線上において儀礼的感覚経験を通じて結びつくことによって、天上界と地上界との分離を一時的に壊すような天上界の儀礼経験と同一の地上の儀礼の喜びと楽しみの感情経験をすることが出来るのである。そして、このような宗教的経験を持つ先住民自身だけが先住民自身と先住民の所有物を支配する排他的権利を持つことが出来ると、ロングハウス宗教の祭司でもあり世襲首長であるジョン・A・ギブソンは神話的に主張しているのである。結局、ロングハウス神話の世界を生きるギブソンにとって、デハエーンヒヤワコーンが世界の秩序を定めたのであり、デハエーンヒヤワコーンが人間に与えた儀礼を行う人間は、彼の権威と権力のもとで地上世界で生を営む存在なのである。

　伝統主義者としてのギブソンは、文化的に是認される宗教経験が先住民の政治的権威と権力の源泉であるということの神話的根拠を示したのである。それゆえ、そのオノンダガ神話を語るという行為は、先住民の人間の大地としての物質的存在に神話的権威と権力があるということを示し、神話を語ることによって、外部者の政治的権威と権力の介入に抵抗していたのである。

第8章

終わりに

　さて、本書で行った議論を要約してみることにする。本書の基本的な目的はセネカ首長ジョン・A・ギブソンが語ったオノンダガ神話を歴史の中に位置づけ、その意味を解釈することにあった。
　各章で行った議論を簡単に振り返ってみよう。
　第1章第1節では、ホティノンションーニの宗教と文化の一般的説明を行った。本書が取り上げているのは、ある一つの特殊な神話であり、この神話の意味の解釈は、背後にホティノンションーニの宗教と文化一般を念頭に置いて行われた。それゆえ、読者には、本書の議論をホティノンションーニ宗教全般の中に位置づけて、読んでもらう必要があった。第2節では、ホティノンションーニ・イロクォイ研究の概略を提示した。本書の研究は過去のイロクォイ研究の蓄積があって初めて可能となった研究である。本書が持つイロクォイ研究への貢献は、従来十分に知られていなかったカメロンの通信記録に記されている事件をもとに、ギブソンがオノンダガ神話を語った歴史的文脈を再構成し、その中でオノンダガ神話の意味の解釈を試みた点にある。
　第2章第1節では、ホティノンションーニに社会における伝承の語り手の意義と伝承のモチーフを簡単に説明した。また、ギブソンが語ったオノンダガ神話が如何に特徴的であるかを示すために、19世紀末にヒィウィットが収集した他の3つの世界生成および創造神話を要約した。第2節では、ギブソンが語ったオノンダガ神話を要約した。

第3章第1節では、ギブソンがオノンダガ神話を語った歴史的文脈を考える上で、世襲首長議会が編纂した『伝統的歴史』という文書を取り上げ、この文書が従来の研究ではどのような経緯で成立したと見なされてきたかを考察した。第2節では、当時のインディアン事情局の6カ国担当のカメロンが、彼の通信記録に記録したジョンソン家の家庭内紛争を契機として起きた、世襲首長議会とインディアン事情局との対立について考察し、『伝統的歴史』が編纂された状況を再構築した。カメロンの通信記録から明らかになったのは、1900年頃、先住民と先住民の所有物に関して、誰が権威と権力を持つかという問題が、世襲首長議会にとって極めて重要な問題となっていたということである。この衝突に対する対応の一つとして、世襲首長議会が『伝統的歴史』という文書を作成したということを示した。というのも、この文書は、イロクォイ連合の起源を説明した伝承であったからである。興味深いことに、ギブソンはこの『伝統的歴史』という文書の起草に関わった8人の首長のうちの1人であった。そして、ヒィウィットが6カ国を訪れ、ギブソンからオノンダガ神話を書き取ったのは、まさに、このような歴史的状況においてであったことが明らかになった。それゆえ、ギブソンがオノンダガ神話を語ったのは、先住民だけが先住民自身とその所有物を制御する権威と権力を持つという世襲首長議会の主張に、神話的な正当性と規範性を与えるためであったと考えた。第3節では、ジョンソン家の内紛で問題となっている所有ということに関する先住民の観念を検討した。第4節では、19世紀後半のカナダ連邦インディアン法の内容を検討し、それらが先住民の伝統的権威と権力、先住民の女性、先住民的な所有の観念を否定するような内容を持っていたということを論じた。

第4章第1節では、ホティノンションーニの人々の中にもヨーロッパ文化を歓迎した人々がいたこと、むしろ、文化変容を推進しようとする人々がいたことを示した。植民地主義によるホティノンションーニ社会と文化の変容は、一方的な押しつけによってではなく、ホティノンションーニの人々自身によるものでもあったことを示した。特に、ジョセフ・ブラント

を取り上げ、6カ国保留地への彼の影響を論じた。第2節ではジョン・A・ギブソンの若い頃の様子を、彼の妻が民族学者ゴールデンワイザーに語った伝記をもとにして再構成した。そこで、なぜ、ラクロスが若きジョン・A・ギブソンにとって重要であったかを論じた。戦争や狩猟を行わなくなったホティノンショーニの男性にとって、ラクロスは最後に残された男性の領域だったのである。第3節では、世襲首長議会議事録からうかがうことの出来るギブソンの首長としての活動を考察した。そして、彼が外部社会に対して先住民社会の利益と声を代弁することがしばしばであったということを論じ、ギブソンがヒィウィットにオノンダガ神話を語ったのも同じような立場からであったと考えた。第4節では、ギブソンがヒィウィットに語ったオノンダガ神話は、編集者ヒィウィットの手が入る前は、もともと如何なる特徴を持っていたのかを考察した。この考察から、出版されたギブソンのオノンダガ神話には、ヒィウィットの編集者としての手が加わっている箇所もあることが明らかになった。

　第5章第1節では『伝統的歴史』の内容の特徴をいくつか指摘した。その序文が述べているように、伝統の保存のためにこのテキストを作成したのであるとしたら理解できない内容が含まれていた。例えば、当時存在していた首長の名前が含まれていないなどの点である。そして、第2節では、ギブソンが語ったイロクォイ連合の起源伝承では、首長の頭の上に鹿の角を載せるという儀礼的所作が繰り返されているのに対して、『伝統的歴史』にはそれが1度しか述べられていない。また、『伝統的歴史』とギブソンが語った物語とでは、デカナウィダーの描き方に相違があることも明らかになった。第3節では、さらに『伝統的歴史』にはワンパムへの言及が欠けていることも分かった。このような特徴から、『伝統的歴史』は、その序文が述べているように、消え去りつつある伝統を保存するために編纂された文書ではなく、政治的意図をもって編纂された文書であるということがより明らかになった。第4節では、これに対して、ギブソンが語る伝承には儀礼的所作が繰り返し述べられているということを指摘した。この特徴は、

ギブソンがロングハウス宗教の祭司であったというと関係がある。そして、ギブソンが語ったオノンダガ神話も、世襲首長であり、ロングハウス宗教の祭司である人物が語った神話として読解する必要があることを指摘した。

第6章と第7章ではギブソンが語った神話の内容の解釈を行った。この2つの章は筆者が歴史的文脈との関連で神話の意味を解釈しようと試みた章である。ワッハの理解の説明では主観的解釈に近いが、しかしながら、意図しているところは、筆者が解釈する限りの宗教的意味を説明した。

第6章第1節では、ホティノンションーニにおける木と鹿の角の象徴について考察を行った。そして、木が世襲首長そのものを象徴しているということが明らかになった。第2節では、デハエーンヒヤワコーンの神話的振る舞いが、どのように表象されているか、創造神としてどのように提示されているかを考察した。特に、彼の創造の業の意味について明らかにした。第3節では、先住民と白人の人類創造を細かく考察し、大地から創造された先住民と水の泡から創造された白人とは、その存在論的構造が異なることを示した。そして、第4節では、先住民の人間としての存在論的構造を天空性と大地性との結合との関わりで考察した。

第7章第1節では、大地から創造された先住民だけが参与する儀礼の意義を考察するために、ギブソンがその神話の中で儀礼行為を如何に表象しているかを吟味した。第2節では、ギブソンが神話で表象した儀礼の意義を明確にするために、当時ギブソンが民族学者に与えた農耕に関わる儀礼と比較した。第3節では、儀礼において大地からの熟した恵みを食することにより象徴的に大地と人間が合一されるということ、そうすることによって、水平線上の大地の中心と象徴的に変容されるということを論じた。この点は第4節でさらに展開し、儀礼の喜びの感情は天上界で儀礼を行う霊的存在者の喜びの感情と同じであるという神話的表象の意義を解釈し、儀礼を通じて大地から創造された人間が他性を担った天上界の儀礼感情を経験するということを神話で明らかにしていると解釈した。つまり、天上界の権威と権力を地上界で任されているのは儀礼を行う先住民である。そし

て、そのような先住民のみが自分自身のことと自分たちの所有物を支配する権威と権力を持つということを、神話的にギブソンは主張し、カナダ政府の介入に抵抗していたのである。

さて、本書で展開した研究が明らかにした諸点を、もう少し考察することにしよう。

まず、本書が取り上げた問題の一つに先住民宗教における歴史の問題がある。多くの先住民宗教、社会の研究がヨーロッパ文化ないしはキリスト教の影響を受けたかという問題関心に捕らわれてきたのに対して、本書では先住民自身が先住民の歴史の主体であるという側面を強調した。この視点からするならば、ギブソンは自身で歴史の中に生き、歴史と交渉し、特殊な歴史的状況に応答して、伝統的神話を「再構築し、再創造」したのである。この意味で、ギブソンは伝統的宗教の保護者であり、既存の伝承の必要な修正を行ったと言うことが出来る。ギブソンには、エドワード・シルズ（Edward Shils）が伝統との関連で挙げている知識人の特徴の諸側面が見られる。

「神学者、哲学者、高等裁判所判事などの知識人が導入する修正は、より確かな一貫性と明瞭性の、あるいは、それまで潜在的に隠されていた『基礎的な原理』により大きな強調を置く方向に向けられる。この体系化と形式化の、つまり、形式的な合理化の過程において、伝統的な信条体系の中で論理的に可能な枠組みの内において、新しい可能が認められるのである。」[1]

シルズの言葉を用いれば、ギブソンが語ったオノンダガ神話はロングハウス宗教の伝統的な神話の「基礎的な原理」を明らかにした知的作業であると言える。少なくとも、ギブソン以前に記録されたロングハウス神話には、そのような一貫性を持った神話は残されていない。ギブソンは預言者ではなかったし、改革者でもなかった。彼は、むしろ、伝統に一貫性を持った

枠組みを与え、それまで潜在的であった可能性を明らかにすることによって、既存の伝統を維持し体系化したのである。ギブソンが語った神話の明瞭な構成化に、ロングハウス宗教の豊かな伝統の倉庫から神話を形式化し再構築化しようとする意識的で知的な努力を見ることができる。このように、ギブソンの神話は先住民の祭司が歴史に応答して創造した知的生産物であり、先住民は歴史の流れと力の前の単なる受け身的な登場人物ではなく、歴史の中で歴史に対して働きかける行為者であるということを示した。この意味で歴史とは、歴史の主体である先住民が自らの歴史に責任を取ろうとする記録であると言える。

　第2に、ギブソンが神話を語った歴史的文脈を考察することによって、6カ国の世襲首長議会とインディアン事情局との間の対立には政治的・経済的・法的・宗教的側面があることが明らかになった。しばしば「宗教的物語」と解釈される神話は、宗教的次元を含むだけでなく、政治的・経済的・社会的・法的諸側面を含んだ「聖なる物語」と解釈することができる。西洋人と西洋化された人々は歴史的説明、経済的説明、社会的説明、法的説明などを用いるが、先住民の人々はある物事の説明をする際に神話、伝承、物語を語るということはよく知られている。ギブソンのオノンダガ神話の場合、その歴史的文脈のゆえ、神話に含まれるこれらの次元を解釈する必要があった。本書では、このような関心からギブソンの神話を解釈しようと試みた。そして、筆者の試みがその目的をどの程度達成したかは読者の判断に任せたい。

　第3に、宗教学（History of Religions）の視点に、社会的行為者とその行為という観点を持ち込むことは可能であるということを示した。従来の宗教学には社会的行為者という視点は十分展開されておらず、この問題はしばしば宗教社会学で取り上げられてきた。ところが宗教社会学は宗教を単に社会現象として解釈してしまう傾向があった。このように書いているが、宗教現象は社会現象ではないと主張しているのではない。宗教現象は社会的文脈においてのみ解釈されるべきではない、ということを述べてい

るだけである。
　しかしながら、社会学者は、例えば、ブライアン・S・ターナー（Brian S. Turner）は解釈学的および現象学的宗教学には3つの主要な問題があると指摘している[2]。第1に、宗教学の視点は社会的行為の意味に焦点を当てているので、「社会構造が行為を形成し制限している仕方」を無視し、「行為の意図しない結果という観念は全く持たない」。第2に、宗教学は、「社会生活におけるイデオロギーの重要性、体系的に曲解されたか、誤った世界観の重要性、政治的不平等を維持する際の誤った信条の役割などについては何の観念も展開できない」と批判する。第3に「文脈の意味に関して行為者たちの間で不一致が見られたり、行為者が自らの信条の意義に関して自己矛盾に陥ってしまうような状況に対処できない。」これらのターナーの批判には若干賛成するが、しかしながら、十分な歴史的および社会的史料がある時、宗教現象のダイナミックな側面を取り入れて解釈することは可能であることを本書では示したつもりである。
　第4に、文化相対主義や文化構築主義の立場から身体の意味も文化的に構築され、相対的であるという議論がなされているが、しかしながら、ギブソンが語った神話の中で表象される身体と儀礼行為の解釈から、感情は文化的に構築されるだけではなく、身体的に経験されるものであるということを示した。そして、感情が単に心理経験ではなく、身体経験でもあるということから、ギブソンの神話では解説的、あるいは構造的には示されていない宗教的意味を解釈し、示した。それは象徴として儀礼を通じて変容された人間の身体という問題である。大地の産物を食する身体として、人間の身体は儀礼を通じて水平線上の中心となる。そして、儀礼感情を経験する身体として、儀礼の参加者は天上界の感情を経験し、天上界と地上界の2重の存在へと変容される。天上界の儀礼感情は天上界の他性を象徴的に表象したものと解釈される。
　身体の問題を取り上げているが、厳密な意味では身体の問題を扱ってはいない。というのも実際の儀礼「経験」の次元を取り上げているのではな

く、神話の中で表象されている儀礼経験を取り上げているからである。しかし、ギブソン自身がロングハウス宗教の祭司であり、ロングハウス儀礼を経験していることから、彼が語った神話に表象されている儀礼の経験は彼自身の儀礼経験を何らかの形で反映していると考えられる。身体の問題はここ20年ほど学問の世界を賑わしてきている。しかしながら、過去において身体の意味がどのように理解されていたかということは文献を通してでしか知り得ない。それゆえ、神話などに表象されている身体のイメージから解釈する方法も必要である。

しかし、ギブソンの神話で表象されている身体のイメージは、彼の「経験」の直接的表現であると主張しているのではない。ギブソンはその神話を構築するにあたって知的反省を行って、神話の筋を構成したのである。だが、このように述べても、ウェイン・プルードフット（Wayne Proudfoot）の、宗教経験は言語的に解釈されて初めて意味あるものとなるという主張には賛成ではない[3]。プルードフットの議論は精神と身体の2元論を暗黙の前提として行っている議論であり、そこには隠された西洋的な前提がある。彼は言語と精神を同一視、言語と身体の分離、隔絶を当然のこととしている。興味深いことに、ここではまさに人間とは何物であるかという問題が問われているのである。ジョージ・レイコフ（George Lakoff）とマーク・ジョンソン（Mark Johnson）が『肉体の中の哲学 —— 身体化された精神と西洋思想への挑戦（*Philosophy in the Mind: The Embodied Mind and Its Challenge to Western Thought*）』（1999年）の最後の章で、「人とは何であるか（What a Person Is）」と問い、西洋の人（person）観が身体性を失った虚構に基づいていると論じている[4]。彼らは人間の理性は身体経験に根づいているのであり、それから離れて存在しているのではないと議論を行っている。

本書の研究は、それゆえ、宗教学の中でも解釈学的・現象学的視点を強調する流れに立つが、それは抽象的一般性への個別性を解消せずに、宗教の文化的に構築される側面にも十分注意を払って解釈を行った。歴史的側

面や社会的変動の側面を十分に取り入れ、批判的かつ解釈学的に神話の理解を試みた。本書では、具体的な一神話の解釈に焦点を当てたので、哲学的あるいは理論的議論はほとんど展開できなかった。別の機会にこの問題は取り上げることにしたい。

さて、従来、解釈学的・現象学的研究には個別性を解消してしまうという批判がなされていた。しかし、個別の具体性をより明瞭にしつつ、かつ、これらの視点から神話を解釈することは可能であることを本書は示したと思う。ただし、すべての神話や宗教の歴史的側面や批判的側面が明らかになるわけではない。それらの歴史的資料がない場合は、どれだけ理論的に歴史の重要性や社会変動の重要性を論じたところで、それらについては何も言うことはできないのである。しかも、本書の歴史的研究が示したように、歴史の意義は常に隠されている可能性がある。筆者は偶然にカメロンの通信記録を読み、それとギブソンの神話とを結びつける視点を考えることができた。しかし、それはあくまでも偶然なのである。

以上のように本書はいくつかの点で貢献をしたと考えられる。ところが、本書にも限界がある。まず初めに、ジョン・A・ギブソンという一人のホティノンショーニーニの男性が語った神話を解釈するという特定の課題を取り上げたので、本書で取られている方法論的意義は限定され、しかも、解釈の作業も制約された。本書では、ホティノンショーニーニ一般の身体観や儀礼経験という問題には触れなかった。また、それゆえ、他のロングハウス祭司や首長たちが語った神話や伝承、あるいは儀礼を考慮して研究を行うということはしなかった。第2章では、ギブソンが語った神話の特徴を際立たせるために、他の3つの神話を参照したが、本書の視点から比較を行おうとするならば、ドニガー（Doniger）が指摘している通り[5]、それらを語った語り手に関する歴史的および社会的資料が必要であり、そのような考察なしに比較を行おうとすると、単なるモチーフ分析に終わってしまう可能性がある。

この点と関連して、本書は北米先住民ホティノンショーニーニ・イロクォ

イ神話の研究と題しているが、ロングハウス宗教の他の重要な側面、真冬の儀礼、顔の結社、秘密結社、伝承など、豊かな伝統を取り上げることはしていない。その意味で、この研究はロングハウス宗教の豊かな伝統への大変狭い視点から見た研究であると言える。

　本書で展開した歴史学的・宗教学的解釈がどのくらい説得力のあるものであったかは、読者に判断を委ねるしかない。特に後半の神話の内容の解釈に関しては、ジョン・A・ギブソンのロングハウス宗教の伝統に属する今日のホティノンションーニの人々の意見を基礎にして展開した解釈でもないし、また、ここで行った解釈の内容の是非についてホティノンションーニの人々の考えを聞き、その応答を取り入れて再展開した解釈でもない。実際、博士論文委員会の審査委員の1人であるフォゲルソン教授は、筆者の神話の内容の解釈に関して、ホティノンションーニの人々が述べた解釈ではないということで疑問を提出された。しかし、今日のホティノンションーニの人々は必ずしも100年前の宗教的状況を知っているわけではない。また、ギブソンが生きていたロングハウス宗教の世界と今日のホティノンションーニの人々のそれとでは大きく異なっている。

　この問題については序章で既に述べておいたので繰り返すことはしない。しかし、本書は先住民の情報提供者あるいは研究協力者が提示する伝統について書き取ることを目的とした民族学的研究でもない。あくまでも、非先住民の研究者が、必要な学問的視点から、先住民の首長であり祭司であったジョン・A・ギブソンが語った神話を理解しようとし、その結果を書いた記録である。

註

序論

1) Lewis Henry Morgan, *League of Ho-de'-no-sau-nee, Iroquois* (Rochester: Sage & Brother, Publishers, 1851). Akwasasne Notes, ed., *Basic Call to Consciousness* (Summertown, Tennessee: Book Publishing Company, 1991). Alexander Ewen, ed., *Voice of Indigenous People* (Santa Fe, New Mexico: Clear Light Publishers, 1994).
2) Jacob Thomas and Terry Boyle, *Teaching from the Longhouse* (Toronto: Stoddart Publishing Co. Limited, 1994).
3) 市川浩、『精神としての身体』、勁草書房、東京、1975年。『〈身〉の構造-身体論を超えて』、青土社、東京、1984年。
4) Mark Johnson, *The Body in the Mind: The Bodily Basis of Meaning, Imagination, and Reason* (Chicago and London: The University of Chicago Press, 1987).
5) Thomas J. Csordas, *The Sacred Self: A Cultural Phenomenology of Charismatic Healing* (Berkeley: University of California Press, 1994).
6) Lawrence E. Sullivan, ed., *Enchanting Powers: Music in the World's Religions* (Cambridge, Massachusetts: Harvard University Press, 1997).
7) 水野信男編、『儀礼と音楽 I-世界宗教・民族宗教編』、東京書籍株式会社、東京、1990年。藤井知昭編、『儀礼と音楽 II-民間信仰編』、東京書籍株式会社、東京、1991年。
8) Hanni Woodbury, ed., and trans., *Concerning the League: The Iroquois League Tradition as Dictated in Onondaga by John Arthur Gibson, Newly Elicited, Edited, and Translated by Hanni Woodbury in Collaboration with Reg Henry and Harry Webster on the Basis of A. A. Goldenweiser's Manuscript Algonquian and Iroquoian Linguistics Memoir* 9, 1992.
9) John A. Noon, *Law and Government of the Grand River Iroquois*, Viking Fund Publications in Anthropology no. 12 (1949).
10) Joachim Wach, *Sociology of Religion* (Chicago and London: The University of Chicago Press, 1944); *Types of Religious Experience: Christian and Non-Christian* (Chicago: The University of Chicago Presss, 1951); *The Comparative Study of Religions* (New York: Columbia University Press, 1958); *Introduction to the History of Religions* (New York: Macmillan Publishing Company, 1988); *Essays in the*

History of Religions (New Yor: Macmillan Publishing Company, 1988) などその他。

11) エリアーデの主要な著作はすべて邦訳されている。Mircea Eliade, *Patterns in Comparative Religions* (New York: Sheed & Ward, Inc., 1958); *Yoga: Immortality and Freedom* (Princton: Princeton University Press, 1954); *The Myth of the Eternal Return or, Cosmos and History* (Princeton: Princeton University Press, 1954); *The Sacred and the Profane: The Nature of Religion* (San Diego: Harcourt Brace & Company, 1954); *Rites and Symbols of Initiation: The Mysteries of Birth and Rebirth* (New York: Harper Brothers., 1958); *Shamanism: Archaic Techniques of Ecstasy* (Princeton: Princeton University Press, 1964); *The Quest: History and Meaning in Religion* (Chicago and London: The University of Chicago Press, 1969); *A History of Religious Ideas, vol. 1. From the Stone Age to the Eleusinian Mysteries* (Chicago: The University of Chicago Press, 1978); *A History of Religious Ideas*, vol. 2. *From Gautama Buddha to the Triumph of Christianity* (Chicago and London: The University of Chicago Press, 1982); *A History of Religious Ideas*, vol. 3. *From Muhammad to the Age of Reforms* (Chicago and London: The University of Chicago Press, 1985), その他。

12) Joseph M. Kitagawa, *Religion in Japanese History* (New York: Columbia University Press, 1966); *The History of Religions: Understanding Human Experience* (Atlanta: Scholars Press, 1987); *The Quest for Human Unity: A Religious History* (Minneapolis: Fortress Press, 1990). Joseph M. Kitagawa and Mircea Eliade, eds., *The History of Religions: Essays in Methodology* (Chicago & London: The University of Chicago Press, 1959)). Joseph M. Kitagawa, ed., *The History of Religions: Essays on the Problem of Understanding* (Chicago and London: The University of Chicago Press, 1967); ed., *The History of Religions: Retrospect and Prospect* (New York: Macmillan Publishing Company, 1985).

13) Charles H. Long, *Significations: Signs, Symbols, and Images in the Interpretation of Religion* (Philadelphia: Fortress Press, 1986).

14) Raffaele Pettazzoni, *Essays on the History of Religions*, trans. by H. J. Rose, (Leiden: E. J. Brill, 1967).

15) Vittorio Lanternari, *The Religions of the Oppressed: a Study of Modern Messianic Cults* (New York: Alfred Knopf, 1963).

16) Sam D. Gill, *Mother Earth: An American Story* (Chicago and London: The University of Chicago Press, 1987). ギルの著作には、これ以外に以下の北米先住民関係の著作がある。*Sacred Words: A Study of Navajo Religion and Prayer* (Westport: Greenwood Press, 1981); *Native American Religions: An Introduction*

(Belmont, California: Wadsworth Publishing Company, 1981); *Native American Religions: Sources and Interpretation* (Belmont, California: Wadsworth Publishing Company, 1983); *Native American Religious Action: A Performance Approach to Religion* (Columbia, South Carolina: University of South Carolina Press, 1987); Irene F. Sullivanとの共著、*Dictionary of Native American Mythology* (New York: Oxford University Press, 1992).

17) Jonathan Z. Smith, "The Unknown God: Myth in History," in *Imagining Religion: From Babylon to Jonestown* (Chicago and London: The University of Chicago Press, 1982), pp. 66-89. スミスはギルのシカゴ大学での指導教授である。

18) Joel W. Martin, *Sacred Revolt: The Muskogee's Struggle for a New World* (Boston: Beacon Press, 1991), p. 133.

19) Jace Weaver, "From I-Hermeneutics to We-Hermeneutics: Native American and the Post-Colonial," in Jace Weaver, ed., *Native American Religious Identiy: Unforgotten Gods* (Maryknoll, New York: Orbis Books, 1998), p. 5.

20) Daniel K. Richter, *The Ordeal of the Longhouse: The Peoples of the Iroquois League in the Era of European Colonization* (Chapel Hill & London: The University of North Carolina Press, 1992).

21) Weaver, ed., op. cit., p. 13.

22) Jack D. Forbes, *Columbus and Other Cannibals: The Wetiko Disease of Exploitation, Imperialism, and Terrorism* (Brooklyn: Autonomeida, 1979), pp. 26-27. 上記ウィーバーに引用されている。Ibid., pp. ix-x. この書物は絶版しており、筆者は手に入れることが出来なかった。

23) Marshal Sahlins, *Historical Metaphors and Mythical Realities: Structure in the Early History of the Sandwich Islands Kingdom*, ASAO Special Publications no. 1 (Ann Arbor: The University of Michigan Press, 1981); *Islands of History* (Chicago and London: The University of Chicago Press, 1985).

24) Robert A. Brightman, "Toward a History of Indian Religion: Religious Changes in Native Societies," in Colin G. Galloway, ed., *New Directions in American Indian History* (Norman and London: University of Oklahoma Press, 1988), pp. 223-249.

25) William N. Fenton, "Chief Gibson's Account," in *The Great Law and the Longhouse: A Political History of the Iroquois Confederacy* (Norman: University of Oklahoma Press, 1998), pp. 85-97. Hanni Woodbury, *Concerning the League: The Iroquois League Tradition as Dictated in Onondaga by John Arthur Gibson,* 前掲載 pp. xix-lxi.の脚注を参照のこと。

26) Albert B. Lord, *The Singer of Tales* (Cambridge, Masachusetts: Harvard

University Press, 1960).
27) Michael K. Foster, "From the Earth to Beyond the Sky: An Ethnographic Approach to Four Longhouse Iroquois Speech Events," *Canadian Ethnology Service Paper no.20* (1974).
28) Joachim Wach, "On Understanding," in *Essays in the History of Religions*, op. cit., p. 175.

第1章

1) William N.Fenton, "Locality as a Basic Factor in the Development of Iroquois Social Structure," *Bureau of American Ethnology Bulletin* 149: 35-54.
2) *Handbook of North American Indians*, volume 15 Northeast, Bruce G. Trigger, volume editor, (Washington: Smithsonian Institution, 1978).
3) Daniel L. Boxberger, ed., *Native North Americans: An Ethnohistorical Approach* (Iowa: Kendal/Hunt Publishing Company, 1990): vii.
4) Alfred L. Kroeber, *Cultural and Natural Area of Native North America*, Publications in American Archaeology and Ethnology, University of California, XXXVIII (1939).
5) Harold E. Driver, *Indians of North America* (Chicago: The University of Chicago Press, 1961).
6) Daniel L. Boxberger, ed., *Native North Americans: An Ethnohistocial Approach* (Dubuque, Iowa: Kendall/Hunt Publishing Company, 1990).
7) John James Collins, *Native American Religions: A Geographical Survey* (Lampeter, Wales: The Edwin Mellen Press, 1991).
8) Dean R. Snow, *The Iroquois* (Oxford: Blackwell, 1994), pp. 21-33.
9) Wallace L. Chafe, "Linguistic Evidence for the Relative Age of Iroquois Religious Practices," in *Southwestern Journal of Anthropology* 20, no. 3 (1964): 278-285.
10) Åke Hultkrantz, *Native Religions of North America: The Power of Visions and Fertility* (San Francisco: Harper & Row, Publishers, 1987), p. 14.
11) Annemarie Anrod Shimony, *Conservatism among the Iroquois at the Six Nations Reserve* (Syracuse: Syracuse University Press, 1994), pp. 18-69.
12) Ibid., p. 34.
13) A. A. Goldenweiser, "On Iroquois Work, 1912" *Summary Report of the Geological Survey*, Department of Mines, no. 26 (1914): 464-475.
14) ギブソンを祭司と呼ぶことには議論の余地がある。マックス・ウェーバーの祭司

(priest) と予言者 (prophet) の対比的類型が、ロングハウス宗教の宗教的人格にそのまま当てはまらないのは言うまでもない。Max Weber, *The Sociology of Religion* (Boston: Beacon Press, 1965), pp. 20-31, pp. 46-59. ここでは儀礼を司る人物という意味で祭司という語を用い、この意味でギブソンを祭司と呼ぶことにする。本書の議論や結論の章でギブソンは如何なる宗教的人格であったかという問題にも触れる。

15) Shimony, op. cit., pp. 70-90.
16) Wallace L. Chafe, "Seneca Thanksgiving Rituals," *Bureau of American Ethnology Bulletin* 183 (1961).
17) Shimony, op. cit., pp. 127-140.
18) Ibid., pp. 191.
19) Arthur C. Parker, "Secret Medicine Societies of the Seneca," *American Anthropologist*, n.s. 11 no. 2 (1912): 161-185.
20) William N. Fenton, *The Iroquois Eagle Dance: An Offshoot of the Calumet Dance; with an Analysis of the Iroquois Eagle Dance and Songs by Dertrude P. Kurath*, Bureau of American Ethnology Bulletin 156 (1953); *The False Faces of the Iroquois* (Norman: University of Oklahoma Press, 1987).
21) Elisabeth Tooker, ed., *An Iroquois Source Book*, volume 3 Medicine Society Rituals (New York and London: Garland Publishing, Inc., 1986).
22) Annemarie A. Shimony, "Eastern Woodlands: Iroquois of Six Nations," in Deward E. Walker, Jr., ed., *Witchcraft and Sorcery of the American Native People* (Moscow, Idaho: University of Idaho Press, 1989), pp. 141-166.
23) Paul L. Weinman, *A Bibliography of the Iroquoian Literature, Partially Annotated*, Bulletin 411, New York State Museum and Science Service (December, 1969).
24) Lewis H. Morgan, *League of the Ho-de'-no-sau-nee, Iroquois* (Rochester: Sage & Brother, Publications, 1851).
25) Reuben Gold Thwaites, ed., *The Jesuit Relations and Allied Documents: Travels and Explorations of the Jesuit Missionaries in New France, 1610-1791* (Cleveland: The Burrows Brothers Company).
26) Joseph-François Lafitau, *Mœurs des sauvages américains, comparées aux mœurs des premiers temps*, 2 vols (Paris: Saugrain L'aine, 1724).
27) Edna Kenton, ed., *The Indians of North America* vols. 1 & 2 (New York: Harcout, Brace & Company, 1927).
28) Henry R. Schoolcraft, *Notes on the Iroquois, Or Contributions to American History, Antiquites, and General Ethnology* (Albany:Erastus H. Pease & Co., 1847).

29) Horatio Haleの研究は以下のものが知られている。Horatio Hale, "Hiawatha and the Iroquois Confederacy," (Salem: Salem Press, 1881); "Indian Migrations, as Evidenced by Language," *The American Antiquarian and Oriental Journal* 5 (1883): 18-28; "The Iroquois Book of Rites," *Brinton's Library of Aboriginal Literature* 2 (1883); "The Iroquois Institutions and Language," *SCIENCE, Magazine of the American Association for the Advancement of Science*, 2 no. 36 (1883): 496-497; "Chief George H. M. Johnson, Onwanonsyshon," *The Magazine of American History* (1885): 129-142; "The Iroquois Sacrifice of the White Dog," *The American Antiquarian and Oriental Journal* 7 (1885): 7-14; "The Fall of Hochelaga," *The Journal of American Folklore* 7, no. 24 (1894): 1-14; "An Iroquois Condoling Council," *Transactions of the Royal Society of Canada*, 2nd series 1, section 2 (1885): 45-65.

30) Alexander A. Goldenweiser, "On Iroquois Work, 1913-1914," *Summary Report of the Geology Survey*, Department of Mines, no. 26 (1914): 365-372; "On Iroquois Work, 1912," *Summary Report of the Geology Survey*, Department of Mines, no. 26 (1914): 464-475.

31) Sara Henry Stites, *Economics of the Iroquois*, A Dissertation Presented to the Faculty of Bryn Mawr College for the Degree of Doctor of Philosophy (Lancaster, PA: Press of the New Era Printing Company, 1905).

32) Morris Wolf, *Iroquois Religion: Its Relation to Their Morals* (New York: Columbia University Press, 1919).

33) Harriet Maxwell Converse, "Myths and Legends of the New York State Iroquois," Arthur C. Parker, ed., *Museum Bulletin* 125, New York State Museum (1908).

34) Arthur C. Parker, edited by William N. Fenton, *Parker on the Iroquois: Iroquois Use of Maize and Other Food Plants; The Code of Handsome Lake, the Seneca Prophet; The Constitution of the Five Nations* (Syracuse: Syracuse University Press, 1968).

35) Arthur C. Parker, *Seneca Myths and Folk Tales* (The Baffalo Historical Society, 1923). 1989年にネブラスカ大学出版から再版されている。Arthur C. Parker, *Seneca Myths and Folk Tales* (Lincoln and London: University of Nebraska Press, 1989).

36) Arthur C. Parker, "Secret Medicine Societies of the Seneca," *American Anthropologist* n. s. 11: 161-185.

37) J. N. B. Hewitt, "Iroquoian Cosmology, First Part," *The Annual Report of the Bureau of American Ethnology* 21 (1903): 127-339; "Iroquoian Cosmology, Second

Part," *The Annual Report of the Bureau of American Ethnology* 43 (1928): 449-819.
38) J. N. B. Hewitt, ed., "Seneca Fiction, Legends, and Myths: Collected by Jeremiah Curtin and J. N. B . Hewitt," *Annual Report of the Bureau of American Ethnology* 32 (1918).
39) J. N. B. Hewitt, "Orenda and a Definition of Religion," *American Anthropologist* n.s. 4 (1902): 33-46.
40) William N. Fenton, "An Outline of Seneca Ceremonies at Coldspring Longhouse," *Yale University Publications in Anthropology* 9 (1936); "The Iroquois Eagle Dance: An Offshoot of the Calumet Dance; with an Analysis of the Iroquois Eagle Dance and Songs by Gertrude P. Kurath," *Bureau of American Ethnology Bulletin* 156 (1953); *The False Faces of the Iroquois* (Norman: University of Oklahoma Press, 1987); *The Great Law and the Longhosue: A Political History of the Iroquois Confederacy* (Norman: University of Oklahoma Press, 1998). 上記以外のフェントンの諸論文に関しては、最後の著作の文献表を参照のこと。
41) Anthony F. C. Wallace, *The Death and Rebirth of the Seneca* (New York: Vintage Books, 1972).
42) Frank Gouldsmith Speck, *Midwinter rites of the Cayuga Long House, by Frank G. Speck in collaboration with Alexander General (Deskaheh)* (Philadelphia: University of Pennsylvania Press, 1949). Elisabeth Tooker, *The Iroquois Ceremonial of Midwinter* (Syracuse: Syracuse University Press, 1970).
43) Elisabeth Tooker, ed., *An Iroquois Source Book*, volume 1 Politial and Social Organization (New York and London: Garland Publishing, Inc., 1985); *An Iroquois Source Book*, volume 2 Calendric Rituals (New York and London: Garland Publishing, Inc., 1985); *An Iroquois Source Book*, volume 3 Medicine Society Rituals (New York and London: Garland Publishing, Inc., 1986).
44) Francis Jenning, *The Ambiguoius Iroquois Empire: The Covenant Chain Confederation of Indian Tribes with English Colonies from its beginnings to the Lancaster Treaty of 1774* (New York: W. W. Norton & Company, 1984).
45) Francis Jennings, ed., *The History and Culture of Iroquois Diplomacy: An Interdisciplinary Guide to the Treaties of the Six Nations and Their League* (Syracuse University Press, 1985).
46) Barbara Graymont, *The Iroquois in the American Revolution* (Syracuse: Syracuse University Press, 1972).
47) William H. Armstrong, *Warrior in Two Camps: Ely S. Parker, Union General and Seneca Chief* (Syracuse: Syracuse University Press, 1978).

48) Daniel K. Richter, *The Ordeal of the Longhouse: The People of the Iroquois League in the Era of European Colonization* (Chapel Hill & London: The University of North Carolina Press, 1992).
49) Matthew Dennis, *Cultivating a Landscape of Peace: Iroquois-European Encounters in Seventeenth-Century America* (Ithaca and London: Cornell University Press, 1993).
50) Charles T. Gehring and William A. Starna, trans., *A Journey into Mohawk and Oneida Country, 1634-1635: The Journal of Harmen Meyndertsz van den Bogaert* (Syracuse: Syracuse University Press, 1988).
51) Dean R. Snow, *Mohawk Valley Archaeology: The Sites* (Albany, The Institute for Archaeological Studies, University at Albany, 1995); *Mohawk Valley Archaeology: The Collection* (Albany, The Institute for Archaeological Studies, University at Albany, 1995).
52) James W. Bradley, *Evolution of the Onondaga Iroquois: Accomodating Change, 1500-1655* (Syracuse: Syracuse University Press, 1987).
53) Dean R. Snow, *The Iroquois* (Cambridge: Blackwell Publishers, 1994).
54) Annemarie Anrod Shimony, "Conservatism among the Iroquois at te Six Nations Reserve," *The Yale University Publications in Anthropology* 65 (1961). シラキュース大学出版から1994年にペーパーバック版として再版された。
55) Sally M. Weaver, "Medicine and Politics among the Grand River Iroquois: A Study of the Non-Conservatives," *National Museum of Canada, Publications in Ethnology* 4 (1972).
56) Michael K. Foster, "From the Earth to Beyond the Sky: An Ethnographic Approach to Four Longhouse Iroquois Speech Events," *Canadian Ethnology Service Paper* (1974).
57) James W. Herrick, edited by Dean R. Snow, *Iroquois Medical Botany* (Syracuse: Syracuse University Press, 1995).
58) Michael K. Foster, Jack Campisi, Marianne Mithun, eds., *Extending the Rafters: Interdisciplinary Approaches to Iroquois Studies* (Albany: State University of New York Press, 1984).
59) The Editors of Time-Life Books, *Realm of the Iroquois* (Alexandria, Virginia: Time-Life Books, 1993).

第2章

1) William Bascom, "The Forms of Folklore: Prose Narratives,"in Alan Dundes, ed., *Sacred Narrative: Readings in the Theory of Myth* (Berkeley: University of California Press, 1984), p. 9.
2) Sam D. Gill and Irene F. Sullivan, *Dictionary of Native American Mythology* (Santa Barbara: ABC-CLIO, Inc., 1992), p. xi.
3) Arthur C. Parker, *Seneca Myths & Folk Tales* (Lincoln and London: University of Nebraska Press, 1989).
4) J. N. B. Hewitt, "Orenda and a Definition of Religion," *American Anthropologist*, n.s 4 (1902): 33-46.
5) Mircea Eliade, *The Sacred & the Profane: The Nature of Religion, The Significance of religious myth, symbolism, and ritual within life and culture* (San Diego: Harcourt Brace Jovanovich, Publishers, 1957), p. 95.
6) Parker, op. cit., p. xxxi.
7) Michael K. Foster, op. cit., p. 31.
8) この点については、6カ国保留地の故ジェイコブ・E・トマス氏が筆者に語ってくれた。トマスはホティノンションーニ・ロングハウスの主要な伝承を覚えていた。トマスについては補記で詳しく述べているので、そちらを参照して頂きたい。トマスは、その在世中には彼ほどホティノンションーニの伝統について造詣の深い人はいないであろうといわれていた人物である。
9) Foster, op. cit., pp. 32-34.
10) Parker, op. cit., pp. 33-34.
11) Alan Dundes, "Earth-Diver: Creation of the Mythopoeic Male," *American Anthropologist* 64: 1032-1051.
12) J. N. B. Hewitt, "Iroquoian Cosmology, First Part," *Annual Report of the Bureau of American Ethnology* 21 (1899-1900): 141-220.
13) Ibid., :221-254.
14) Ibid., : 255-339.
15) この習慣は「down-fended」と呼ばれた習慣である。「この言葉は、イロクォイの特徴的な習慣を示す。それは、子供を思春期になるまである保護者(Trustee)以外には他の誰の目にもふれないように厳格に隠す習慣である。誰かが子供を隠しているところへ進入しようとすると、草の猫の毛を蹴散らさなくてはならないので、家人が気付く。このようにして『隠された人』を「down-fended」と呼び、不思議な力を持っていると見なされる。」Hewitt, "Iroquoian Cosmology, First Part," : 142.

16) J. N. B. Hewitt, "Iroquoian Cosmology, Second Part," *Annual Report of the Bureau of American Ethnology* 43 (1925-1926): 449-757.

第 3 章

1) ジョン・A・ギブソンの父親ジョン・ギブソンの氏族が何であるかは調べた限りでは不明であった。ジョン・ギブソンの首長の称号のアトタホは、本書の中ではタドダホと表記されている。
2) ギブソンの首長の称号である「カニヤダリオ」は通常「Handsome Lake (ハンサムレイク)」と英訳される。有名なセネカの予言者ハンサム・レイクの名前は彼の首長の称号である。しかし、「カニヤダリオ」は「美しい湖」という意味である。
3) ジョン・A・ギブソンの妻の名前が何であるかは調べたが、分からなかった。
4) 彼自身タスカロラの血を受け継いでいるヒィウィットはスミソニアン博物館の民族学研究者としてホティノンショーニの多くの人々と研究を行った。彼の研究の多くはスミソニアン博物館国立人類学古文書館に未発表の原稿として残されている。
5) ギブソンと行ったゴールデンワイザーの研究については、ハンニ・ウッドベリーの『連合に関して (Concerning the League)』を参照のこと。
6) ギブソンはヘイルの研究の情報提供者とは数え上げられてはいないが、ヘイルはギブソンが哀悼儀礼で歌を歌っている様子を描いている。Horatio Hale, "An Iroquois Condoling Council," in Wm. Buy Spittal, ed., *The Iroquois Book of Rites and Hale on the Iroquois* (Ohsweken, Ontario: Iroqrafts Ltd., 1989), pp. 339-361. を参照のこと。この論文はもともと *Transactions of the Royal Society of Canada*, 2nd series 1, section 2 (1895): 45-65. に出版されている。ヘイルについては、D. G. Brinton, "Horatio Hale," *American Anthropologist* 10 (1897): 25-27. を参照のこと。
7) F. W. Waugh, "Iroquois Foods and Food Preparation," Canada, Department of Mines, *Geological Survey Memoir* 86 (1916). ヴァフは彼の主要な情報提供者の一人としてジョン・A・ギブソンの名前を挙げている。2頁を参照のこと。
8) Regna Darnell, *Edward Sapir: Linguist, Anthropologist, Humanist* (Berkeley: University of California Press, 1990), p. 17. Woodbury, op. cit., p. xii.
9) A. A. Goldenweiser, "On Iroquois Work, 1912,": 464.
10) J. N. B. Hewitt, "Iroquoian Cosmology, Second Part," : 455.
11) The Six Nations Council Minutes, November 5 1912, The Record Office of the Six Nations Council, Ohsweken, Ontario. 以下、SNCM と略す。
12) Hewitt, op. cit., pp. 453-454.
13) William N. Fenton, "This Island, the World on the Turtle's Back," *Journal of American Folklore* 298 (1962): 283-300.

14) Ibid.,: 289.
15) Thomas S. Abler, "Dendrogram and Celestial Tree: Numerical Taxonomy and Variants of the Iroquois Creation Myth," *The Canadian Journal of Native Studies* 7, no. 2 (1987): 195-221.
16) Dean R. Snow, *The Iroquois* (Cambridge: Blackwell Publishers, 1994), p. 4.
17) アンソニー・F・C・ウォーレスがイロクォイ連合起源伝承を文化再活性化運動（revitalization）の一例として取り上げているが、それは伝承の歴史的研究と考えることが出来る。しかし、彼は世界創世神話を歴史的に取り扱っているのではない。Anthony F. C. Wallace, "The Dekanawideh Myth Analyzed as the Record of a Revitalization Movement," *Ethnohistory* 5 (1958): 118-192.
18) Gary L. Ebersole, *Ritual Poetry and the Politics of Death in Early Japan* (Princeton: Princeton University Press, 1989), p. 268.
19) 註17で既に述べたが、ウォーレスはデカナウィダー伝承を神話と読んでいるが、それは本書で用いる意味とは異なっているので、彼のデカナウィダー伝承の研究を神話の歴史的研究とは見なさない。
20) J. N. B. Hewitt, op. cit.,: 453.
21) Ibid.,: 470-757.
22) Elisabeth Tooker. 筆者宛の1995年3月9日付けの私信による。
23) William N. Fenton. 筆者宛の1995年3月13日付けの私信による。
24) Neil M. Judde, *The Bureau of American Ethnology, A Partial History* (Norman: University of Oklahoma Press, 1967), p. 51.
25) John R. Swanton, "John Napoleon Brinton Hewitt," *American Anthropologist*, n. s., 40 no. 2-4 (1938): 287.
26) Blair A. Rudes, "John Napoleon Brinton Hewitt: Tuscarora Linguist," *Anthropological Linguistics* 36 no. 4 (1994): 467.
27) Hewitt, op. cit., : 608, note 2.
28) Annemarie Anrod Shimony, *Conservatism among the Iroquois at the Six Nations Reserve* (Syracuse: Syracuse University Press, 1994), p. 93.
29) Duncan C. Scott, "Traditional History of the Confederacy of the Six Nations," *Royal Society of Canada, Proceedings and Transactions*, 3rd ser., V Sec. II (Ottawa: 1912): 195-246.
30) SNCM, February 8, 1900.
31) Ibid., August 4, 1900.
32) Sally M. Weaver, "The Iroquois: The Grand River Reserve in the Late Nineteenth and Early Twentieth Centuries, 1875-1945," in Edward S. Rogers and Donald B.

Smith, eds., *Aboriginal Ontario: Historical Perspectives on the First Nations* (Toronto: Dundurn Press, 1994), p. 240.
33) Scott, op. cit.,: 197.
34) E. Brian Titley, *A Narrow Vision: Duncan Campbell Scott and the Administration of Indian Affairs in Canada* (Vancouver: University of British Columbia Press, 1986), p. 25.
35) William N. Fenton, "Editor's Introduction," in *Parker on the Iroquois*, edited by William N. Fenton (Syracuse: Syracuse University Press, 1968), pp. 1-47.
36) Ibid., p. 39.
37) Weaver, op. cit., pp. 215-257.
38) Ibid., p. 239.
39) この事件に関しては、Bruce Emerson Hill, *The Grand River Navigation Company* (Brantford, Ontario: Brant Historical Publication, 1994)を参照のこと。
40) Weaver, op. cit., p. 239. 白いワンパムは通常任命されたワンパム保管者が保管している。ワンパム保管者は、他の伝統主義的立場のロングハウス首長たちが任命した伝統主義的なロングハウス首長であることが多かった。
41) Ibid., p. 234.
42) Ibid., p. 240.
43) The Letter Book of E. D. Cameron, April 19, 1899, The Record Office of the Six Nations Council, Ohsweken, Ontario. Film, nos. 381-382. このカメロンの通信の記録のタイトルは "The Letter Book" である。しかし、この言葉は今日ではほとんど用いられていないので、代わりに通信記録帳 ("The Book of Correspondence") と呼ぶことにする。以下、LBEDCと略す。
44) *The Civil Service List of Canada, 1900* (Ottawa: S. E. Dawson, 1900): 166. E・D・カメロンは1859年9月22日生まれ。年間の給与は1200ドルであった。
45) LBEDC, February 8 1900.
46) Frederick H. Abbott, *The Administration of Indian Affairs in Canada, Report of an Investigation made in 1914 under the Direction of the Board of Indian Commissioners*, Washington, D. C., 1915: 34-35.
47) LBEDC, February 23 1900, Film 3, no. 438.
48) Ibid., no. 439.
49) Ibid., no. 437.
50) ジョンソンは詩人のポーリン・ジョンソン (Pauline Johnson) の祖父であり、この事件は彼女の伝記にも載せられている。Betty Keller, *Pauline: A Biography of Pauline Johnson* (Halifax: Formac Publishing Company Limited, 1987), p. 31.

51) J. W. Powell, Introduction to *Annual Report of the Bureau of American Ethnology* 21 (1903): XI.
52) Malcom Montgomery, "The Six Nations Indians and the Macdonald Franchise," *Ontario History* 57 no. 1 (1965): 17. モホーク首長のA・G・スミスは世襲首長議会で秘書として重要な役割を果たしていたが、選挙による首長会議を提唱していた。
53) Weaver, op. cit., p. 234.
54) Marcel Rioux, ""Relations between Religion and Government among the Longhouse Iroquois of Grand River," *National Museum of Canada, Bulletin* no. 126 (1952): 94-98.
55) John A. Noon, *Law and Government of the Grand River Iroquois*, Viking Fund Publications in Anthropology no. 12 (1949). 特に "The Social Control of Property and Inheritance" と題されている章、85-106頁を参照のこと。
56) Ibid., p. 85.
57) Barbara Graymont, *The Iroquois in the American Revolution* (Syracuse: Syracuse University Press, 1972), p. 259.
58) 英国はミシサガに当時の英国貨幣で1800ポンドに相当する品物と交換で土地を取得している。この経緯の詳しい説明については、Robert J. Surtee, "Land Cessions, 1763-1830," in Edward S. Rogers and Donald B. Smith, eds., *Aboriginal Ontario: Historical Perspectives on the First Nation*, p. 102.を参照のこと。
59) Charles M. Johnson, ed., *The Valley of the Six Nations: A Collection of Documents on the Indian Lands of the Grand River* (Toronto: The Champlain Society, 1964), p. 50.
60) Noon, op. cit., p. 86.
61) Ibid..
62) Ibid., p. 87.
63) Ibid., p. 88.
64) Ibid., p. 91.
65) Ibid., p. 92.
66) Ibid..
67) Ibid., p. 94.
68) M. Fortes and E. E. Evans-Prichard, eds., *African Political Systems* (London: Oxford University Press, 1970). Max Gluckman, *Order and Rebellion in Tribal Africa* (New York: The Free Press of Gelncoe, 1963).
69) Bruce Lincoln, "Ritual, Rebellion, Resistance: Rethinking the Swazi Ncwala," in *Discourse and the Construction of Society: Comparative Studies of Myth, Ritual,*

and *Classification* (New York: Oxford University Press, 1989), p. 73.
70) Charles M. Johnson, op. cit., p. lxxxix.
71) Richard H. Bartlett, *The Indian Act of Canada* (Saskatchewan, Canada: University of Saskatchewan Native Law Centre, 1980), pp. 2-3.
72) Derek G. Smith, ed., *Canadian Indians and the Law: Selected Documents, 1663-1972* (Ottawa: McClelland and Stewart Limited, 1974), pp. 62-63.
73) John L. Tobia, "Protection, Civilization, Assimilation: An Outline History of Canada's Indian Policy," *The Western Canada Journal of Anthropology* 6 no. 2 (1976): 14.
74) Smith, op. cit., pp. 66-67.
75) Ibid..
76) Ibid..
77) David M. Schneider, *A Critique of the Study of Kinship* (Ann Arbor: The University of Michigan Press, 1984), p. 72.
78) Smith, op. cit., p. 67.
79) Sherry B. Ortner and Harriet Whitehead, eds., *Sexual Meanings: The Cultural Construction of Gender and Sexuality* (Cambridge: Cambridge University Press, 1981), p. 8.
80) Smith, op. cit., p. 75.この点に関して、レイモンド・D・フォゲルソン教授は、白人と結婚すると、酒を購入したり、保留地の外の土地を「所有」するなどの特権を持つことが出来るようになるので、白人との結婚はその人に優越的な地位を与えると見なされることになると考えられると、筆者に語ったが、この点を支持するような内容をインディアン法の中には見つけることは出来なかった。
81) Ibid., pp. 87-88.
82) Ibid., p. 87.
83) Ibid., p. 76.
84) Ibid., p. 92.
85) Ibid., p. 93.
86) Ibid., p. 100.
87) 付け加えると、明確には述べられてはいないが、世襲首長議会は、法を犯した外部者を彼らが処罰できるかどうかについても関心を抱いていたと思われる。

第4章

1) Fenton, op. cit., "This Island, the World on the Turtle's Back,": 289.

2) 英国文化の受容、同化を推進したブラントの試みには多くの側面があり、それらをすべてここで要約することは難しい。Charles M. Johnson, "The Six Nations in the Grand River Valley, 1784-1847," Edward S. Rogers and Donald B. Smith, op. cit., : 174.
3) John G. Garatt, *The Four Indian Kings* (Ottawa: Public Archives, Canada, 1985), p. 7. 他の3人は亀氏族の「エトウ・オ・コアム (Etow Oh Koam)」、狼氏族の「ホ・ニィ・イェト・タウ・ノ・ロウ (Ho Nee Yeath Taw No Row)」と「ティ・イェ・ニィン・ホ・ガ・ロウ (Tee Yee Neen Ho Ga Row)」である。最後の首長の洗礼名はヘンドリック (Hendric) であり、ブラントの姉のメアリーの祖父にあたる。
4) Ibid., p. 6.
5) Ibid., p. 8.
6) Ibid..
7) Ibid., p. 10.
8) Ibid., p. 16.
9) Isabel Thompson Kelsay, *Joseph Brant 1743-1807: A Man of Two Worlds* (Syracuse: Syracuse University Press, 1984), p. 88.
10) ジョセフ・ブラントはメラリーの弟であると言われているが、彼女の祖父はTee Yee Neen Ho Ga Row、ヘンドリックであり、ジョセフの祖父はSa Ga Yeath Qua Pieth Tow、ブラントである。ヘンドリックもブラントも1710年にロンドンを訪問している。なぜ、メアリーとジョセフの祖父は異なるのか。二人が同じ両親の子供であるならば、なぜ、このように祖父の名前が異なっているのか。その事情は以下の如くである。ジョセフ・ブラントの母は、彼の父親が死んだ後で、モホーク首長であったブラント・カナジャロヅンカ (Brant Canajarodunka) と再婚し、ブラントという姓を名乗った。それゆえ、ジョセフとメアリーは兄弟姉妹と言われるが、ジョセフ・ブラントの父方の祖父がブラントであり、メアリーの父方の祖父がヘンドリックであったと思われる。Tom Hill, "Brant: A Six Nations Perspective," in *Portraits of Thayendanegea, Joseph Brant* (Burlington, Ontario: Burlington Culture Centre, 1993): 35.
11) Graymont, op. cit., p. 158.
12) Ibid., p. 159.
13) Ibid., p. 105.
14) Charles H. Johnston, "The Six Nations in the Grand River Valley, 1784-1847," in Edward S. Robers and Donald R. Smith, op. cit., p. 174.
15) Graymont, op. cit., p. 170.
16) Katherine Ann Sample, "Changes in Agriculture on te Six Nations Indian

Reserve," (Master's Thesis, McMaster University, 1968), pp. 52-74.
17) Charles M. Johnson, "The Six Nations in the Grand River Valley, 1784-1847," in Rogers and Smith, op. cit., pp. 177-178.
18) Dominion of Canada, *Annual Report of the Department of Indian Affairs for the Year Ended 31st December* (Ottawa: Maclean, Roger & Co., 1883): xii.
19) Sally M. Weaver, "The Iroquois: The Grand River Reserve in the Late Nineteenth and Early Twentieth Centuries, 1875-1945," in Rogers and Smith, op. cit., p. 239.
20) 全文は短いのでここで全訳をしておこう。「彼ら（カナダ人）は、偉大な首長であるジョセフ・ブラント［Thayendanegea］を記念するのに相応しい、遅ればせながら何かしらの行事が行われることを期待するという願いを閣下に提示します。ブラントは、一つの当局しかなかったこの大陸に二つの当局が誕生してしまうことになる先の大戦争の間、忠実に勇敢に、英国王の同盟として英国と帝国を守るために彼らの父達を導き、すべてのものが失われてしまった時にも忠誠を守りながら、犠牲を払いすべてを諦め、このカナダの野生の地にやって来た。ここでも人々に英国王とその組織への同様の忠誠と誠心を思い出させた。彼らはまた、閣下に次のことを話した。先のこの大陸における英国の最後の痕跡を破壊しようとした記念すべき1812年の戦争で、6カ国が示した役割について述べた。その時以来、同じような試みが為されてきたが、彼らの国への過去の奉仕をかんがみて、今ここで語ったブラント首長の行いに相応しい記念碑を建立しようとする彼らが計画している努力を、閣下が援助するように願うものである。閣下がこの試みに関わりを持つことを認められるように。そして、閣下がこのことに深い関心を抱かれるように。」この首長たちの演説に対して、卿は同意を示した。F. Douglas Reville, *History of the County of Brant* (Brantford, Ontario: The Hurley Printing Company Limited, 1982), p. 53.
21) Ibid., p. 54.
22) Weaver, "The Iroquois: Consolidation of the Grand River Reserve, 1847-1875," in Rogers and Smith, op. cit., p. 207.
23) Lincoln, "Ritual, Rebellion, Resistance: Rethinking the Swazi Ncwala," p. 73.
24) この文書はカナダ文明博物館に所蔵されている。それは、Goldenweiser, A. A. Collection: (III-I-64M) Box 180, folder 4.に入っている。この文書はカユガ語で書かれているので、筆者は6カ国保留地の故カユガ首長ジェイコブ・E・トマス氏に英語への翻訳への手伝いを依来した。トマス氏は1995年7月11日から16日までの6日間毎日6時間から8時間口頭で口頭訳を作成してくれた。トマス氏がカユガ語を見ながら口頭で英語に訳すのを録音した。彼の英語訳は口頭であるので、詳細な英訳とは言い難いが、主な内容を理解することは出来た。この文書に関しては言語学者の研究を待つことにしたい。

25) Hanni Woodbury, *Concerning the League*, p. xii.
26) ギブソン夫人に関する情報はほとんど無かった。しかし、彼女がこの物語を語るに当たって何を考えていたかを推測することは出来る。例えば、彼女が如何なる理由で夫のジョンについて語ろうと思ったのか、特別な伝記形式を持つジョンの生涯を語るに当たって何を考えていたのであろうか。おそらく、ジョンの生涯には数多くの出来事があったと思われるが、なぜ、ラクロスに焦点を当てて話そうと思ったのであろうか。ゴールデンワイザーは、ジョンの生前には特に彼女から研究のために話を聞くということは無かったようであるから、なぜ、突然彼女の話を聞こうと思ったのであろうか。また、ギブソン夫人はゴールデンワイザーという部外者に夫の話をすることによって何を得ようとしたのであろうか。夫の死によって彼女の先住民社会での立場はどのように変わったのであろうか。この疑問は少しばかり重要である。というのもギブソン夫人は氏族の母ではなかったようであるから、彼女の社会における重要性は夫ジョンの首長としての、そして、ロングハウスの祭司としての立場に負うことが大きかったのではないかと思われる。ホティノンショーニの母系継承の原理から言えば、カユガに属する彼女の子供達にはジョンの首長としての地位は継承されない。と言うのも、ジョンの首長としての称号は彼のセネカの母親に由来しているからであり、ジョンの死後はその首長の称号は他のセネカの亀氏族の母親の息子に継承されるのが原則である。それゆえ、ジョンの死後、彼女の社会的重要性は減少したであろう。
27) Thomas Vennum, Jr., *American Indian Lacross: Little Brother of War* (Washington and Lon don: Smithsonian Institution Press, 1994), p. 213-235.
28) J. N. B. Hewitt, "Iroquoian Cosmology, Second Part,": 476.
29) Vennum, op. cit., p. 222.
30) The Life of John Gibson Narrated by Mrs. Gibson: no. 25.
31) Ibid., :. 42.
32) ギブソン夫人の話し方のゆえか、あるいはトマス氏の口語訳のゆえかは不明だが、この点に関してはあまり詳しい内容は語られていない。
33) The Life of John Gibson Narrated by Mrs. Gibson., : no. 165-168.
34) SNCM, October 4 1898: no. 160. ジョン・A・ギブソンの兄弟であるジョージ・ギブソン（George Gibson）がロングハウスの儀礼のために世襲首長議会から経済的援助を受けている機会が他に何度かある。
35) F. Douglas Reville, *History of the County of Brant*, p. 56.
36) *Report of the Special Commissioners Appointed on the 8th of September, 1857, to Investigate Indian Affairs in Canada* (Toronto: Stewart Derbishire & George Desbarts, 1856): 38.
37) このフォゲルソンの意見はヴェヌムに引用されている彼の博士論文からである。

Vennum, op. cit., pp. 220-221. 残念ながら、筆者はフォゲルソン教授の博士論文を手に入れる機会はなかった。フォゲルソン教授はまた別の箇所で次のように書いている。「球技は、独立戦争後、実際の戦争の象徴的代理としてより重要性を増し、より儀礼的洗練性を増したものと思われる。」Raymond D. Fogelson, "The Cherokee Ballgame Cycle: An Ethnographer's View," *Ethnomusicology* 15 no. 3 (1971): 330-331.
38) ジョン・A・ヌーンの著作に引用されている The Six Nations Council Minutes である。John A. Noon, *Law and Government of the Grand River Iroquois*, op. cit., p. 47.
39) Ibid., pp. 47-48.
40) SNCM, June 2, 1896: no. 307.
41) Ibid., September 12, 1899: no. 235.
42) Ibid.: no. 16.
43) Ibid.: no. 42.
44) Ibid.: no. 130.
45) Sally M. Weaver, "The Iroquois: The Grand River Reserve in the Late Nineteenth and Early Twentieth Centuries, 1875-1945," in Rogers and Smith, op. cit., pp. 192-193.
46) 哀悼儀礼の杖については、William N. Fenton, "The Roll Call of the Iroquois Chief: A Study of a Mnemonic Cane from the Six Nations Reserve," *Smithsonian Miscellaneous Collections* 111 no. 15 (1950). を参照のこと。
47) SNCM, June 21 1895.
48) SNCM, July 4 1908, no. 56.
49) SNCM, November 4 1905, no. 213.
50) SNCM, November 2 1904, no. 58. 筆者が会議録を調べた限りでは、ギブソンがこの役割を担ったのはこの時だけである。
51) このリストには、6 カ国基金から給付金を受け取る権利のあるホティノンショーニのすべての人の名簿が載っている。
52) SNCM, December 8 1896, no. 376.
53) 「特別委員会は以下の首長からなる。ジョン・A・ギブソン、ジョージ・W・ヒル、ニコデマス・ポーター、アブラム・チャールズ、ジョサイア・ヒル、フィリップ・ヒル、総長官代理。ここで認められる非摘出児に関わるすべての場合と 6 カ国の給付授与者リストに載っている白人の適正な児童に対する不平が提出された時には、これらの代表の権威が求められ、彼らによって決定される。」SNCM, November 3 1896. ここに載っている首長の名前の順番に何かしらの意味があるのかどうかは不明である。
54) 誰が先住民であるかを決定するという営みに、知らず知らずのうちにインディアン

法から影響を受けていたのかもしれない。
55) SNCM, March 4 1904, no. 447.
56) SNCM, December 11 1908, no. 38-39.
57) Raymond J. DeMallie, ed., *The Sixth Grandfather: Black Elk's Teachings Given to John G. Neihardt* (Lincoln and London: University of Nebraska Press, 1984).
58) Manuscript number 2201, J. N. B. Hewitt Collection at the National Anthropological Archive, no. 97. 以下、MSSと略す。
59) Hewitt, "The Iroquoian Cosmology, Second Part,": 646.
60) MSS, op. cit., nos. 216-217.
61) Hewitt, op. cit., : 513.
62) このように述べても、ヒィウィットの編集者・翻訳者としての役割を通じてしか、ギブソンが語ったオノンダガ神話に近づくことが出来ないことには何らの変わりはない。
63) MSS, op. cit., no. 293.
64) Hewitt, op. cit., : 725.
65) J. N. B. Hewitt, "Orenda and a Definition of Religion," *American Anthropologist*, n. s., 4 (1912): 33-46.
66) Ibid., : 38.
67) Gregory D. Alles, "Dynamism," in Mircea Eliade, editor in chief., *The Encyclopeida of Religion* 4: 527. Eric J. Sharp, *Comparative Religion: A History* (La Salle, Illinois: Open Court, 1986), pp. 47-71.
68) MSS, op. cit.,: 237.
69) Hewitt, op. cit.,: 701.
70) ゴールデンワイザーは次のように書いている。「これに加えて、以下の神話伝承を記録した。デガナウィダ神話（オノンダガ語のテキスト）、自分を卑しめた首長の頭皮を剥いだインディアンの話、首長ダンフォードの大祖父が誤った顔の結社に如何にして参加したかという伝統的な説明（オナイダ語のテキスト）、誤った顔の起源説話（英語とオノンダガ語のテキスト、情報提供者であるジョン・ギブソン首長の死により中断。」Goldenweiser, "Iroquois Work, 1912,": 474.
71) Anthony F. C. Wallace, "Dreams and the Wishes of the Soul," *American Anthropologist*, n. s., 60 no. 2 (1958): 234-248.]
72) Iris Anna Otto, *Der Traum als Religiose Erfahrung: Untersuch nd Dargestelt am Beispiel der Irokesen* (Wiesbaden: Franz Steiner Verlag GMBH, 1982).
73) Hewitt, op. cit.,: 534-535.

第5章

1) Eric Hobsbawn and Terence Ranger, eds., *The Invention of Tradition* (Cambridge: Cambridge University Press, 1992), pp. 1-4.
2) *Webster's Third New International Dictionary of the English Language Unabridged* (Springfield, Massachusetts: G. & C. Merriam Company, 1916), p. 1188.
3) Scott, "Traditional History of the Confederacy of the Six Nations,": 197.
4) J. N. B. Hewitt, "Legend of the Founding of the Iroquois League," in Elisabeth Tooker, ed., *An Iroquois Source Book* vol. 1. Political and Social Organization (New York & London: Garland Publishing, Inc., 1985): 131.
5) Paul A. W. Wallace, *The Iroquois Book of Life, White Roots of Peace* (Santa Fe: Clear Light Publishers, 1994), p. 19. この著作は元々 The University of Pennsylvania Press から White Roots of Peace として1946年に出版された。この序文で明らかなように、ウォーレス自身もこのホティノンショーニーの起源伝承を彼自身の意図の枠組みを当てはめている。しかし、ここでも世襲首長議会の首長の選択と任命については一言も触れられていないことは注目に値する。
6) Woodbury, *Concerning the League*, p. 1.
7) Scott, op. cit.,: 198.
8) Wallace, op. cit., pp. 33-34. この箇所にはキリスト教の影響を見る読者もいると思われる。キリスト教の影響は否定できないが、しかしながら、ホティノンショーニーには「父無し子 (fatherless boy)」の伝承の伝統があることを付け加えておきたい。
9) Woodbury, op. cit., p. 1.
10) Daniel K. Richter, *The Ordeal of the Longhouse: The Peoples of the Iroquois League in the Era of European Colonization* (Chapel Hill & London: The University of North Carolina Press, 1992), pp. 30-49.
11) Scott, op. cit.,: 205-207.
12) Ibid.,: 208.
13) Wallace, op. cit., p. 52.
14) Horatio Hale, "A Lawgive of the Stone Age," in Elisabeth Tooker, ed., *An Iroquois Source Book* vol. 1. Political and Social Organization: 133.
15) Ch. H. Henning, "The Origin of the Confederacy of the Five Nations," in Elisabeth Tooker, ed., *An Iroquois Source Book* vol. 1: 478.
16) William N. Beauchamp, "An Iroquois Condolence," in Elisabeth Tooker, ed., *An Iroquois Source Book* vol. 1: 314.

17) Woodbury, op. cit., p. 144. ギブソンは『伝統的歴史』の記述から学んだようである。
18) Elisabeth Tooker, "The League of the Iroquois: Its History, Politics, and Ritual," in *Handbook of North American Indians* vol. 15: 418-441. George Weaver, *A View From An Indian Reserve* (Brantford, Ontario: The Brant Historical Society, 1993), pp. 34-37.
19) Elisabeth Tooker, ibid.,: 418-441.
20) イロクォイ語には統一された表記方法がない。また、同じ首長の名称でも、同じイロクォイ語のモホーク語、セネカ語、オノンダガ語でも若干異なる。それゆえ、『伝統的歴史』に見られる首長の名称、トゥッカーの論文で用いられている表記方法、ウィーバーの著作に載せられている首長の名称は、それぞれ表記方法が異なる。これらのそのまま用いては混乱するので、表記方法を統一するのが良いと思われる。ここではモホーク語、オノンダガ語、カユガ語で世襲首長のリストを作成したトマス首長が用いたオノンダガ語のスペルを用いることにした。
21) Woodbury, op. cit., pp. 239-417.
22) Scott, op. cit., : 220.
23) Ibid., : 219.
24) Woodbury, op. cit., : 239-240.
25) J. N. B. Hewitt, "A Constitutional League of Peace in the Stone Age of America: The League of the Iroquois and Its Constitution," in Elisabeth Tooker, ed., *An Iroquois Source Book* vol. 1: 536-537.
26) Scott, op. cit.,: 198.
27) Woodbury, op. cit., p. 8.
28) Thomas Abler, "Beavers and Muskets, Iroquois Military Fortunes in the Face of European Colonization," in R. Brian Ferguson and Neil L. Whitehead, eds., *War in the Tribal Zone: Expanding States and Indigenous Warfar* (Santa Fe, New Mexico: School of American Research Press, 1992), p. 152.
29) Thomas Abler, "Iroquois Cannibalism: Fact Not Fiction," *Ethnohistory* 27 no. 4 (1980): 309-316.
30) Scott, op. cit., : 201. ジョン・A・ギブソンの版では、タドダトは自分がなんで美男子であるのかを知って驚いたといわれている。Woodbury, op. cit., pp. 81-88.
31) Woodbury, ibid., p. 237.
32) Richter, op. cit., pp. 32-38.
33) この点に関しては、Richter, ibid., pp. 300-301.を参照のこと。彼はこの用語をマリアン・W・スミス（Marian W. Smith）から借用しているが、スミスが心理的および観有情的要因を強調しているのに対して、リヒターは人口学上および社会構造上の要

因を強調している。
34) Clade Lévi-Strauss, *The Orign of Table Manners, Mythologiques* vol. 3, trans. by John and Doreen Weightman (Chicago: The University of Chicago Press, 1968), pp. 471-495.
35) 例えば、Mircea Eliade, *The Sacred & the Profane: The Nature of Religion* (New York: Harcourt Brace Jovanovich, Publishers, 1959), pp. 129-138.
36) Goldenweiser, "Iroquois Work, 1912" : 464.
37) この埋葬方法は白人との接触の後で受容された方法のように思われる。ヨーロッパ人が来た頃の埋葬方法は木の上に死体を載せ、白骨化するまで放置して置かれる。空中で白骨化してから、かつて住んでいた家の中か、あるいは家の脇の小さな小屋に移された。このような方法で祖先の骨は集められていた。Lewis H. Morgan, *League of the Iroquois* (New York: Carol Communications, 1962), p. 173. この点から、ギブソンが当時行われていた埋葬方法を神話の中の神話時代に投影していたということは確かであろう。しかしながら、このことがその神話的意義を減ずるものではないことも強調しておきたい。
38) Hewitt, "Iroquoian Cosmology, Second Part," :596.
39) 8つの氏族が出来上がった時、男はもう一人の女家長に会っていないことを思い出した。彼女に何を見たかと尋ねると、アシボソハイタカを見たと答えた。この氏族がどちらの川岸にいたかは述べられていない。
40) Anthony F. C. Wallace, "Handsome Lake and the Decline of the Iroquois matriarchate," in Francis L. K. Hsu, ed., *Kinship and Culture* (Chicago: Aldine Publishing Company, 1971), p. 373.
41) J. N. B. Hewitt, "A Constitutional League of Peace in the Stone Age of America" op. cit.,: 253.
42) Hewitt, "Legend of the Iroquois," : 132.
43) Walter J. Ong, S. J., *The Presence of the Word: Some Prolegomena for Cultural and Religious History* (Minneapolis: University of Minnesota Press, 1967).
44) David Howes, *The Varieties of Sensory Experience: A Sourcebook in the Anthropology of the Senses* (Toronto: University of Toronto Press, 1991).
45) Constance Classen, *Worlds of Sense: Exploring the Senses in History and across Cultures* (London and New York: Routledge, 1993). Constance Classen, David Howes and Anthony Synott, *Aroma: The Cultural History of Smell* (London and New York: Routledge, 1994).
46) Hewitt, "Iroquoian Cosmology, First Part," :179.
47) Arthur C. Parker, "Certain Iroquois Tree Myths and Symbols," *American*

Anthropologist, n. s., 14 (1912): 610.
48) Goldenweiser, "On Iroquois Work, 1912" :564.
49) Hewitt, "A Constitutional League of Peace in the Stone Age of America," 530.
50) Sara Henry Stites, *Economics of the Iroquois* (Lancaster, PA.: Press of the New Era Printing Company, 1905), p. 71.
51) Hewitt, "The Iroquoian Cosmology, Second Part," :564.
52) Goldenweiser, "On Iroquois Work, 1912," :467.
53) Horatio Hale, "An Iroquois Condoling Council," in Elisabeth Tooker, ed., *An Iroquois Source Book*, vol. 1,: 51.
54) Ibid.,: 52.
55) Ibid.,: 55.
56) Ibid.,: 57.
57) ハンサムレイクに関する古典的研究はAnthony F. C. Wallace, *The Death and Rebirth of the Seneca* (New York: Vintage Books, 1969).である。エリザベス・トゥッカーはハンサムレイク死後の宗教的運動の展開についての論文を書いている。Elisabeth Tooker, "On the Development of Handsome Lake Religion," *Proceedings of the American Philosophical Society* 133 no. 1 (March 1989): 35-50.
58) F. W. Waugh, *Iroquois Foods and Food Preparation*, op. cit., : 12.
59) Elisabeth Tooker, op. cit., : 43.
60) Hewitt, "Iroquoian Cosmology, Second Part," : 453-454.

第6章

1) ギブソンの父親ジョン・ギブソンの死後、その遺産を巡って、ジョン・A・ギブソンの兄弟姉妹同士の間でかなりの相続問題が起きていたようである。兄弟姉妹の間で相続した土地の交換をして記録が残されている。SNCM, March 7 1899, no. 695. この点からギブソンたちも必ずしも母系継承の原則だけを守ろうしていたのではないということが分かる。
2) 例えば、A. A. Goldenweiser, "Functions of Women in Iroquois Society," *American Anthropologist* n. s. 17 (1915): 376-377; Judith Brown, "Economic Organization and the Position of Women Among te Iroquois," *Ethnohistory* 17 no. 3-4 (1970): 151-167; Elisabeth Tooker, "Women in Iroquois Society," in Michael K. Foster and et. at. eds., *Extending the Rafters: Interdisciplinary Approaches to Iroquoian Studies* (Albany: State University of New York Press, 1984), pp. 109-123.
3) 富の配分に関しては、Stites, *Economics of the Iroquois*.の第5章を参照のこと。

4) William N. Fenton, "The Lore of the Longhouse: Myth, Ritual and Red Power," *Anthropological Quarterly* 48 no. 3 (1975): 143.
5) James W. Herrick, *Iroquois Medical Botany*, edited by Dean R. Snow (Syracuse: Syracuse University Press, 1995), p. 17. ヘーリックはイロクォイの薬草の分類を研究する際に、ギブソンが語ったオノンダガ神話を利用している。
6) Hanni Woodbury, "Language Patterns in Onondaga," unpublished manuscript (1994): 33-34. ウッドベリーは、この原稿を後に改訂している。本著に、この原稿からの引用を許可して下さったウッドベリー博士に、この場を借りて感謝の意を表したい。
7) Arthur C. Parker, "Certain Iroquois Tree Myths and Symbols," *American Anthropologist*, n. s. 14 (1912): 612-613.
8) Ibid.,: 611.
9) Ibid..
10) Hewitt, "The Iroquoian Cosmology, Second Part," : 533-535.
11) William N. Fenton, *The False Face of the Iroquios* (Norman and London: The University of Oklohama Press, 1988), p. 273.
12) Harold Blau, "Function and the False Face," *Journal of American Folklore* 79 (1966): 504-580.
13) William C. Sturtevant, "Seneca Masks," in N. Ross Crumrine & Marjorie Halpin, ed., *The Power of Symbols, Masks and Masquerade in the Americas* (Vancouver: University of British Columbia Press, 1983), pp. 39-47.
14) 既に述べたが、死体を木の上に横たえるというのは古いイロクォイの埋葬方法である。Morgan, *League of the Iroquois*, p. 173.
15) これは通常の結婚の形態とは逆であることを指摘しておきたい。通常は妻方居住の婚姻形態である。
16) J. N. B. Hewitt, op. cit.,: 164-165.
17) J. N. B. Hewitt, "De'hodya'tka'ewen (He-Whose-Body-is-Divided-in-Twain)," in "Iroquoian Cosmology, Second Part," : 792-819.
18) Ibid.,: 761.
19) 6カ国保留地の故ジェイコブ・E・トマス氏に、なぜ、この木が歯と呼ばれているのかとたずねた。しばらく考えてから、彼は知らないと答えた。
20) 筆者への私信。1998年7月2日付けの手紙で、フォゲルソン教授はこの点を指摘している。
21) Parker, op. cit.,: 614.
22) Ibid..

23) Frank Gouldsmith Speck, *The Iroquois: a Study in Cultural Evolution* (Bloomfield Hills, Michigan: Cranbrook Institute of Science, 1982), pp. 57-64.
24) Parker, op. cit., :614.
25) Harriet M. Converse, "Myths and Legends of the New York State Iroquois," *Museum Bulletin* 125, New York State Museum (1908): 54.
26) Hewitt, "Iroquoian Cosmology, Second Part," : 663.
27) W. M. Beauchamp, *The Iroquois Trail, or Foot=Prints of the Six Nations, in Custom, Tradition, and History* (Fayetteville, New York: H. C. Beauchamp, Recorder Office, 1892), pp. 4-5.
28) Fenton, *The False Face of the Iroquois*, p. 105.
29) Hewitt, op. cit.,: 641.
30) Hewitt, "Iroquoian Cosmology, First Part."
31) F. W. Waugh, *Iroquois Foods and Food Preparation*: 10.
32) Hewitt, "Iroquoian Cosmology, Second Part," p. 630.
33) イロクォイは摩擦熱を使って火を起こしてもいた。Waugh, op. cit., p. 170-171.
34) Wendy Doniger O'Flaherty, *The Origns of Evil in Hindu Mythology* (Berkeley: University of California Press, 1976), p. 58.
35) Ibid., p. 59.
36) Ibid., p. 62.
37) Hewitt, "Iroquoian Cosmology, Second Part," : 609. 最近、人類学者のスチュワート・E・グトリエ (Stewart E. Guthrie) が擬人論を復活させている。彼は、結局、宗教とは知覚の問題であると論じている。Stewart E. Guthrie, *Faces in the Clouds: A New Theory of Religion* (New York: Oxford University Press, 1993).
38) Hewitt, op. cit., : 750-751.
39) 別の版ではオハーアは地面に閉じこめられる。これにはキリスト教の地獄の観念の影響や火打ち石が大地の中から見つけられるといったことと関係があるのかもしれない。
40) Hewitt, op. cit.,: 663.
41) Ibid., : 656-658.
42) Ibid.,: 684-685. この人類創造の神話にキリスト教聖典の影響を見て取る人もいるであろう。しかし、この神話がキリスト教の影響によるものかどうかは、ここでは取り上げないことにする。
43) John Witthoft, "The American Indian-Hunter, Part II. The World View of the Indian Hunter," *Pennsylvania Game News* 24 no. 3 (March 1953): 16.
44) Hewitt, op. cit.,: 711-712.

45) Marcel Mauss, "A category of the human mind: the notion of person; the notion of self," trans. by W. D. Halls, in Michael Carrithers, Steven Collins and Steven Lukes, eds., *The Category of the Person: Anthropology, Philosophy, History* (Cambridge: Cambridge University Press, 1985), pp. 1-25.
46) Maurice Leenhardt, *Do Kamo: Person and Myth in the Melanesian World*, trans. by Basia Miller Gulati (Chicago and London: The Unviersity of Chicago Press, 1979). レーナルトについては、ジェイムズ・クリフォード (James Clifford) が伝記的研究を行っている。James Clifford, *Person and Myth: Maurice Leenhardt in te Melanesian World* (Durham and London: Duke University Press, 1992).
47) Anthony F. C. Wallace, "Dreams and the Wishes of the Soul: A Type of Psychoanalytic Theory Among the Seventeenth Century Iroquois," *American Anthropologist*, n. s. 60 no. 2 (1958): 234-248. ウォーレスは、イロクォイの夢理論はフロイトの夢分析の理論と類似していると論じている。しかし、ウォーレスは、イロクォイが夢で見るのは天上界の創造神の望みであり、その望みは満たされなくてはならないという欲求充足という側面にのみ着目している。
48) Mary A. Druke, "The concept of personhood in seveenteenth and eighteenth century Iroquois ethnopersonality," in Nancy Bonvillain, ed., *Studies on Iroquois Culture*, Occasional Publications in Northeastern Anthropology no. 6 (1980): 59-70.
49) J. N. B. Hewitt, "The Iroquois Concept of the Soul," *Journal of American Folk-Lore*, 8 (1896), pp. 107-116.
50) A. Irving Hallowell, "Ojibwa Ontology, Behavior, and World View," in Stanley Diamond, ed., *Culture in History: Essays in Honor of Paul Radin* (New York: Octagon Books, 1981), p. 28.
51) Ibid., pp. 34-40.
52) Hewitt, "Iroquoian Cosmology, Second Part," : 765. この記述はかつて行われていた「死者祭り (Feast of the Dead)」に似ていると、フォゲルソン教授は筆者宛の手紙で指摘している。「死者祭り」では骨を拾い、洗い、再び一カ所に集めた。1998年7月2日付けの筆者宛の私信。
53) Ibid., : 799.
54) J. N. B. Hewitt, "The Iroquois Concept of the Soul,": 108. もしくは、「イエズス会士書簡集」に見られる先住民の「霊魂」観についてのポメドリィの研究も参考になる。Michael Pomedli, "The Concept of 《Soul》 in the Jesuit Relations: Where there any philosophers among the North American Indians?" *Laval Theologique et Philosophique* 41 no. 1 (fevrier 1985): 57-64.

第7章

1) Hewitt, "Iroquoian Cosmology, Second Part," : 560.
2) Ibid..
3) Ibid., : 599. フェントンによれば、ニューヨーク州のセネカ・トナワンダ保留地のセネカのロングハウス祭司は、儀礼の言葉の中で、「四つの聖なる儀礼は天にある。それらは死後も行われる。」と語った。William N. Fenton, "An Outline of Seneca Ceremonies at Coldspring Longhouse," *Yale University Publicatons in Anthropology* 9 (1936): 14.
4) Hewitt, op. cit., : 564-565.
5) Wallace L. Chafe, "Seneca Thanksgiving Ritual," *The Bureau of American Ethnology Bulletin* 183 (1961): 1.
6) Hewitt, MSS, no. 506, l. 5935.
7) Hewitt, "Iroquoian Cosmology, Second Part," : 582. Hewitt, MSS, no. 544.
8) Catherine Bell, *Ritual Theory, Ritual Practice* (New York: Oxford University Press, 1992), p. 116. 同様に儀礼の政治的側面を取り上げた最近の社会学的研究ついては、Bryan S. Turner, *Religion and Social Theory* (London: Sage Publications, 1991).を参照のこと。
9) Michael K. Foster, "From the Earth to Beyond the Sky: An Ethnographic Approach to Four Longhouse Iroquois Speech Events": 30-34.
10) SNCM, Dec. 8, 1908, no. 34-35.
11) Shimony, op. cit., 173.
12) F. W. Waugh, *Iroquois Foods and Food Preparation*, p. 2.
13) Ibid.,: 12-13.
14) Ibid.,: 13.
15) Ibid.,: 19.
16) Ibid.,: 25.
17) Ibid.,: 26.
18) ほぼ同様の儀礼をシモニーは報告している。Annemarie Anrod Shimony, *Conservatism among the Iroquois at the Six Nations Reserve*, p. 164.
19) Waugh, op. cit.,: 11.
20) Shimony, op. cit., p. 153.
21) Waugh, op. cit.,: 173.
22) Frank G. Speck, *Midwinter Rites of the Cayuga Long House*, pp. 122-123. Elisabeth Tooker, *The Iroquois Ceremonial of Midwinter*, pp. 45-46.

23) Mary Douglas, *Natural Symbols, Explorations in Cosmology* (London and New York: Routledge, 1996), p. 74.
24) Ibid., pp. 74-75.
25) 残念ながら、現在のところ、身体と社会との相関関係を考察するためのホティノンションーニの身体部位に関する情報はない。
26) Constance Classen, *Worlds of Sense, exploring the senses in history and across cultures* (London and New York: Routledge, 1993), p. 36.
27) Catherine A. Lutz, *Unnatural Emotions: Everyday Sentiments on a Micronesian Atoll & Their Challenge to Western Theory* (Chicago and London: The University of Chicago Press, 1988).
28) Robert R. Desjarlais, *Body and Emotion: The Aesthetics of Illness and Healing in the Nepal Himalayas* (Philadelphia: University of Pennsylvania Press, 1992).
29) Caroline Walker Bynum, *Holy Feast and Holy Fast: The Religious Significance of Food to Medieval Women* (Berkeley: University of California Press, 1987).
30) Pierre Bourdieu, *Distinction: A Social Critique of the Judgement of Taste*, trans. by Richard Nice, (Cambridge, Massachusetts: Harvard University Press, 1984).
31) Bruce Lincoln, "Kinaalda: Becoming the Goddess," in *Emerging From the Shrysalis: Studies in Rituals of Women's Initiation* (Cambridge, Massachusetts and London, England: Harvard University Press, 1981), pp. 17-33.
32) Hewitt, "The Legend of Onenha (the Corn)," *The Annual Report of the Bureau of American Ethnology* 32 (1918): 649-652. この出版された伝承集にはギブソンの名前は情報提供者としては示されていない。しかし、国立人類学古文書館のHewittの原稿（原稿番号2537）には、このトウモロコシの伝承はジョン・A・ギブソンが語ったと記されている。
33) Ibid.,: 650.
34) Ibid.,: 651.
35) Ibid.,: 652.
36) Ibid..
37) Waugh, op. cit.,: 82.
38) Claude Lévi-Strauss, *The Origin of Table Manners*, pp. 471-495.
39) Michael K. Foster, op. cit., 90-106.
40) Constance Classen, *The Inca Cosmology and the Human Body* (Salt Lake City: University of Utah Press, 1993), pp. 73-74.
41) William N. Fenton, "Simeon Gibson: Iroquois informant, 1889-1943," *American Anthropologist* 46 (1944): 231-4.

42) William N. Fenton and Gertrude P. Kurath, "The Feast of the Dead, or Ghost Dance at Six Nations Reserve, Canada," *Bureau of American Ethnology Bulletin* 149 (1951): 144.
43) Edna Kenton, ed., *The Indians of North America: Selected and Edited by Edna Kenton from "The Jesuit Relations and Allied Documents: Travels and Explorations of the Jesuit Missionaries in New France, 1610-1791."* (New York: Harcourt, Brace & Company, 1927), p. 298.
44) Robert L. Hall, *An Archaeology of the Soul: North American Indian Belief and Ritual* (Urbana and Chicago: University of Illinois Press, 1997), p. 1-8.
45) Hewitt, "Iroquoian Cosmology, Second Part," : 577.
46) Hewitt, "A Constitutional League of Peace in the Stone Age of America. The League of the Iroquois and Its Constitution," in Elisabeth Tooker, ed., *An Iroquois Source Book* vol. 1 Political and Social Organization, p. 541.
47) 本文の議論とは直接関係がないので、哀悼儀礼の要約は註で行うことにする。また、哀悼切れの儀礼テキストそのものも長いので、ここではウッドベリーが各儀礼を要約したものを参考にすることにする。「『旅の途上で（首長の役割を呼ぶ）』。慰め（心が明らか）な側の半族のための話し手が、その半族の首長たちが集合場所に集まると、『旅の途上で』の序曲を歌い始める。彼は、先祖たちが彼らとともに持っていってしまった失われた儀礼の知識のことを嘆く。祖先たちは墓の中で頭を支える枕として儀礼の知識を用いている。彼は、連合の法に再び生命をもたらすために、現在の首長の集まりが必要としているものに耳を貸すようにと連合の創設者たちに呼びかける。歌い手が旅の途上の序曲から主要な場面に移ると、慰めの側の首長たちは嘆きの側のロングハウスへと進み始める。歌い手の後ろに残りの首長たちは続き、慰めの側の首長たちは、列の先頭を行く二人の後に二列になって縦列を作る。普通の人々は、先へ進む首長たちの後に従う。歌い手は世襲首長の称号を一人ずつ数え挙げる。連合の中での首長たちの関係を形作っている半族、部族、委員会に従って集団を示す。歌は初めから終わりまでゆうに一時間ほどかかる。歌い手は、嘆きの側のロングハウス近くに縦列が到着するまで歌い続ける。そこには、森の端に生える『棘のある低木の近くで』があり、嘆きの側が火を焚き、慰めの側の行列が到着するのを待っている。」Woodbury, op. cit., p. xxxvi.
48)「慰めの側が到着する順次として、嘆きの側は、彼らのロングハウスの外側の、森の端の、『棘のある低木』の近くに、最初に立ち止まる場所として火を焚く。そして、ここで二つの半族は出会う。嘆きの側が遠くから彼らのところに近づいてくる旅の途上での歌声が聞こえると、火の片側に首長の地位に従って列を作って待つ。慰めの側がそこに到着すると、火の反対側に一列になって並ぶ。」「嘆きの側の話し手は慰めの

側に挨拶をする。そして、嘆きの側が火へと向かってくる途中、森の中の様々な危険を避けることができたことを喜ぶ。そして、慰めの側の首長たちを連れてきた痛みと悲しみについて語り、一人の首長が死んだ時に哀悼儀礼が行われるようにという祖先たちが言い伝えたことを思い出す。」Ibid., p. xxxviii.
49)「儀礼は六つの異なる『歌』から成り立っている。それぞれは一つの歌詞のバリエーションからなる。」「慰めの側が行うと、それはそれぞれの歌で呼びかけられている集まりへの挨拶と感謝の言葉である。嘆きの側が行うと、最初の五つの歌で呼びかけられる集まりが残された半族の人々への感謝と挨拶となる。」Ibid., p. xLiii.
50) この儀礼は二つの部分からなる。第一部では、話し手が儀礼の知識が失われたことを嘆き、連合の祖先たちに、子孫たちが儀礼の責務を果たそうとしているのであるから、子孫たちに耳を傾けるようにと呼びかける。第二部では、首長の称号、首長の突然の死や首長が殺された時の規則、哀悼儀礼の行い方などを繰り返す。連合創設時の首長たちに、彼らは亡くなった首長の替わりになる人を首長に選ぶ準備が出来たことを告げる。Ibid., xlv-vlvi.
51) 事柄 (matter) の代わりに重荷 (burden) という語を用いることもある。15という数字については意見が一致していない。「大部分の資料は、最初の三つの重荷は、眼、耳、喉が完全に回復するようにするが、残りの重荷の内容に関しては意見の相違がある。そして、儀礼全体を構成する重荷の数とそれぞれの重荷に用いられるワンパム紐の数についても意見は一致していない。数は13から15と、テキストによって異なる。初期の資料ほど数の少ない重荷を挙げている。また、『彼らの涙を拭う』は普通の人のための哀悼儀礼でも行われるが、全体の数はもっと少ない。ヒィウィットは次のように述べている。『15全部の重荷が唱えられるのは、死んだ首長が殺された時だけである。それ以外の哀悼儀礼は14の重荷からなる。』Ibid., p. xl. 註88.
52) Ibid., p. xi.
53) Michael K. Foster, "Another Look at the Function of Wampum in Iroquois-White Councils," in Francis Jennings, ed., *The History and Culture of Iroquois Diplomacy: An Interdisciplinary Guide to the Treaties of the Six Nations and Their League* (Syracuse: Syracuse University Press, 1985), pp.
54) Woodbury, op. cit., pp. 613-614.
55) Ibid., pp. 614-615.
56) Ibid., pp. 616-617.
57) Ibid., 652-654.
58) Ibid..
59) Ibid., pp. 654-656.
60) Ibid., pp. 656-658.

61) Ibid., pp. 658-659.
62) Ibid., pp. 659-661.
63) Ibid., pp. 661-664.
64) Ibid., pp. 664-665.
65) Ibid., pp. 665-668.
66) Ibid., pp. 669-671.
67) Ibid., pp. 672-677.
68) Ibid., pp. 678-680.
69) Ibid., pp. 680-681.
70) Thomas Csordas, "Embodiment as a Paradim for Anthropology," *Ethnos* 18 (1990): 5-47.
71) Maurice Bloch, *Prey into hunter: The politics of religious experience* (Cambridge: Cambridge University Press, 1992), p. 15.

第8章

1) Edward Shils, "Tradition," in *Center and Periphery: Essays in Macrosociology* (Chicago and London: The University of Chicago Press, 1975), p. 214.
2) Brian S. Turner, *Religion and Social Theory*, p. 17.
3) Wayne Proudfood, *Religious Experience* (Berkeley: University of California Press, 1985), p. 229.
4) George Lakoff and Mark Johnson, *Philosophy in the Flesh: The Embodied Mind and Its Challenge to Western Thought* (New York: Basic Books, 1999), pp. 551-568.
5) Wendy Doniger, "Minimyths and Maximyths and Political Points of View," in Laurie L. Patton and Wendy Doniger, eds., *Myth & Method* (Charlottesville and London: University Press of Virginia, 1996), pp. 109-127. ドニガーは、この論文の論点を次の著作で更に展開している。*The Implied Spider, Politics & Theology in Myth* (New York: Columbia University Press, 1998).

補 記

「イロクォイ6カ国保留地のカユガ首長ジェイコブ・E・トマス (Jacob E. Thomas) の伝統文化の保存と継承」

はじめに

　この補記は、1995年11月から1年間トヨタ財団から研究助成を受け、それによる研究の研究報告を書き換えて、本書の補記として掲載することにしたものである。本書が取り上げた時代は1900年頃であり、その時からほぼ100年ほど経っている。今日の6カ国保留地がどのような状況であるかを少しは知ってもらいたいと思い、当補記を載せることにした。

　この補記で取り上げたジェイコブ・E・トマス首長は、残念なことに、1998年8月に逝去してしまった。76歳であった。筆者が6カ国保留地でトマスと会い、話をし、いろいろなことを教えてもらったのはほんのわずかの時間であった。おそらく、のべで2カ月あまりの期間であったであろうか。しかし、短い時間であったが、トマスが自分自身の伝統のために行おうとしたことは筆者に強い影響を与え、様々なことを考えさせられた。

　日本の読者にこのような先住民の首長もいたのだ、ということを覚えておいてもらいたいために、この補記を載せることにした。なお、トヨタ財団に提出した報告書を元にして書いたより学問的な英文の論文は、"The Cayuga Chief Jacob E. Thomas: Walking a Narrow Path Between Two Worlds" と題されて、*The Canadian Journal of Native Studies* XVII, 2 (1998): pp.313-333.に掲載されている。

　トマスが行っていることに関心を持つようになった経緯を簡単に説明しておきたい。

　筆者の博士論文の研究のためにトマスからオノンダガ語を教わったり、

伝統宗教の説明を受けている間に、トマスが言語と文化の保存と継承の問題に深く関わり取り組んでいることを知った。また、同時に、伝統言語が実際に消滅の危機に瀕していることも知った。6ヵ国保留地における伝統文化の消滅の危機は、言語、伝承、儀礼、工芸などすべての領域に及んでいる。50歳以下の人々はほとんど英語しか話すことができず、65歳から70歳以上の長老の世代でも伝統言語を話せる人はわずかしか残っていない。このような状況は6カ国保留地に限られたことではなく、合衆国にある他のイロクォイ保留地でも同様のことが起きている。筆者は、初め、セネカ語を勉強しようと思い、アメリカ人のセネカ語の専門家にどの保留地に行けばよいか尋ねたところ、この専門家から、セネカ語を話せる人は年とった人しかいなく、また、これらの人々はあまりセネカ語を話したがらない、この言語は、消滅してしまう危険がたいへん大きい、という返事を受け取った。先住民の言語の消滅は、先住民だけでなく、言語学者の間でも深刻な問題として受け止められている。

　トマスは、このような現状に対処するために、「ジェイク・トマス学習センター (The Jake Thomas Learning Centre)」を1993年に設立し、ロングハウス社会の伝統言語や伝統を保存し、教育しようとした。例えば、伝統言語を保存し、教えるためのテキストを作ったり、テープに言葉を録音した。また、儀礼の際に述べる感謝の祈りの言葉や世界生成神話を伝統言語で語り録音もした。

　先住民族の伝統文化、言語の消滅の問題は、北米のロングハウス社会に限られたことではなく、近代化および資本主義経済の浸透により、世界各地で先住民族の文化、社会が崩壊の危機にさらされている。なかには、文化、社会、言語の消滅の危機にとどまらず、民族としての消滅の危機にさらされている人々がいる。トマスが取り組んでいた言語と文化の保存と継承の問題は、このように世界各地で起きている現在的な歴史問題の一部と考えることが出来る。

　ところで、先住民社会の研究には、従来、研究者が学問的興味、関心の

あるテーマを設定し、その研究計画に基づいて行う研究を、先住民社会に協力を求めて行う、という段取りを取ることが多かった。当の先住民社会の状況とは無関係に立てられた学問的関心や議論を携えて、先住民の人々の協力を求めるという方法は可能である。特に歴史的問題に関してはそうなりがちであり、実際、筆者の博士論文はそのようにして研究、執筆された。ところが、別の方法で、つまり、先住民の人々が「現時点」で取り組んでいる問題を研究し、その問題から学べる問題を考察するという方法が実り多い場合もあるということを学んだ。

　さて、実際の研究は次のように行われた。1996年1月にトマスが通年儀礼についてのクラスを1週間の予定で開くのに合わせて、第1回目の訪問研究を行った。このクラスは、1996年1月15日から19日までの5日間に朝9時から4時まで、昼休み1時間をはさんで、毎日6時間行われた。筆者は1月11日にシカゴを出発し、12日の夕方に6カ国保留地に到着した。14日の夕方にトマスに第1回目のインタビューを2時間行い、以後、19日までのクラスを受けながら滞在し、この期間に述べ8人に、15時間のインタビューを行った。

　1996年1月に行われたロングハウスの通年儀式に関するクラスの様子は以下の如くであった。スケジュールを下記にまとめてみる。出席者数は平均して毎日12、3名であった。

　　1日目「楓の蜜の儀式」「ハトーウィ」「雷の儀式」
　　2日目「太陽の儀式」「月の儀式」
　　3日目「種の祝福の儀式」「種植えの儀式」「苺の儀式」「青豆の儀式」
　　　　　「小さな青豆の儀式」
　　4日目「大きな青豆の儀式」「収穫の儀式」「ハトーウィ」
　　　　　「オキィーウィ」
　　5日目「真冬の儀式」

まず最初の日に、クラスを始める前に煙草の葉を火にくべながら、創造神に言語の学習が成功するようにと、先住民の言葉で祈りを捧げた。授業の始めにトマスは、儀式の際に述べる言葉を先住民の3カ国の母国語（カユガ語、モホーク語、オノンダガ語）と英語で書き留めたプリントを配布した。このプリントは教材としても用いられるし、また保存する役目も果たしている。クラスでは受講生にホティノンションーニ語で読んで聞かせ、テープで録音していた。
　トマスは、クラスではそれぞれの儀式の起源に関する説明の物語を話し、なぜ、ある儀式が行われるようになったかを説明した。そして、それぞれの儀式の式次第を説明し、それぞれの儀式に特有の祈りの言葉をそれぞれカユガ語、モホーク語、オノンダガ語で読んで聞かせた。トマス夫人はトマスの傍らに座り、授業の進行具合に目を配っていた。バーバラ・ガーロウさんがボランティアでトマスのクラスをビデオに録画していた。
　出席者に関して一言述べておこう。トマスの協力者とも言える人々が常時出席していた。筆者も含めて6カ国保留地の外からやってきた人々も数人いた。しかし、問題なのは地元の先住民の若い人の出席率が低いという点である。クラスに参加しに来ても、1日しか来ない人や2、3日しか来なかった人もいる。先住民の若者の出席者は、おそらくのべ15人ほどであろうか。トマスはこれらの地元の若者に一番ホティノンションーニの伝統を学んで欲しいわけであるが、しかし、彼らは仕事を持ち、簡単に休暇を取ることができなかったのである。
　このクラスでは、主に、儀式で語られる言葉と物語を中心にして授業が進められたが、実際の儀式では歌や踊りも行われる。儀式の歌はテープに録音されて販売されている。筆者は一度、トマスにテープの歌の意味について説明してもらった。その歌詞の内容は、儀式の感謝の祈りの言葉と基本的には同じ内容である。
　第2回目の訪問は2月10日から21日までの12日間に行い、のべ21人に、24時間のインタビューを行った。第3回目の調査は4月16日から21日まで

の6日間に行い、のべ5人に、14時間のインタビューを行った。以上、計3回の訪問研究を行った。インタビューは主として質問形式を取った。上記の研究事項を明らかにできるように質問内容は予め用意した。これらの質問以外は、話の内容に応じて質問を行った[1]。

インタビューを行うとともに、トマスが作った教材を逐次購入し、これらを吟味することによって、何を書き留めているかを研究した。また、ジェイク・トマス学習センターの会報を第1号からコピーして譲り受け、これによって過去の活動についても知ることができた[2]。

以下、まず初めに、トマスの簡単な紹介と彼の伝統文化と言語の保存という営みの歴史的背景について簡単に述べる。第2に、「ジェイク・トマス学習センター」の活動について少し述べる。第3に、インタビューに応じてくれた人々の意見を簡単に要約する。第4に、トマスへの反応についてまとめる。そして、最後に若干の考察を述べることにする。

1　ジェイコブ・E・トマス（Jacob E. Thomas）の生涯と彼の活動の歴史的背景

ジェイコブ・エズラ・トマス（Jacob Ezra Thomas）の生涯は、トマスと長年親交のあったマイケル・K・フォスター（Michael K. Foster）が準備した伝記に詳しい[2]。詳しいことはそちらに譲り、ここでは簡単に述べることにしたい。

トマスはカユガのシギ氏族に属すエリザベス・スカイ（Elizabeth Sky）とオノンダガのディビッド・トマス（David Thomas）の7番目の子として1922年に生まれた。トマスのインディアン・ネームは「デハトゥジゲダ（彼は雲を降ろす）」である。ホティノンショーニは母系社会であるので、トマスは母親の氏族に属すこととなった。トマスは両親と祖父母からオノンダガ語、カユガ語、モホーク語を学び、ホティノンショーニの伝統を、主に、父親と母方の祖父から学んだ。彼の父親と母方の祖父はともに、そ

の在世中はよく知られたロングハウス宗教の祭司であった。トマスは父親がロングハウス宗教の祭司であったオノンダガ・ロングハウスに子供の頃から通い、儀礼の歌や儀礼の言葉を学んだ。おそらく、神話も同様に学んだことであろう。40代の初めにロングハウスの信仰の世話人（faithkeeper）に任じられた。そして、後に儀礼の語り手となった。また、秘密結社とも呼ばれる熊結社（the Bear Society）、小水結社（the Little Water Society）、暗闇踊り結社（the Dark Dance Society）、かわうそ結社（the Otter Society）、鷲踊り結社（the Eagle Dance Society）にも属するようになった。1973年イロクォイ連合の世襲首長に任じられ、カユガのテヨホウェートホ（Teyohǫwe·tho·?）という世襲首長の称号を継承した。

　トマスは若い頃はいろいろな職業についたが、生まれつきの性格は教師であった。1960年代・70年代にはモホークのアクェサスネ保留地（Akwesasne）の北米インディアン巡回大学（North American Indian Travelling College）、ブラントフォード市近くの森林文化センター（Woodland Culture Centre）などで教師をした。後にトレント大学（Trent University）で先住民言語の教師の資格を取得し、同大学の先住民研究学部の教員となり、1976年から1991年まで同大学で教えた。また、彼は多くの民族学者、言語学者の研究に協力をした。例えば、ウィリアム・N・フェントン（William N. Fenton）、デニス・フォレイ（Dennis Foley）、フランシス・ジェニングス（Francis Jennings）、メアリー・ドリューク（Mary Druke）、アンネマリー・A・シモニー（Annemarie A. Shimony）、ハンニ・ウッドベリー（Hanni Woodbury）、マイケル・K・フォスター（Michael K. Foster）などのイロクォイ研究者である。

　トマスの妻イヴォンヌ（Yvonne）は1944年生まれ、セネカのサギ氏族に属している。彼女は「ジェイク・トマス学習センター（The Jake Thomas Learning Centre）」の所長として行政、組織、会計、プログラムなどの重要な役割をこなしてきた。このセンター設立に至るまでの経緯を簡単に振り返ってみよう。

1986年にトマスは、妻と仲間とともに「イロクォイ学校（the Iroquois Institute）」を設立した。この組織の目的は、イロクォイ諸言語と文化を保存し教えることにあった。彼らの計画は軌道に乗り、いくらか成功したが、理事委員会の中で運営方針に関して意見の不一致があり、この教育機関は閉鎖した。如何なる問題があったのか、はっきりトマスの口からは説明されなかったが、様々な情報をまとめると、当初の設立メンバー、トマス夫妻と他の2、3人の人々との間で運営方針を巡って意見が対立し、トマス夫妻の意向に合わない方向でセンターが運営されそうになった。そして、最後には、これらの人々がそれまでに作成した教材を持ち去ってしまったという。この事件は裁判にまで発展したそうである。トマスは失望したが、周囲の人々の励ましで、1992年に「ジェイク・トマス学習センター」という名の新しい学校を作った。この機関の付属組織として「ジェイク・トマス学習センター友の会（the Friends of the Jake Thomas Learning Centre）」を作り、先住民も非先住民もともにその事業を支援している。

　さて、ジェイク・トマスとは誰であろうか。彼のホティノンションーニの文化と言語を保存・継承しようとする仕事の意義を理解するためには、彼が何者であるかを知るのが近道である。フォスターは次のように書いている。

　　「ある所では、ジェイク・トマスは名工である。顔の仮面、哀悼儀礼の杖、角と亀の甲羅の楽器、ワンパムの模造品など多くの種類の伝統工芸を作ってきた。しかし、彼は哀悼儀礼を受けたイロクォイ連合のカユガ世襲首長であり、ロングハウスの話し手、6ヵ国保留地のオノンダガ・ロングハウスの世話人、儀礼の歌の歌い手、ハンサム・レイクの教えの説教者、死んだ首長を悲しみ、後継者を任じる哀悼儀礼を熟知した人、連合の大いなる法の権威でもある。」[3]

　このリストから、トマスがホティノンションーニ・イロクォイ文化の主要な領域のマスターであったことが分かる。彼はロングハウスの生きた伝

統であった。まさに彼自身がホティノンションーニ・ロングハウス伝統に生まれ、育ち、生きてきたのであるからこそ、その伝統が消滅してしまう危機を感じ、それに対して何かしら対抗することをする必要を感じたのであろう。

さて、ウィリアム・N・フェントンは、ホティノンションーニの文化を研究するにあたって、それぞれのイロクォイ保留地は独自の歴史があり、独自の発展を遂げてきたという地域性を考慮する必要があると論じている[4]。このことは、特にカナダ、オンタリオ州にある6カ国保留地に当てはまる。アメリカ独立戦争後、英国側に立って参戦したホティノンションーニの人々のうちいく人かはジョセフ・ブラントに従って、グランド・リバー沿いに移住した。そこで、アメリカ独立戦争の最中に消えてしまったイロクォイ連合の火を再び灯したのである[5]。6ヵ国保留地の初期の歴史に関しては、本書の第4章に簡潔に叙述しているので、そちらを参照されたい。ここでは1924年にカナダ政府が世襲首長議会（the Hereditary Council）を封鎖し、選挙による首長会議（the Elective Council）を導入してから半世紀以上が経ち、世襲首長側がどのように考えているかをまとめてみたい。

まず、世襲首長たちは政治的に実質的力を持っていないが、現在も月に1度集会を持っている。そして、保留地に関する様々な事柄を議論している。言うまでもなく、彼らが6ヵ国保留地の正当な「政府」であるという自負があるためである。しかしながら、世襲首長の数は50人には至っておらず、また、この集会に参加する人の数も少ない。

また、選挙による議会に対する意見も、世襲首長の間で異っている。一方では、宗教と政治は分離すべきであり、選挙による議会を支持する世襲首長がいる[6]。他方では、選挙制度は白人の方法であり、先住民の保留地は伝統的な偉大な法に基づいて統治されるべきであると考える世襲首長たちがいる。トマスは後者の立場に属していた。

これらの世襲首長たちの間では、選挙による議会に参加しようとする人に対して強い疑念を持っている。ある人の言葉を借りれば、彼らは「輪か

ら出てしまった」のである。一度「輪から出ると」、二度と元に戻ることはできない。

　トマスは、カナダ政府が警察力でもって伝統的な世襲首長議会を封鎖したのが、6ヵ国保留地における伝統的文化の衰退の始まりであると考えていた。

　選挙による議会が始まって以来、多くのことが変わった。義務教育が導入され、カナダ式の教育に従った学校が設立された。この学校では先住民の文化も言語も教えられなかった。トマスは、カナダ式の学校が設立されてから、伝統言語が次第に忘れさられ、次第に英語だけが使われるようになったと考えていた。そして、今では自分たちの言語を知らず、英語しか話せない先住民の子供がたくさんいると現状を嘆いていた。また、選挙による議会は、福祉の分野では、病院、老人のための施設、幼い子供たちのための保育所などを作った。最近、6カ国保留地の中心にあたるオスウェケン（Ohsweken）にショッピング・センターが作られ、銀行も開かれた。1996年当時、観光センターも建設中であった。このように選挙による議会はカナダ式の生活習慣を取り入れ、その結果、6カ国保留地の文化は大きく変化した。

　このように大きな歴史的変化の中で、過去の姿を知っているトマスや年長者の人々は、ロングハウス社会の行く末に深い危惧の念を抱いていたのである。

2　「ジェイク・トマス学習センター」の活動

　本節では、ジェイク・トマス学習センター（以下センターと略）が発行した印刷物を中心にして、活動方針や過去の活動についてまとめてみることにする。センターは「友の会」を設置し、会報を発行している。この会報をもとにしてこれまでのジェイク・トマス学習センターの活動を検討してみたい。

センター友の会のニュース・レターは、1996年当時、第八号まで発行されていた。第1ページ目には、センターのロゴが大きく印刷されている。このロゴは、ロングハウスの氏族を表す動物の姿とイロクォイ連合の象徴である平和の木とその下に捨てられた武器を描いている。その下に、センターの目的が述べられている。ジェイク・トマス学習センター「友の会」の目標は以下の通りである。

(1) イロクォイ伝統に則った生き方・遺産を保存、教育、推進する「学習センター」を設立、運営すること。
(2) イロクォイ諸言語のあらゆる側面が保存され、すべての年齢層に教えられるような「言語学習プログラム」を考案、発展、維持すること。
(3) 文化的な技術を広げるための「文化技術育成コース」を設置すること。
(4) 世界のあらゆる所から教育者が集まり、イロクォイの人々の歴史と発展について直接研究し、学ぶことのできる「図書資料センター」を設立すること。
(5) あらゆる人々がイロクォイ・ゲームを学べるような、リクリエーションを学ぶためのワークショップを企画し広めること。
(6) 研究、教育、出版、既に出版されている本、論文、レポート、雑誌記事、パンフレットなどを配布し、イロクォイ文化と言語に関する知識を広めるための教育プログラムを実施し、このような教育プログラムを実施する非営利団体に基金を供給すること。

このような目的を持って設立されたジェイク・トマス学習センターが、今までにどのようなクラスを行ってきたかを、「友の会」会報に沿って検討してみる。講師には、トマス夫妻（Jacob and Yvonne Thomas）、ケン・マラクル（Ken Maracle）、バーバラ・ガーロウ（Barbara Garlow）、マイ

ダ・ブロートン（Maida Broughton）などの名が挙がっている。また、会報に載せられている開催予定のクラスが、必ずしも開かれたとは限らない。応募する人数が不足して行われなかったクラスがあったことを付け加えておきたい。

　これらの授業は有料である。というのも、センターの運営費が必要であるからである。さらに、センターは非営利団体であるので、その厳しい財政状況を反映して、センターに無料で寄付してほしい備品などのリストも載せられている。例えば、コンピューター用スキャナー、コピー機、郵便料金計量器、手動ドリルなど[7]。

　センターが行ったホティノンショーニの伝統の授業について少し述べてみよう[8]。センターが開講した授業の中で回数が多いのは、カユガ語とモホーク語であるが、これら以外にワンパムの作り方（Wampum Workshop あるいは Wampum Bead Making Workshop）やトウモロコシの皮を使った籠作り（Cornhusk Workshop）などがよく開講されている。おそらく、センターが開講しているクラスの特徴は、トマスが世襲首長であり、ロングハウス宗教の祭司であるということを反映して、大いなる平和の法（The Great Law）、イロクォイ連合の構造（The League, A discussion on Iroquois Structure & Beliefs）、ハンサム・レイクの教え（The Code, A Discussion on The Code of Handsome Lake）、感謝の言葉（Thanksgiving Address）、哀悼儀礼（Condolence Ceremony）、年間儀礼（Cycle of Ceremonies）などの授業が行われていることであろう。この他にもイロクォイ・ダンスのクラスや癒しのワークショップなども行われている。

　センターの大きな活動の一つに、イロクォイ連合の起源伝承である「大いなる平和の法（The Great Law of Peace）」を英語で語る、というイベントがある。これは、トマスが英語しか理解できないホティノンショーニの人々にホティノンショーニの伝統を知ってもらおうと始めたものである。というのも、現在でもロングハウスの中では「大いなる平和の法」は

伝統的言葉によってしか語ることが許されていないので、伝統的言語を知らない人は、この伝統については知らないのである。トマスがこのようなことを行っていることに関して、彼自身が世襲首長であることを考えれば頷く人も多いことであろう。しかし、シモニーが書いているように、このようなことは、1960年代には考えられなかったことなのである[9]。しかも、他のすべての世襲首長がこのようなことを考えているわけではない。

トマスは今までに3回、「大いなる平和の法」を英語で話す機会を持ち、ビデオで録画している。この「大いなる平和の法」を英語で説明するイベントは、朝6時から始まり、毎日4時間から5時間、11、12日間続く体力を消耗するイベントである。準備段階の情報によると、プロフェッショナルのイベント企画担当者に依頼し、細かな準備をしていた。カメラマンもプロフェッショナルを雇い、綺麗な画像で録画しようと試みていた。この企画を実現するには、およそ150万円ほどの費用が必要であったが、費用は主に寄付に頼っていた。

1994年6月19日に発行されたニュースレター2巻1号には、同年6月末にセンターが主催した「大いなる平和の法 ── ホティノンションーニ（イロクォイ連合国）の誕生」の催しについて説明している。

> 「『6カ国の間に統合を築くために』センターの役員、会員、準会員、長老会は全体として、大いなる平和の法フォーラムを開催する際には『統合』が焦点になるべきだという点で合意している。ジェイク・トマスはトレント大学で14年間イロクォイ文化、歴史、伝統を教えた。それゆえトマスは政治的になることもなく、イロクォイ社会に分裂を作り出すこともなく、我々の創造神のメッセージを最も純粋な形で人々に伝えるのに最適の人物であると信じる。大いなる平和の法を聞く時、我々は心を用いることができるようになる。何が善であるか、『よりよい人間』になるためには何が助けとなるかを考えるようになる。日常生活には様々な出来事があるけれども、大いなる平和の法を説明する目的は、如何に良い人間になるか、如何にして人間の暗い面を防ぐこ

とができるか、という創造神のメッセージを改めて学ぶことにある。この催しでは、創造主のメッセージである善い心に焦点を当てることになる。」

ここで言う「善い心（Good Mind）」とは何を意味するのであろうか。トマスが書いているところを参照してみよう。

「我々先住民の長老は教師である。長老たちは私たちに、私たち自身の価値を思い出させてくれる。私たちの価値とは、尊敬すること、感謝すること、共有すること、そして、相手のことを思いやる心を持つことである。ある人は長老たちが言うことは過去のことに過ぎないと言うかもしれないが、『善い人間』になるということは現在でも関係のあることである。心に平安を持つようにするのは良い訓練である。私たちはお互いを尊敬し、感謝し合い、私たちの知識を共有することを学ばなくてはならない。私たちは寛容にならなくてはならない。私たちは私たち自身を思いやり、尊敬することを学ばなくてはならない。私たちはすべての人々を尊敬しなくてはならない。私たちは、私たちの長老を思いやる心を持たなくてはならない。私たちは、母なる大地の世話をし、感謝し、感謝を捧げることを学ばなくてはならない。なぜならば、母なる大地が行っていることは私たちの生存のためにであるから。これらすべてのことが一つになると、『善い心』が生まれる。」

この善い心は、6カ国保留地の社会問題に対処するための伝統的教えであるとも言える。

さて、センターが作成している伝統言語のためのテキストについて若干述べておこう。センターが作成し出版しているテキストは、モホーク語、カユガ語、オノンダガ語などのホティノンションーニの語である。これらのテキストを他の教育機関が作成、出版した学習テキストと比較して、その特徴を簡単に述べてみたい。

テキストには大きく分けて初級用と中級用があり、それぞれテープが作られている[10]。カユガ語には初級用テキストのImmersionコースがある。オノンダガ語には初級用のImmersionコーステキスト、中級用のテキスト、そして、グランド・リバー地域のオノンダガ語単語リストがある。

このカユガ語のテキストを、「森林インディアン文化教育センター (Woodland Indian Cultural Educational Centre)」から1982年に出版されたマリアン・ミトハン（Marianne Mithun）とレジナルド・ヘンリー（Reginald Henry）共著のカユガ語の学習テキスト『*Watewayéstanih : A Cayuga Teaching Grammar*』と比較してみよう[11]。まず、著者についてであるが、マリアン・ミトハンは言語学者である。レジナルド・ヘンリーはカユガ出身の教育者であるが、すでに故人となっている。この教材には、付属のテープがない。出版元に連絡を取り、テープがないか尋ねたところ、かつてマスターテープが作られたが、誤って廃棄されてしまったとのことである。ヘンリー氏も亡くなり、テープを作ることができなくなってしまったままである。

まず、ページ数から比べると、ヘンリー版は477ページ、トマス版は55ページである。トマス版には絵がないが、ヘンリー版には絵が多用され、子供向けであることが分かる。テキストの内容も子供が行うであろう会話を中心に編成されている。ヘンリー版には単語の簡単な説明が載せられているが、トマス版にはない。ヘンリー版には各課ごとに新しい語彙の一覧表が載せられているが、同様の語彙の一覧表はトマス版にはない。

これらの違いから言えることは、トマス版は教師とともに学ぶことを前提とされて作られたテキストであることが分かる。実際、カユガ語に堪能な人を教師として念頭において、このテキストを用いてカユガ語を学ぶことを考えて作成されている。我々が外国語を自習する際に出合うような文法上の説明はない。ヘンリー版も生徒は教師とともに学ぶことを勧めているが、言語学者が必要な補足説明を書き加えているので、自主学習も時間はかかるであろうが可能である。この違いは、トマスがあくまでテキスト

は授業の補助として作成し、必要な説明などは自身がクラス内でできることを前提としていたからである。インタビューで明らかになったことだが、トマスは授業を行うためにテキストを作成してきたのである。教材はあくまでも授業の補助としての観点から作られている。

　ヘンリー版にはないが、センターが発行しているカユガ語のテキストに含まれているのが、カユガ語で語られた世界生成神話のテキストとテープである。これが言語を単に日常レベルにとどめているヘンリー版との大きな違いである。ヘンリー氏がまだ生きていたらどのような続編を書いたか分からないが、トマスは言語を物語あるいは伝統的な神話、宗教体系とのつながりで学ぶことが最も重要であると考えていた。同様なことがトマスのオノンダガ語のテキスト、モホーク語のテキストについても当てはまる。

　それゆえ、トマスの言語学習テキストには、ロングハウスにおける儀礼の言葉、神話、伝承が重要な要素を占めている点が際立った特徴である、と言える。そして、儀礼における感謝の祈りの言葉を多く書き留めているのが分かる。この点は、トマスが何よりも伝統的な言語はロングハウスにおける儀礼において重要な役割を占めていること、そして、ロングハウスの儀礼を中心とした宗教体系がイロクォイ文化の中心を構成していることを知っているからに他ならない。

　トマスはこれらのテキストに書き留められ、テープに録音された感謝の祈りの言葉を若い人々が学び、ロングハウスで実際に語ることができるようになることを第1に望んでいた。ここにトマスのテキスト観が見て取れる。つまり、テキストはあくまで補助的役割を果たす道具に過ぎず、最終的には人々がロングハウスで伝統的言葉を用いて、儀礼に参加することができるようになることを望んでいたのである。

　さて、筆者が日本に戻ってから受け取った1996年3月発行の会報には、今までの活動を反省し、新しい活動方針とも言える文章が載せられている。この活動方針には、かなり野心的とも言える大計画が綴られている。この計画が実現可能な計画かどうかは疑問の余地が残るところであるが、少な

くともセンターが目指している目標が何であるか知ることができる。センターは短期の1年間の目標としてイロクォイ・テーマ・パークの建設のための準備を進めることを目指していた[12]。長期計画ではかなり大規模な事業を計画していた[13]。

しかしながら、トマスの死去のため、計画は棚上げされ、計画の見直しが計られているようである。これらの計画の内容を見て気づくのは、カナダ／アメリカ的な器を作り、その中身を先住民の伝統と文化で満たそうとしているのではないかと思われる。つまり、今日、社会に受け入れられている（言うまでもなく、カナダ／アメリカ社会のことである）社会組織を先住民社会に作り出し、そうすることによって先住民の文化と言語を保存、継承しようと試みているようである。

3 トマスと彼の協力者たちとのインタビュー

ここではセンターに積極的に参加しているトマスと彼の協力者とのインタビューの要点をまとめることにする。彼らはトマスの協力者であるから、多くの点でトマスの意見に賛成である場合が多い。しかし、それぞれの個人的な意見も多く持っている。内容的に重複する話も出てくるが、それぞれの人の意見ということでそのまま要約している。トマスとのインタビューはのべ20時間に渡り、話し合った内容は多岐にわたる。別の機会にトマスとのインタビューの内容をすべて紹介できればと考えている。

(1) ジェイコブ・E・トマス（Jacob E. Thomas）
初めにトマスが考える6カ国保留地の歴史的背景を述べておきたい。
イロクォイ6カ国保留地には元来、母系継承に基づく世襲の50人の首長による自治政府が置かれていた。しかしながら、1924年にカナダ政府によって強制的に、この世襲首長による自治政府は解体され、その時以来、選挙制度によって選ばれた人々が地域行政を司っている。トマスは世襲によ

って首長の称号を継承し、哀悼の儀式を受けた正式なイロクォイ連合の首長であった。トマスは選挙制度による自治政府はイロクォイ社会の伝統的な在り方に反する行政組織であると考え、また、この選挙制度による自治政府が伝統を破壊するのに貢献してきているとみなしていた。例えば、老人ホームや保育所といった施設は選挙制度による自治政府が保留地に導入したものである。子供と老人がともに一つの屋根の下で過ごせないということが伝統、言語が正しく継承されない理由の一つであると、トマスは考えていた。

　トマスの活動および現在の先住民社会の問題への彼の意見は、何よりも彼自身の人生との対比でなされていたことが明らかである。現在、多くの先住民の人々が言語を忘れ、伝統を知らずにいるという状況において、トマス自身がイロクォイ言語を3カ国語話せ（他の2言語も理解できる）、伝統的な物語、儀礼、神話などに造詣が深いのは、ひとえに自分自身が「伝統的」な仕方で育てられ、成長したことによると考えていた。では、トマス自身は自分がどのように成長してきたと考えていたのであろうか。

　トマスの母親は、彼が幼い時に、若くして亡くなった。そのためトマスは、父とイロクォイ文化の伝統、言語をよく知っていた祖父母に育てられた。トマスは家庭でカユガ語とオノンダガ語を学んだ。また、当時はまだ健在であった多くの長老から多くの伝統を学び、ロングハウス文化の多くを学んだ。彼は繰り返しロングハウスに行き、そこで話されている「感謝の祈りの言葉」を何度も聞き覚え、儀礼の歌と踊りも覚えた。自分自身の経験から、トマスは先住民の教育の基本は「聞く」ことにあると考えていた。子供は大人あるいは長老の話を聞いて自分で考え、その意味を理解して成長する。子供が大人に質問をしなくてもいいように、先住民の教育では、大人あるいは長老はすべてが分かるように話をする。長老はすべてを関係づけて話をするので、子供が質問する必要がないのである。

　大人、特に長老は伝統的知恵の保持者であり、子供は敬意を払わなくてはならない。子供だけではなく大人も、長老の知恵に敬意を示すべきであ

る。長老が話をする時には、聞く人は静かに聞き、学ぶべきである。この点からトマスは、今日、先住民の子供も大人も長老に対して敬意を失ってしまっていると嘆き、その理由は西洋流の教育のためであると考えていた。
　トマスは、先住民の子供にとって教育の場は学校ではなく、家庭であるべきだと考えていた。それは何よりも言語を自然に覚え、躾を身に付ける場が家庭であるからである。言語の習得に関して、トマスは文化は言語とともにあり、言語は経験とともに身に付けるべきであると考えていた。子供が成長するにつれて言葉を身に付けるとともに、文化も身に付けていく、言語、文化は経験を通じて習得すべきである。その際に子供の教育に責任を持つのは血のつながった親、祖父母である。特に祖父母は伝統に関して知識を持っているので、特に教育という形式を取らなくても、子供を育てる上で自然と伝統的な話や価値観を教えることが可能なのである。それゆえ、子供が言語、文化を習得する第1の場が家庭であり、家庭において伝統的言語を話すことの重要性を、トマスは強調していた。
　しかしながら、トマスは子供の教育には家庭だけでなく家庭の外との協力も必要であると付け加えていた。特に、躾に関しては、例えば、親と教師とはお互いに連絡し合い、子供が悪いことをした場合は協力して罰することが必要である。トマスが子供の時、一度、学校で悪いことをし、それが父親に伝えられた。父親は彼を叱り、入り口の上にいつもかけてあるむちで、彼にお仕置きした。その時以来、トマスは叱られて、お仕置きされるのを恐れ、二度と学校で悪さをしなくなった、と自ら語っていた。家を出る時、いつも入り口の上にかけてあるむちを目にするので、叱られた時の痛みを思い出し悪いことはしくなくなった。
　さて次に、言語を教えるための教材と方法についてインタビューした。教材の作成は、トマスが言葉を教えるクラスを行う際にテキストとして作成していた。つまり、その教材はトマスの授業の補助ともいう性質を持っていた。それゆえ、細かい説明はトマスが口頭で行うという前提のもとで教材が作られているので、テキストには文法的な説明は一切書かれていな

い。トマスが作成する言語教授のテキストは学習参考書として作られていないので、それを読んだだけではどのように理解すれば良いのか分からずに戸惑ってしまう生徒もいるかも知れない。教材の作成にはコンピューターを使っている。トマスは彼自身の発音表記法を用いているので、他の人が使ったものと若干異なる。この点に関しては、現在、保留地では次第にトマスの発音表記法が広まりつつあると、トマス夫人は述べていた。その理由の一つとして、他にトマスほど精力的に教材の作成を続けている人がいないということがあるが、また、トマスが繁雑さを取り除いた、言語学を知らない子供、若者、教師にも分かりやすい発音表記法を採用しているからだと考えている。

　ところで、トマスは、彼自身と他の教師との違いを次のように述べていた。他の教師はテキストに書かれている言葉使いしか教えられないが、彼自身は書かれていない言葉使いや、関連のある表現あるいは説明を自由に述べることが出来る。なぜならば、書かれた言葉は一部でしかなく、彼自身は書かれていること以上のことを知っているからである。特に、トマスはイロクォイ伝承や儀礼の言葉に通じているので、折に触れて自在にこれらの例を用いることが出来た。この点が他の教師との大きな違いであるとトマスは自負していた。

　トマスの教師としての自己評価は、口承伝統を書き留めるという文化的行為についてのトマスの考え方とつながってくる。トマスは口承伝承を書き留め、後の世代のために保存することは重要であることを認めているが、同時に、このような書き留められた伝承は、そこに書かれている以上の説明はできないので、口承という観点からすると不十分であると考えていた。その理由として2つ挙げられている。

　1つ目の点は、口承伝承では、同じ話でも、時と場合によって話される内容が微妙に異なってくる。その違いが、また、口承伝承の生き生きとした原動力でもあるわけだが、書き留められ固定化されてしまった伝承は、それ以上のことは語り得ない。

もう一つの点は、一つの話を説明するのに、その話し手によって、また、その話を聞く聴衆によって、説明の仕方が千差万別であり、しかも、そのすべてが口承伝承の立場からすると正しいのである。このような口承伝承の特徴が書き留められた伝承では欠落してしまっている。この2点において、書き留められた口承伝承には欠点があると言えるが、しかしながら、保存と継承という観点からはそれもやむを得ないと、トマスは受け止めていた。
　ここでトマスから聞いた嘆きについてまとめてみよう。
　トマスが嘆いている第1の点は、彼が費やしている時間、労力、経済的負担に比べて、人々があまり熱心ではない、ということである。トマスは言語の修得あるいは文化の修得には決意と時間がかかるものと考えていたが、受け手の人々、特に若い人々は十分にコミットしていない、と嘆いていた。トマスが行っている授業にもしばらく参加しては来なくなってしまう人々がたくさんいた。この点は、トマスの伝統的な教え方とカナダ流の教育を受けた人々の間のギャップを示しているようにも思われる。
　第2に、トマスが行っている口承伝承を書き留めるということに対して批判的な声がある。先住民の文化は文字によって書き留められるべきではないという、ある意味では伝統的な立場の人々がいて、トマスの営みは伝統に反すると批判する人々がいる。この批判に対してトマスは、文字に書き留めることによって口承伝承の生き生きとした文化が失われてしまう否定的な側面も認めつつも、口承伝承そのものが喪失してしまう危機に対処する方が重要であると回答していた。トマスは、既に多くの長老が亡くなり、失われてしまった伝統、文化が数多くあると語っていた。一度失われてしまった伝統は二度と取り戻すことは不可能である。トマスは現在若い人々の間であまり文化、伝統の継承に取り組もうとする人がいないので、遠い将来、先住民の若者が彼ら自身の伝統を知ろうと思った時には、先住民の文化について知っている人が一人もいなくなってしまっていても、現在、文字で書き留めた言語や物語を用いて、文化について学ぶことが出来

るようになって欲しい、と考えていた。トマスが様々な批判にさらされながらも、伝統、文化の保存と継承という事業に携わっているのは、他に彼自身と同じくらい文化に造詣の深い人はいるが、それらの人々は文化、伝統の保存と継承という問題には関心がないからである。トマスは、彼自身が行わなくてはならないと使命感を感じていたのである。

　第3に、トマスが挙げている苦労は経済的な負担である。「ジェイク・トマス学習センター」を運営するには様々な費用がかかる。電話代、電気代、教材制作費、ガソリン代などセンターを運営し続けるだけでも費用がかかる。しかも、政府は補助金をなかなか出さない。というのも、トマスによると、カナダ政府は先住民に対して文化同化政策を取っているので、先住民の文化、伝統を保持し、教育しようとするセンターには補助金を出さない。このような理由で、定期的に大口の経済援助がない状態でセンターを運営するには経済的な負担が大きい。トマスは当時75歳であり、定職はなかった。トマス夫人も特に定職があるわけではなかった。

　さて、トマスは文化、伝統の保存と継承のために学習テキストを作成しているが、これらのテキストはロングハウスでの宗教生活への糸口に過ぎず、最終的には、イロクォイの若者がロングハウスに来て、伝統的な宗教生活を送ってくれることを願っていた。トマスが作成していた教材はあくまでも途中の道標のようなものである。それらはロングハウスで宗教生活を行えるようにするための手段でしかなく、最終目標ではない。

　このことに関して2つの点を述べておかなければならない。

　まず、今日、多くの先住民の若者たちがロングハウスに来て、儀礼に参加している。これは確かに良い傾向であるが、しかしながら、これらの若者たちは伝統的な言葉を知らない。ロングハウスでは伝統的な言葉しか使用してはいけないので、すべての会話、祈りの言葉、歌などは伝統的言語で行われている。若者たちは言葉が分からないので何が行われているのか、理解せずに儀礼に参加している、とトマスは考えていた。これらの若者たちは伝統的な言葉を学び直さなくてはならないわけだが、言語を学び直す

ことに十分にコミットしていない。言葉が分からなくては、ロングハウスの宗教的世界を十分理解できないとトマスは考えていた。トマスは、ロングハウスの宗教的世界を表現するには英語は不十分な言語である、とさえ言っていた。

　第2に、ロングハウスでの儀礼の言葉を述べる人は伝統的言語しか使ってはいけないのであるが、もし、何十年か後に伝統的な言葉を知らずに英語しか話せない人々しかいなくなった場合に、ロングハウスの儀礼はどうなるのであろうか、とトマスは心配していた。トマスは英語でロングハウスの儀礼が執り行われる日が来るかもしれない、と言っていたが、それは極めて残念なことであろう。

(2) イボンヌ・トマス（Yvonne Thomas）夫人

　トマス夫人は主にセンターの事務を担当している。ある意味ではトマス夫人はセンターの機関車の役割を果たしている。また、様々なアイデアを出してセンターの活動を支えている。トマス夫人の活躍はイロクォイ社会で伝統的に女性が果たしていた重要な役割を理解させてくれる。

　トマス夫人が力を入れているのは基金を募ることである。様々な団体に補助金を申請し運営費を捻出している。トマスと同様に、補助金を受けることの苦労が身に染みているようである。しかしながら、同時に多くの先住民の人からの援助や助けも受けていると述べている。トマス夫人はセンターを運営するにあたって、協力者とともに役員会を定期的に開き様々な問題を検討している。今までは他の役員会のメンバーの意向を十分に取り入れて活動を行ってきたが、今後の方針に関してはトマスとともにかなり明確なビジョンがあるので、その方向に持っていきたいと考えている。

　トマス夫人は、トマスの時間はかなり限られてきている、それゆえ、トマスが元気なうちにできる限りのことをやっておきたいと考えている。トマス夫人はトマスとともにイロクォイ社会のロングハウス伝統の保持、継承が如何に重要であるかを強調している。また、そのために良い教材を作

ることが如何に重要であるかを力説している。

　センターの活動の主要な点に関しては、トマス夫人はトマスと意見を共有しているので、トマス夫人のインタビューに関してはこれ以上書かないことにする。

(3)　ダニエル・ドクター（Daniel Doctor）氏
　ドクターは、両親がドイツ人、カユガ人である。センターの役員としてセンターの運営に積極的に関わっている。電気技師の仕事をしており、最近は自分の会社を設立し独立した。ドクターはトマスと出会うまではカユガ語については何も知らなかった。ドクターの両親の世代は先住民の文化に誇りを持てず、むしろ、先住民であることを恥ずかしいこととして教えられてきた世代である。しかし、今、ドクターは子供にカユガ語を教え、子供はカユガ語を話している。ドクターがトマスと知り合った経緯は他の人々と共通する点があるので、まず、この点から始めてみることにする。

　ドクターは現在トロント市に住んでいる。2年程前、先住民の文化について知りたくなり、トロント市にある先住民センターに電話を入れ、トマスが教えるモホーク語のクラスがあると聞き、そのクラスに出席した。そのクラスでトマスからセンターについて聞き、その時以来ドクターはセンターに頻繁に訪れるようになった。

　ドクターは、彼と同じように先住民の文化、言語について知りたがっている先住民の人々がトロント市などに大勢いるが、どこに行ったら良いのか分からずに諦めてしまう場合が多いと言っていた。トマスのセンターのように、そこに行けば先住民の文化、言語について学ぶことが出来る場所があるというのは、それだけで重要な価値がある、とドクターは強調している。

　ドクターは、大学で先住民の文化についての授業を受けたが、それとセンターでの授業を比較して次のように述べている。大学の講師は先住民の文化について出版された本などをもとにして、せいぜい5年か6年勉強した

に過ぎないが、トマスは今まで75年間自分自身の文化について学び続けてきているのだから、知識の面では比べ物にならない。トマスは先住民の文化を経験を通じて知っているから、先住民の文化の理解が深い。また、授業の雰囲気としては、大学の授業は限られた時間内のみで終わってしまうが、センターでは予定が過ぎても遅くまで話が続けられることがある。ドクターはセンターのクラスの方が理解しやすいと述べている。

　トマスが作成している教材は、大変便利であると述べている。分からないことがあれば繰り返しテープを聞くことが出来るし、また、彼自身の子供にカユガ語を教える時にもテープを聞いてから教えている。特にロングハウス儀礼の感謝の祈りの言葉は長いもので30分以上続くものがあり、これらは覚えなくてはならない。また、言語と伝統の保存という観点から言えば、トマスが作成しているテープ、教材は将来の世代のためになると確信している。

　ドクターはトマスから学んだ先住民の文化を、今度は教える立場として人々に伝えている。先日も学校を訪れ、生徒たちに先住民の文化について教えてきた。ドクターはエコロジーの問題に関心があり、この問題を中心に教えていきたいと考えている。ドクターはトマスとの違いについて、トマスはロングハウスで育ってきたが、ドクターは理系の背景があるので教える時にも科学的な例を用いる。教え方の違いは当然であり、また、そうであるべきだと考えている。

(4) ウィリアム・ウッドワース (William Woodworth) 氏
　ウッドワースは建築家であり、フランク・ロイド・ライトから影響を強く受けた。現在は先住民の建築物と星座の関わりに関心を持っている。若い時にヴェトナム戦争で徴兵された経験を持つ。ミシガン大学で建築学を専攻し、建築家としては成功を収めていたが、アメリカ社会の物質主義に直面し、不安定な精神状態になり、建築家の仕事を中断して、現在は先住民の文化を回復することを目指した大学院で研究を行っている。祖父はモ

ホーク出身であり、祖母はイギリス人であった。

　ウッドワースはデトロイトの崩壊した危険な一角にオフィスを構えていた。その地域は、彼にとってアメリカ社会全体が精神的外傷を受けて苦しんでいることの表れであった。彼は、先住民の文化を拒否し抹殺してきたアメリカ社会の支配的文化の中で建築家としての仕事をするために、自分自身の中の先住民の文化、伝統を押し殺してきた。同時に、アメリカ社会に深い嫌悪感も抱いていた。しかし、自分自身の中の先住民の側面を押し殺す在り方に限界を感じ、先住民としての自己を回復しなくてはならないと気づいた。そして、カリフォルニアで先住民の文化を回復することを目的とした大学院に入学し、研究することになった。ウッドワースは、現在の支配的な社会は非常に破壊的で意味のない仕事を作り出してきた、特にその時間概念は人間の生活を分断化してしまっている、と批判的である。アメリカ社会は先住民社会を分断し、その文化を「つまらない」末梢なものとして描き出してきた、と強く批判している。アメリカ社会の支配的なパラダイムにとらわれていると傷つくと考え、それからの解放とともに先住民文化の回復による自身の再統合を求めている。周囲の友人に先住民としての悩みを話した時に、その人が、トマスがイロクォイ文化を教えているということをウッドワースに教えた。それをきっかけとしてトマスとの交流を始めることになった。

　日本に戻ってきてから、一度トマスから葉書が来て、ウッドワースは「ジェイク・トマス学習センター」から去った、という主旨の内容が書かれていた。筆者は、如何なる経緯でそうなったのかは分からない。

(5) ジェミィ・マラクル（Jamie Maracle）氏

　カナダ連邦政府でコンピューター技師として働いている。1992年以来センターと関係を持ち、コンピューターの知識を使ってセンター役員として運営に貢献している。役員の構成、運営はロングハウスの伝統である「大いなる平和の法」の原則に基づいている。つまり、全員一致の原則で役員

会を運営している。役員会の会議は長引くこともあり、夜遅くまで議論し合うことがしばしばあるという。役員はそれぞれ自分の仕事があり、役員会のみならず、クラスや他の行事のために準備をするので、役員にはかなりの負担がかかっているともいう。役員の立場から見ての問題とは、十分な援助が受けられないことだという。

トマスがイロクォイの「大いなる平和の法」のクラスを行った時、マラクルにアメリカ合衆国憲法とイロクォイの「大いなる平和の法」の比較を依頼した。マラクルは、この比較を行い、アメリカ合衆国憲法はイロクォイの「大いなる平和の法」に原案を持っているということを確信した、と述べている。

マラクルはトマスの教え方について、次のように述べている。トマスはある事項について疑問の余地がないように十分に説明を行うために、関係のある事項をすべて関係づけて説明を行うので、主題から逸脱しているようにも思えるが、しかし、必ず最初の質問あるいは事柄に戻ってくる。また、トマスは聴衆の注意を引きつけておくためにしばしばジョークを用いるという。トマスは聴衆、生徒に話しかけるのが好きであり、ビデオを撮るときには苦労するという。

センターのクラスへの出席率について質問した時、マラクルは地元の人の出席率が低いことを指摘した。その理由として、6カ国保留地での政治的理由を挙げた。つまり、様々な理由で6カ国保留地には必ずしもトマスの賛同者ばかりいるわけではないからである。センターのクラスへの出席者は子供というよりも、もう少し上の青年層である。

マラクルがセンターの教育の効果として挙げている例として、トマスと長い間交流を持っている人の中から、今度は伝統的な立場の指導者となる人が出てきているということである。トマスと出会うまではイロクォイの文化、伝統についてほとんど知らなかった人が、トマスから様々なロングハウスの文化、伝統について学び、ロングハウスの儀礼の世話役をする役割を果たすようになっている。

(6) ケン・マラクル（Ken Maracle）氏

　カユガ出身。現在、自身でもロングハウスの伝統を教える教室を持っている。ロングハウス伝統の「善い心」をトマスとは異なる仕方で教え、説明している。

　15年前、6カ国保留地で、トマスと同じように、カユガ語を教えていたレジナルド・ヘンリーのところでカユガ語を学び始めた。短い感謝の祈りの言葉から学び始めて、やがて長い感謝の祈りの言葉を学んだ。同じクラスにいる他の人はなかなかできなかったが、マラクルは無理なく長い感謝の祈りの言葉を覚えることができたので、自分には創造神から与えられた能力があると思った。ヘンリーは、マラクルが一度感謝の祈りを覚えたら、ロングハウスで話をするように勧めた。また、長老から様々なことを学ぶ際にテープレコーダーを利用しているという。ヘンリーは真冬の儀礼の準備の際に、彼にいろいろな指導をしたという。マラクルは、先住民社会では老人あるいは長老を敬うことが重要であると指摘している。長老は経験と知恵の宝庫であり、子供たちに様々なことを教えられるからである。

　マラクルは、トマスが教えた世界生成および創造神話のクラスで、初めてロングハウスの神話伝統について知った。それは1984年のことであった。それ以前は、ロングハウスの世界生成および創造神話については聞いたことがなかった。マラクルは、今日、世界生成および創造神話について知っている人はあまりいないという。おそらく、トマスの家族は家庭内で折あるごとに神話について語ってきたので、この神話を失うことがなかったのであろう、とマラクルは考えている。

　マラクルは、トマスが行っていることに関して批判する人がいることを認めているが、それは主として嫉妬によると考えている。トマスはロングハウスの伝統に関して非常に見識が深いので、他の人が知らないことも教えられる。それゆえ、トマスに嫉妬を抱き、批判するのだ、と。さらに、マラクルは、トマスは現在だけでなく、次の世代だけでなく、さらにもっと後の世代のことを考えて、伝統と文化の保存と継承の事業を行っている、

と考えている。このような批判や中傷の中でトマスのような事業を続け、あるいは彼を手伝うには、イロクォイ的な表現をすると、「皮が厚い」人だけができる、という。さらに、宗教的に説明すると、創造主は先住民に「善い心」を持つことを教えているのであり、嫉妬を抱き、批判するのは「善い心」を失って、「悪い心」に影響を受けているからである。ロングハウスの「大いなる平和の法」は「善い心」を持つことを教えているのであり、ハンサム・レイクも同様の教えを伝えている。

　マラクルは、学校教育の悪影響についても語っている。現在の教育では、先住民の子弟は先住民の文化については何も教えられずに、伝統的言語についても教わらない。イロクォイの主要な文化であり、先住民として「本当の人」になるためのロングハウスについては何も教わらない。教育を受けた子供が少し成長してロングハウスに戻ってきても、そこで話されている言葉は、本来はその子供自身の言葉であるが、英語で教育を受けてきたために理解できない言葉として受け止められ、それゆえにロングハウスで何が行われているのか全く理解できないでいる。このような教育をたくさん受けた先住民の人ほど悪い先住民になってしまう、とマラクルは現在の教育について批判を述べている。さらに教育を受けて西洋社会に取り込まれると、西洋社会は金銭志向が強いのでそれに染まってしまい、先住民としての生き方に反することになると考えている。

　ロングハウスの伝統や言葉を文字に書き留めることについて、かつては反対する人がほとんどであったが、現在ではそれも必要なことであると認める長老も増えているという。しかしながら、書き留められた文字はあくまでも補助の役割しか持たず、言葉はそれ以上のものであることを忘れてはならないという。

　例えば、「大いなる平和の法」を文字で書き留めたとする。しかし、文字で書き留められることは「大いなる平和の法」のすべてではない。ある人が本の形になった「大いなる平和の法」を読み、それだけが正しい「大いなる平和の法」だと思い、トマスや他の人が違う話をすると、それは本に

書かれていないから間違いだと誤って思ってしまう。しかし、口承伝統の社会では一つの話だけが正しいということはない。

　マラクルは、先住民にとって伝統的な教育というのは、特別に教えようとして教えるのではなく、長老あるいは教師が話すことによって、子供あるいは若者に伝授されるのであると考える。長老が話すのを聞くと、自然と言葉が身に付くのである。ロングハウスの言葉と英語の言葉の違いとして、マラクルは、先住民の言葉には罵りの言葉というのは本来ないという。また、他人を卑しめて表現する言葉もないという。例えば、アメリカ／カナダ人は先住民のことを卑下して「インディアン」と呼んだり、「赤い皮」と呼んだりするが、先住民はアメリカ人／カナダ人を単に「皮膚の白い人」という呼び方をするだけである。ロングハウスの人にとって、言葉は創造神の言葉であり、創造神から人間に与えられた言葉であるから、中傷したり卑下する言葉はないのだ、とマラクルは説明した。

　マラクルは先住民にとって自分が属す氏族を覚えていることは重要である、という。特に、自分の氏族を知ることによって、近親相姦の危険を避けることができる。ところが、今は自分の氏族を知らない人が多くなってしまい、近い血縁関係にあることを知らずに結婚してしまい、知的障害のある子供が生まれてしまうことがある。また、ロングハウスで踊りを踊る時には氏族のつながりで組を作るが、かつては、長老が誰と誰が血縁関係にあるかよく知っていたが、今日ではそのようなことはもうないという。

(7)　バーバラ・ガーロウ（Barbara Garlow）さん

　カユガ出身。パン屋を経営している。センターではカユガ語の講師をするとともに、ボランティアでトマスのクラスをビデオで録画している。現在はロングハウスの**faithkeeper**（信仰の世話役）としての役をこなしているが、長い間ロングハウスから遠ざかっていた。夫のジョージはロングハウスにずっと通っていたが、バーバラには強制せず、ロングハウスに戻るように呼びかけていた。

幼い時にカユガ語を話していたが、学校に行き、英語を勉強するようになってからはカユガを話さなくなった。長い間、カユガ語を用いていなかったが、トマスのカユガ語のクラスを受講してから、言葉を思い出すとともに新しい言葉も学ぶようになった。

若い人々がロングハウスに戻ってくるのは良いことだと思うが、しかしながら、彼らは言葉が分からないし、長老が話をし、祈りの言葉を捧げている時でも、おしゃべりをしたりして行儀が悪くなっている。昔はそのような振る舞いをする若者はいなかった。今日の若者はロングハウスには主に踊りに来ているのであり、しかも、ロングハウスにおける踊りを競技のつもりでいると批判的である。

トマスの影響として、ロングハウスに若い母親が小さい子供を連れてくるようになり、言葉を覚えさせている、と言う。少し年齢の上がった子供はカユガ語でスピーチをするようになっている。また、老人の間にもトマスの影響でロングハウスに積極的に参加するようになった人もいる。そして、伝統と言語を維持することの重要性を他の人に訴えるようになっているという。

(8) ジョージ・ガーロウ（George Garlow）氏

モホーク出身。バーバラを通じてトマスを知る。トマスが当時年を取ったので、遠方に出掛ける時、トマスのためにボランティアで運転をする。長時間車の中で一緒に話をして過ごすので、いろいろな話を聞く機会がある。トマスからロングハウスの伝統について学んでいるという。世界創世神話、ハンサム・レイクの教えなどいろいろ聞く機会がある。基本的には「善い心」について学んでいるという。

ガーロウはトマスについて、次のような逸話を語ってくれた。車の中である時、トマスにもし宝くじが大金で当たったらどうするかを聞いた。トマスは、カユガの人々がアメリカに奪われた土地を買い戻すと答えたという。この話はトマスが何を究極的に求めているかを示していると、ガーロ

ウは説明した。

　ガーロウはトマスが出合う苦労を語ってくれた。トマスがニューヨーク州のオノンダガに呼ばれて、通年儀礼について説明するように頼まれた時、ガーロウはトマスを運転して連れて行った。他のイロクォイ保留地には、ロングハウスの儀礼についてよく知っている人がほとんどいなくなってしまっているという。オノンダガの人々は儀礼について十分な知識を持っていないので、トマスに詳しく説明を求めたのだという。トマスは長い経験から儀礼の式次第について詳しく知っていたのだが、最後のクラスでオノンダガのある首長が立ち上がり、ここでの行い方はこうであると言った。ガーロウは、トマスが驚いてガーロウの方に目をやったという。帰りの車の中でトマスは一言も口をきかなかったという。トマスがロングハウス伝統の知識を豊かに持っていることに対して人々は嫉妬を抱くのだという。ガーロウはヨーロッパの教育の影響ではないかと考えている。

　トマスの伝統を伝えようとする意気込みと人々の反応のすれ違いについても、ガーロウは述べている。ある時、首長が亡くなりイロクォイ連合の哀悼の儀式を行う機会があった。その際にトマスは哀悼の儀式とその際に歌われる歌ハイ・ハイを教えると人々に伝えたが、誰も聞きに来なかったという。

　ガーロウは、トマスと一緒に車を運転していた時に起こった出来事について語ってくれた。ある時、国境の橋を渡った時に、料金を払う手前で車のブレーキが壊れてしまった。ガーロウは何とか車を停止することができたが、車が無事に止まってから、トマスにワンパムを持っていないかと尋ねると、トマスは持っていると答えた。ガーロウはトマスはワンパムを使って車を停止させたという。ガーロウはロングハウスの伝統の力を信じている。

　ガーロウは、なぜ、先住民の人々が他人を信用しなくなってしまったかを説明した。先住民の人々は元来他人を信用していたが、しかしながら、ヨーロッパ人との条約などを締結した時に、先住民の代表が言ったことと

条約に文字で書かれたこととは異なっていることがしばしば起きた。ヨーロッパ人は先住民を騙したのであるという。このような経験が積み重なって、先住民の間でも他人を信用できなくなってしまった。ロングハウスの「善き心」の伝統が失われてしまっているのだと、ガーロウは嘆いている。

　ロングハウスの「善き心」の例として、ガーロウは次の話を挙げた。モホーク国領域のオカで市民戦争が起き、先住民同士で争いが起きた。他の先住民の人を傷つけたある人が病気になった。この人は他の人に助けを求めたが、人々はこの人が行ったことに対して怒っていたので助けなかった。若い人々はその人が行ったことの報いを背負って生きなくてはならないと言った。ところがある老人は、それは先住民の生き方ではない、その人が先住民である以上、その人が困り助けを求めている限りは助けなくてはならない、と言い、その人を助けた。若い人々はそれでも怒り続けていた。助けを求めている人がいたら、助けを差し伸べるのが先住民の生き方であるとガーロウは説明した。若い人々は先住民の文化を知らないから怒り、助けを差し伸べなかったのだと言う。

　ガーロウは将来、トマスと同様に伝統的価値観を教えたいと考えている。

(9) ステッファン・ボンベリー (Stephen Bomberry) 氏

　6カ国保留地で生まれ育った。現在は個人でマネジメント・コンサルタントの会社を経営している。両親はキリスト教会に通っていた。母親は子供の時に寄宿学校に入れられ伝統的な言語を失ってしまう。父親はイロクォイ連合の副首長であった。西オンタリオ大学で経済学を学んだ後、カナダ政府のインディアン関係事務部で11年間働いた。この間に、インディアン関係事務部で働くカナダ人には、先住民の文化、社会に理解を持っている人がほとんどいないことに気づいた。時には、それぞれの保留地で生活している人々が必要としていることに関しては、全く無知で関心のない人ばかりであったという。

　ボンベリーは、つい最近までは伝統的な言葉、文化に関心はなかったと

いう。同年代の世代は、同様に伝統的言語、文化には関心がないであろうという。しかしながら、もはや若くなく、年を取り始めると自分自身の文化に回帰するようになるのだといい、そのような時にセンターのように先住民の文化を学ぶ場所があるというのは非常にいいことであると思っている。しかしながら、センターが保留地全体に与えている影響に関しては、ボンベリーは、否定的な意見を持っている。センターが行おうとしていることには十分理解を持っているが、その具体的な影響力はあまりないであろうと、冷静に分析している。

　ボンベリーは、センターが非営利団体として経済的に困難な時期を過ごしてきたのを知っているので、センターの中に営利を目的とした部門を作り、定期的な収入を得られるようにして経済的に安定させ、それによって先住民の子供たちに無料で言葉や文化を教えられるようにしたらどうかと提言していると述べた。営利部門としては、インディアン・テーマ・パークのような施設を作り、トマスや他の長老がロングハウスの文化や伝統を話して説明したり、踊りを教えたりして、訪問者が先住民の文化に触れることが出来るようにする。

　また、家庭の中で子供たちが日常的に伝統言語に触れられるようにケーブル・チャンネルで番組を放送するなどして、学校で言語を学ぶだけでなく、家庭でも日常的に言葉を使用する環境を作るようにしたらいい、と考えている。

　ボンベリーは、イロクォイ・ロングハウスの伝統は、まず、連合の首長たちが共同して伝統の保持者としての役割を果たすべきであると考えている。正式には50人の首長がいなくてはならないのだが、現在は空席もあり、30人位の首長しかいない。また、首長同士で意見の対立などがあり、混乱もしているという。この首長の中には伝統言語を十分に話せない人もあり、また、その首長の称号を継承する子息の中にも英語しか話せない人がいるのであるから、他の先住民の人々に言語と文化の保護を訴える前に、連合の首長たちが模範を示すべきであると、批判的である。

(10) アルバート・グリーン（Albert Green）氏

　当時79歳。モホーク副首長。隠居の身であるが、以前は電気技師として働いていた。自宅の農地では野菜や花を栽培している。週に3回はボーリングに行く、ボーリング好きである。第2次世界大戦ではアメリカ軍に参加し、太平洋では日本軍と戦った。シカゴの学校に通っていた時に日系人と知り合いになった。家族はキリスト教会に行くが、グリーンはロングハウスに行く。キリスト教会では人々は何々を下さいと祈るが、ロングハウスでは与えられていることに対して感謝を捧げるという点に、キリスト教会とロングハウスの違いがあるとグリーンは考える。トマスからロングハウスについて学んでいる。

　グリーンは、6カ国保留地の歴史について語り始めた。先住民とヨーロッパ植民地との間に交したワンパムには「2本線のワンパム」があるが、これは先住民の生き方とヨーロッパ植民地人の生き方とは平行に交じわることなく、共存することを確認し合った条約である。アメリカ独立戦争後にイギリスから土地を譲り受け、多くの人々がカナダのこの地に移り住んだ。イギリスとの交渉にあったイロクォイ連合の代表はジョセフ・ブラントであったが、ブラントが船に乗るために川岸に降りた場所を「Brant' fording place」と呼び、この呼び名がブラントフォード市の起源となった。イギリスとの条約が一方的に改正されたり、土地売買に際して適切な金額が先住民に支払われなかったことなど、イロクォイ6カ国保留地が植民地主義政策のもとで不適切に扱われた。1812年のイギリス・アメリカ戦争では、イロクォイ6カ国の人々はイギリス側に立って戦い、アメリカからの侵略を防いだ。また、カナダ政府が6カ国基金をイロクォイ6カ国議会の承認なしに無断でグランド・リバー運河会社に投資し、この会社が倒産した時に一銭も返却しなかった。1924年にはカナダ政府は6カ国議会に警察を投入して、先住民の連合自治政府を停止し、選挙による自治政府を樹立させた。現在でも選挙による自治政府が6カ国議会の行政を司っている。グリーンは、選挙制度は先住民の伝統ではなく、「2本線のワンパム」が表している

ように、先住民は選挙制度に関わるべきではないと言う。選挙制度に立候補し、選挙制度による自治政府に参加することは、先住民の伝統の輪からはみ出ることであり、一旦、この輪からはみ出たら、この輪に戻ることは出来ない。

　グリーンは、長い間に保留地に起きた変化を目にしてきた。寄宿学校が建てられ、子供たちが送られ、言語を失ってしまったこと。病院から抗生物質を与えられたために、人々の免疫力が弱くなってしまったこと。トウモロコシの実りが悪くなっていること。かつては保留地では共同体としての生活があったが、今では、隣の人との交流も滅多にない。誰が隣に住んでいるのかも分からないことがある。都市の生活のようになってしまっている。グリーンは、かつて黒リスを捕まえて食べたことがあるが、今ではもう見かけることもなくなったこと。やがて技術による都市生活は崩壊して、人々は大地に直接向かって食べ物を作るようにならなくてはならなくなるが、その時には人々は食べ物の作り方を知らないから困るであろう。先住民の人々はそのような時に備えて、大地に食べ物を育てる仕方を学んでおかなくてはならない、と考えている。

　グリーンは、トマスはロングハウスとともに生きてきた人であり、その伝統を次の世代に伝える役を果たしているという。トマスの父もロングハウスとともに生きた人であり、トマスはそのような環境で育った。トマスは、かつて、ロングハウスで「これから本当の人の言葉で話すと言って、モホーク語で話し始めた。」先住民であるということは先住民の言葉を話すことの出来るということである。トマスはかつて他の先住民の人とIroquois Institute運営をしていたが、ある時、これらの人々はトマスが作った教材をすべて奪って逃げてしまい、トマスはすべて失ってしまった。グリーンは、これらの人々はヨーロッパ人のようになってしまい、自分のことしか考えなくなったからだと、言った。

　先住民の言葉で話すことと英語で話すことの違いについて、グリーンは、先住民の人が3、4人一緒に母国語で話しているのを聞くと、彼らは始終笑

っているのに気づく。母国語で話すとおかしい話であることが言葉遣いや言葉遊びなどで分かる。ところが同じ話を英語で話してみても、元の話のおかしさが伝わらない。英語では先住民の話の楽しさが奪われてしまうのである。先住民にとって母国語で話せることが重要なのである。グリーンの家では小さい子供が先住民の母国語モホーク語に日常生活で触れられるように、モホーク語を書いた紙を塩、机、窓などに貼っている。

(11) ドン・ロングボート（Don Longboat）氏

　モホーク出身。モホーク名はローヤホーゲレ（「空は澄みきっている」）。亀氏族。6カ国で生まれ育つ。トマスとは、トマスの息子の1人と小学校で同級生だったので、その時からの知り合いである。祖父母の世代は文化同化政策のもとで母国語を失い、両親の世代は寄宿学校に通い、母国語と先住民の伝統を失ってしまった。両親はキリスト教会に通っていたので、ロングハウスに行くことはなかった。トレント大学に入学し、先住民の文化と法学を学んだ。同じ時に、トマスはトレント大学でモホーク語と先住民の文化を教えていた。卒業後、銀行、不動産業界で働き、後にカナダ政府の森林保護課で働いていた。1995年の秋には、トマスと一緒に先住民文化のクラスをトレント大学で教え始めた。

　先住民の保留地の学校はカナダ白人学校と同じプログラムで運営されているので、その学校に通う先住民の子供は先住民の文化と言語は全く失ってしまう。ロングボートは、母親の仕事の関係で一般の白人の学校に通うことになり、そこでカナダの歴史がヨーロッパ人からの一方的な解釈でしか教えられていないことに遭遇した。先住民社会は教育を通じてヨーロッパの支配的な文化を受け入れてしまっているので、自身の先住民の文化は疎外され、その結果、若者たちはアルコールや麻薬に走ったり、自殺したりしてしまっている。このようなことが起きないようにするためにも、先住民の子供は学校で先住民自身の歴史、文化を教わることが重要である。先住民にとって先住民としての「本当の人間（オングエ・オンエ）」になる

ことが必要である。イロクォイ・ロングハウスの子供には、創造神が世界を創造した世界創世神話を始めとして、イロクォイ連合の起源、予言者ハンサム・レイクの教えなどが教えられるべきである。また、先住民の世界観では人間と自然が極めて密接に関わり合っているので、この側面を十分に教えられるべきである。アメリカ／カナダ社会に多文化主義をさらに広め、先住民の人には自己自身の文化を知る教育プログラムを作る必要がある。

　先住民の若者が母国語を知らず、話すことが出来ないことについて、ロングボート自身が同様の環境に育ったので、先住民自身の言葉が完全に失われてしまってから、母国語を話せないということがどういうことかが分かるであろう、と考える。先住民の社会自体が支配的なヨーロッパ文化を受け入れ、若者に教育を通じてヨーロッパ的な価値観とキリスト教の価値観が先住民の子供に押しつけられてしまっている。現在は、ロングボート自身は先住民の言葉と文化が継続し失われないようにし、次の世代が学びやすいようにするのが責任である、と考えている。文化の起源が一度失われてしまっては、二度と取り戻すことは出来なくなってしまう。トマスが行っている文化、言語の保存という事業について、複雑な心境である。このように録音しなくてはならなくなるまで放置してきてしまったことは残念である。しかしながら、これらの道具を使って文化を保存、継承し、先住民の人々を自分自身の家である文化に戻れるようにしなくてはならない。

　先住民の文化を保存し教育するプログラムを財政的に援助する機関が、カナダ政府にも保留地にもないので、センターのような団体は経済的に困難である。カナダ連邦政府は先住民の文化同化政策を取っているので、先住民自身の文化を教えるプログラムには何らの援助をしない。日本には伝統文化を保存し教える基金のようなものがあると聞いた。同様の種類の基金が先住民の文化と言語の保存と教育のためにあると大変良い。トマスや他の長老たちに経済的に援助できれば、これらの人々は無料で子供や若者に先住民の文化を言語を教えることが出来る。センターのように文化プロ

グラムを持続的に行うには経済的基盤が必要であり、それを確保しなくてはならない。

(12) イザベル・マラクル（Isabel Maracle）さん
　前述のケン・マラクル氏の母親。6人の息子と4人の娘を持つ。小学校の先生であった。保留地における教育が問題の根源の一つである、と強調する。
　トマスからロングハウスの伝統について学んでいる。ロングハウスの文化を言語を録音していることに関して、将来のためにも役に立つし、今日子供たちが繰り返し聞いて勉強するためにも役に立つから、良いことだと思う。トマスはロングハウスの伝統について深い知識があるので、つかえることなく説明し続けることが出来るから、トマスの教え方が気に入っている。トマスに対して非難があることは知っているが、それは嫉妬、欲望、嫌悪、誤解によるものだという。
　マラクルの母親の世代は寄宿学校に送られた。寄宿学校では先住民の子供たちは母国語を話すことは禁止され、肉体的にも虐待された。女子は性的にも虐待された。なかには寄宿学校に送られてから行方不明になった例もあるという。
　現在、保留地の小学校で先住民の母国語は第2言語として教えられているが、1日に20分しか教えられず役に立たないという。また、先住民の母国語を集中的に教える学校があるが、そこに通う子供が学校で学んだ言葉を家に帰って話すと、親は先住民の母国語を知らないので子供が何を話しているのか分からずに、子供に先住民の言葉を話さないようにと言ってしまう。
　6カ国保留地には現在地元の警察がある。ロングハウスの人がロングハウスの人を捕まえるというのは、ロングハウスの原則に反する。また、先住民の人で警察で働こうとする人は、先住民としての権利を放棄する契約書に署名することを要求されるという。モホーク集中学校の教師になる時も

同様の契約書に署名することが要求される。

今日では6カ国保留地では野菜を自分で栽培する人がほとんどいなくなった。しかし、今日、売られている野菜はどこで誰によって作られているか分からないし、化学肥料が多く含まれているので、病気になる人が多い。近所に92歳になり、1人で住んで野菜を作っている老女がいるが、手伝う人もいないという。

ロングハウスの儀礼では、人々は自分で育てた野菜を持ってくることになっているが、今では自分で野菜を栽培している人は少ないので、スーパーで買って持ってくることがある。そのような時には、祖母あるいは親が注意すべきであり、他人が口をはさむべきではない、とマラクルは考えている。

（13）ロバート・ジャミソン（Robert Jamison）氏

当時80歳。父親からモホーク語、母親からカユガ語とオノンダガ語を学び、他のイロクォイ言語セネカ語、オナイダ語も学ぶ。イロクォイ語5言語を話せる数少ない長老。

6カ国保留地には英語が氾濫している現状を嘆いている。10歳の時に学校に入学した。しかし、学校に行った時に英語を話さずに、先住民の母国語を話したので罰せられた。先住民は先住民であることゆえに罰せられる。かつてカナダ政府は先住民の子供が母国語を話すことを罰したのに、今は先住民の子供に母国語を学び直せという。しかし、母国語を学んだとしても、一体どこで母国語を使う機会があるというのか。保留地は英語ばかりであり、母国語を使う場所などない。しかも、今日、母国語でお互いに話し合うことができるのは3、4人しかいない。

先住民にとって先住民の母国語は重要である。母国語を使うことによって文化をよりよく説明することができる。また、言葉は母親から学ぶものであり、学校で学ぶものではない。トマスが先住民の母国語を教えて、授業料を取っていることに関して批判的である。

子供の時に親から伝承を聞き、夜出掛けるのが恐かったという。子供に伝承を聞かせるというのは先住民の躾の方法である。しかし、今日の子供は夜でも平気で出掛けてしまう。今日の若者は何も恐がらない。また、躾を受けていないので、話を聞く態度を失ってしまっている。大人に対する話し方で、どのような家庭から来ているか分かる。
　かつてはロングハウスでは先住民の母国語で話すのが聞かれたが、今では英語ばかりである。
　近代技術は先住民の心を変えてしまった。技術を使って、お金を稼ごうという考えを持ってしまった。

(14) パトリシア・オークス（Patricia Oaks）さん
　先住民の名前は「ゴロギアノンナ」。トマスには、彼がアクネサスネにモホーク語を教えに来ていた時に知り合った。トロント市の先住民文化センターでトマスの「通年の儀式」のクラスについて知り、アクネサスネ・モホーク保留地からクラスに参加していた。勤め先の電力会社では、他の社員に先住民の文化について教育している。
　両親はモホーク語を幼い時に使っていたが、政府が先住民の母国語を使うのを奨励しなかったので、英語を使うようになってしまった。そのために母国語を失ってしまった。先住民の子供の多くは寄宿学校に送られ言葉と文化を失ってしまい、先住民であることに誇りを持てなくなった。また、母親は先住民には将来はないので、非先住民と結婚するように勧めたという。夫は先住民出身である。
　カナダの連邦インディアン法は先住民の生活を厳しく規制している。1960年代までは政府の許可なくしては保留地を出ることはできなかった。2人の兄弟は白人の女性と結婚した。そのために保留地に妻を連れていくことが出来なかった。連邦インディアン法では先住民の女性が白人と結婚すると先住民の地位を失うことになっていた。70年代まで先住民が弁護士になることは禁止されていた。つい最近まで先住民の間に権利の意識は目覚

めていなかった。

　土地に関して、オークスは興味深いことを教えてくれた。法律的にはカナダの土地の所有者はイギリス女王であり、先住民は女王から土地を借りているのである。もし、政府が公共事業のために土地を必要としたら、先住民の土地を取り上げることが可能である。

　カトリック教会がもたらす否定的な影響についても語っている。先住民の子供はカトリックの教えを受け入れると、先住民であるがために何を行っても天国には行けず、地獄にしか行くことが出来ないと自己を卑下するようになる。また、祖父母たちの先住民独自の宗教伝統はカトリック教会では異教として反駁されるので、先住民の子供は大変混乱していまう。

　若い人々が伝統的な言語を失ってしまっている状況に気づき、何とかしようと思っている。定年後は、アクネサスネ・モホーク保留地に戻って子供たちに文化と言語を教える仕事をしたいと考えている。

4　トマスへの反応と考察

　さて、以上のインタビューからトマスに対する肯定的・否定的反応があることが分かる。若干重複するが、ここでもう一度整理してみよう。

　第1は、従来口承伝承であった伝統を、文字を使って書き留めている、あるいは、録音していることに対して批判が向けられている。トマス自身、口承伝承を書き留めることにまつわる問題を2、3点挙げている。まず、口承伝承は語られるごとに、異なるのが通常である。それは、話す機会や聴衆などの要因によって条件が変わるからである。そして、ある内容を説明するのに、書き留めたものからは限定された説明しか知り得ないが、口頭で説明すれば、聞き手が十分納得するまで説明することができる。口承伝承を書き留めることに関して、このような問題点があることを挙げられている。これらの問題にもかかわらず、トマスには、もう既に多くの伝統が、伝統の担い手の死去とともに永遠に忘れ去られてしまっている、という自

覚がある。

　第2は、「大いなる平和の法」を英語で語るということである。トマスは英語しか話せない若い世代にイロクォイの主要な伝統を伝えようと英語を用いるのだが、従来、「大いなる平和の法」は伝統的なイロクォイ語においてしか語ることが許されていなかった。ある人々によると、トマスはこの禁を犯したことになる。さらに、トマスは「大いなる平和の法」の英語による語りを、一般の白人の人々にも聞きに来れるようにしているので、先住民の伝統は先住民にのみ知らせるべきであると考える人々によって、トマスは行うべきでないことをしているとみなされている。実際、トマスが「大いなる平和の法」を英語で語った際に6カ国保留置の人々はあまり参加しなかったらしい。トマスの協力者は、他の人々はトマスが伝統についての知識を持ち、それらを教えることが出来ることに対して嫉妬を抱いているからである、と考えている。

　第3に、トマスの批判者は、トマスは伝統を教えるのに授業料を徴収している点を批判する。つまり、イロクォイの伝統は口承によって伝承されてきたものであり、世代から世代へと教えるのに授業料など取っていなかったのだから、トマスが行っていることはイロクォイの伝統に反するというのである。この点に関しては、トマスらは学習センターの運営に費用がかかるためであり、決して利益を追求するために授業料を取っているのではないと説明している。

　第4は、授業で作ったテキストやテープ、あるいはビデオ・テープを販売しているのだが、このことについても前記と同様の批判がなされている。つまり、トマスは伝統を売って利益を追求しているという批判である。さらに、録音すべきでないとされた儀礼の歌などもテープにして教材として販売しているので、この点に関しても否定的な反応がある。これに対して、トマスは、儀礼の歌を録音することは伝統を保存する重要な役割を担うとともに、若い人々に自主学習する教材としても使われていると言う。これらの点から分かるように、トマスが行っている伝統を保存、継承するとい

う試みは、必ずしも肯定的な反応だけを受けているのではない。

さて、次に、肯定的な反応について若干述べてみたい。以下の内容は、インタビューの中でも繰り返し述べられている点である。重複するが、批判意見に対する肯定意見という形で示すことにしよう。

第1に、ロングハウスの若い人が自分自身の伝統を知らずに育ち、ある時自分自身の伝統は何であるのか、自分自身は何者であるのかという問いに直面する時、周囲の大人は誰もロングハウスの伝統について知らず、どこに行けばいいのか分からないが、ジェイク・トマス学習センターのことを偶然に知り、初めて自身の伝統について知ることが出来た、と言う人々がいる。これらの人々はクラスを取ることもあるし、個人的に話しに来て、いろいろと質問して学ぶということもある。つまり、イロクォイ社会の多くの若者が自身の伝統を知らずに育ち、自分自身の伝統を知りたい学びたいと思った時に、訪れ学ぶことの出来る場所としての機能を、センターが果たしていることが分かる。この点は重要である。なぜならば、カナダ社会の強制的な教育と異なり、伝統的なロングハウス社会の教育は強制によらず、子供、若者自身の自主性に任されているからである。この点は、トマスが子供の時に、彼自身は自分で儀礼や歌に関心を持って、自分で聞きに行き、そして、学んだという経験を反映しているから、と考えられる。

第2に、センターが作成している教材は自主学習に利用できるように意図されているので、センターに来なくても自宅で学習し復習を繰り返すことが出来る。長老のもとに行き、そこで繰り返し教わるという学習法とは異なる新しい方法によって、伝統的な知識の取得の過程が成り立ち得るのである。この方法がどの程度有効であるかは別問題として考察すべきである。

第3に、センターは、広く外部の人々にも開かれているので、イロクォイの人々以外もロングハウスの伝統について学ぶことが出来る。この点は、しかしながら、微妙な問題である。というのも、筆者が参加した通年儀礼のクラスには6カ国保留地以外からの参加者もいたが、保留地に住んでい

る若者の出席率がかなり低かったからである。部外者が参加するからその土地の人が来ないという訳ではないが、中には部外者にロングハウスの伝統を教えることを快く思っていない人々もいるようである。

　第4に、これは伝統の保存という点からの肯定的側面であるが、既に述べたように、必ずしも現在の若者あるいは人々の間でロングハウスの伝統を学ぼうとする人は多くはない。それゆえ、伝統が消滅することを危惧しているトマスは、これから来る世代のために、つまり、将来いつの日かロングハウスの伝統を学びたいと思う人が現れ、その時に既に多くのことが忘れ去られてしまっていても、現在作っている教材を用いることによってロングハウスの伝統を学び直す、復活することが出来る、と考えている。

　さて、以上、インタビューや出版物などを通して、トマスのイロクォイ・ロングハウスの伝統と言語の保存と継承について研究を行ってきたが、若干の考察を加えることにしよう。

　何よりも学校教育が非常に大きな問題として、トマスを始めとして多くの人々の関心の的になっていることが分かった。カナダ政府による学校教育が、先住民の文化と言語の破壊と喪失の直接的な原因であるとさえ、言っても過言ではない。カナダ政府によって強制された学校教育が、様々な次元で先住民社会の文化伝統、言語の喪失と一人一人の心理的苦しみまで生み出す原因である、とトマスらは認識していると言える。このようなヨーロッパ中心的な教育に対して、先住民の立場に立った先住民の伝統を大切にする、先住民の文化的価値観に立脚した教育制度の確立が危急の課題である、とトマスらは考えている。

　伝統と言語を非伝統的な手段で保存し、継承しなくてはならなくなってしまった、先住民社会の歴史的状況には悲観的なものがある。しかしながら、何もしないで消え去ってしまうのを黙って見ていることのできないトマスが、いかに先住民自身の伝統を大切にしているか分かる。先住民の言葉は創造神の言葉であり、創造神から人間に与えられた言葉であるというロングハウスの宗教的世界をトマスは生きているのである。

しかし、同時にインタビューを通してトマスの事業が、予想以上に反対者を作り出しているのが分かった。反対の理由は様々であろうが、トマスの事業そのものが彼自身の地元で広く受け入れられていないという理由で、トマスの努力そのものの評価を低くすることはできない。しかし、トマスの努力は、最終的には、先住民の人々がトマスの努力を受け入れることによってその目的は達成される。この意味では、おそらく、予言者ハンサム・レイクが、生存中に必ずしも人々の間に全般的に受け入れられていなかったが、数十年後に、人々にその教えが受け入れられたという経緯と同様の経過を経ることになるのかも知れない。トマスは自身の事業がどのような影響を与えるか、150歳まで生きて見てみたいと口にしている。先住民の教育には強制という言葉はない。トマスは若い人々がどうするか見守るしかないのである。

　センター運営の経済的困難は、センターの目的に影を落とすことになっている。センターの活動を維持するためにはある程度の経済的基盤が必要であり、必要経費を捻出するために授業料を徴収しているのだが、まさに伝統を教えるために授業料を取るという行為そのものが、他の人々の間で、それが誤解によるにせよ、不信感を抱かせる原因となっている。そして、何よりもトマスが伝統を身に付けているために可能となっているトマスの事業そのものが、人々の嫉妬を誘っているというのは、トマス自身の純然たる意図とは別に、今日の先住民社会の性格を知る上で興味深い点である。

　トマスが作成した教材が如何に効果的であるかは、まだ時間も浅いので明らかではないが、今後の継続的な研究で明らかになるであろう。しかしながら、トマスの教育方法に関しては、肯定的な反応と否定的な反応があるのではないかと思う。トマスの教育方法は極めて先住民の伝統的教育方法に根差している。この意味では伝統的な感覚を持ちあわせている若い人々には、トマスの教育方法は有効であると思われるが、しかしながら、カナダのあるいは西洋流の個人主義的な思考方法を身に付けてしまっている若者には、果たしてどの程度受け入れられるのであろうか。トマスらが

批判している「若い人々は聞くという態度を失ってしまっている」というまさにこの点こそに、先住民の文化の継承の成功を決める問題があるのではないであろうか。トマスは若い人々は伝統的な態度を失ってしまっていると悲しんでいるが、同時に、トマスの教育方法は伝統的な態度を前提としている。一体、どのようにこの問題を解決することができるのであろうか。

　トマスの伝統の保存と継承という営みの研究を通じて、伝統の保存と継承という極めて現代的であり、先住民の人々にとっては極めて重大な文化的行いについて言えることは、伝統の保存と継承という課題の成功はコミットメントのない大勢よりも、深いコミットメントを持った少数の人々に依存しているということである。つまり、伝統の継承を行っている中核メンバーが形成されることによって、失われつつある伝統の保存と継承は、ある形で、可能であろうと思われる。

　現在は、しばしば、ポスト＝近代あるいはポスト＝コロニアリズムの時代と言われているが、しかしながら、植民地主義時代に先住民の人々が受けた文化的、精神的さらには物質的な傷はまだ癒えていない。むしろ、悪化しているとも言える。この意味では先住民の人々にとって、近代はまだ終わっていないと言える。さらに、先住民の宗教伝統を、今日の近代的あるいはポスト＝近代社会に生きる若者に伝え、理解を求め、伝統的なロングハウス宗教に回帰してもらうには、様々な困難な問題がある。何よりもトマスは、言語と文化あるいは宗教とは一体のものであると考えているが、もはや、先住民の母国語を失ってしまっている人々が多すぎる。しかし、英語で先住民の宗教世界を十分に説明することはほとんど不可能であるし、また同時に英語のみで理解された先住民の宗教世界は、元来の先住民の母国語で理解された宗教世界とは異質のものになってしまう危惧が付きまとう。

　トマスは、センターでの活動を、ロングハウスにおける宗教生活への糸口と考えている。終局的には、先住民の人々がロングハウスの儀礼、宗教的世界に参加し、その世界を儀礼的に経験するとともに、その世界に基づ

いて社会生活を送るように願っている。そのロングハウスの宗教的世界を理解し実践するには、先住民自身の言葉で理解することが不可欠であるとトマスは考えている。しかしながら、同時に、現在という歴史的状況において、先住民の伝統を保持していない他の先住民の人々にとり、先住民であるということは一体どういうことであるのかという問題がある。特に若い人々はカナダ／アメリカの西洋的世界の経済構造を否応なしに受け入れなくてはならない状況で、アイデンティティーを確立しつつ、未来への可能性を模索しなくてはならない。このような人々に、トマスが残そうとしているロングハウスの伝統と言語の教材がどのような役割を果たせるのかは、まだ明らかではない。また、保留地にはキリスト教を受け入れた人々が大勢いる。最近ではキリスト教会系の数が増えている。6カ国保留地全体から見たトマスの試みの位置づけが必要となっている。

　また、トマスと同様の考えを持って、個人的に伝統と言語の保存あるいは継承という事業を行っている他の人々が6カ国保留地にいることも明らかになった。このような人々が行ってきた方法と作成した教材をも視野に入れることにより、先住民社会が現在取り組んでいる伝統と言語の保存と継承という問題の意義がより明らかになると考える。

補記註

1) 以下に、インタビューを行った人物とインタビュー時間を挙げておく。

第1回目 1996年	1月14日	ジェイク・E・トマス	1時間
	1月15日	ジェイク・E・トマス	2時間
	1月16日	ウィリアム・ウッドワース	2時間
	1月17日	ジェミィ・マラクル	2時間
	1月17日	イボンヌ・トマス	2時間
	1月19日	パトリシア・オークス	1時間
	1月19日	バーバラ・ガーロウ	2時間
	1月30日	ケン・マラクル	2時間
第2回目 1996年	2月10日	ジェイク・E・トマス	3時間
	2月13日	ジョン・ホーマー /ニッキ・ジェネラル	2時間
	2月14日	ダニエル・ドクター	2時間
	2月15日	ジェイク・E・トマス	3時間
	2月16日	ジェイク・E・トマス	3時間
	2月17日	アルバート・グリーン	2時間
	2月19日	ロバート・W・ジェミソン	2時間
	2月20日	ステッファン・ボンベリー	1時間
	2月20日	イザベル・マラクル	2時間
	2月20日	ビバリー・ヒル	2時間
	2月21日	ジェイク・E・トマス	2時間
第3回目 1996年	4月16日	ジェイク・E・トマス	3時間
	4月18日	ドン・ロングボード	3時間
	4月19日	ジェイク・E・トマス	2時間
	4月20日	ジョージ・ガロウ	2時間
	4月21日	ケン・マラクル	3時間

2) Michael K. Foster, "Jacob Ezra Thomas: Educator and Conservator of Iroquois Culture, Cayuga (born 1922)," (in press).
3) Ibid.. 未出版であるため、頁数が確定できない。
4) William N. Fenton, "Locality as a Basic Factor in the Development of Iroquois Social Structure," in William N. Fenton, ed., *Symposium on Local Diversity in Iroquois Culture*, Bulletin 149 Bureau of American Ethnology (1951): 35-54.
5) Barbara Graymont, *The Iroquois in the American Revolution* (Syracuse: Syracuse University Press, 1972),
6) Sally M. Weaver, "The Iroquois: The Grand River Reserve in the Late Nineteenth and Early Twentieth Centuries, 1875-1945" in Edward S. Rogers and Donald B. Smith, eds., *Aboriginal Ontario: Historical Perspectives on the First Nations* (Toronto: Dundurn Press, 1994), p. 251.
7) 会報には、ときどき短いイロクォイ伝承なども載せられていることがある。それらの伝承はトマスが、英語、オノンダガ語、カユガ語、モホーク語で書いている。
8) (1)、1993年2月15日から5月18日まで、週1回10週間。
「感謝の言葉」講師ジェイク・トマスとイザベル・マルクルが、カユガ語とモホーク語で授業を行った。
(2)、1993年11月5日から7日まで。3日間。
「ワンパム・ワークショップ」
(3)、1994年10月16日から1995年2月5日まで、週1回10週間。
「イロクォイ文化と諸伝統」講師ジェイク・トマス
(4)、1994年1月5日。
「鳥の羽を使った編み物」講師スー・ノースカット
(5)、1994年2月16日から週1回10週間。メンバー、50ドル。一般、85ドル。
「イロクォイ連合国。イロクォイの構造と信条について」講師ジェイク・トマス
(6)、1994年1月15日から2月11日まで。(回数不明)
「イロクォイ踊りの踊り方」講師ジェイク・トマス
(7)、1994年3月4日から6日まで。3日間。メンバー、50ドル。一般、85ドル。
「ワンパム・ワークショップ」講師ケン・マラクル
(8)、1994年6月25日から7月6日まで。12日間。
「大いなる平和の法--ホティノンションーニ（イロクォイ連合国）の誕生」（英語）講師ジェイク・トマス
(9)、1994年9月18日から週1回10週間。メンバー、50ドル。一般、85ドル。
「予言者ハンサム・レイクの教典」講師ジェイク・トマス
(10)、1994年11月11日から13日まで、3日間。メンバー、50ドル。一般、85ドル。

「ワンパム・ワークショップ」講師ケン・マラクル
(11)、1994年9月19日から週1回10週間。メンバー、50ドル。一般、85ドル。
「カユガ語」講師バーバラ・ガーロウ
(12)、1994年9月17日から週1回10週間。メンバー、50ドル。一般、85ドル。
「モホーク語」講師イボン・トマス
(13)、1994年10月8日から3日間。メンバー、50ドル。一般、85ドル。
「牛の角のワークショップ」講師ジェイク・トマス
(14)、1994年12月31日。
「大晦日の集い」
(15)、1995年1月16日から週1回10週間。85ドル。
「カユガ語初級会話」講師バーバラ・ガーロウ
(16)、1995年3月24日から3日間。85ドル。
「ワンパム・ワークショップ」講師ケン・マラクル
(17)、1995年1月14日から週1回10週間。85ドル。
「モホーク語初級会話」講師イボン・トマス
(18)、1995年1月15日から週1回10週間・85ドル。
「哀悼の儀式の言葉と歌」講師ジェイク・トマス
(19)、1994年12月19日から隔週。1回10ドル。
「癒しのワークショップ」講師マイダ・ブロートン
(20)、1995年8月12、13日、19、20日。85ドル。
「トウモロコシ篭のワークショップ」講師ジェイク・トマス
(21)、1995年9月12から週1回5週間。120ドル。
「癒しのワークショップ」講師マイダ・ブロートン
(22)、1995年9月16、17日、23、24日。65ドル。
「鳥の羽を使った編み物」講師スー・ノースカット
(23)、1995年9月16、17日、23、24日。85ドル。
「トウモロコシの皮を使った編み物ワークショップ」講師イボン・トマス
(24)、1995年10月7、8日、14、15日。85ドル。
「ワンパム・ビーズ・ワークショップ」講師ケン。マラクルとバーバラ・ガーロウ
(25)、1995年9月11日から週1回10週間。85ドル。
「哀悼の儀式の言葉と歌2」講師ジェイク・トマス
(26)、1995年10月17日から週1回5週間。120ドル。

9) Annemarie Anrod Shomony, *Conservatism among the Iroquois at the Six Nations Reserve* (Syracuse: Syracuse University Press, 1994), p. xix.

10) さて、テキストに付属のテープについて1言述べておこう。テープはひとつ片面4分

程、両面で8分程の短いものである。なぜ、この様な短い時間のテープを選んだのか不明である。録音は主にトマスが吹き込んでいる。テキストに書かれている言葉の発音の仕方を主に練習するために作成された補助教材と考えられるが、問題点がないでもない。それは1つの単語、あるいは文章を反復して読みの練習をする時間が取られていないので、テープを流しながら読み、発音の練習をすることは難しい。また、予想されるように、テープからでは発音に際しての口の動き、唇の使い方、舌の位置などが分からないので、実際に若い人がこのテープだけを使って発音を正確にできるようになるには難しいとも考えられる。特に、イロクォイ語には声門閉鎖音が特徴的な働きをするが、この声門閉鎖音はテープからだけではなかなか聞き取りにくい。

11) Marianne Mithun and Reginald Henry, *Watewayestanih: A Cayuga Teaching Grammar* (Brantford, Ontario: Woodland Indian Cultural Educational Centre, 1982).
12) このテーマ・パークには、次の備品、施設が備わることになる。
   (1) 印刷機器＝出版用の機器及びコンピューター・グラフィック。外部の印刷所に印刷を依頼しないで費用を抑えるため。センター自身の本を出版するため。
   (2) ビデオ・センター＝センター自身のビデオを編集、出版するため。
   (3) カメラ/ビデオ機器＝「大いなる平和の法」の説明を録画し、クラスを録画するため。
   (4) 「平和ツアー」9人乗りのヴァンが必要。
   (5) 言語・文化学習教材の立案、作成。小学校、中学校、高校、大学のそれぞれのレベルにあった教材の作成。
   (6) 営業＝首長が無料で教え、ワークショップとクラスを1年間無料で教えられるようにする。
   (7) 図書館/資料センター＝インターネット、CD ROM、ホームページの開設、イロクォイ文化、言語についての資料を無料提供。先住民に関する雑誌を購入。
   (8) 小劇場＝200以上あるビデオ・テープを編集。
   (9) エコ村＝ロングハウスの生き方。ガイドは、伝統的衣装を身に付け、伝統的なロングハウスでの生活を紹介する。伝統的食べ物、ハーブ等を建物の周囲に植える。
   (10) 水栽培ガーデン。
   (11) 全国的な広告を行う。
   (12) ロングハウス、ログ・キャビンを建てる。
   (13) ディズニーランド。自然道。
   (14) 木細工工房。
   (15) イロクォイ文化、言語を学ぶ人のための通信教育を行う。

（16）伝統的な医療を学ぶクラス。
　　（17）子供の為に『Kids Dome』を作る。
13）2、3年かけて行う長期計画を見てみたい。
　　（1）以下の計画を3段階に分けて細かい計画を立てる。
　　（2）週末リトリート＝ログ・キャビンかロングハウスに滞在できるようなキャンプ施設を作る。先住民生活を説明する。先住民の踊りと衣装。伝統的な食事と、儀式を英語で説明する。
　　（3）伝統的なレストラン＝利益を目指して経営する。その利益は基金として、クラスを無料で教えられるようにするため。
　　（4）自然道＝自然に尊敬の念を示す示し方を教える。先住民の文化に触れられるようにする。
　　（5）バスツアー＝保留地のミニバスによるツアー。
　　（6）対外交渉＝センターは、イロクォイ社会の内にも外にも協力者を求める必要がある。
　　（7）先住民の人のための集中的な教育プログラムを作成＝近隣の大学と単位互換のコースを作る。文化を再び作り上げ、人々に文化を返すプログラムを推進する。
　　（8）コンサルタントを雇い、上記の計画の実行可能性について検討する。
　　（9）大学を建築するための土地を買い入れる。

あとがき

　まず、カナダ、オンタリオ州6カ国保留地6カ国議会の首長の皆さん、特にケン・ジェイコブ（Ken Jacob）氏に、6カ国保留地議会議事録のマイクロフィルムを見、ジョン・A・ギブソンの伝記に関する史料を研究する許可を与えて下さったことに感謝の意を表したい。6カ国議会のこの許可がなければ、本書のもととなった博士論文を書くことは不可能であった。また、6カ国保留地議会記録所のマネージャーであるアン・スコット（Anne Scott）さんには、マイクロフィルムを調べる際にとてもお世話になった。改めて感謝の意を表したい。

　6カ国保留地のカユガ首長であった故ジェイコブ・E・トマス（Jacob E. Thomas）氏と妻のイヴォンヌ（Yvonne Thomas）さんに感謝の意を表したい。トマス氏は私にオノンダガ語を教えて下さり、ギブソンの伝記史料である『ギブソン婦人がA・A・ゴールデンワイザーに語ったジョン・ギブソンの生涯』というカユガ語の資料を英語に訳すのを手伝って下さった。トマス氏の知識と助けがなければ、私のギブソンの伝記に関する研究は不可能であった。トマス氏はホティノンショーニ、イロクォイ連合の哀悼儀礼を経た正当な伝統的首長であり、ホティノンショーニの伝統と言語を保存・継承するという難しい課題に取り組んでおられた。しかし、まだ志半ばでこの世界を去り、創造神の世界に旅立ってしまった。トマス氏には先住民首長の高貴な精神を教えて頂いた。

　トマス氏の事業を研究するために、1995年度にトヨタ財団から研究助成金を受けた。トマス氏の伝統の保存と継承の事業について知ることが、私のギブソンの研究の助けともなった。この場を借りてトヨタ財団にも感謝の意を表したい。

　カナダ文明博物館が先の『ギブソン婦人がA・A・ゴールデンワイザー

に語ったジョン・ギブソンの生涯』というカユガ語資料のコピーの依頼を承諾して下さり、送付して下さったことに感謝したい。

　シカゴ大学神学校の私の博士論文委員会委員の先生方に感謝を表したい。レイモンド・D・フォゲルソン（Raymond D. Fogelson）教授は、私が1989年にシカゴ大学大学院に入学して以来、北米先住民の宗教と文化の研究を詳しく教えて下さった。ブルース・リンカーン（Bruce Lincoln）教授は、私の調査と論文執筆の段階で非常に有益な示唆をして下さった。本論の視点の基礎となるインディアン事情局局長E・D・カメロンの通信記録帳との出合いは、リンカーン教授の示唆なしにはあり得なかった。主査であるゲーリー・L・イーバーソロー（Gary L. Ebersole）教授は、私の研究関心をよく理解して下さり、本論の各章を注意深く読み、批判し、不明な点を指摘して下さり、論点を明解にするのを助けて下さった。

　ワシントンDCに行き、スミソニアン博物館人類学古文書館でヒィウィットの手書き原稿を調査するために、当時学生部長であったリチャード・ローゼンガーテン（Richard Rosengarten）博士は、イーバーソロー教授の示唆で1995年の冬学期の学費を免除して下さった。ローゼンガーテン博士に感謝の意を表したい。また、ハンニ・ウッドベリー（Hanni Woodbury）博士は、草稿段階の『オノンダガ語の言語パターン（*Language Pattern in Onondaga*）』のコピーを快く送って下さり、しかも、それを参照、引用することに許可を下さったことに感謝したい。

　筑波大学大学院に在学中にお世話になった井門富二夫先生と荒木美智雄先生にもこの場を借りて感謝の意を表したい。また、シカゴ大学の他の先生方、フランク・E・レイノルズ（Frank E. Reynolds）教授、ウェンディー・ドニガー（Wendy Doniger）教授には授業を通じて宗教学についていろいろと教えて下さったことに感謝を表したい。シカゴ滞在中には数回しかお会い出来なかったが、故ジョセフ・M・キタガワ（Joseph M. Kitagawa）教授の助言には励まされた。特に留学してすぐの頃に、「のびのびとやって下さい。」と言って下さった言葉は、つらい思いをしながら勉

強をしていた時の励みとなった。

　1996年に留学から帰国し、驚いたことの一つに、日本でもアメリカ先住民への関心が高まっていたということである。1989年に渡米した時点で北米先住民に関する書物といえば、それほど多くはなく、代表的な研究としては、藤永茂の『アメリカ・インディアン悲史』(1974年)、富田虎男の『アメリカ・インディアンの歴史』(1982年)、清水知久の『米国先住民の歴史』(1986年)ぐらいであった。

　しかしながら、筆者はもともと北米先住民の宗教に関心があったわけではない。地域を北米に決めて書いた修士論文は1950年代のアメリカの東洋宗教についてであった。このテーマから先住民の宗教へと転換しようと考えた理由は、まず、アメリカの東洋宗教というテーマではすぐに行き詰まるということを修士論文を書きながら思っており、このテーマでは博士論文にはならないということを感じていたからである。そして、北米先住民の宗教を研究しようと思ったのは、地域を北米に決めていたからということもあるが、それよりも、1987年に筑波大学に半年滞在したチャールズ・H・ロング (Charles H. Long) 教授の『意義づけ (Significations: Signs, Symbols, and Images in the Interpretation of Religion)』(1986) で、北米大陸における植民地主義を文化接触の問題として、宗教学の立場から問題を取り上げている諸論文を読み、このような視点からも北米宗教の問題を扱うことが出来ると知ったからである。

　渡米後、北米先住民について勉強を始めたが、広大な地域から1つの集団を選ぶ必要があった。アメリカでは先住民の研究は主に人類学者によって行われてきていたが、人類学的フィールドワークには懐疑の念を抱いていたので、歴史的に研究できる地域を選択する必要があった。当時まだシカゴ大学にいたローレンス・E・サリバン (Lawrence E. Sullivan) 教授（現在はハーヴァード大学世界宗教研究所所長）に私の関心を話し、助言を求めたところ、ウィリアム・N・フェントン (William N. Fenton) が訳したジョセフ・F・ラフィトー (Joseph-Francois Fafitau) の『アメリカ

原始民の習慣（*Mœurs des sauvages ameriquains, comparees aux mœurs de premiers temps*）』（1724）を紹介してくれた。これが私がイロクォイ研究に足を踏み入れた始まりであった。

　1989年から2年間、日米教育委員会からフルブライト奨学金を授与されたことがシカゴ大学への留学を可能にしてくれた。この奨学金を受けることがなかったら、そもそも渡米などは不可能であったし、その後6年半もシカゴに滞在することはできなかったであろう。日米教育委員会にこの場を借りて感謝の意を表したい。

　シカゴ大学に提出した博士論文を邦訳して出版できるようになったのは、平成11年度に日本学術振興会から科学研究費補助金「研究成果公開促進費」（一般学術図書）の交付を受けたからである。ここで日本学術振興会に感謝の意を表したい。

　また、本書を作成するに当たって大学教育出版の佐藤守さんには大変お世話になった。ここに感謝の意を表したい。

　私の家族に感謝の意を表したい。私が一体何を研究しているのかよく分からないながらも支援してくれた父母には特に感謝したい。最後になるが、妻マリアンに感謝の意を表したい。私と一緒に幾度もシカゴから6カ国保留地まで車で出掛けてくれた。ワシントンDCにも一緒に来てくれた。付け加えれば、愛犬のトモも一緒だった。今ここで日本に一緒に暮らしながら、その頃のことを思い返すと楽しい思い出で一杯である。また、フルブライト奨学金の本国2年滞在義務を果たすために日本に一緒に来てくれ、その間に現在の職場に仕事を得ることができたが、日本でも一緒に川崎から山口へと移り住み、私の博士論文の英語を直してくれたり、批判や示唆をしてくれた。妻の助けなしでは博士論文を完成することは出来なかったであろう。また、博士論文提出の直前には長女の真優が誕生した。同じ年に2つの大きな出来事が起きたのは偶然かもしれないが、私の中では何か意味があるように思えた。しかも、その年は寅年で私の干支でもあった。

参考文献

ここでは本文中に引用しなかったイロクォイ研究の著作、論文も含めた。また、十分に展開できなかった理論的議論の方向を示すことができるように、本書では直接参照していないが関連のある著書をいくつか含めることにした。

1. Archival Documents

J. N. B. Hewitt. Hewitt Collection, manuscript no. 2201. The National Anthropological Archives. The Smithsonian Institute. Washington D. C..

The Letter Book of E. D. Cameron. Film 3. The Record Office of the Six Nations Council Office. Ohsweken, Ontario, Canada.

"The Life of John Gibson Narrated by Mrs. Gibson to A. A. Goldenweiser." A. A. Goldenweiser Collection: (III-I-64M) Box 180, folder 4. The Canadian Museum of Civilization. Hull, Quebec, Canada.

The Six Nations Council Minutes. Film 97: 1883-1896; Film 98: 1858-1908; Film 99: 1904-1916. The Record Office of the Six Nations Council. Ohsweken, Ontario, Canada.

2. Secondary Studies

Abbott, Frederick H.. *The Administration of Indian Affairs in Canada*, Report of an Investigation Made in 1914 Under the Direction of the Board of Indian Commissioners. Washington, D. C.: n.p., 1914.

Abler, Thomas S.. "Iroquois Cannibalism: Fact Not Fiction." *Ethnohistory* 27, no. 4 (1980): pp. 309-316.

-"Dendrogram and Celestial Tree: Numerical Taxonomy and Variants of the Iroquoian Creation Myth," *The Canadian Journal of Native Studies* VII, 2 (1987): pp. 195-221.

-"Beavers and Muskets: Iroquois Military Fortunes in the Face of European Colonization." In *War in the Tribal Zone: Expanding States and Indigenous Warfare*, edited by R. Brian Ferguson and Neil L. Whitehead, pp. 151-174. Santa Fe, New Mexico: School of American Research Press, 1992.

Abler, Thomas S.. ed., *Chainbreaker: The Revolutionary War Memoirs of Governor*

Blacksnake As told to Benjamin Williams. Lincoln and London: University of Nebraska Press, 1989.

Alles, Gregory D.. "Dynamism." In Mircea Eliade, editor in chief, *The Encyclopedia of Religion* Vol. 4: pp. 527-532. New York: Macmillan Company, 1987.

Armstrong, William H.. *Warrior in Two Camps: Ely S. Parker, Union General and Seneca Chief*. Syracuse: Syracuse University Press, 1978.

Barbeau, C. M.. "Iroquois Clans and Phratries." *American Anthropologist* n.s., 19, no. 3 (1917): pp. 392-402.

Bartlett, Richard H.. *The Indian Act of Canada*. 2nd ed., Saskatchewan: University of Saskatchewan, 1988.

Beauchamp, William M.. *The Iroquois Trail, or Foot=Prints of the Six Nations, in Customs, Traditions, and History*. Fayetteville, New York: H. C. Beauchamp, Recorder Office, 1892.

-"Permanence of Early Iroquois Clans and Sachemships." N.p..

-"Civil, Religious and Mourning Councils and Ceremonies of Adoption of the New York Indians." New York State Museum, Bulletin 113, Archaeology 13 (1907). Reprint, Albany: The University of the State of New York, The State Education Department, 1981.

-"An Iroquois Condolence." In *An Iroquois Source Book*. Vol. 1. Political and Social Organization, edited by Elisabeth Tooker. New York & London: Garland Publishing, Inc., 1985.

Beaver, George. *Tuscarora Township Brant County Native Land Along the Grand River*. Brantford: Publication Committee, Brant Historical Society, 1994.

Bell, Catherine. *Ritual Theory, Ritual Practice*. New York: Oxford University Press, 1992.

Blau, Harold. "Dream Guessing: A Comparative Analysis." *Ethnohistory* 10, no. 3 (1963): pp. 233-49.

-"The Iroquois White Dog Sacrifice: Its Evolution and Symbolism." *Ethnohistory* 11, no.2 (1964): pp. 97-119.

-"Historical Factors in Onondaga Iroquois Cultural Stability." *Ethnohistory* 12, no. 3 (1965): pp. 250-258.

-"Function and the False Faces: A Classification of Onondaga Masked Rituals and Themes." *Journal of American Folklore* 79 (1966): pp. 564-80

Bloch, Maurice. *Prey into hunter: The politics of religious experience*. Cambridge: Cambridge University Press, 1992.

Bourdieu, Pierre. *Distinction: A Social Critique of the Judgment of Taste.* Translated by Richard Nice. Cambridge, Massachusetts: Harvard University Press, 1984.

Boxberger, Daniel L.. ed., *Native North Americans: An Ethnohistorical Approach.* Dubuque, Iowa: Kendall/Hunt Publishing Company, 1990.

Boyle, David. "The Pagan Iroquois." In *An Iroquois Source Book.* Vol. 2. Calendric Rituals, edited by Elisabeth Tooker. New York & London: Garland Publishing, Inc., 1985.

Brant-Sero, J. Ojijatekha. "The Six-Nations Indians in the Province of Ontario, Canada." *Transactions of the Wentworth Historical Society* 2 (1899): pp. 62-73.

Bradley, James W.. *Evolution of the Onondaga Iroquois: Accommodating Change, 1500-1655.* Syracuse: Syracuse University Press, 1987.

Brightman, Robert. "Toward a History of Indian Religion: Religious Changes in Native Societies." In *New Directions in American Indian History*, edited by Colin G. Calloway, pp. 223-249. Norman and London: University of Oklahoma Press,1988.

Brinton, D. G.. "Horatio Hale." *American Anthropologist* 10 (1897): pp. 25-27.

Brown, Judith. "Economic Organization and the Position of Women Among the Iroquois." In *Iroquois Women: An Anthology*, edited by W. G. Spittal, pp. 182-198. Ohsweken, Ontario: Iroqrafts, Ltd., 1990. [Originally published as *Ethnohistory* 17, no. 3-4 (1984): pp. 151-167.]

Bruchac, Joseph. *New Voices From the Longhouse: An Anthology of Contemporary Iroquois Writing.* New York: The Greenfield Review Press, 1989.

Bynum, Caroline Walker. *Holy Feast and Holy Fast: The Religious Significance of Food to Medieval Women.* Berkeley: University of California Press, 1987.

Campisi, Jack, and Laurence M. Hauptman. *The Oneida Indian Experience: Two Perspectives.* Syracuse: Syracuse University Press, 1988.

Canada. *Annual Report of the Department of Indian Affairs.* Ottawa: Maclean, Roger & Co., pp. 1884-1901.

Canada. *The Civil Service List of Canada* 1900. Ottawa: S. E. Dawson,1900.

Canfield, William W.. *The Legends of the Iroquois, Told by "The Cornplanter."* Port Washington, L. I., New York: Ira J. Friedman, Inc.. n.d.

Carpenter, Edmund S.. "Alcohol in the Iroquois Dream Quest." *American Journal of Psychiatry* 116, no. 1(1959): pp. 148-151.

Carrithers, Michael, Steven Collins, and Steven Lukes, eds., *The category of the person: Anthropology, philosophy, history.* Cambridge: Cambridge University

Press, 1985.

Chadwick, Edward M.. *The People of the Longhouse.* n. p.: The Church of England Publishing, 1897.

Chafe, Wallace L.. "Seneca Thanksgiving Rituals." *Bureau of American Ethnology Bulletin* 183 (1961).

-"Linguistic Evidence for the Relative Age of Iroquois Religious Practices." *Southwestern Journal of Anthropology* 20, no. 3 (1964): pp. 278-285.

- *A Semantically Based Sketch of Onondaga.* Indiana University Publications in Anthropology and Linguistics, Memoir 25 of the International Journal of American Linguistics (Supplement to International Journal of American Linguistics 36:2), 1970.

-"Seneca speaking styles and the location of authority." In *Responsibility and Evidence in Oral Discourse,* edited by Jane H. Hill and Judith T. Irvine, pp. 72-87. Cambridge: Cambridge University Press, 1992.

Chamberlain, Alexander F.. "Iroquois in Northwestern Canada." *American Anthropologist,* n.s., 6 (1904): pp. 459-463.

City of Brantford. *Municipal Directory,* 1883-86.

Classen, Constance. "Sweet colors, fragrant songs: sensory models of the Andes and the Amazon." *American Ethnologist* 17, no. 4 (1990): pp. 722-735.

-*Inca Cosmology and the Human Body.* Salt Lake City: University of Utah Press, 1993.

-*Worlds of Sense: Exploring the Senses in History and Across Cultures.* London and New York: Routledge, 1993.

Classen, Constance, David Howes, and Anthony Synnott. *Aroma: The Cultural History of Smell.* London and New York: Routledge, 1994.

Clifford, James. *Person and Myth: Maurice Leenhardt in the Melanesian World.* Durham and London: Duke University Press, 1992.

Clifford, James, and George E. Marcus., ed., *Writing Culture: The Poetics and Politics of Ethnography.* Berkeley: University of California Press, 1986.

Coleman, Michael C.. *American Indian Children at School,* 1850-1930. Jackson: University Press of Mississippi, 1993.

Collins, John James. *Native American Religions: A Geographical Survey.* Lewiston, New York: The Edwin Mellen Press, 1991.

Converse, Harriet Maxwell. *Myths and Legends of the New York State Iroquois.* New York State Museum, Museum Bulletin 125, 1908.

Cornplanter, Jesse J.. *Legends of the Longhouse.* 1938. Reprint, edited by Wm. Guy Spittal, Ohsweken, Ontario: Iroqrafts, Ltd., 1992.

Csordas, Thomas J., "Embodiment as a Paradigm for Anthropology." *Ethnos* 18 (1990): pp. 5-47.

 -*The Sacred Self: A Cultural Phenomenology of Charismatic Healing.* Berkeley: University of California Press, 1994.

Culin, Stewart. *Games of the North American Indians.* Volume 1: Games of Chance. Lincoln and London: University of Nebraska Press, 1992.

 - *Games of the North American Indians.* Volume 2: Games of Skill. Lincoln and London: University of Nebraska Press, 1992.

Daniel, E. Valentine. *Fluid Signs: Being a Person the Tamil Way.* Berkeley: University of California Press, 1984.

Darnell, Regna. *Edward Sapir: Linguist, Anthropologist, Humanist.* Berkeley: University of California Press, 1990.

Darnell, Regna and Irvine, Judith. eds., *The Collected Works of Edward Sapir,* IV Ethnology. New York: Mouton de Gruyter, 1994.

Davis, Natalie Zemon. "Iroquois Women, European Women." In *Women, "Race," and Writing in the Early Modern Period,* edited by Margo Hendricks and Patricia Parker, pp. 243-258. London and New York: Routledge, 1994.

Deloria, Vine, Jr.. *God is Red: A Native View of Religion.* Golden, Colorado: Fulcrum Publishing, 1994.

DeMallie, Raymond, ed. *The Sixth Grandfather: Black Elk's Teachings Given to John G. Neihardt.* Lincoln and London: University of Nebraska Press, 1986.

Dennis, Matthew. *Cultivating A Landscape of Peace: Iroquois-European Encounters in Seventeenth-Century America.* Ithaca and London: Cornell University Press, 1993.

Desjarlais, Robert R.. *Body and Emotion: The Aesthetics of Illness and Healing in the Nepal Himalayas.* Philadelphia: University of Pennsylvania Press, 1992.

Dickason, Olive Patricia. *Canada's First Nations: A History of Founding Peoples from Earliest Times.* Toronto: McClelland & Stewart Inc.. 1992.

Dominion of Canada. *Annual Report of the Department of Indian Affairs.* Ottawa: Maclean, Roger & Co..

Doniger, Wendy. "Minimyths and Maximyths and Political Points of View." In *Myth and Method* edited by Laurie L. Patton and Wendy Doniger, pp. 109-127. Charlottesville and London: University Press of Virginia, 1996.

Doty, William G.. *Mythography: The Study of Myths and Rituals*. Tuscaloosa and London: The University of Alabama Press, 1986.

Douglas, Mary. *Natural Symbols: Explorations in Cosmology*. London and New York: Routledge, 1996.

Druke, Mary A.. "The Concept of Personhood in Seventeenth and Eighteenth Century Iroquois Ethnopersonality." In *Studies on Iroquois Culture*, edited by Nancy Bonvillain, Occasional Publications in Northeastern Anthropology 6 (1980): pp. 59-70.

Duff, James S.. *The Province of Ontario Canada*. Toronto: L. K. Cameron, 1913.

Dundes, Alan. ed., *Sacred Narrative: Readings in the Theory of Myth*. Berkeley: University of California Press, 1984.

Ebersole, Garil.. Rithal *Poetry and the Politics of Death in Early Japan*. Princeton: Princeton University Press. 1989.

The Editors of Time-Life Books. *Realm of the Iroquois*. Alexandria, Virginia: The Time Life Books, 1993.

Eliade, Mircea. *The Sacred & the Profane: The Nature of Religion*. New York: Harcourt Brace Jovanovich, Publishers, 1959.

- *Images and Symbols: Studies in Religious Symbolism*. Princeton: Princeton University Press, 1991.

Fadden, Ray. "The Visions of Handsome Lake." *Pennsylvania History* 22, no. 4 (1955): pp. 341-358.

Feld, Steven. *Sound and Sentiment: Birds, Weeping, Poetics, and Song in Laluli Expression*. Philadelphia: University of Pennsylvania Press, 1982.

Fenton, William N.. "An Outline of Seneca Ceremonies at Coldspring Longhouse." *Yale University Publications in Anthropology* no. 9 (1936).

-"Masked Medicine Societies of the Iroquois." *Annual Report of the Smithsonian Institution for 1940* (1941): pp. 397-430.

-"Iroquois Suicide: A Study in the Stability of a Cultural Pattern." *Anthropological Papers* no. 14, *Bureau of American Ethnology Bulletin* 128 (1941): pp. 79-137.

-"Simeon Gibson: Iroquois Informant, 1889-1943." *American Anthropologist*, n. s., 46 (1944): pp. 231-34.

-"Iroquois Indian Folklore." *Journal of American Folklore* 60 (1947): pp. 383-397.

-"Seth Newhouse's Traditional History and Constitution of the Iroquois Confederacy." *Proceedings of the American Philosophical Society* 93, no. 2

(1949): pp. 141-158.

-"Collecting Materials for a Political History of the Six Nations." *Proceedings of the American Philosophical Society* 93, no. 3 (1949): pp. 233-238.

-"The Roll Call of the Iroquois Chiefs, A Study of a Mnemonic Cane from the Six Nations Reserve." *Smithsonian Miscellaneous Collections* 111, no. 15 (1950).

-"This Island, the World on the Turtle's Back," *Journal of American Folklore* 75, no. 298 (1962): pp. 283-300.

-"The New York State Wampum Collection: The Case for the Integrity of Cultural Treasures." *Proceedings of the American Philosophical Society* 115, no. 6 (1971): pp. 437-461.

-"The Iroquois in History." In *North American Indians in Historical Perspective*, edited by Eleanor Burke Leacock and Nancy Oestreich Lurie, pp. 129-168. New York: Random House, 1971.

-"The Lore of the Longhouse: Myth, Ritual and Red Power." *Anthropological Quarterly* 48, no. 3 (1975): pp. 131-147.

-"Songs from the Iroquois Longhouse: Program Notes for an Album of American Indian Music from the Eastern Woodlands." In *An Iroquois Source Book*. Vol. 3. Medicine Society Rituals, edited by Elisabeth Tooker. New York & London: Garland Publishing, Inc., 1986.

-*The False Faces of the Iroquois*. Norman and London: University of Oklahoma Press, 1987.

-*The Iroquois Eagle Dance: An Offshoot of the Calumet Dance*. Syracuse: Syracuse University Press, 1991. [Originally published as *Bulletin of the Bureau of American Ethnology* 156, the Smithsonian Institution, 1953.]

-*The Great Law and the Longhouse: A Political History of the Iroquois Confederacy*. Norman: University of Oklahoma Press, 1998.

Fenton, William N., ed. *Symposium on Local Diversity in Iroquois Culture, Bureau of American Ethnology Bulletin* 149. Washington: United States Government Printing Office, 1951.

-*Parker on the Iroquois: Iroquois Uses of Maize and Other Food Plants; The Code of Handsome Lake, the Seneca Prophet; The Constitution of the Five Nations*. Syracuse: Syracuse University Press, 1968.

Fenton, William N., and Gertrude P. Kurath. "The Feast of the Dead, or Ghost Dance at the Six Nations Reserve, Canada." *Bureau of American Ethnology Bulletin* 149 (1951): pp. 143-164.

Fogelson, Raymond. D. "The Cherokee Ballgame Cycle: An Ethnographer's View." *Ethnomusicology* 15, no. 3 (1971): pp. 327-338.

-"Person, Self, and Identity: Some Anthropological Retrospects, Circumspects, and Prospects." In *Psychological Theories of the Self*, edited by Benjamin Lee, pp. 67-109. New York and London: Plenum Press, 1982.

Fortes, M. and E. E. Evans-Pritchard. *African Political Systems*. Oxford: Oxford University Press, 1970.

Foster, Michael K.. *From the Earth to Beyond the Sky: An Ethnographic Approach to Four Longhouse Iroquois Speech Events*. Canadian Ethnology Service Paper 20 (1974).

-"Another Look at the Function of Wampum in Iroquois-White Councils." In *The History and Culture of Iroquois Diplomacy: An Interdisciplinary Guide to the Treaties of the Six Nations and Their League*, edited by Francis Jennings, William N. Fenton, Mary A. Druke and David R. Miller, pp. 99-114. Syracuse: Syracuse University Press, 1985.

-"Iroquois Interaction in Historical Perspective." In *Native North American Interaction Patterns*, edited by Regna Darnell and Michael K. Foster, pp. 22-42. Hull, Quebec: Canadian Museum of Civilization, National Museum of Canada, 1988.

Foster, Michael K., Jack Campisi, and Marianne Mithun. eds,. *Extending the Rafters. Interdisciplinary Approaches to Iroquoian Studies*. Albany: State University of New York Press, 1984.

Gadamer, Hans-Georg. *Truth and Method*. New York: Continuum. 1993.

Garratt, John G.. *The Four Indian Kings*. Ottawa: Public Archives of Canada, 1985.

Geertz, Clifford. "Person, Time, and Conduct in Bali." In *Interpretation of Cultures*, pp. 360-411. New York: Basic Books, Inc., Publishers,1973.

Gehring, Charles T., and William A. Starna, trans. and ed. *A Journey into Mohawk and Oneida Country, 1634-1635: The Journal of Harmen Meyndertsz van den Bogaert*. Syracuse: Syracuse University Press, 1988.

Graham, Wlliam A.. *Beyond the Written World: Oral Aspects of Scripture in the History of Religion*. Cambridge University Press, 1987.

Graymont, Barbara. *The Iroquois in the American Revolution*. Syracuse: Syracuse University Press, 1972.

Gill, Sam D.. *Mother Earth: An American Story*. Chicago and London: The University of Chicago Press, 1987.

Gill, Sam D., and Irene E. Sullivan. *Dictionary of Native American Mythology*. Santa Barbara: ABC-CLIO, 1992.

Gluckman, Max. *Order and Rebellion in Tribal Africa*. New York: The Free Press of Glencoe, 1963.

Goldenweiser, Alexander A.. "The Death of Chief John A. Gibson." *American Anthropologist*, n.s., 14 (1912): pp. 692-694.

-"On Iroquois Work, 1913-1914." *Summary Report of the Geological Survey*, Department of Mines, no. 26 (1914): pp. 365-372.

-"On Iroquois Work, 1912." *Summary Report of the Geological Survey*, Department of Mines, no. 26 (1914): pp. 464-475.

-"Functions of Women in Iroquois Society." In *Iroquois Women: An Anthology*, edited by W. G. Spittal. Ohsweken, Ontario: Iroqrafts, Ltd.. 1990. [Originally published as *The American Anthropologist*, n.s., 17 (1912): pp. 376-377.]

Guthrie, Stewart Elliott. *Faces in the Clouds: A New Theory of Religion*. New York: Oxford University Press, 1993.

Hale, Horatio, ed. *The Iroquois Book of Rites*. Brinton's Library of Aboriginal American Literature. number II. New York: AMS Press, 1969.

-"A Lawgiver of the Stone Age." In *An Iroquois Source Book*. Vol. 1. Political and Social Organization, edited by Elisabeth Tooker. New York & London. Garland Publishing, Inc., 1985.

-"An Iroquois Condoling Council." In *The Iroquois Book of Rites and Hale on the Iroquois*, edited by Wm. Buy Spittal, pp. 339-361. Ohsweken, Ontario: Iroqrafts Ltd., 1989.

Hall, Robert L.. *An Archaeology of the Soul: North American Indian Belief and Ritual*. Urbana and Chicago: University of Illinois Press, 1997.

Hallowell, A. Irving.. "Ojibwa Ontology, Behavior, and World View." In *Culture in History: Essays in Honor of Paul Radin*, edited by Stanley Diamond, pp. 19-52 New York: Octagon Books, 1981.

Harrington, M. R.. "Some Seneca Corn-Foods and Their Preparation." *American Anthropologist*, n.s., 10 (1908): pp. 575-590.

-"Some Unusual Iroquois Specimens." *American Anthropologist*, n.s., 11 (1909): pp. 85-91.

Hatzan, A. Leon. *The True Story of Hiawatha, and History of the Six Nation Indians*. Toronto: McClelland & Stewart, 1925.

Hayes, Charles F.. III., ed. *The Iroquois in the American Revolution*, 1976 Conference

Proceedings, Research Records 14. Rochester, New York: Research Division, Rochester Museum and Science Center, 1981.

Henning, Ch. H.. "The Origin of the Confederacy of the Five Nations." In *An Iroquois Source Book*. Vol. 1. Political and Social Organization, edited by Elisabeth Tooker. New York & London: Garland Publishing, Inc.,1985.

Herrick, James W.. *Iroquois Medical Botany*, edited by Dean R. Snow. Syracuse: Syracuse University Press, 1995.

Hewitt, J. N. B.. "Legend of the Founding of the Iroquois League." *The American Anthropologist* 5 (1892): 131-48.

-"The Iroquoian Concept of the Soul." *The Journal of American Folk-Lore* 8 (1895): pp. 107-16.

-"Orenda and a Definition of Religion." *American Anthropologist*, n.s., 4 (1902): pp. 33-46.

-"Iroquois Cosmology, First One." *Annual Report of the Bureau of American Ethnology* 21 (1903): pp. 127-339.

-"The Constitutional League of Peace in the Stone Age of America: The League of the Iroquois and Its Constitution." In *An Iroquois Source Book*. Vol. 1: Political and Social Organization, edited by Elisabeth Tooker. New York & London. Garland Publishing, Inc., 1985. [Originally published as *Annual Report of the Smithsonian Institution* for 1918.]

-"The Legend of Onenha (the Corn)." *Annual Report of the Bureau of American Ethnology* 32 (1918): pp. 649-652.

-"Iroquois Cosmology, Second Two." *Annual Report of the Bureau of American Ethnology* 43 (1928): pp. 449-757.

-"De'hodya'tka`ewe$^{n\epsilon}$ (He-Whose-Body-is-Divided-in-Twain)." *Annual Report of the Bureau of American Ethnology* 43 (1928): pp. 792-819.

-"Book Reviews: 'The Constitution of the Five Nations,' 'Traditional History of The Confederacy of The Six Nations,' and 'Civil, Religions and Mourning Councils and Ceremonies of Adoption of the New York Indians." *American Anthropologist*, n. s., 19 (1917): pp. 429-438.

Hewitt, J. N. B., ed. "Seneca Fiction, Legends, and Myths; collected by Jeremiah Curtin and J. N. B. Hewitt." *Annual Report of the Bureau of American Ethnology* 32 (1918).

Hill, Bruce Emerson. *The Grand River Navigation Company*. Brantford, Ontario: Brantford Historical Publications, 1994.

Hill, Jonathan D., ed. *Rethinking History and Myth: Indigenous South American Perspectives on the Past*. Urbana and Chicago: University of Illinois Press, 1988.

Hill, Richard. *Skywalkers: A History of Indian Ironworkers*. Brantford, Ontario: Woodland Indian Cultural Education Centre. 1987.

Hill, Tom. "Brant: A Six Nations Perspective." In *Portraits of Thayendanegea, Joseph Brant*, pp. 35-40. Burlington, Ontario: Burlington Cultural Centre, 1993.

Hillman, James. *Emotion: A Comprehensive Phenomenology of Theories and Their Meanings for Therapy*. Evanston: Northwestern University Press, 1962.

Hobsbawm, Eric, and Terence, Ranger, eds., *The Invention of Tradition*. Cambridge: Cambridge University Press, 1992.

Holmer, Nils M.. *The Character of the Iroquois Languages*. Upsala Canadian Studies. Upsala: Almqvist & Wiksells Boktryckeri. 1952.

Howes, David, ed. *The Varieties of Sensory Experience: A Sourcebook in the Anthropology of the Senses*. Toronto: University of Toronto Press, 1991.

Hultkrantz, Åke. *Native Religions of North America*. San Francisco: Harper & Row, Publishers, San Francisco, 1987.

―*Soul and Native Americans*, edited by Robert Holland. Woodstock, Connecticut: Spring Publications, Inc., 1997.

Issacs, Hope L.. "*Orenda* and the Concept of Power among the Tonawanda Seneca." In *The Anthropology of Power: Ethnographic Studies from Asia, Oceania, and the New World*, edited by Raymond D. Fogelson and Richard N. Adams, pp. 167-184. New York: Academic Press, 1977.

Jackson, Michael. *Paths toward a Clearing: Radical Empiricism and Ethnographic Inquiry*. Bloomington and Indianapolis: Indiana University Press, 1989.

Jenness, Diamond. *The Indians of Canada*. 7th ed. Ottawa: University of Toronto Press, 1993.

Jennings, Francis. *The Ambiguous Iroquois Empire: The Covenant Chain Confederation of Indian Tribes with English Colonies from its beginnings to the Lancaster Treaty of 1744*. New York: W. W. Norton & Company, 1984.

Jennings, Francis, William N. Fenton, Mary A. Druke, and David R. Miller, eds. *The History and Culture of Iroquois Diplomacy: An Interdisciplinary Guide to the Treaties of the Six Nations and Their League*. Syracuse: Syracuse University Press, 1985.

Johnston, Charles M.. *The Valley of the Six Nations: A Collection of Documents on the Indian Lands of the Grand River*. Toronto: The Champlain Society, 1964.

-"The Six Nations in the Grand River Valley, 1784-1847." In *Aboriginal Ontario, Historical Perspectives on the First Nations*, edited by Edward S. Rogers and Donalds B. Smith, pp. 167-181. Toronto: Dundurn Press, 1994.

Johnston, C. M.. *Brant County: A History 1784-1945*. Toronto: Oxford University Press, 1967.

Judd, Neil M.. *The Bureau of American Ethnology: A Partial History*. Norman: University of Oklahoma Press, 1967.

Judkins, Russell A., ed. *Iroquois Studies: A Guide to Documentary and Ethnographic Resources From Western New York and the Genesee Valley*. Department of Anthropology, State University of New York and The Geneseo Foundation, Geneseo, New York, 1987.

Keller, Betty. *Pauline: A Biography of Pauline Johnson*. Halifax: Formac Publishing Company Limited, 1987.

Kelsay, Isable Thompson. *Joseph Brant 1743-1807: A Man of Two Worlds*. Syracuse: Syracuse University Press, 1984.

Kenton, Edna, ed. *The Indians of North America: Selected and Edited by Edna Kenton from "The Jesuit Relations and Allied Documents: Travels and Explorations of the Jesuit Missionaries in New France, 1610-1791."* New York: Harcourt, Brace & Company, 1927.

Lakoff, George, and Mark Johnson. *Philosophy in the Flesh: The Embodied Mind and Its Challenge to Western Thought*. New York: Basic Books, A Member of the Perseus Books Group. 1999.

Laubin, Reginald and Gladys. *Indian Dances of North America: Their Importance to Indian Life*. Norman and London: University of Oklahoma Press, 1977.

Leenhardt, Maurice. *Do Kamo: Person and Myth in the Melanesian World*. Translated by Basia Miller Bulati. Chicago and London: The University of Chicago Press, 1979.

Lèvi-Strauss, Claude. *The Origin of Table Manners, Mythologiques* Vol. 3. Translated by John and Doreen Weghtman. Chicago: The University of Chicago Press,1990.

-*The Story of Lynx*. Translated by Catherine Tihanyi. Chicago and London: The University of Chicago Press, 1995.

Lex, Barbara, and Hope L. Isaacs. "Handling Fire: Treatment of Illness by the Iroquois False-Face Medicine Society." In *Studies on Iroquoian Culture*. Edited by Nancy Bonvillain, Occasional Publications in Northeastern Anthropology 6

(1980): 5-13.

Lincoln, Bruce. "Kinaaldá." In *Emerging From the Chrysalis: Studies in Rituals of Women's Initiation*, pp. 17-33. Cambridge, Massachusetts and London, England: Harvard University Press, 1981.

—"Ritual, Rebellion, Resistance: Rethinking the Swazi Ncwala." In *Discourse and the Construction of Society, Comparative Studies of Myth, Ritual, and Classification*, pp. 53-74. New York: Oxford University Press, 1989.

Lounsbury, Floyd G.. "The Structural Analysis of Kinship Semantics." In *Readings in Kinship and Social Structure*, edited by Nelson Graburn, pp. 258-271. New York: Harper & Row, Publishers, 1971.

Lutz, Catherine A.. *Unnatural Emotions: Everyday Sentiments on a Micronesian Atoll & Their Challenge to Western Theory*. Chicago and London: The University of Chicago Press, 1988.

Lyford, C. A.. *Iroquois Crafts*. 1945. Reprint, edited by Wm. Guy Spittal. Ohsweken, Ontario: Iroqrafts Ltd., 1982. [Originally published by U.S. Bureau of Indian Affairs, 1945.]

McElwain, Thomas. *Mythological Tales and the Allegany Seneca: A study of the socio-religious context of traditional oral phenomena in an Iroquois community*. Stockholm Studies in Comparative Religion 17 (1978).

Mackenzie, J. B.. *The Six Nations Indians in Canada*. Toronto: The Hunter, Rose Company, Ltd., 1896.

Martin, Joel W.. *Sacred Revolt: The Muskogees' Struggle for a New World*. Boston: Beacon Press, 1991.

Mauss, Marcel. "A Category of the human mind: the notion of person; the notion of self." Translated by W. D. Halls. In *The Category of the Person, Anthropology, Philosophy, History*. edited by Michael Carrithers, Steven Collins, and Steven Lukes, pp. 1-25. Cambridge: Cambridge University Press,1985.

Mazis, Glen A.. *Emotion and Embodiment: Fragile Ontology*. New York: Peter Lang, 1964.

Montgomery, Malcolm. "The Six Nations Indians and the Macdonald Franchise." *Ontario History* 57, no. 1 (1965): pp. 13-28.

Morgan, Lewis Henry. *League of the Iroquois*. New York: Carol Communications, 1962. [Originally published by Sage & Brother, Publishers, Rochester, 1851.]

Morrison, R. Bruce., and C. Roderick Wilson. eds.. *Native Peoples: The Canadian Experience*. Toronto: McClelland & Stewart Inc.. 1986.

Moss, Wendy. *Aboriginal People: History of Discriminatory Laws.* Revised by Elaine Gardner-O'Toole. Background Paper November 1991, Research Branch, Library of Parliament.

Neihardt, John G.. *Black Elk Speaks: Being the Life Story of a Holy Man of the Oglala Sioux As told through John G. Neihardt.* Lincoln and London: University of Nebraska Press, 1988.

New England Company. *Report of the Proceedings of the New England Company, For the Civilization and Conversion of Indians, Blacks, and Pagans in the Dominion of Canada, South Africa, and the West Indies, During the Two Years 1871-1872.* London: Taylor and Co., 1874.

Noon, John A.. *Law and Government of the Grand River Iroquois. Viking Fund Publications in Anthropology,* no. 12. New York: Johnson Reprint Corporation, 1949.

O'Flaherty, Wendy Doniger. *The Origins of Evil in Hindu Mythology.* Berkeley: University of California Press, 1976.

Ong, Walter J., S. J.. *The Presence of the Word: Some Prolegomena for Cultural and Religious History.* Minneapolis. University of Minnesota Press, 1967.

Opekokew, Delia. *The Political and Legal Inequities among Aboriginal Peoples in Canada.* Kingston, Ontario: Institute of Intergovernment Relations, 1987.

Ortner, Sherry B., and Harriet Whitehead, eds., *Sexual Meanings: The Cultural Construction of Gender and Sexuality.* Cambridge: Cambridge University Press, 1981.

Otto, Iris Anna. *Der Traum als Religiöse Erfahrung, Untersucht und Dargestellt am Beispiel der Irokesen.* Wiesbaden: Franz Steiner Verlag GMBH, 1982.

Oxendine, Joseph B.. *American Indian Sports Heritage.* Lincoln and London: University of Nebraska Press, 1988.

Parker, Arthur C.. "Snow-Snake as Played by the Seneca-Iroquois." *American Anthropologist,* n.s., 11 (1909): pp. 250-256.

-"The Origin of Iroquois Silversmithing." *American Anthropologist,* n.s., 12 (1910): pp. 349-357.

-"Additional Notes on Iroquois Silversmithing." *American Anthropologist,* n.s., 13 (1911): pp. 283-293.

-"Certain Iroquois Tree Myths and Symbols." *American Anthropologist,* n.s., 14 (1912): pp. 608-620.

-An Analytical History of the Seneca Indians. Researches and Transactions of

the New York State Archeological Association. Rochester, New York: Lewis H. Morgan Chapter, 1926.

-*Seneca Myths & Folk Tales*. Lincoln and London: University of Nebraska Press, 1989. [Originally published as Publication for the Buffalo Historical Society. Vol. 27, 1923.]

-*Skunny Wundy: Seneca Indian Tales*. Syracuse: Syracuse University Press, 1994.

Patterson, E. Palmer, II. *The Canadian Indian: A History Since 1500*. Don Mills, Ontario: Collier-Macmillan Canada, Ltd., 1972.

Pomedli, Michael. "The Concept of Soul in the Jesuit Relations: Where There Any Philosophers Among the North American Indians?" *Laval thèologique et Philosophique* 41, no. 1 (1985): pp. 57-64.

Powell, J. W.. Introduction to *Annual Report of the Bureau of American Ethnology* 21 (1903).

Reaman, G. Elemore. *The Trail of the Iroquois Indians: How the Iroquois Nation Saved Canada for the British Empire*. London and Edinburgh: Frederick Muller, 1967.

Reiter, Robert A.. *The Law of Canadian Indian Treaties*. Edmonton, Alberta, Canada: Juris Analytica Publishing Inc., 1995.

- *Report of the Special Commissioners Appointed on the 8th of September, 1856, to Investigate Indian Affairs in Canada*. Toronto: Stewart Derbishire & George Desbarats, 1858.

Reville, F. Douglas. *History of the County of Brant*. Brantford: The Hurley Printing Company, Limited, 1982.

Richter, Daniel K.. *The Ordeal of the Longhouse: The Peoples of the Iroquois League in the Era of European Colonization*. Chapel Hill & London: The University of North Carolina Press, 1992.

Rioux, Marcel. "Relations between religion and government among the Longhouse Iroquois of Grand River, Ontario," *Annual Report of the National Museum of Canada Bulletin* 126 (1952): pp. 94-98.

Rogers, Edward S. and Donald B. Smith, eds. *Aboriginal Ontario: Historical Perspectives on the First Nations*. Toronto: Dundurn Press, 1994.

Rudes, Blair A. "John Napoleon Brinton Hewitt: Tuscarora Linguist." *Anthropological Linguistics* 36, no. 4 (1994): pp. 467-82.

Sahlins, Marshall. *Historical Metaphors and Mythical Realities: Structure in the*

Early History of the Sandwich Islands Kingdom, ASAO Special Publications 1. Ann Arbor: The University of Michigan Press,1981.

-*Islands of History*. Chicago and London: The University of Chicago Press, 1985.

Sample, Katherine Ann. "Change in Agriculture on the Six Nations Indian Reserve." Master's thesis, McMaster University, 1968.

Scheper-Hughes, Nancy, and Margaret M. Lock. "The Mindful Body: A Prolegomenon to Future Work in Medical Anthropology." *Medical Anthropology Quarterly* 1 (1987): pp. 6-41.

Schneider, David M.. *A Critique of the Study of Kinship*. Ann Arbor: The University of Michigan Press, 1984.

Schoolcraft, Henry R.. *Notes on the Iroquois, Or Contributions to American History, Antiquities, and General Ethnology*. Albany: Erastus H. Pease & Co., 1847.

Schrag, Calvin O.. *Experience and Being*. Evanston: Northwestern University Press, 1969.

Scott, Duncan C. "Traditional History of the Confederacy of the Six Nations." *Royal Society of Canada, Proceedings and Transactions*, 3rd ser., V Sec. II. Ottawa, 1912.

Selden, Sherman W.. *The Legend, Myth and Code of Deganaweda and Their Significance to Iroquois Cultural History*. Ph. D. Dissertation, Indiana University, 1965.

Shils, Edward. "Tradition." In *Center and Periphery: Essays in Macrosociology*, pp. 182-218. Chicago and London: The University of Chicago Press, 1975.

Shimony, Annemarie Anrod. *Conservatism among the Iroquois at the Six Nations Reserve*. Syracuse: Syracuse University Press, 1994. [Originally published as The Yale University Publications in Anthropology 65 (1961).]

-"Eastern Woodland: Iroquois of Six Nations." In Deward E. Walker, Jr.. ed. *Witchcraft and Sorcery of the American Native Peoples*. Mosco, Idaho: University of Idaho Press, 1989.

Smith, Derek G., ed. *Canadian Indians and the Law: Selected Documents, 1663-1972*. Toronto: McClelland and Stewart Limited, 1975.

Smith, Donald A.. *At the Forks of the Grand, 1793-1920*, 2 vols. Paris, Ontario: Advance Printing, 1984.

Smith, Erminnie A.. *Myths of the Iroquois*. 1883. Reprint, Ohsweken, Ontario: Iroqrafts Ltd., 1983. [Originally published as Annual Report of U. S. Bureau of American Ethnology 2 (1883).]

Smith, Jonathan Z.. *Imagining Religion: From Babylon to Jonestown*. Chicago and London: The University of Chicago Press, 1982.

Snow, Dean R.. *The Iroquois*. Oxford UK & Cambridge USA: Blackwell, 1994.

　-*Mohawk Valley Archaeology: The Sites*. Albany, New York: The Institute for Archaeological Studies, University at Albany, SUNY, 1995.

　-*Mohawk Valley Archaeology: The Collections*. Albany, New York: The Institute for Archaeological Studies, University at Albany, SUNY, 1995.

Snow, Dean R., Charles T. Gehring, and William A. Starna. Eds. In *Mohawk Country: Early Narratives about a Native People*. Syracuse: Syracuse University Press, 1996.

Speck, Frank Gouldsmith. "The Double Curve Motive in Northeastern Algonkian Art." Geological Survey of Canada, Anthropological Series, Memoir 42, No. 1 (1914).

　-*Midwinter rites of the Cayuga Long House, by Frank G. Speck in collaboration with Alexander General (Deskáheh)*. Philadelphia: University of Pennsylvania Press, 1949.

　-*The Iroquois*. Bloomfield Hills, Michigan: Cranbrook Institute of Science, 1982.

Spittal, W. G., ed. *Iroquois Women: An Anthology*. Ohsweken, Ontario: Iroqrafts, Ltd., 1990.

Sprague, Doug. *Canada's Treaties with Aboriginal People*. Canadian Legal History Project. Department of History. University of Manitoba. n. d..

Steckley, John. "An Ethnolinguistic Look at the Huron Longhouse." *Ontario Archaeology* 47 (1987): pp. 19-32.

　-"The Warrior and the Lineage: Jesuit Use of Iroquoian Images to Communicate Christianity." *Ethnohistory* 39, no. 4 (1992): pp. 478-509.

Stites, Sara Henry. *Economics of the Iroquois*. Lancaster, Pa.: The New Era Printing Company, 1905.

Stocking, George W., Jr.. *The Ethnographer's Magic and Other Essays in the History of Anthropology*. Madison: The University of Wisconsin Press, 1992.

Strathern, Andrew J.. *Body Thoughts*. Ann Arbor: The University of Michigan Press, 1996.

Sturtevant, William C.. "Seneca Masks." In *The Power of Symbols, Masks and Masquerade in the Americas*, edited by N. Ross Crumrine & Marjorie Halpin, pp. 39-47. Vancouver: University of British Columbia Press, 1983.

Surtees, Robert J.. *Canadian Indian Policy: A Critical Bibliography*. Bloomington:

Indiana University Press, 1982.

-"Land Cessions, 1763-1830." In *Aboriginal Ontario: Historical Perspectives on the First Nations*, edited by Edward S. Rogers and Donald B. Smith, pp. 92-121. Toronto: Dundurn Press. 1994.

Swanton, John R.. "John Napoleon Brinton Hewitt." *American Anthropologist*, n. s., 40, no. 2-4 (1938): pp. 286-290.

Tedlock, Dennis, and Barbara Tedlock, eds. *Teachings from the American Earth, Indian Religion and Philosophy*. New York: Liveright, 1975.

Thomas, Jacob and Terry Boyle. *Teachings from the Longhouse*. Toronto: Stoddart Publishing Co. Limited, 1994.

Titley, E. Brian. *A Narrow Vision: Duncan Campbell Scott and the Administration of Indian Affairs in Canada*. Vancouver: University of British Columbia Press, 1986.

Tobias, John L.. "Protection, Civilization, Assimilation: An Outline History of Canada's Indian Policy." *The Western Canadian Journal of Anthropology* 6, no. 2 (1976): pp. 13-30.

Tooker, Elisabeth. *-The Iroquois Ceremonial of Midwinter*. Syracuse: Syracuse University Press, 1970.

-"The League of the Iroquois: Its History, Politics, and Ritual." In *Handbook of North American Indians*. Vol. 15 Northeast, Bruce G. Trigger, volume editor, 418-441. Washington: Smithsonian Institution, 1978.

-"Women in Iroquois Society." In *Extending the Rafters: Interdisciplinary Approaches to Iroquoian Studies*, edited by Michael K. Foster, Jack Campisi and Marianne Mithun, pp. 109-124. Albany: State University of New York Press,1984.

-"On the Development of the Handsome Lake Religion." *Proceedings of the American Philosophical Society* 133, no. 1 (1989): pp. 35-50.

Tooker, Elisabeth. ed., *Iroquois Culture, History, and Prehistory: Proceedings of the 1965 Conference on Iroquois Research*. Albany: The University of the State of New York, 1967.

-An Iroquois Source Book. Vol. 1. Political and Social Organization. New York & London: Garland Publishing, Inc., 1985.

-ed., *An Iroquois Source Book*. Vol. 2. Calendric Rituals. New York & London: Garland Publishing, Inc., 1985.

-ed., *An Iroquois Source Book*. Vol. 3. Medicine Society Rituals. New York &

London: Garland Publishing, Inc., 1986.

-*Lewis H. Morgan on Iroquois Material Culture.* Tucson and London: The University of Arizona Press, 1994.

Turner, Brian S.. *Religion and Social Theory.* 2nd edition. London: SAGE Publications, 1991.

Urton, Gary. *The History of a Myth: Pacariqtambo and the Origin of the Inkas.* Austin: University of Texas Press, 1990.

Vecsey, Christopher. *Imagine Ourselves Richly: Mythic Narratives of North American Indians.* New York: Crossroad, 1988.

Vennum, Thomas, Jr.. *American Indian Lacrosse: Little Brother of War.* Washington and London: Smithsonian Institution Press, 1994.

Waldie, Jean. *Brant County: The Story of Its People*, 2 vols. Brantford: Brant Historical Society, Brant Historical Publications, 1984.

Wallace, Anthony F. C.. "The Dekanawideh Myth Analyzed as the Record of a Revitalization Movement." *Ethnohistory* 5 (1958): pp. 118-92.

-"Dreams and the Wishes of the Soul." *American Anthropologist*, n.s., 60, no. 2 (1958): 234-248.

-"Handsome Lake and the Decline of the Iroquois Matriarchate." In *Kinship and Culture*, edited by Francis L. K. Hsu, pp. 367-376. Chicago: Aldine Publishing Company, 1971.

-*The Death and Rebirth of the Seneca.* New York: Vintage Books, 1972.

Wallace, Paul A. W.. *The Iroquois Book of Life:White Roots of Peace.* Santa Fe: Clear Light Publishers, 1994. [Originally published as *White Roots of Peace* by the University of Pennsylvania Press in 1946)

Waugh, F. W.. *Iroquois Foods and Food Preparation.* Canada. Department of Mines. Geological Survey. Memoir 86. Anthropological Series no. 12. Ottawa: Government Printing Bureau, 1916.

Weaver, George. *A View From An Indian Reserve.* Brantford, Ontario: The Brant Historical Society, 1993.

Weaver, Jace. ed., *Native American Religious Identity: Unforgotten Gods.* New York: Orbis Books, 1998.

Weaver, Sally M.. *Medicine and Politics among the Grand River Iroquois: A Study of the Non-Conservatives.* National Museum of Canada, Publications in Ethnology, No. 4, 1972.

-"The Iroquois: Consolidation of the Grand River Reserve, 1847-1875." In

Aboriginal Ontario: Historical Perspectives on the First Nations, edited by Edward S. Rogers and Donalds B. Smith, pp. 182-212. Toronto: Dundurn Press, 1994.

-"The Iroquois: The Grand River Reserve in the Late Nineteenth and Early Twentieth Centuries, 1875-1945." In *Aboriginal Ontario: Historical Perspectives on the First Nations*, edited by Edward S. Rogers and Donalds B. Smith, pp. 213-257. Toronto: Dundurn Press, 1994.

Weinman, Paul L.. *A Bibliography of the Iroquoian Literature*. New York State Museum and Science Service Bulletin 411 (1969).

Wilson, Edmund. *Apologies to the Iroquois*. Syracuse: Syracuse University Press, 1960.

Witthoft, John. "The American Indian-Hunter, Part I, II and III." *Pennsylvania Game News* 24, nos. 2, 3, 4 (1953): pp. 12-6, pp. 16-22, pp. 8-13.

Woodbury, Hanni. *Language Patterns In Onondaga*, unpublished manuscript, August 1994.

Woodbury, Hanni, ed. and trans., *Concerning the League: The Iroquois League Tradition as Dictated in Onondaga by John Arthur Gibson*. Winnipeg, Manitoba: Algonquian and Iroquoian Linguistics Memoir 9, 1992.

■著者紹介

木村　武史（きむら　たけし）

1962年生まれ
1985年　国際基督教大学教養学部卒業
1988年　筑波大学大学院哲学・思想研究科修士号（文学修士号）取得
1989－91年　フルブライト奨学生
1991年　シカゴ大学大学院神学校宗教学専攻修士号（M.A.）取得
1998年　シカゴ大学大学院神学校宗教学専攻博士号（Ph.D.）取得
現　在　山口大学人文学部講師

主要論文
「アメリカの東洋宗教－アラン・W・ワッツを例として」
井門富二夫編『多元社会の宗教集団　アメリカの宗教　第二巻』大明堂、1992年
「『母なる大地』を巡って－宗教史学的解釈の一試論」『宗教研究』309号、1996年
「太陽と大地の象徴的結合－アパッチ成年式の少女」『山口大学哲学研究』7号、1989年
"Bearing the 'Bare Facts' of Ritual. A Critique of Jonathan Z. Smith's Study of the Bear Ceremony Based on a Study of the Ainu *Iyomante*" *Numen* 46, 1999.
"The Cayuga Chief Jacob E. Thomas-Walking a Narrow Path Between Two Worlds" *The Canadian Journal of Native Studies* 18, no. 2, 1998.
その他

北米先住民ホティノンショーニ（イロクォイ）神話の研究

2000年2月28日　初版第1刷発行

■著　者──木村　武史
■発行者──佐藤　正男
■発行所──株式会社 大学教育出版
　　　　　〒700-0951　岡山市田中124-101
　　　　　電話（086）244-1268　FAX（086）246-0294
■印刷所──原多印刷（株）
■製本所──平田製本（株）
■装　丁──ティーボーンデザイン事務所

©Takeshi Kimura, Printed in Japan
検印省略　　落丁・乱丁本はお取り替えいたします。
無断で本書の一部または全部を複写・複製することは禁じられています。

ISBN4-88730-366-1